国家社科基金
GUOJIA SHEKE JIJIN HOUQI ZIZHU XIANGMU
后期资助项目

冷战后跨国社会运动的
行动逻辑与规制策略

The Action Logic and Regulation Strategies of the
Post-Cold War Era's Transnational Social Movements

徐步华　著

中国人民大学出版社
·北京·

国家社科基金后期资助项目
出版说明

后期资助项目是国家社科基金设立的一类重要项目，旨在鼓励广大社科研究者潜心治学，支持基础研究多出优秀成果。它是经过严格评审，从接近完成的科研成果中遴选立项的。为扩大后期资助项目的影响，更好地推动学术发展，促进成果转化，全国哲学社会科学工作办公室按照"统一设计、统一标识、统一版式、形成系列"的总体要求，组织出版国家社科基金后期资助项目成果。

全国哲学社会科学工作办公室

导　言

20世纪90年代以来，在全球化深入发展和冷战终结的背景下，新一波跨国社会运动迅速勃兴，这不仅引起国内外学者和评论家的普遍关注，而且还引发了学界诸多的思考和激烈的争论。与冷战前的跨国社会运动相比，冷战后的跨国社会运动有着怎样的新特征？这些新特征对其行动策略和关系维度产生了怎样的影响？更为重要的是，这些新特征给跨国社会运动的规制方法和规制模式带来了怎样的变化？

冷战后的跨国社会运动呈现出运动范围的全球化、社会诉求的多样化、组织形式的网络化、运动目标的非革命化和斗争方式的双重性等特征。作为国际社会的一个特殊行为体，跨国社会运动与国际非政府组织、政府间国际组织、跨国公司和主权国家等主要国际社会行为体之间形成密切的互动关系。在国际社会的关系网络中，冷战后跨国社会运动在国际体系中既可能是国际社会的坚定抗争者，也可能是全球治理的积极参与者，或者二者兼而有之。换言之，抗争逻辑和治理逻辑是冷战后跨国社会运动的两种基本行动逻辑。

冷战后跨国社会运动在基本特征、关系维度、行动逻辑和功能角色等方面的发展变化以及其所表现出来的个案差异对主权国家规制策略的选择带来新的挑战。跨国社会运动的运动性质、议题领域和斗争方式等运动自身维度，政体类型和政府权能等国家维度以及国际体系、国际规范和全球舆论等国际维度都影响着冷战后跨国社会运动的规制策略。基于武力镇压、谈判式管理和策略性瓦解等既有成熟规制模式的考察，对冷战后跨国社会运动的规制，主权国家可以秉承慎用武力原则、非政治化原则和制度化原则，在强制、劝说和信息三种规制策略以及法律、物理和心理三种规制路径之中进行合理的选择和组合，并且将国内规制和国际规制有效地结合起来，积极参与国际规制合作，推动跨国社会运动规制的制度化。

冷战后跨国社会运动的规制并不存在一种普遍或统一的模式。尽管

"策略性瓦解模式"被认为取代了之前的"谈判式管理模式"成为冷战后勃兴的反全球化抗议运动规制的主导模式。但它基于社会运动具有某种进步或变革的动力或动机的假定，因而并不适用于冷战后爆发的某些所谓"坏的"运动；而且，这种冷战后的新管制模式的大部分证据来自北美和欧洲的发达工业经济体，忽略了在全球体系外围（甚至半外围）发生的抗议管制实践。因此，冷战后跨国社会运动的规制因情况而异，因国家而异，它就像全球化一样，是由国家、地区和地方因素、历史、经验和权力平衡所调节的。

冷战后跨国社会运动的演变和主权国家的规制策略之间实际上相互影响、彼此形塑。跨国社会运动的抵抗和斗争与主权国家的规制和控制形成了一种创新的循环。这种循环始于跨国社会运动创新组织形式和抗争手法来抵制和挑战现状，而后，国家应以新形式的控制减轻对其权力的挑战。国家能够塑造抗争的规模和策略，抗争反过来也能塑造国家应对抗争的态度和策略。尽管社会运动的跨国化发展需要主权国家在国内规制的同时辅之以国际规制，但是国际规制的制度化发展只能是主权国家进行跨国抗议规制的一种补充而不是替代。

这是由于，与那些在全球化进程中唱衰国家的论调相反，国家不仅没有被削弱，反而由于反全球化抗议的兴起，国家很有可能得到加强。就冷战后跨国社会运动的社会控制而言，国家能够迅速适应不断变化的竞争格局，当它与全球机构一起发挥作用时，它可能会变得更加强大。国家的确处于不断的变动之中，放弃了某些监管权力并交给了联合国、欧盟和世界贸易组织这样的国际机构，但它在安全事务中仍然保持着根深蒂固的地位，保留着对暴力的合法垄断，并且正在制定跨越地方、国家和国家界限的计划、行动和政策。

传统的全球治理观念往往强调其本质上的和平性质，将注意力集中在合作和政策协调问题上。与之相反，全球治理与暴力或胁迫相关，规制实践是当代全球治理的重要组成部分。因为每一种与全球化对国家和国家－社会关系的后果直接相关的社会"弊病"都会引起规制。规制作为一种治理机制，是在新自由主义化进程中，特别是私有化和商品化的实践中形成和发展的。新自由主义需要广泛和强化的规制，以改变现有的社会结构和关系，为资本国际化服务，还因为它启动了挑战或威胁资本主义结构再生产的社会进程。因此，规制成为一种关键机制，因为正是通过对这些挑战和威胁的规制，新自由主义的全球资本主义秩序才既得以建立又得到捍卫。

　　创造和维持一个新自由主义的世界需要大量的权力。支持目前新自由主义进程的规制实践，本质上是一种强制性的权力。对反资本主义和反全球化抗议的规制说明了既有的全球治理体系常常是通过强制性权力发挥作用的，而且这种强制性的全球治理通过规制来行使权力，是通过与抵抗的互动而发展的。权力和抵抗是相互构成的，尽管彼此之间的影响程度有所不同。虽然管制和控制策略确实对冷战后跨国社会运动产生了破坏性后果，但它们并不总是成功地阻止社会变革。权力和抵抗的博弈结果总是指向正义的一方，尽管似乎以缓慢的速度前进。

序

美国已故当代著名社会学家、社会运动研究领域的翘楚与权威查尔斯·蒂利（Charles Tilly）在其名著《社会运动，1768—2004》（*Social Movements，1768—2004*）中曾经提出："作为人类创造的制度形式，社会运动有可能消亡或转化成为其他截然不同的政治形式。"蒂利之所以会如此认为，最为主要的原因在于："我们无法确保业已兴盛了两个世纪的社会运动能够永远兴盛下去。由于社会运动的发展与集权化的、相对民主的国家的兴起相伴随，因此，无论是政府的去中心化、政府行为的广泛私人化、超国家权力导致国家弱化，还是范围广泛的去民主化，都将导致社会运动——我们现在所认识的社会运动——的出局。"在一定的程度上，徐步华的专著《冷战后跨国社会运动的行动逻辑与规制策略》似乎是从一个侧面论证了蒂利当年的预判。

虽然蒂利认为没有人拥有"社会运动"这一术语的所有权，但是，根据他的解说，一般而言，"社会运动"是自18世纪后期形成的"斗争政治的特殊形式"，源于三个要素的开创性结合：运动（campaign），诸如专项协会、集会、请愿等社会运动剧目（the social movement repertoire），以及具有价值性（worthiness）、统一性（unity）、规模性（numbers）和奉献性（commitment）即"WUNC"的表现。要之，社会运动是"一种实现大众政治的方式和手段"，"主张人民主权"，但是"社会运动的形式、组成和诉求，是随着历史而变化和发展的……政治环境的变化、社会运动范围的变化、运动与运动的转换，促使社会运动发生本质性的变化与变异……"，以致最终社会运动可能消亡或转化为其他的政治形式。

2008年，徐步华考入上海交通大学国际与公共事务学院攻读博士学位。作为我的博士研究生，因参与我的国家社科基金项目"当前国际格局走向与和谐世界建设"的研究工作，他将冷战后的跨国社会运动及其与全球治理之间的相互关系作为自己的博士论文选题，而蒂利的名著《社会运动，1768—2004》自然成为他的必读之书。毫无疑问，当时他基本还是按照蒂利对"社会运动"的定义来展开对后冷战时期"社会运动"的探索与分析的，尽管讨论的对象已经是在全球治理背景之下的"跨国社会运动"。2011年徐步华完成了博士学位论文《全球治理视角下的跨国社会运动研究》的写作，并于2012年年初通过了博士学位论文答辩而荣获法学博士学位。然而，他并不以此为满足，在博士毕业赴安徽师范大学任教之后，继续广泛深入地悉心研究冷战后的跨国社会运动，并将其研究的重点转向跨国社会运动的行动逻辑，以及对跨国社会运动进行规制的策略。经过十年的打磨，终于完成了其第一本学术专著《冷战后跨国社会运动的行动逻辑与规制策略》，而其中的相关内容不仅大大超出了自己当年的博士学位论文，且研究的重点大有向着蒂利当年所强调的社会运动的形式、组成和诉求的变化和发展，乃至在某种程度上暗示着跨国社会运动在当前形势下消亡或转化为其他政治形式的可能。

徐步华的这本学术专著与当年他的博士论文相比，有三个重要的不同：一是研究对象上由作为全球治理主体（治理者）的跨国社会运动，转向作为全球治理对象（被治理者）的跨国社会运动；二是研究范围上由"好的或进步的"跨国社会运动转向将"坏的"、不合法的或暴力的跨国社会运动囊括在内并展开比较研究；三是研究内容上由分析冷战后跨国社会运动对全球治理和国际体系变革的作用和影响，转向探讨主权国家和国际社会对冷战后跨国社会运动的规制问题。本书提出：冷战后的跨国社会运动呈现出运动范围的全球化、社会诉求的多样化、组织形式的网络化、运动目标的非革命化和斗争方式的双重性等特征。作为国际社会中一个特殊行为体，抗争逻辑和治理逻辑是冷战后跨国社会运动的两种基本行动逻辑。议题差异性、性质差异性和政体差异性的个案分析，以及武力镇压、谈判式管理和策略性瓦解等抗议规制模式的考察，表明冷战后跨国社会运动的规制并不存在一种普遍或统一的模式，主权国家可以秉承慎用武力原则、非政治化原则和制度化原则，在强制、劝说和信息三种规制策略以及法律、物理和心理三种规制路径之中进行合理的选择和组合，并且将国内规制和国际规制有效地结合起来，积极参与国际规制合作，推动跨国社会运动规制的制度化。

通过"冷战后跨国社会运动的基本特征""冷战后跨国社会运动的关系维度""冷战后跨国社会运动的行动逻辑""冷战后跨国社会运动的个案差异""冷战后跨国社会运动的规制策略"五个方面的论述，《冷战后跨国社会运动的行动逻辑与规制策略》一书得出下述结论：第一，冷战后跨国社会运动的规制并不存在一种普遍或统一的模式，其中尤其是"策略性瓦解模式"并不适用于冷战后爆发的宗教激进主义运动等所谓"坏的"运动。第二，冷战后跨国社会运动与主权国家之间实际上在相互影响、彼此形塑。跨国社会运动的抵抗和斗争与主权国家的规制和控制形成了一种创新的循环，国家能够塑造抗争的规模和策略，抗争反过来也能塑造国家应对抗争的态度和策略。第三，国家正在被解构，但不仅没有被削弱，反而得到加强。就冷战后跨国社会运动的社会控制而言，国家能够迅速适应不断变化的竞争格局，当它与全球机构一起发挥作用时，它可能会变得更加强大。第四，全球治理往往通过规制或强制性权力发挥作用。为应对多元化的跨国社会运动，全球治理也与暴力或胁迫相关，规制实践是当代全球治理的重要组成部分。

十分明显，徐步华在这本颇具学术底蕴的专著中对冷战后跨国社会运动的深入探析以及所得出的一系列结论，间接地论证了蒂利早在 2004 年就已经明确提出的"社会运动的形式、组成和诉求，是随着历史而变化和发展的"这一学术观点，并且似乎也向读者预示着未来跨国社会运动确实可能消亡或转化为其他截然不同的政治形式。窃以为，如果查尔斯·蒂利也能读到本书中诸多支持他当年有关社会运动未来走向假说的新颖独到观点的话，或许会颔首微笑吧？

叶江 *

2021 年 1 月 17 日

于上海黄浦江畔海琪园

* 叶江（1955— ），上海松江人，上海国际问题研究院二级研究员，享受国务院政府特殊津贴专家，国家民委决策咨询委员，上海国际组织与全球治理研究院教授。曾为上海交通大学国际与公共事务学院三级教授、国际关系系主任、博士生导师，上海国际问题研究院全球治理研究所所长、欧洲研究中心主任。出版专著六部、译著两种，在《中国社会科学》《历史研究》《民族研究》《国际问题研究》《美国研究》《欧洲研究》《世界经济与政治》《世界历史》《世界民族》《学术界》《读书》等刊物上发表学术论文百余篇，荣获外交部"重大外交政策研究课题"优秀课题组奖一次、上海市哲学社会科学优秀成果奖四次。

目　录

绪　论

第一节　研究的缘起与意义

一、研究缘起

20 世纪 90 年代以来，在全球化深入发展和冷战终结的背景下，跨国社会运动①进入了一个新的抗议周期，和平的游行示威与大规模的抗议浪潮此起彼伏。世界各地的普通民众，借助互联网的力量和其他传统的组织形式，广泛地加入这一轮跨国抗议运动之中。

冷战后跨国社会运动的勃兴不仅引起国内外学者和评论家的普遍关注，而且还引发了诸多的思考和激烈的争论。与之前的跨国社会运动相比，冷战后的跨国社会运动有着怎样的新特征？这些新特征对其行动策略和关系维度产生了怎样的影响？更为重要的是，这些新特征给跨国社会运动的规制方法和规制模式带来了怎样的变化？

对这些问题的探讨和研究受到几种因素的阻碍：一是认识论上的精英主义倾向。一种比较常见的观点认为，跨国社会运动只有通过或者转变为专业化和制度化的国际非政府组织，才能发挥更为积极的作用和影响。在他们看来，跨国社会运动是形形色色的草根活动分子的大杂烩，往往是暴力性的和颠覆性的，且与"集权和等级制"联系在一起；而国际非政府组织则是"全球道德"和"全球大众"的代表。受此精英主义逻辑的影响，即便一些跨国社会运动被有些学者给予较高评价，它们也往往是经过甄别

---

① 关于社会运动（social movement）超出一国的范围发展到国际层面，究竟是称之为"跨国社会运动"（transnational social movement），还是"全球社会运动"（global social movement），学者之间还存在着争论。具体详见第一章第一节的讨论。

和筛选的，因为只有那些"进步的"和"好的"跨国社会运动才会进入研究的视野，而宗教激进主义运动和种族主义运动等所谓"坏的"跨国社会运动则被排除在外。

二是方法论上的国家中心主义。社会学和政治学中的大多数社会运动研究方法都倾向于以国家为中心，而忽视了全球或世界体系的发展变化，即使在对不同国家的社会运动进行比较时也不例外。而传统的国际关系研究往往强调世界政治中的国与国之间的关系，而对包含非国家行为体的跨国关系①的研究则少有问津，即便是一些国际关系学者对跨国关系和非国家行为体进行了研究，也大多聚焦于跨国公司、政府间国际组织或国际非政府组织的研究，却相对忽略或轻视跨国社会运动对世界政治的影响与作用，这在很大程度上是国际关系学科对社会运动和社会运动理论普遍忽视的结果。社会运动传统上就被视为位于国内而不是国际之中，位于社会而不是政治之中②。究其原因，最基本也是最明显的一个方面是国际关系学者"过分专注于以国家为中心的活动"③。这种国家中心主义方法论不利于对冷战后跨国社会运动的特点及其与国家之间关系的研判。

三是研究视角上的二元对立。在全球化和冷战终结的影响下，国家中心主义研究方法的主导地位开始遭遇经验和理论两个方面的挑战。但是一些学者坚持认为，主导的现实主义范式可以为世界政治提供令人满意的和令人信服的解释④。然而，另一些学者则主张世界政治的全球化在相当程度上改变了国际关系，认为在全球化的背景下国家和政府的权威不再具有曾经拥有的作用⑤。由于跨国社会运动与国际非政府组织的蓬勃发展，国际体系中各个行为体之间的互动关系已发生明显的改变。传统以主权国家

① 跨国关系即跨国界的常规互动关系，其中至少有一个行为体是非国家行为体或不是代表民族国家政府或政府间组织进行运作的。参见：Thomas Risse-Kappen, "Bringing Transnational Relations Back In: Introduction," in Thomas Risse-Kappen, ed. , *Bringing Transnational Relations Back In: Non-state Actors, Domestic Structure and International Institutions*. Cambridge: Cambridge University Press, 1995: 3.

② R. B. J. Walker, "Social Movements/World Politics," *Millennium*, 1994, 23 (3): 669–670.

③ 入江昭. 全球共同体：国际组织在当代世界形成中的角色. 刘青, 等译. 北京：社会科学文献出版社, 2009: 5.

④ Stephen D. Krasner, *Sovereignty: Organised Hypocrisy*. Princeton: Princeton University Press, 1999; Kenneth N. Waltz, "Structural Realism after the Cold War," *International Security*, 2000, 25 (1): 5–41.

⑤ Susan Strange, *The Retreat of the State: The Diffusion of Power in the World Economy*. Cambridge: Cambridge University Press, 1996.

为主要行为体的"统治"概念①，已转变成注重非国家行为体角色的"治理"概念①。于是，全球治理理论应运而生②，与之相伴的是对全球社会研究的日益升温③。全球治理和全球社会的概念"把人们的注意力重新转向非国家行为体在世界政治中所起的作用上"④。由此，形成了"国家中心"与"社会中心"两种视角之间的对立。

四是分析工具上的难以通约。跨国社会运动与全球变革之间关系的研究是社会学和政治学领域中的社会运动研究与国际关系学科所共同关注的课题。但是在政治学和社会学领域中往往使用"社会运动"的概念，而国际关系学科则偏爱"国际非政府组织"这一术语，实际上，它们往往研究的是同一范畴。而且，一些学者即使在研究社会运动时也避免使用"社会运动"的概念，而是随意使用自己偏爱的替代性术语，例如"社会力量""大众""抵抗政治"等⑤。当然，更为主要的是，国际关系理论与社会运动理论之间的学科隔阂，使得双方的研究在彼此孤立的领域中进行，研究成果难以通用、缺乏应有的整合。

---

① 关于"治理"与"统治"的区别与联系，参见：罗西瑙. 没有政府的治理：世界政治中的秩序与变革. 张胜军，刘小林，等译. 南昌：江西人民出版社，2006：4-5.

② 全球治理理论的兴起"源于一些国际关系学者对 20 世纪 70 年代和 80 年代主导国际组织研究的现实主义和自由制度主义理论的日益不满。尤其是，它们没能充分地抓住全球化时代中非国家行为体在数量和影响上的增长以及技术变革的意义"。参见：Thomas G. Weiss, "Governance, Good Governance and Global Governance: Conceptual and Actual Challenges," *Third World Quarterly*, 2000, 21 (5): 796.

③ 凯瑟琳·埃施利 (Catherine Eschle) 总结认为，国际关系学者对全球社会的研究主要有三个类似的主题：一是在分析上都倾向于超越那种强调国家在全球政治中具有压倒性的和始终不变的权力和统治地位的国际关系研究方法；二是都相信在全球政治中形成除国家手段之外的治理模式和/或参与形式非常必要，它们可以弥补国家的作用，甚至挑战其霸权地位；三是都尤其聚焦于包括非政府组织和社会运动在内的非国家行为体在全球政治中的实际的和潜在的作用。参见：Catherine Eschle, "Globalizing Civil Society? Social Movements and the Challenge of Global Politics from Below," in Pierre Hamel, Henri Lustiger-Thaler, Jan Nederveen Pieterse and Sasha Roseneil, eds., *Globalization and Social Movements*. New York: Palgrave, 2001: 61-62.

④ Marc Williams, "The World Bank, the World Trade Organisation and the Environmental Social Movement," in Richard A. Higgott, Geoffrey R. D. Underhill and Andreas Bieler, eds., *Non-State Actors and Authority in the Global System*. London: Routledge, 2000: 242.

⑤ 参见：Robert W. Cox, "Social Forces, States and World Orders: Beyond International Relations Theory," *Millennium*, 1981, 10 (2): 126-155; Michael Hardt and Antonio Negri, *Empire*. Cambridge, Mass.: Harvard University Press, 2000; Barry K. Gills, "Introduction: Globalization and the Politics of Resistance," in Barry K. Gills, ed., *Globalization and the Politics of Resistance*. New York: Palgrave, 2000.

二、研究意义

鉴于当前冷战后跨国社会运动的特点及其规制研究方面存在的方法论问题、学科隔阂问题和理论融合障碍问题，加之国内国际关系学科对跨国社会运动规制的研究存在明显的滞后现象，因此，冷战后跨国社会运动的特点及规制研究，在当前有着重要的理论价值和现实意义，这对于国内学界而言尤其如此。

首先是理论价值意义。一是在理论建构上，旨在对冷战后跨国社会运动的行动逻辑及规制提供理论阐释。研究冷战后跨国社会运动的特点与规制问题，最终的目的和落脚点在于，在研判其特征与行动逻辑的基础上，把握跨国社会运动与国家之间的互动关系和演进轨迹，建构跨国社会运动的国家规制和国际规制的相关阐释框架。

二是在理论融合上，有助于各学科相关研究之间的整合。冷战后跨国社会运动研究属于政治学和社会学的社会运动理论研究与国际关系研究之间的交叉点，通过此项研究有助于促进各相关学科之间进一步的理论融合。国际关系学科一直是在融合其他学科的基础上不断发展的，20世纪中后期更是国际关系理论中交叉学科大发展的时期，例如国际政治经济学和建构主义的兴起[1]。国际关系理论与社会运动研究之间的融合是国家关系理论与其他学科和理论交叉融合趋势的继续，也是20世纪90年代以来国际关系理论"社会学转向"的一个新发展。因此，跨国社会运动研究可能有助于国际政治社会学尤其是中国国际政治社会学的构建和发展。

其次是现实意义。冷战后跨国社会运动研究对于当下的中国来说也有着重要的现实意义。一方面，尽管目前跨国社会运动大多集中于西方国家、基本上并不在国内发生，但国际非政府组织和跨国社会运动会通过诉诸国际组织、国际规范和其他国家等外力对中国施加某些间接的影响，而且国内某些社会力量也可能会借助"回飞镖影响模式"[2]求助于跨国社会运动和国际非政府组织对中国施压，特别是随着中国海外利益的不断拓展，跨国社会运动对中国国家利益的影响则更为直接。尤其是近年来跨国民族分离主义和跨国恐怖主义运动对我国的影响更趋显著。因此，"学会

---

① 郭树永. 国际政治社会学初探. 世界经济与政治, 2001 (11): 10.

② 凯克, 辛金克. 超越国界的活动家：国际政治中的倡议网络. 韩召颖, 孙英丽, 译. 北京：北京大学出版社, 2005: 15.

面对跨国社会运动"① 是当下中国外交和学界面对的一个现实课题。

另一方面，鉴于抗争性政治已成为我国社会冲突的一个基本面②，冷战后跨国社会运动的研究有助于把握当今全球化和信息化时代社会冲突和社会矛盾发生的深刻根源，这是"创新有效预防和化解社会矛盾体制"和构建有效的国家治理体系的一个重要前提，因而，研究对于群体性事件的预防与干预以及创新社会治理体系的理论与实践活动有着一定的现实意义。尤其是对冷战后跨国社会运动规制方法和模式的研究，会为我国认识和把握跨国势力介入或有着某种跨国联系的国内群体性事件或暴恐事件的特点、性质和运作机制，特别是为正确而有效地应对和处置这些事件，提供若干重要的启示。

第二节　研究的现状与趋势

一、国外研究综述

1. 国外跨国社会运动研究的学术史回顾

国外学术界对跨国社会运动的研究主要集中在两个领域：一是政治学和社会学领域，并最终形成了一个独立的分支学科——社会运动研究；二是国际关系学科，主要聚焦于跨国政治和（国际）非政府组织的研究。下文从跨学科的综合性视角将跨国社会运动研究的发展变迁划分为三个阶段。

（1）第一阶段：跨国主义和社会运动理论的渊源——跨国社会运动研究的萌生（20世纪60年代以前）。

社会运动研究起源于对社会抗争的解释。普通民众携手对抗社会精英、当局和对立者的斗争可以追溯到人类历史之初③，但作为"一种独特的实现大众政治的方式和手段"的社会运动却"肇始于18世纪后期的西

---

① 王逸舟教授提出未来的中国外交要"学会面对国际非政府组织"，不过，值得注意的是，他所谈的实际上是由国际非政府组织发起或参与的跨国社会运动。因而，换言之，未来的中国外交也要"学会面对跨国社会运动"。参见：王逸舟. 中国外交的思考与前瞻. 国际经济评论，2008（4）：5-6.

② 于建嵘. 抗争性政治：中国政治社会学基本问题. 北京：人民出版社，2010.

③ 塔罗. 运动中的力量：社会运动与斗争政治. 吴庆宏，译. 南京：译林出版社，2005：2.

欧"①。自此，早期的理论家就试图对社会运动及其跨国传播进行解释，不过，起初"大多数社会科学中关于社会抗议的理论都植根于某种经济学解释"②。无论从马克思主义的角度还是从现代化理论③的角度，它们都强调人们在经济上的不满。现代化理论把社会冲突看作"经济变化和工业化的产物"，并预计社会冲突"会因为教育的发展和一个有产的中间阶层的成长而随时间逐渐消失"④。马克思主义者一般认为，"在生产资料与劳动者之间结成的不同的生产关系会导致不同的社会矛盾，进而影响到社会运动或革命的产生和发展"⑤。被西德尼·塔罗（Sidney Tarrow）称为"最早的社会运动理论家"的马克思和恩格斯，指出社会运动的根源在于社会结构的内在矛盾，资本主义生产方式内在矛盾的对抗性必然导致阶级斗争尖锐化⑥，资本主义一方面使得无产者失去对生产资料的所有权，另一方面又促使无产者阶级意识和工会组织的形成。"资产阶级无意中造成而又无力抵抗的工业进步，使工人通过结社而达到的革命联合代替了他们由于竞争而造成的分散状态。""随着工业的发展，无产阶级不仅人数增加了，而且结合成更大的集体，它的力量日益增长，而且它越来越感觉到自己的力量。"⑦ 当无产者与资产者的矛盾激化，他们就会开展社会运动，而"阶级意识和工会组织"则是其重要的集体行动资源。列宁则从组织的层面对马克思的理论进行发展，强调领导和组织在社会运动中的重要性，认为只有创立工人阶级"先锋队"⑧ 即无产阶级政党，才能有效地组织和领导工人运动，进而取得革命的成功（在落后的国家尤其如此）。葛兰西（Antonio Gramsci）反思俄国革命没有传播到西方国家的原因，认为，

① 蒂利. 社会运动 1768—2004. 胡位钧，译. 上海：上海人民出版社，2009：9.
② 裴宜理. 社会运动理论的发展. 阎小骏，译. 当代世界社会主义问题，2006（4）：4.
③ 现代化理论是研究社会运动的一种理论传统，其理论核心在于"强调社会变革的人类代价"，认为这是社会运动产生的主要原因。参见：Cyrus Ernesto Zirakzadeh, *Social Movements in Politics : A Comparative Study*. New York : Addison Wesley Longman，1997：xi.
④ 同②.
⑤ 赵鼎新. 社会与政治运动讲义. 北京：社会科学文献出版社，2006：25.
⑥ 马克思. 哲学的贫困//马克思，恩格斯. 马克思恩格斯文集：第1卷. 北京：人民出版社，2009：614.
⑦ 马克思，恩格斯. 共产党宣言//马克思，恩格斯. 马克思恩格斯文集：第2卷. 北京：人民出版社，2009：43，40.
⑧ 列宁在1901—1902年指出，俄国工人运动和革命"首要的最迫切的实际任务是要建立一个能使政治斗争具有力量、具有稳定性和继承性的**革命家组织**，即无产阶级"先锋队"。参见：列宁. 怎么办？我们运动中的迫切问题//列宁. 列宁选集：第1卷. 3版. 北京：人民出版社，1995：386.

"至少在西方，要发动革命仅有组织是不够的"，还必须"加强工人的自觉意识"和"创造工人阶级文化"，通过在市民社会夺取文化领导权来反抗或消除资产阶级文化霸权。马克思的阶级矛盾理论、列宁的先锋队理论和葛兰西的文化霸权理论分别是后来的集体行为理论、资源动员理论以及集体认同与框架理论①等社会运动理论的重要渊源之一②。

国际关系学科对包括跨国社会运动组织或网络在内的跨国行为体（或非国家行为体）的关注和分析始于 20 世纪六七十年代兴起的跨国关系研究。不过，跨国关系，例如跨国公司和现代跨国网络（包括跨国社会运动网络）等都有其历史先驱者，因而对跨国关系进行理论概括也有着较为久远的历史③。早在 18 世纪和 19 世纪，康德（Immanuel Kant）④ 和托克维尔（Alexis de Tocqueville）⑤ 等人就论述了跨国关系（特别是经济上的相互依赖）之于世界和平的重要性。与之不同的是，马克思主义者则不赞同资本主义经济上的相互依赖会实现世界和平的观点，马克思和恩格

---

① 所谓框架（frame），是指社会运动的领导者或组织者，为了吸引人们加入和持续地参与社会运动，而对议题进行架构或塑造，以便与潜在的运动参与者的信仰、情感和愿望相吻合或与之产生共鸣。参见：Jeff Goodwin and James M. Jasper, eds., *The Social Movements Reader: Cases and Concepts*, *2nd edition*. Malden, MA: Blackwell Pub., 2009: 55. 框架理论源于美国学者斯诺（David A. Snow）等人借用欧文·戈夫曼（Erving Goffman）的框架分析（frame analysis）概念对社会运动微观动员过程的分析。参见：赵鼎新. 社会与政治运动讲义. 北京：社会科学文献出版社，2006: 212.

② 塔罗. 运动中的力量：社会运动与斗争政治. 吴庆宏，译. 南京：译林出版社，2005: 14-17.

③ Thomas Risse, "Transnational Actors and World Politics," in Walter Carlsnaes, Thomas Risse and Beth Simmons, eds., *Handbook of International Relations*. London et al.: Sage Publications, 2002: 256-257.

④ 康德认为贸易的精神品质是与战争不相容的，最早指出了经济相互依赖与世界和平之间的因果关系，提出了将民主社会、跨国主义与和平联系在一起的"世界主义"思想。康德认为，"与战争无法共处的商业精神……迟早会支配每一个民族的"，并将世界各个民族结合在一起。参见：康德. 永久和平论. 何兆武，译. 上海：上海人民出版社，2005: 38. 他提出，建立在共和制民主基础上的"国家（公民）权利"体制、以自由国家的联盟制度为基础的"国际权利"体制以及以普遍的友好（好客）为条件的"世界公民权利"体制是"走向各国之间永久和平"的三项必要条件。参见：康德. 永久和平论. 何兆武，译. 上海：上海人民出版社，2005: 13-27. 康德的"世界主义"思想是后来的"民主和平论"的源头，不过，后人提出的"民主和平论"却只集中于民主社会与和平之间的联系，而丢掉了康德思想中的跨国主义的因素。

⑤ 托克维尔认为跨国关系，即不同国家的民主社会及其居民之间的联系，是阻止战争的重要手段。他指出："随着平等在几个国家同时发展和这些国家的居民一起涌向工商业，不仅他们的爱好日趋一致，而且他们的利益也逐渐交融了。因此，任何一个国家加于他国的危害都不能不弹回到自己身上来，从而使人认识到战争是一种对战胜国和战败国来说损害差不多相等的灾难。"参见：托克维尔. 论美国的民主：下卷. 董果良，译. 北京：商务印书馆，1991: 831.

斯的确认为资本主义大工业的发展和世界市场的形成促使世界各国人民之间的跨国联系更为紧密，但他们则是从阶级和阶级斗争的角度对之加以考察的，在他们看来，由于资产阶级与无产阶级之间矛盾的不可调和性，跨国关系的发展只是导致二者各自国际联系的增强以及二者之间的斗争由国内层面延展至国际社会①。换言之，资本主义经济相互依赖并不一定会带来世界和平，而是导致阶级斗争的普遍化和世界化，国内社会运动（具体表现为无产阶级运动或曰工人运动）由此演变为跨国社会运动。此后，列宁进一步对其加以发展，认为资本主义国家不可避免地会走向垄断和金融资本阶段，帝国主义是资本主义内部阶级斗争在外部世界的表现以及资本家无休止地抢占世界市场与追逐利润的结果②。这意味着跨国工人运动和世界反殖运动（或革命）在帝国主义阶段会进一步加剧，进而促使帝国主义走向灭亡。作为对马克思尤其是列宁的帝国主义理论的反应，熊彼特（Josef Schumpeter）承袭康德等人的观点，在其《帝国主义的社会学》一文中详细地论证了自由资本主义、经济相互依赖与和平之间的因果关系，主张"资本主义的本质是反帝国主义的"③，除非特定的经济利益受到侵犯，否则资本主义国家不会实行进攻性的外交政策。与马克思主义者所认为的只有通过无产阶级运动和革命（跨国工人运动）才能推翻资本主义进入社会主义的观点不同的是，熊彼特还提出了资本主义将自动过渡到"社会主义"的论点④。可见，在双方关于资本主义与相互依赖之间关

---

① 恩格斯指出："单是大工业建立了世界市场这一点，就把全球各国人民，尤其是各文明国家的人民，彼此紧密地联系起来，以致每一个国家的人民都受到另一国家发生的事情的影响。此外，大工业使所有文明国家的社会发展大致相同，以致在所有这些国家，资产阶级和无产阶级都成了社会上两个起决定作用的阶级，它们之间的斗争成了当前的主要斗争。"参见：恩格斯. 共产主义原理//马克思，恩格斯. 马克思恩格斯文集：第1卷. 北京：人民出版社，2009：687.

② 列宁认为，那种主张资本主义经济上的相互依赖会"给人们带来了在资本主义制度下各民族间实现和平的希望"的观点是十分荒谬的。他指出："资本主义发展到一定的、很高的阶段，资本主义的某些基本特性开始转化成自己的对立面……在这一过程中，经济上的基本事实，就是资本主义的自由竞争为资本主义的垄断所代替。"也就是说，他认为资本主义不可避免地走向垄断和金融资本阶段即帝国主义这一特殊的阶段，并断言在帝国主义阶段，资本主义国家之间的战争是不可避免的，"试问，**在资本主义基础上**，要消除生产力发展和资本积累同金融资本对殖民地和'势力范围'的瓜分这两者之间不相适应的状况，除了用战争以外，还能有什么其他办法呢？"参见：列宁. 帝国主义是资本主义的最高阶段. 北京：人民出版社，2001：65，77，87.

③ Joseph Schumpeter, *Imperialism and Social Classes*. Cleveland, Ohio: Meridian Books, 1955：73.

④ 熊彼特. 资本主义、社会主义与民主. 吴良健，译. 北京：商务印书馆，1999.

系，以及资本主义与战争与和平之间关系的争论中，跨国或国内社会运动是一个焦点问题。

自从国际关系作为一门社会学科诞生之后，学者们在跨国关系研究方面更为深入，特别是 20 世纪 40 年代和 50 年代，戴维·米特兰尼（David Mitrany）、厄恩斯特·哈斯（Ernst Hass）和卡尔·多伊奇（Karl Deutsch）等人的研究为跨国关系研究指明了方向[①]。值得注意的是，用今天的话来说，这些学者没有像后来跨国关系理论那样主张世界政治的"社会中心"和"国家中心"视角二分法和对立关系，而是主张国际机构和超国家治理结构一方面是对民间行为体（这其中就包括在国内和/或国际层面运作的社会运动）的跨国互动做出反应的结果，另一方面又促进了民间行为体的跨国互动[②]。例如，厄恩斯特·哈斯以欧洲为背景论述超国家治理中跨国利益团体和政治精英因素。在厄恩斯特·哈斯等新功能主义者看来，利益团体是超国家机构和成员国的政客和国民之间联系的重要手段。米特兰尼则指出，国际非政府组织（和/或跨国社会运动）等国际压力团体与政府间组织之间的关系是双向互动的过程，在政府间组织中的参与提供了对政府间决策的理解，并因而促进了对国际决策的国内社会支持[③]。与跨国社会运动研究相关的是，这些学者着重探究了跨国社会运动及其组织与政府间国际组织之间的互动关系。

这一阶段，社会运动理论和国际关系理论都在独自孕育发展中，并逐渐构建起各自的学科边界和理论体系，不过，由于当时跨国关系的不断发展和早期工人运动所具有的跨国性，在国际工人运动、帝国主义以及国际社会的变革等问题上，二者产生了某种不自觉的理论交汇。特别是在马克思和列宁等人的论述中，资本主义世界体系中的战争与和平问题与资本主义国家内部的阶级矛盾（表现为社会运动或革命）是密切相关的。但随着

---

① Daphné Josselin and William Wallace, "Non-State Actors in World Politics: A Framework," in Daphné Josselin and William Wallace, eds., *Non-State Actors in World Politics*. Houndmills: Palgrave, 2001: 11.

② Thomas Risse, "Transnational Actors and World Politics," in Walter Carlsnaes, Thomas Risse and Beth Simmons, eds., *Handbook of International Relations*. London et al.: Sage Publications, 2002: 257.

③ Bob Reinalda, "Private in Form, Public in Purpose: NGOs in International Relations Theory," in Bas Arts, Math Noortmann and Bob Reinalda, eds., *Non-state Actors in International Relations*, Aldershot: Ashgate Publishing Limited, 2001: 19.

各自学科体系的创建，二者渐行渐远①，尤其是在现实主义国际关系理论兴起之后，国际关系理论更多地关注国际关系（国与国之间的关系）而不是跨国关系，而社会运动理论也开始渐渐地聚焦于国内社会运动的研究。

（2）第二阶段：社会运动理论的勃兴和跨国主义的兴起——跨国社会运动研究的两条平行路径（20 世纪 60 年代至 80 年代）。

20 世纪 60 年代和 70 年代，在美国和欧洲，新社会运动风起云涌，西方中产阶级越来越多地加入社会运动中去，对此无论是马克思主义理论还是现代化理论都很难进行解释。因此，学者们开始逐渐在马克思主义和现代化理论的路径之外，发展了关于社会抗议的新的解释理论②。这些理论更多地从心理学、社会学和（或）政治学的角度来研究社会运动。由此，社会运动研究在欧美逐渐发展成为一门显学，形成了很多理论学派③。总体而言，自 20 世纪 60 年代以来，社会运动研究有四种主要的理论视角：以特纳（Ralph H. Turner）和基利安（Lewis M. Killian）为代表的集体行为理论、以左尔德（Mayer N. Zald）和麦卡锡（John D. McCarthy）为代表的资源动员理论、以蒂利（Charles Tilly）为代表的政治过程理论和以图海纳（Alain Touraine）和梅卢西（Alberto Melucci）为代表的新社会运动理论④。

集体行为理论认为集体社会运动产生自社会冲突（譬如相对的剥夺或结构性的不平等）⑤，现实生活中受挫和不满的公民可能会发起集体行动

---

① 正如有学者指出的，"主流的国际关系研究往往倾向于认为世界政治分析需要与其他背景中的政治分析不一样的概念和理论，因而将世界政治研究与主流的社会科学研究孤立起来。政治科学学者，尤其是国际关系学者对国家的全神贯注，使得难以察觉到其他跨国行为体的活动。而社会学家，尤其是北美的社会学家，也往往将其研究局限于社会内部的行为，而社会通常被认为是有着与国家一样的边界"。参见：Chadwick F. Alger, "Transnational Social Movements, World Politics and Global Governance," in Jackie Smith, Charles Chatfield and Ron Pagnucco, eds., *Transnational Social Movements and Global Politics: Solidarity beyond the State.* Syracuse, N.Y.: Syracuse University Press, 1997: 260-261.

② 裴宜理. 社会运动理论的发展. 阎小骏，译. 当代世界社会主义问题，2006（4）：4.

③ 社会运动研究是社会学和政治学的分支，二战以后在欧美逐渐发展成为一门显学，形成了很多理论学派。在历史发展过程中，西方社会运动研究分别形成了欧洲的历史哲学传统（马克思主义、新社会运动理论）和美国的实证主义传统（集体行为理论、资源动员理论和政治过程理论）。参见：Nick Crossley, *Making Sense of Social Movements.* Buckingham, Philadelphia: Open University Press, 2002: 10.

④ Mario Diani, "The Concept of Social Movement," *Sociological Review*, 1992, 40 (1): 3.

⑤ Bob Reinalda, "Private in Form, Public in Purpose: NGOs in International Relations Theory," in Bas Arts, Math Noortmann and Bob Reinalda, eds., *Non-state Actors in International Relations*, Aldershot: Ashgate Publishing Limited, 2001: 28.

（社会运动），试图改变自己被排除在体系之外的不利地位。资源动员理论则强调组织和资源以及政治机遇在社会运动的发起和发展中具有十分重要的作用。政治过程理论则强调社会运动是一个政治过程，是运动参与者（挑战者）与当权者之间互动的一种方式，社会运动与政治之间存在着不断相互塑造的关系。新社会运动理论倾向于把二战以后的"新"社会运动看作西方资本主义国家社会结构转型的结果，并强调其与工人运动等传统社会运动的不同点。比较而言，欧洲传统的新社会运动理论与马克思主义理论一脉相承，更多地关注社会运动为什么会发生，而美国的实证主义传统则侧重于解释社会运动是怎样发生的。

　　总的来看，这一时期社会运动理论学派的不断发展是对二战后，尤其是 20 世纪 60 年代在欧美普遍发生的反战反核和平运动、环境运动、女权运动等现象的一种反应，试图从理论上对其进行阐释。然而，当时的研究主要聚焦于欧美各国国内社会运动，对社会运动跨国传播和发展的研究相对不足，至于跨国社会运动对国际关系的影响也鲜有论述。而且，社会运动研究的欧洲传统和美国传统之间也是各自独立发展的，直到 20 世纪 80 年代两地的社会运动研究者才开始进行学术交流，因此，更不用说社会运动理论与国际关系理论的主动融合了。

　　与此同时，在国际关系领域中，跨国主义研究开始兴起，对二战后盛行的现实主义理论发起挑战。20 世纪 60 年代经济的长期繁荣、东西方缓和的形成以及政府和民间行为体之间通过国际机构进行磋商的多边机制的传播，产生了第一批把自由多元主义理论应用于国际事务的研究和理论①。1969 年，卡尔·恺撒（Karl Kaiser）撰写了一篇被广泛引用的、论及"跨国政治"的文章②。1971 年《国际组织》杂志刊发了由罗伯特·基欧汉（Robert O. Keohane）和小约瑟夫·奈（Joseph S. Nye，Jr.）主编的"跨国关系与世界政治"特刊，对"国家主导"的世界政治观点发起了挑战③。他们对跨国关系的界定，实际上包括所有形式的跨国活动，即"不

① Daphné Josselin and William Wallace, "Non-State Actors in World Politics: A Framework," in Daphné Josselin and William Wallace, eds., *Non-State Actors in World Politics*. Houndmills: Palgrave, 2001: 11.
② 卡尔·恺撒论及"跨国政治"的文章 1969 年发表时为德文版，1971 年在《国际组织》上发表。参见：Karl Kaiser, "Transnational Politics: Toward a Theory of Multinational Politics," *International Organization*, 1971, 25 (4): 790.
③ Joseph S. Nye, Jr. and Robert O. Keohane, eds., "Transnational Relations and World Politics," *International Organization*, special issue, 1971, 25 (3).

受各国政府中央外交政策机构控制的那些跨越国家边界的联系、联盟与互动行为"①。在他们1974年的文章中，跨国关系概念缩小为非政府行为体的国际活动，以与"国际组织"（指政府间国际组织）和"跨政府关系"（指地方政府的国际活动）相区别②。詹姆斯·罗西瑙（James N. Rosenau）也积极响应，他抨击了国家主导的国际关系范式，提出促进"世界政治的跨国化"③。

　　基欧汉和奈的跨国政治研究具有开创意义，被认为是国际关系研究出现"范式转换"的一个标志，即由"现实主义"范式转向"世界政治"范式④。这种跨国主义的研究方法从经验上证明了国家正被嵌入合作和冲突关系的网络之中。许多在国家内部和跨国运作的行为体成了无可非议的研究焦点⑤。不过，由基欧汉和奈所开创的跨国政治研究存在三点不利的影响⑥：首先，主要聚焦于跨国经济关系，尤其是跨国公司的研究，这与当时国际政治经济学的兴起有关。《跨国关系与世界政治》中的文章莫不如此，直至1996年基欧汉与海伦·米尔纳（Helen V. Milner）的著作《国际化与国内政治》也主要局限于跨国经济关系⑦。国际非政府组织等其他跨国行为体并未成为系统研究的主题。最早以国际非政府组织为研究对象的著作之一是《全球体系中的压力集团：议题导向非政府组织之跨国关系》，主标题也使用的是"压力集团"一词，以与当时的利益集团研究相匹配⑧。跨国关

①　Joseph S. Nye, Jr. and Robert O. Keohane, eds. , "Transnational Relations and World Politics," *International Organization*, special issue, 1971, 25 (3): 331.

②　Robert O. Keohane and Joseph S. Nye, Jr. , "Transgovernmental Relations and International Organizations," *World Politics*, 1974, 27 (1): 41.

③　James N. Rosenau, *The Study of Global Interdependence: Essays on the Transnationalization of World Affairs*. London: Frances Pinter, 1980.

④　Sidney Tarrow, "Transnational Politics: Contention and Institutions in International Politics," *Annual Review of Political Science*, 2001, 4 (1): 3-4.

⑤　例如：Joseph S. Nye, Jr. and Robert O. Keohane, eds. , "Transnational Relations and World Politics," *International Organization*, special issue, 1971, 25 (3); Richard W. Mansbach, Yale H. Ferguson, and Donald E. Lampert, *The Web of World Politics: Non-State Actors in the Global System*. Upper Saddle River, NJ: Prentice Hall, 1976; Peter Willetts, ed. , *Pressure Groups in the Global System: The Transnational Relations of Issue-oriented Nongovernmental Organization*. London: Pinter, 1982.

⑥　同④4-5.

⑦　Robert Keohane and Helen V. Milner, eds. , *Internationalization and Domestic Politics*. Cambridge: Cambridge University Press, 1996.

⑧　Peter Willetts, ed. , *Pressure Groups in the Global System: The Transnational Relations of Issue-oriented Non-governmental Organization*. London: Pinter, 1982.

系学者在研究社会运动时，也通常将其视为对跨国经济渗透进行抵抗的表现；在研究国家内部政治时，也主要关注经济外交政策的制定。这种政治经济学的视角使得学者们没有注意到，大多数跨国活动涉及政治的和人道主义的议题的事实，例如难民问题、反对针对妇女儿童使用暴力的问题以及人权问题。其次，在讨论"国际多元主义"时，主要是指国内利益集团在跨国结构中的联系，通常包含为了协调的目的而成立的跨国组织（主要是国际非政府组织）①，但没有将抗争性的社会运动纳入分析之中，因而直到 20 世纪 90 年代跨国政治领域和日益发展的社会运动领域之间仍缺乏融合。例如，国际关系学者罗伯特·奥布赖恩（Robert O'Brien）等人的著作虽然以"全球社会运动"为研究主题，却几乎没有从社会学的社会运动研究领域汲取养料，因为他们实际上研究的是国际非政府组织②。最后，尽管基欧汉等人并没有言明，但他们对不受约束的跨国互动的强调，给人留下了跨国活动的发生是以国家为代价的印象。在他们主编的《国际组织》之"跨国关系与世界政治"特刊中，罗伯特·吉尔平（Robert Gilpin）就已经提出反对自由主义的观点，认为"跨国公司主要是美国外交政策和权力的工具，而不是相反"③。塞缪尔·亨廷顿（Samuel P. Huntington）对此也进行了批判，指出"跨国主义即美国扩张的模式"，预言民族国家的衰亡还"为时过早"④。由此，国家在跨国政治中的作用成为争论的焦点，并逐渐形成了"以国家为中心"的研究方法和"以社会为中心"的研究方法之间的分野和对立⑤。

之后，基欧汉和奈又将跨国关系纳入更加以国家为中心的相互依赖理论

①　Joseph S. Nye, Jr. and Robert O. Keohane, eds., "Transnational Relations and World Politics: An Introduction," "Transnational Relations and World Politics," *International Organization*, special issue, 1971, 25 (3): 338.

②　Robert O'Brien, Anne Marie Goetz, Jan Aart Scholte and Marc Williams, *Contesting Global Governance: Multilateral Economic Institutions and Global Social Movements*. Cambridge: Cambridge University Press, 2000: 15−16.

③　Robert Gilpin, "The Politics of Transnational Economic Relations," *International Organization*, 1971, 25 (3): 398−419.

④　Samuel P. Huntington, "Transnational Organizations in World Politics," *World Politics*, 1973, 25 (3): 344, 363.

⑤　Thomas Risse-Kappen, "Bringing Transnational Relations Back In: Introduction," in Thomas Risse-Kappen, ed., *Bringing Transnational Relations Back In: Non-state Actors, Domestic Structure and International Institutions*. Cambridge: Cambridge University Press, 1995: 5.

之中①。尤其是，随着新现实主义理论的崛起②，几乎整个 20 世纪 80 年代，国际关系学界的焦点是新现实主义和新自由主义之间的论战③，争论主要围绕无政府状态下合作的前景问题，这种合作即国家之间的合作④，而较少关注包括跨国社会运动在内的跨国行为体与跨国关系。双方在国际合作的可能性问题上存在分歧，但都假定国家是一个单一的理性行为体，国家仍继续限定着国际关系的特征，并坚守着国内政治与国际政治这两个层面之间的界限⑤。

这一阶段，社会运动理论和跨国主义各自发展出自己的理论体系和解释模式，并行发展但缺乏理论之间的交流和沟通。二者交汇点在于分别从社会运动和非政府组织的角度对二战以后在西方世界蓬勃发展的社会运动进行了研究，尽管双方研究的是同一现象，但由于分析概念不同、理论范式不一，难以通用，更难以形成研究的合力。

（3）第三阶段：新跨国主义的兴起与跨国社会运动理论的发展——走向融合的跨国社会运动研究（20 世纪 90 年代以来）。

自从冷战结束以来，随着世界范围的国家权力的退却和跨国民间行为体在国内和国际政治中影响的例证日益增多，学术界对之的兴趣又再度兴起。"全球化争论"更是使人们开始关注日益增加的跨国活动层次，以及在国际和国内政治研究之间形成一种更加紧密的关系（将政府的和民间的行为体结合起来加以研究）的必要性⑥。跨国主义视角开始重新回到前台，产生了新一波的研究热潮，这些研究致力于非国家行为体的跨国活动

---

① Robert O. Keohane and Joseph S. Nye, *Power and Interdependence*: *World Politics in Transition*. Boston: Little, Brown and Company, 1977.

② Kenneth Waltz, *Theory of International Politics*. Reading, Mass.: Addison-Wesley Pub. Co., 1979.

③ David A. Baldwin, ed., *Neorealism and Neoliberalism*: *The Contemporary Debate*. New York: Columbia University Press, 1993.

④ Robert O. Keohane, *After Hegemony*: *Cooperation and Discord in the World Political Economy*. Princeton, NJ: Princeton University Press, 1984.

⑤ Daphné Josselin and William Wallace, "Non-State Actors in World Politics: A Framework," in Daphné Josselin and William Wallace, eds., *Non-State Actors in World Politics*. Houndmills: Palgrave, 2001: 11.

⑥ James Rosenau, *Turbulence in World Politics*: *A Theory of Change and Continuity*. Princeton, NJ: Princeton University Press, 1990; Joseph A. Camilleri and Jim Falk, *The End of Sovereignty? The Politics of a Shrinking and Fragmenting World*. Aldershot, UK: Edward Elgar, 1992; Philip G. Cerny, "Globalization and the Changing Logic of Collective Action," *International Organization*, 1995, 49 (4): 595 – 625; Susan Strange, *The Retreat of the State*: *The Diffusion of Power in the World Economy*. Cambridge: Cambridge University Press, 1996; David Held, *Democracy and the Global Order*: *From the Modern State to Cosmopolitan Governance*. Cambridge: Polity Press, 1995.

及其对国内和国际层次的机构和政策结果的影响，以及非国家行为体的扩散对我们理解国际关系的意义①。

而且，20 世纪 80 年代晚期两个方面的发展重新开辟了跨国行为体研究的知识空间②：一是建构主义或社会学制度主义在国际关系学界的兴起，约翰·鲁杰（John G. Ruggie）、弗里德里克·克拉托赫维尔（Friedrich Kratochwil）和亚历山大·温特（Alexander Wendt）等人开始关注社会和思想结构而不仅仅是关注国际关系的物质结构③。二是冷战的终结对国际关系理论研究的影响不应当被低估。传统的国际关系在预见世界政治的内在趋势方面不尽如人意，使得许多学者由国家中心论的现实主义和自由制度主义转向对国内政治和跨国政治进行重新评价。

在此背景下，20 世纪 90 年代跨国行为体的理论研究出现复兴，这一趋势同时又受到"全球化"争论的进一步促进，可以称之为"新跨国主义"，它有五个表现④：一是 1990 年詹姆斯·罗西瑙对后国际政治提出总体性的概括，提出国家中心体系与分散的多中心体系并存的两枝理论，后者以跨国"不受主权束缚的行为体"（sovereignty-free actors）为特征⑤。二是 1992 年彼得·哈斯（Peter M. Haas）主编的《国际组织》特刊阐述了跨国"知识共同体"的概念，即在与政策相关的知识方面具有权威性的专业人员之间的网络。这些作者运用建构主义对社会化、认知演变和学习进行研究，以便对共识性知识与权力之间的关系进行理论概括⑥。三是 1995 年托马斯·里斯-卡彭（Thomas Risse-Kappen）在主编的论文集

①　Daphné Josselin and William Wallace, "Non-State Actors in World Politics: A Framework," in Daphné Josselin and William Wallace, eds., *Non-State Actors in World Politics*. Houndmills: Palgrave, 2001: 11−12.

②　Thomas Risse, "Transnational Actors and World Politics," in Walter Carlsnaes, Thomas Risse and Beth Simmons, eds., *Handbook of International Relations*. London et al.: Sage Publications, 2002: 258.

③　Friedrich Kratochwil and John G. Ruggie, "International Organization: A State of the Art on an Art of the State," *International Organization*, 1986, 40 (4): 753−775; Alexander Wendt, "The Agent-Structure Problem in International Relations Theory," *International Organization*, 1987, 41 (3): 335−370; Friedrich Kratochwil, *Rules, Norms, and Decisions*. Cambridge: Cambridge University Press, 1989.

④　同②258−259.

⑤　James N. Rosenau, *Turbulence in World Politics: A Theory of Change and Continuity*. Princeton, NJ: Princeton University Press, 1990: 11.

⑥　Peter M. Haas, ed., "Knowledge, Power and International Policy Coordination," *International Organization*, special issue, 1992, 46 (1).

《跨国关系的回归：非国家行为体、国内结构和国际制度》中，试图研究跨国关系与国内结构之间的交叉点，认为"在类似的国际条件下，国内结构的差异决定了跨国行为体政策影响力的大小"，并探讨了国内结构的变量是如何对跨国行为体的影响力产生作用的。该书对跨国关系的研究也并不限于跨国经济关系，而是将跨国政治与国际制度联系在一起，指出跨国行为体对结果的影响取决于所要影响的政体的国内结构以及跨国行为体运作的环境由国际制度加以规范的程度①。四是玛格丽特·凯克（Margaret Keck）和凯瑟琳·辛金克（Kathryn Sikkink）阐述了跨国倡议网络的概念，并探究了其对人权和环境领域的影响②。五是沃尔夫冈·赖尼克（Wolfgang H. Reinicke）有关"全球公共政策"的研究是第一批尝试系统分析包含公共和私人行为体在内的国际层面的治理网络的著作之一③。

　　与20世纪70年代相比，"新跨国主义"有三个共同的特点④：一是由跨国公司转向对跨国非营利部门的研究，而且在实证主义方法的影响下，争论不再聚焦于非国家行为体是否在世界政治中发挥作用，而是聚焦于它们如何发挥作用⑤。二是更多地探讨国家与跨国社会之间的互动，而不是要以"社会中心"视角取代"国家中心"视角。这一趋势的一个表现是，以国际制度为焦点的传统机制分析日益被强调政府和跨国行为体之间的非等级网络的"没有政府的治理"视角所取代⑥。三是这一时期跨国关系研究受到了建构主义和社会学制度主义的影响，研究大多集中于跨国行为体在促进和传播因果知识和规范方

① Thomas Risse-Kappen, ed., *Bringing Transnational Relations Back In*: *Non-State Actors*, *Domestic Structures*, *and International Institutions*. Cambridge: Cambridge University Press, 1995.

② Margaret Keck and Kathryn Sikkink, *Activists beyond Borders*: *Advocacy Networks in International Politics*. Ithaca, N. Y.: Cornell University Press, 1998.

③ Wolfgang H. Reinicke, *Global Public Policy*: *Governing without Government*?. Washington DC: Brookings Institution Press, 1998.

④ Thomas Risse, "Transnational Actors and World Politics," in Walter Carlsnaes, Thomas Risse and Beth Simmons, eds., *Handbook of International Relations*. London et al.: Sage Publications, 2002: 259.

⑤ Daphné Josselin and William Wallace, "Non-State Actors in World Politics: A Framework," in Daphné Josselin and William Wallace, eds., *Non-State Actors in World Politics*. Houndmills: Palgrave, 2001: 12.

⑥ James N. Rosenau and Ernst-Otto Czempiel, eds., *Governance without Government*: *Order and Change in World Politics*. Cambridge: Cambridge University Press, 1992.

面的作用。

　　与此同时，20 世纪 90 年代，许多人文学科重新焕发了对社会运动理论的浓厚兴趣。这些趋势可以追溯到很多因素。首先，伴随着民主和民主政治的全球传播，有关民主的意义和界限的学术辩论重新兴起。社会运动被重新发现和重新评估为黏合新的民主治理形式的方法。其次，世界政治研究者强调日益全球化的权力结构与仍然局限于领土边界之内的代表和责任程序之间存在严重的脱节。一般认为在全球化背景下，国家和政府的权威不再起着其曾经所起的作用。从这个角度来说，权威关系断裂，共识难以形成，合法的模式日益受到竞争。在这个新的全球政治空间中，社会运动作为民主的另一种选择和新型政治的先驱的作用尤其受到关注①。最后，东欧和中欧的革命和政权更迭，改变了许多学者对社会运动在发生于 20 世纪 80 年代末 90 年代初的大规模和平变革中所起作用的看法，认为在东欧剧变和苏联解体过程中，社会运动的重要性被低估了，因而现在这些运动被给予极大的关注②。

　　这一时期，对社会运动感兴趣的社会学和政治科学学者则从一个不同的视角分析了社会运动向跨国或全球层面扩展的现象，出现了一波研究跨国或全球社会运动的高潮③。查德威克·阿尔杰（Chadwick F. Alger）指

---

① Martin Shaw, "Global Society and Global Responsibility: The Theoretical, Historical and Political Limits of International Society," *Millennium*, 1992, 21 (3): 421−434; Dianne Otto, "Nongovernmental Organizations in the United Nations System: The Emerging Role of International Civil Society," *Human Rights Quarterly*, 1996, 18 (1): 107−141.

② Marc Williams, "The World Bank, the World Trade Organisation and the Environmental Social Movement," in Richard A. Higgott, Geoffrey R. D. Underhill and Andreas Bieler, eds., *Non-State Actors and Authority in the Global System*. London: Routledge, 2000: 241−242.

③ Jackie Smith, Charles Chatfield and Ron Pagnucco, eds., *Transnational Social Movements and Global Politics: Solidarity beyond the State*. Syracuse, N. Y.: Syracuse University Press, 1997; Donatella Della Porta, Hanspeter Kriesi and Dieter Rucht, eds., *Social Movements in a Globalizing World*. Basingstoke: Macmillan, 1999; Sanjeev Khagram, James V. Riker and Kathryn Sikkink, eds., *Restructuring World Politics: Transnational Social Movements, Networks, and Norms*. Minneapolis: University of Minnesota Press, 2002; Jackie Smith and Hank Johnston, eds., *Globalization and Resistance: Transnational Dimensions of Social Movements*. Lanham, Md.: Rowman & Littlefield, 2002; Donatella Della Porta and Sidney Tarrow, eds., *Transnational Protest and Global Activism*. Lanham, MD: Rowman & Littlefield, 2005.

出这一趋势的意义在于，由分析国家内部的社会运动转向分析跨国社会运动，不仅由于摒弃领土边界对研究所施加的限制而拓展了对社会运动的理解，而且也加深了对世界政治的理解①。更为重要的是，从 20 世纪 90 年代早期开始，对跨国关系感兴趣的国际关系学者与对跨国社会运动感兴趣的社会运动学者开始创造性地相互交流与融合。其可以分为下面五个方面（有时相互重叠）②：一是一些学者研究广泛地进行跨国组织的非国家行为体的发展；二是一些学者集中于特定社会运动门类的研究，如和平运动、人权和民主化、环境、反大坝建设、移民权运动或土著民运动等；三是一些学者聚焦于组织研究，或是特定的组织，或是组织的发展，或是组织的跨国网络；四是一些学者研究非国家行为体与国际条约之间的关系；五是一些学者研究在国际协议或制度的背景下，特定的国家之间的或地区性的社会抗争运动。这样，曾经受跨国经济关系影响和用来反对现实主义观点的跨国政治研究日益与社会运动研究相互交融。

　　总之，这一时期的跨国政治研究共同关注于非政府组织和（或）社会运动，常常将这些行为体放在一个新兴的全球社会领域之中，并赋予其在全球变革进程、国际组织的运转和（或）全球治理的进程中的关键性作用③。尽管国际关系中的这些观点有选择地从社会学和政治学的思想中吸收大量的观点，但对社会学和政治学中发展起来的社会运动理论关注比较有限，甚至没有意识到近来一些社会运动理论克服以国家为中心的倾向并将其

---

① Chadwick F. Alger, "Transnational Social Movements, World Politics and Global Governance," in Jackie Smith, Charles Chatfield and Ron Pagnucco, eds. , *Transnational Social Movements and Global Politics: Solidarity beyond the State*. Syracuse, N. Y. : Syracuse University Press, 1997: 261.

② Sidney Tarrow, "Transnational Politics: Contention and Institutions in International Politics," *Annual Review of Political Science*, 2001, 4 (1): 9-10.

③ 例如：Marlies Glasius, Mary Kaldor, and Helmut Anheier, eds. , *Global Civil Society Yearbook 2002*. Oxford: Oxford University Press, 2002; Commission on Global Governance, *Our Global Neighbourhood*. Oxford: Oxford University Press, 1995; Ronnie D. Lipschutz, "Reconstructing World Politics: The Emergence of Global Civil Society," *Millennium*, 1992, 21 (3): 389-420; Roger Coate et al. , "The United Nations and Civil Society: Creative Partnerships for Sustainable Development," *Alternatives*, 1996, 21 (1): 93-122; Craig Murphy, "Global Governance: Poorly Done and Poorly Understood," *International Affairs*, 2000, 76 (4): 789-803.

框架拓展至全球层面所做的努力①。而社会运动研究在很大程度上寻求对资源动员理论、政治机会结构研究方法以及与之关联的抗争手段和框架方面的观点进行拓展，将这些社会运动理论加以全球化的努力大多数是与国际关系中的自由主义视角紧密相连的，但二者使用的是不同的语言。它们主要谈论跨国抗争进程中的跨国社会运动组织、跨国倡议网络以及二者的综合，这种跨国抗争利用了国际组织和机制所赋予的新的政治机遇，并涉及跨国架构和多层次行动手段的发展。尽管一些社会运动理论学者近来认识到与国际关系的争论存在重叠之处，但学科之间所运用的学术语言的不同模糊了跨学科的共性②。

当前，国外学术界对冷战后跨国社会运动的研究主要集中于社会运动和世界政治之间关系的研究。

2. 当前国外跨国社会运动研究存在的问题

国外对跨国社会运动的研究可谓成果丰硕，仅就冷战后跨国社会运动的研究而言，当前的研究主要有三点缺陷。

首先，对冷战后跨国社会运动新特点的研判存在分析障碍。尽管目前国外学术界对冷战后跨国社会运动的新特征有着比较多的共识，但两个方面的问题阻碍了共识的达成：一是分析概念不太统一，模糊了对冷战后跨国社会运动及其特点的认知。例如，政治学和社会学学者倾向于使用"跨国社会运动"或"全球社会运动"③，而国际关系学者则倾向于运用大量临时替代的概念，如"全球社会网络"④"大众"⑤

---

① Matthias Finger, "NGOs and Transformation: Beyond Social Movement Theory," in Thomas Princen and Matthias Finger, eds., *Environmental NGOs in World Politics: Linking the Local and the Global*. London: Routledge, 1994: 48-66; Martin Shaw, "Civil Society and Global Politics: Beyond a Social Movements Approach," *Millennium*, 1994, 23 (3): 650-654; R. B. J. Walker, "Social Movements/World Politics," *Millennium*, 1994, 23 (3): 669-700; Christine Chin and James H. Mittleman, "Conceptualizing Resistance to Globalization," in Barry K. Gills, ed., *Globalization and the Politics of Resistance*. New York: Palgrave, 2000: 35-36.

② Catherine Eschle and Neil Stammers, "Taking Part: Social Movements, INGOs, and Global Change," *Alternatives*, 2004, 29 (3): 336-337.

③ Jackie Smith, Charles Chatfield and Ron Pagnucco, eds., *Transnational Social Movements and Global Politics: Solidarity Beyond the State*. Syracuse, N. Y.: Syracuse University Press, 1997; Robin Cohen and Shirin M. Rai, eds., *Global Social Movements*. London: Athlone Press, 2000.

④ Ronnie D. Lipschutz, "Reconstructing World Politics: The Emergence of Global Civil Society," *Millennium*, 1992, 21 (3): 389-420.

⑤ Michael Hardt and Antonio Negri. *Empire*. Cambridge, Mass.: Harvard University Press, 2000.

"社会力量"① 等。而且，一些政治学和社会学学者使用"跨国社会运动组织"② 术语的地方，国际关系学者则更多地谈论利益团体③、压力团体④和跨国活动家团体⑤。然而最近，非政府组织和（或）国际非政府组织的概念似乎出现了相当程度的跨学科融合，成为社会运动和国际关系学者共同采用的概念⑥。当然，国际非政府组织和跨国社会运动并不是一回事，但这也从一个侧面反映了国际非政府组织与跨国社会运动之间往往相互交织、彼此依存的关系，因而在分析的时候很难将二者截然分开。因此，问题的关键是需要进一步辨析跨国社会运动与国际非政府组织的概念及其之间的关系。二是研究焦点上存在分歧。一些学者从正式组织与草根活动分子相互割裂的角度来研究冷战后的跨国社会运动，这不利于对其新特征的研判，也无助于把握其发展演变的轨迹以及其真实的作用与未来的发展潜能。例如，一些学者倾向于认为具有正式结构的、制度化的国际非政府组织或跨国社会运动组织才能对全球政治施加积极的影响，而另一些学者则指出社会运动"非政府组织化"以及非政府组织专业化和制度化的趋势，严重限制国际非政府

---

① Barry K. Gills, "Introduction: Globalization and the Politics of Resistance," in Barry K. Gills, ed., *Globalization and the Politics of Resistance*. New York: Palgrave, 2000: 8.

② Jackie Smith, Charles Chatfield and Ron Pagnucco, eds., *Transnational Social Movements and Global Politics: Solidarity Beyond the State*. Syracuse, NY: Syracuse University Press, 1997; Jackie Smith and Hank Johnston, eds., *Globalization and Resistance: Transnational Dimensions of Social Movements*. Lanham, Md.: Rowman & Littlefield, 2002; Donatella Della Porta, Hanspeter Kriesi and Dieter Rucht, eds., *Social Movements in a Globalizing World*. Basingstoke, UK: Macmillan, 1999; Sanjeev Khagram, James V. Riker and Kathryn Sikkink, eds., *Restructuring World Politics: Transnational Social Movements, Networks, and Norms*. Minneapolis: University of Minnesota Press, 2002.

③ Robert Keohane and Joseph S. Nye, eds., *Transnational Relations and World Politics*. Cambridge, Mass.: Harvard University Press, 1972.

④ Peter Willetts, ed., *Pressure Groups in the Global System: The Transnational Relations of Issue-oriented Non-governmental Organization*. London: Pinter, 1982.

⑤ Paul K. Wapner, *Environmental Activism and World Civic Politics*. Albany: State University of New York Press, 1996.

⑥ 例如：Leon Gordenker and Thomas Weiss, eds., *NGOs, the UN, and Global Governance*. Boulder, Colo.: Lynne Rienner, 1996; Christoph Gorg and Joachim Hirsch, "Is International Democracy Possible?" *Review of International Political Economy*, 1998, 5 (3): 585 – 615; Dianne Otto, "Nongovernmental Organizations in the United Nations System: The Emerging Role of International Civil Society," *Human Rights Quarterly*, 1996, 18 (1): 107 – 141.

组织/跨国社会运动组织的民主潜能①，因此，他们往往强调网络化和更加地方化的草根活动主义对国内乃至国际社会民主的作用。具体而言，一些学者强调正式的跨国社会运动组织或国际非政府组织在联合国和国际金融机构之中的作用，认为它们可以使这些国际机构更为民主。它们拓宽了代表性、促使国家间谈判更负责任以及功能上更加有效②。彼得·威利茨（Peter Willetts）指出，社会组织、政府和政府间组织之间可以进行合作，因为政府和政府间组织具有高权威（在决策的约束力方面）但低合法性（在遵从决定的人数方面），而社会组织则具有低权威但高合法性（的特征）。他把社会组织动员合法性的能力视为其力量的源泉，因为这使得它们成为政府感兴趣的合作者③。托马斯·普林森（Thomas Princen）认为，非政府组织核心的资本就是合法性、透明度和跨国主义方面的特质，以及在"利用资金、吸引媒体、促进交流和提供相关信息"④ 等方面的作用和贡献。道格拉斯·威廉斯（Douglas Williams）认为，联合国系统中的民间组织已经为自身建立了"作为有组织批评国际社会缺陷的发起者、作为进步的刺激因素、作为新思想和方案的促进者、作为自愿为发展提供额外资金的来源以及作为公开性的渠道"的角色⑤。而另一些学者则强调非正式的民主活动主义和更加参与性的民主因素之作

---

① 相关论述参见：David S. Meyer and Sidney Tarrow, "A Movement Society：Contentious Politics for a New Century," in David S. Meyer and Sidney Tarrow, eds., *The Social Movement Society：Contentious Politics for a New Century*. Lanham, Md.：Rowman & Littlefield, 1998：20；Antonio Donini, "The Bureaucracy and the Free Spirits：Stagnation and Innovation in the Relationship between the UN and NGOs," in Leon Gordenker and Thomas Weiss, eds., *NGOs, the UN, and Global Governance*. Boulder, Colo.：Lynne Rienner, 1996：88-92.

② 例如：Barbara Adams, "The People's Organisations and the UN-NGOs in International Civil Society," in Erskine Childers, *Challenges to the United Nations：Building a Safer World*. London：Catholic Institute for International Relations，1995：178，184-185；Commission on Global Governance, *Our Global Neighbourhood*. Oxford：Oxford University Press, 1995：32-37，254-260；Elizabeth Riddell-Dixon, "Social Movements and the United Nations," *International Social Science Journal*, 1995, 47 (2)：291.

③ Peter Willetts, ed., *Pressure Groups in the Global System：The Transnational Relations of Issue-Oriented Non-Governmental Organizations*. London：Pinter, 1982：21-24.

④ Thomas Princen, "NGOs：Creating a Niche in Environmental Diplomacy," in Thomas Princen and Matthias Finger, eds., *Environmental NGOs in World Politics：Linking the Global and the Local*. London：Routledge, 1994：34.

⑤ Douglas Williams, *The Specialized Agencies and the United Nations：The System in Crisis*. London：Hurst & Company, 1990：268-269.

用。例如，黛安娜·奥托（Dianne Otto）明确提出"后自由主义的世界主义民主概念"，这包括"地区和国际性的民主大会以及跨国的公决的形式；地方化的社会运动对权力集中的抵制；横向运作和合作型的联络方式，以替代纵向的制度结构"，并认为联合国内部的机制"应该将形形色色的正式和非正式的非政府组织容纳进来，因为这会鼓励从地方参与中建立全球性观点，并培育公开的辩论和批判主义"①。很显然，冷战后的跨国社会运动是既包含正式的非政府组织在内，但又囊括形形色色的草根或非正式活动分子的一个特殊行为体，这使得其在斗争方式、运动策略和功能角色等方面都有着双重性特征。

其次，过分集中于对冷战后跨国社会运动的作用和影响的研究。现有的研究尤其聚焦于跨国社会运动和（或）国际非政府组织与全球变革之间的关系方面，但相关研究之间的整合机制缺乏，导致了分析视角的二元对立和学科之间的相互隔阂。一是关于跨国社会运动在世界政治中的作用，形成了所谓的"国家中心论"和"社会中心论"之间的二元对立②。一方面，传统的国际关系理论以主权国家作为世界政治中决定性的行为体，有意或无意地忽略了跨国社会运动的研究及其对国际政治的影响和作用；另一方面，近来国际关系学界对全球社会和全球治理的研究，似乎又过分拔高了跨国社会运动和国际非政府组织的作用和影响，令人产生了"社会世界"将要取代"国家世界"的印象。此外，从"自下而上的全球化"角度来研究跨国社会运动，并将之与主权国家和跨国公司推动的"自上而下的全球化"相对立的观点，也是这种对立的体现，例如理查德·福尔克（Richard Falk）认为全球社会中的社会运动行动特征是与精英推动的"自上而下的全球化"相对立的"自下而上的全球化"③。"国家中心论"和"社会中心论"之间的对立涉及的一个根本问题是国家与社会之间的关系问题，尤其是国家在当今这个世界中的地位问题。二是学科之间存在着相互隔阂，这可能是最为根本的一点。尽管国际关系理论与社会运动理论之间出现了彼此融合的发展趋势，然而，目前这种融合仍存在一些不足。社

---

① Dianne Otto, "Nongovernmental Organizations in the United Nations System: The Emerging Role of International Civil Society," *Human Rights Quarterly*, 1996, 18 (1): 134–135.

② Thomas Risse, "Transnational Actors and World Politics," in Walter Carlsnaes, Thomas Risse and Beth Simmons, eds., *Handbook of International Relations*. London et al.: Sage Publications, 2002: 256.

③ Richard Falk, *Predatory Globalization*. Cambridge: Polity Press, 1999: 2–3.

会学、政治学和国际关系等不同学科对跨国社会运动的关注并没有产生知识上和学科上的综合。相反，一个学科的缺陷简单地被其他学科所复制，各个领域中的分析、概念和术语之间不能通约或者相互重叠。国际关系理论有关非政府组织和社会运动的作用的争论主要围绕着全球社会与全球治理的概念展开。与此同时，政治学和社会学的研究更为统一，主要是试图将现有的社会运动研究方法加以全球化（应用到全球层面）。这两类研究常常聚焦于类似的运动活动主义和组织。由于国家内部的社会和政治互动关系的研究（政治学和社会学）与国家之间关系的研究（国际关系）之间的相互分离，社会学和政治学中的大多数社会运动研究方法都"倾向于以国家为中心，而忽视了全球的或世界体系的发展变化"，即使在对不同国家的活动进行比较时也是如此①。而国际关系学科建立的初衷是为了研究"全球的或世界体系的发展变化"，却仅将视野局限于研究国家间关系。其主流的观点认为，只有国家才是全球政治中的有效施动者，国家内部的活动和非国家行为体大都被视为无足轻重。这些学科上的偏见模糊了社会运动与全球变革进程之间相互影响的可能性②。这种学科间的隔阂导致的一个主要后果就是国内政治研究与国际政治研究之间的脱节。

最后，对跨国社会运动的规制研究相对缺乏。作为社会科学领域中一个很多年来被忽视的问题，社会运动或抗议的规制问题直到 20 世纪 80 年代和 90 年代才引起了注意。当然，关于国家对社会运动的反应，是社会运动学者一直关注的热点问题，尤其是国家对社会运动的镇压问题。事实上，现实生活中的镇压行为相当复杂，詹尼弗·厄尔（Jennifer Earl）发现国家已经将镇压的重点从事后的反应转向事前的预防，据此她主张放弃"镇压"（repression）而采用"抗议控制"（protest control）的概念③。在此基础上，20 世纪 90 年代末在社会运动研究中兴起了一个热门研究领域——社会运动管制或曰抗议管制（protest policing），其主要兴趣是分析与社会抗议相关的警察行为随时间、场合、对象和体制等因素而发生的变

① 例如：Valentine M. Moghadam, "Transnational Feminist Networks: Collective Action in an Era of Globalization," *International Sociology*, 2000, 15 (1): 57.

② Catherine Eschle and Neil Stammers, "Taking Part: Social Movements, INGOs, and Global Change," Alternatives, 2004, 29 (Issue 3): 333-335.

③ Jennifer Earl, "Introduction: Repression and the Social Control of Protest," *Mobilization*, 2006, 11: 129-143.

异，以及这些变异的原因和后果①。对比 20 世纪六七十年代与八九十年代的西方社会运动，抗议管制产生了武力镇压（escalated force）和谈判式管理（negotiated management）两种风格②，它们分别代表了西方两种截然不同的抗议规制模式。由于冷战后跨国社会运动的勃兴及其伴随的暴力问题，跨国社会运动或曰跨国抗议的管制问题被提上了研究议程③，跨国运动的规制超越了传统的抗议管制观念，但在多纳泰拉·德拉·波尔塔（Donatella Della Porta）等人主编的《跨国抗议的管制》一书中，主要聚焦于核心地区（西方发达民主国家）爆发的跨国抗议管制问题，缺乏对发展中国家或者所谓边缘地区跨国运动管制的研究④，尤其是相关的比较研究相对缺乏。

二、国内研究综述

国内学者对跨国社会运动的研究至少可以追溯到 20 世纪二三十年代，一批学者从历史的角度对当时迅速发展的国际工人运动和国际共产主义运动或革命进行研究⑤，新中国成立后，国际工人运动和第三世界国家的民族解放运动更是学者们研究和关注的焦点⑥。这些研究的共同特点是大多从历史的角度进行研究，而且主要聚焦于国际工人运动和民族解放运动，即便在对欧美国家的社会运动进行研究时也是以工人运动为主，而对二战后尤其是 60 年代之后欧美国家风起云涌的环境运动、女权运动、同性恋运动、反

---

① Donatella Della Porta and Herbert Reiter, eds., *Policing Protest: The Control of Mass Demonstration in Western Democracies*. Minneapolis: University of Minnesota Press, 1998.

② Clark McPhail, David Schweingruber and John McCarthy, "Policing Protest in the United States: 1960-1995," in Donatella Della Porta and Herbert Reiter, eds., *Policing Protest: The Control of Mass Demonstration in Western Democracies*. Minneapolis: University of Minnesota Press, 1998: 46-69.

③ Donatella Della Porta, Abby Peterson and Herbert Reiter, "Policing Transnational Protest: An Introduction," in Donatella Della Porta, Abby Peterson and Herbert Reiter, eds., *The Policing of Transnational Protest*. Aldershot: Ashgate Publishing Limited, 2006: 1-12.

④ Tomás Mac Sheoin and Nicola Yeates, "Policing Anti-Globalization Protests: Patterns and Variations in State Responses," in Samir Dasgupta and Jan Nederveen Pieterse, eds., *Politics of Globalization*. New Delhi: Sage, 2009: 199-200.

⑤ 例如：高尔松. 国际社会运动小史. 上海：光华书局，1927；张云伏. 国际社会运动史. 上海：新建设书店，1929；高希圣. 国际运动发达史. 上海：光华书局，1930；等等。

⑥ 例如：中国人民大学马克思列宁主义教研室. 一九〇五——一九一四年国际工人运动. 北京：中国人民大学出版社，1958；国际共产主义运动史编写组. 国际共产主义运动史：从马克思主义诞生至十月社会主义革命胜利. 北京：人民出版社，1978；梁守德，等. 民族解放运动史：1775—1945. 北京：北京大学出版社，1985；等等。

战和平运动和反种族歧视运动等缺乏足够的关注和研究。另外，当时的研究大多坚持认为工人运动或革命是世界社会运动的主流，而没有充分认识到西方国家跨国社会运动所发生的变化，即工人运动在西方国家日益衰落，新社会运动的广泛兴起，以及跨国社会运动的去革命化和非暴力化趋势。

20 世纪 90 年代以后，国内学者对跨国社会运动的研究更为深入和系统。在新社会运动研究方面，奚广庆、王谨的《西方新社会运动初探》一书是国内西方新社会运动研究方面"首开先河"之作，作者对新女权运动、民权种族运动、反战和平运动、绿党和生态运动等新社会运动进行了颇为详尽的论述，并指出新社会运动"对当代西方社会的演进乃至整个世界历史的发展的意义和影响，正在逐渐地显露出来"[1]。此外，秦德占在《变动中的当代欧美社会》中阐述了二战以来欧美社会运动的发展变化及其对资本主义社会的影响，分析了 20 世纪 80 年代以来欧美社会运动发展变化的深层原因与背景等[2]。这些研究对本书中有关新社会运动的梳理和分析很有借鉴意义。

在冷战后的跨国社会运动研究方面，"反全球化运动"尤其成为国内研究的一个重点[3]。其中，刘金源等所著的《全球化进程中的反全球化运动》一书，对反全球化运动的论述颇为详尽和全面。作者将反全球化运动放在全球化的背景中，详细论述了反全球化运动的根源、反全球化的抗议浪潮、反全球化运动的基本特征和影响等方面，尤其侧重于反全球化运动与全球化之间的互动关系。然而这些研究的问题可能在于，从反全球化的角度来论述冷战后的跨国社会运动，容易使人产生冷战后的跨国社会运动都属于反全球化运动的印象，而实际上像禁雷运动、土著民运动、同性恋运动和人权运动等跨国社会运动是很难归入反全球化运动一类的，而且，即使对反全球化运动进行研究，鉴于其成分的复杂性，具体的个案研究也可能更为必要。此外，值得注意的是，刘颖的博

---

①　奚广庆，王谨. 西方新社会运动初探. 北京：中国人民大学出版社，1993：6，2.

②　秦德占. 变动中的当代欧美社会. 北京：当代世界出版社，2004.

③　相关著作例如：庞中英. 全球化、反全球化与中国：理解全球化的复杂性与多样性. 上海：上海人民出版社，2002；刘曙光. 全球化与反全球化. 长沙：湖南人民出版社，2003；刘金源，李义中，黄光耀. 全球化进程中的反全球化运动. 重庆：重庆出版社，2006. 相关文章例如：吴易风. 反全球化运动考察与分析. 当代思潮，2003（3）；刘金源. 反全球化运动及其对全球化的制衡作用. 国际政治研究，2005（3）；李丹. 反全球化运动研究. 北京：中国人民大学，2005.

士论文《新社会运动理论视角下的反全球化运动》① 试图借用社会运动理论来分析国际政治现象，即运用新社会运动理论对反全球化运动进行分析，但作者意在以反全球化运动为案例来检验和发展新社会运动理论，而没有重点探讨反全球化运动的规制问题。因而，与本书的研究主题相去甚远。

国内国际关系学科直接以全球或跨国社会运动为题的研究相对比较少，专著没有，重要的文章有：胡键《全球社会运动的兴起及其对全球治理的影响》一文认为，在全球化的影响下，全球社会运动已经成为一个全球治理层次并发挥相应的治理功能，但由于它是全球治理中的一种非制度化的治理层次，同时也缺乏必要的强制性权力，因此，全球社会运动的治理功能是非常有限的②。笔者同意作者对全球社会运动治理功能的分析，然而跨国社会运动的治理作用不能一概而论，需要结合具体案例进行具体的分析，因为大多数情况下可能国家是全球治理的主要供给者，然而在那些国家不愿或缺乏足够动力进行治理的领域中，更能体现全球社会运动之于全球治理的价值。杜玉华在《全球秩序的新挑战：全球社会运动及其治理》一文中认为，为应对全球社会运动和全球性问题所带来的新挑战，对全球秩序的治理已逐步演变为当前国际政治实践中的一个紧迫的现实问题，因而从某种意义上说，全球治理的形成是全球社会运动影响所产生的一种结果。同时，全球社会运动对全球秩序复杂的双重影响也给全球治理提出了更高的要求③。问题是作者忽略了一个基本事实，即全球社会运动不仅是全球秩序的挑战者，也是全球秩序的建构者。换言之，跨国社会运动也是全球治理实践的重要参与者和贡献者，而且还是推动国家和跨国公司等行为体参与全球治理的一支重要力量。刘宏松《跨国社会运动及其政策议程的有效性分析》一文认为，跨国社会运动是国际非政府组织网络化、制度化发展的形式，它可以推动各种全球性问题进入各国政策议程，但不同议题领域的跨国社会运动所设置的政策议程存在着明显的有效性差异。通过对其政策议程有效性的差异进行分析，作者认为跨国社会运动在国际关系中既有其不可低估的力量，也存在着自身力量的限度。该文的启示在于，尽管跨国社会运动在全球治理中发挥着独特

---

① 刘颖. 新社会运动理论视角下的反全球化运动. 济南：山东大学，2006（3）.
② 胡键. 全球社会运动的兴起及其对全球治理的影响. 国际论坛，2006（1）.
③ 杜玉华. 全球秩序的新挑战：全球社会运动及其治理. 社会科学，2009（5）.

的作用，但这种作用会因议题属性（议题的紧迫性、议题价值与既有国际规范的嵌合性、议题与核心国家利益的关联性和议题的联动性）的不同而存在差异①。然而，作者的比较分析没有自始至终以两个跨国社会运动为案例进行对比，因而结论可能是难以令人信服的，更何况议题属性只是影响跨国社会运动作用的一个因素，跨国社会运动所面对的国际政治机遇结构以及与其他行为体之间的不同互动关系或许是影响跨国社会运动作用的更为重要的因素。当然，除了对冷战后跨国社会运动的整体性研究之外，对各个领域跨国社会运动的研究，例如对跨国运作的环境运动、和平运动、妇女运动等研究②，也日益引起国内学者的关注。

另外，与跨国社会运动密切相关的是国内学者对跨国关系和非国家行为体尤其是国际非政府组织的研究。国内国际关系学者较早地对非国家行为体进行了研究③，对跨国关系研究也给予了关注④，尽管有些学者也将跨国社会运动纳入非国家行为体的范畴，但大多以政府间国际组织、国际非政府组织或跨国公司为主，分析它们对世界政治的影响。尤其是，近来国际非政府组织成为国内国际关系学界的一个研究热点⑤。然而，对国际非政府组织的研究也离不开对与之密切相关的跨国社会运动的探析，例如有关非政府组织与核军控关系的研究就离不开对和平运动与核军控之间关

① 刘宏松. 跨国社会运动及其政策议程的有效性分析. 现代国际关系, 2003 (10).
② 仅举数例: 叶平. 全球环境运动及其理性考察. 国外社会科学, 1999 (6); 胡传荣. 国际进步妇女运动与冷战初期的国际关系: 40 年代中期至 60 年代的国际民主妇女联合会和世界保卫和平运动. 国际观察, 2000 (4); 汪铮. 和平运动: 历史与现实. 欧洲, 1996 (1); 沈善荣. 论冷战时代世界和平运动的影响. 东南亚纵横, 2003 (5); 熊伟民. 和平之声: 20 世纪反战反核运动. 南京: 南京出版社, 2006; 刘伯红, 杜洁. 国际妇女运动和妇女组织. 北京: 中国妇女出版社, 2008.
③ 例如: 苏长和. 非国家行为体与当代国际关系. 欧洲, 1998 (1); 时殷弘. 全球性交往、互相依赖和非国家行为体. 欧洲, 2001 (5); 刘鸣. 经济全球化条件下国家与非国家行为体的关系. 世界经济与政治, 2002 (11).
④ 徐任. 跨国政治初探. 政治学研究, 1986 (4); 苏长和. 跨国关系与国内政治: 比较政治与国际政治经济学视野下的国际关系研究. 美国研究, 2003 (4).
⑤ 例如: 范丽珠. 全球化下的社会变迁与非政府组织. 上海: 上海人民出版社, 2003; 王杰, 张海滨, 张志洲. 全球治理中的国际非政府组织. 北京: 北京大学出版社, 2004; 刘贞晔. 国际政治领域中的非政府组织: 一种互动关系的分析. 天津: 天津人民出版社, 2005; 徐莹. 当代国际政治中的非政府组织. 北京: 当代世界出版社, 2006; 刘华平. 非政府组织与核军控. 北京: 中国社会科学院出版社, 2008; 沈中元. 全球化下非政府组织之研究. 上海: 复旦大学, 2003; 甘锋. 全球治理视野中国际环境非政府组织的作用研究. 上海: 上海交通大学, 2007.

系的阐述，国际禁雷运动的成功与国际刑事法庭的建立实际上都是国际非政府组织（或者称之为跨国社会运动组织）所领导的跨国社会运动推动的结果①。可见，梳理国际非政府组织与跨国社会运动之间的关系，尤其是将二者之间的相关研究整合起来是当前国内国际关系学界的一个重要的任务。值得注意的是，有的学者开始将国际关系研究和社会运动理论研究结合起来，运用"国际政治机会结构"概念来研究国际非政府组织②。尽管国际政治机会结构概念有助于揭示国际非政府组织（或者跨国社会运动）与主权国家政府和政府间组织互动时面临的机遇和制约条件，然而，它却没有告诉我们，国际非政府组织或跨国社会运动反过来对主权国家政府和政府间组织乃至对世界政治产生了怎样的影响和作用。因此，需要进一步探讨冷战后跨国社会运动与主权国家之间，尤其是跨国抗议与国家规制之间的互动关系。

此外，国内关于抗议政治或群体性事件方面的研究，尤其是对其的应对和管制方面的论述对跨国社会运动规制也有借鉴价值。例如，谢岳的《抗议政治学》是国内第一部该领域的学术专著③，提出了抗议政治研究的主要框架，从抗议的结构背景、集体抗议的动力机制或动员机制和集体抗议的结果三个方面对抗议政治进行了全面的分析和研究，尤其在第 7 章"抗议处理"中，详尽论述了社会运动管制问题，这些分析有些适用于跨国社会运动，但鉴于国际社会的无政府状态以及跨国社会运动区别于国内社会运动的特点，对于跨国运动的规制需要进行新的案例分析和理论建构。

总的来看，国内学术界对冷战后跨国社会运动的研究也主要侧重于对其作用和影响的探讨，在研究中存在的主要问题是，国内学者在对冷战后的跨国社会运动进行研究时，要么对象过于笼统，缺乏具体的案例研究，例如对反全球化运动的研究，对环境运动、妇女运动等议题领域的跨国社

---

① 刘华平. 非政府组织与核军控. 北京：中国社会科学出版社，2008；刘贞晔. 国际政治领域中的非政府组织：一种互动关系的分析. 天津：天津人民出版社，2005；第 3 章.

② 徐莹. 当代国际政治中的非政府组织. 北京：当代世界出版社，2006. 国际政治机会结构（international political opportunity structure），又译为国际政治机遇结构，是由政治机会结构（political opportunity structure）发展而来的概念。国家所提供的外部环境会对可能影响其政治进程的社会运动所发生的机会起到促进或限制作用，意即主权国家可以为社会运动的发生和发展提供某种政治背景。这种所谓的外部环境或政治背景被称为政治机会结构。而在国际层面，主权国家同样可以为国际非政府组织这类跨国社会运动行为体赖以发挥作用的国际政治机会的出现创造必要的环境结构条件.

③ 谢岳. 抗议政治学. 上海：上海教育出版社，2010.

会运动所进行的整体性研究也属于此类；要么聚焦于一个具体的案例研究，而没有将其纳入整个冷战后跨国社会运动勃兴的背景下进行分析，也没有进一步探讨跨国社会运动与全球变革之间的关系。因而，国内学者对冷战后的跨国社会运动进行系统研究和具体案例研究相结合的不多，在将社会运动研究与国际关系理论结合起来进行综合研究方面尤显不足。此外，国内学者对冷战后跨国社会运动新特点的论述虽着墨颇多，但大多是在国际非政府组织和跨国社会运动二者相割裂的语境中进行探讨的。可喜的是，国内一些学者开始从国际政治机遇和制约结构、国家与运动关系的维度在一定程度上涉及冷战后跨国社会运动的规制问题。但除了《抗议政治学》的相关论述之外，对于这一问题研究的系统化和理论化明显不足。而且，仅有的一些关于抗议管制的分析大多是局限于国内语境的，这突出体现在目前方兴未艾的有关国内群体性事件的干预和规制研究上，但对于跨国社会运动的规制研究则是一片待深度开垦的处女地。

三、国内外研究的趋势

目前，国内外在冷战后跨国社会运动研究方面的趋势主要有：

首先，摒弃方法论上的民族主义，注重国家与社会之间的互动。所谓方法论上的民族主义（methodological nationalism），是指这种民族主义并非狂热地坚持一个民族之于另一个民族的优越性，而是意指那种认为民族国家是划分世界的自然而然的和唯一的方法①。方法论上的民族主义将社会等同于民族国家社会，并且将国家及其政府看作社会科学分析的基石。它假定人类自然而然地分成数量有限的若干民族，这些民族自身在内部组成民族国家并确立外部的世界以与其他民族国家相区别。这种外部的界限以及民族国家之间的竞争，代表着政治组织的最基本的门类。大多数社会科学都假定社会边界与国家边界是一致的，因而预先假定社会行动首先发生在各自分割的民族国家内部，然后才超越之②。这种"国家中心论"方法在国际关系学科以及政治学和社会学领域一直占据着主导地位，而近年

---

① Mary Kaldor, Helmut Anheier, and Marlies Glasius, "Global Civil Society in an Era of Regressive Globalisation," in Mary Kaldor, Helmut Anheier, and Marlies Glasius, eds., *Global Civil Society 2003*. Oxford：Oxford University Press，2003：4.

② Ulrich Beck, "The Analysis of Global Inequality：From National to Cosmopolitan Perspective," in Mary Kaldor Helmut Anheier, and Marlies Glasius, eds., *Global Civil Society 2003*. Oxford：Oxford University Press，2003：45.

来"社会中心论"不断兴起，与之形成对峙。事实上，"国家中心"的研究视角和"社会中心"的研究视角需要进行综合，研究"国家世界"与"社会世界"之间的互动才是比较可取的研究路径。因为"国家中心"的研究视角和"社会中心"的研究视角二者都不能反映我们这个世界的真实面貌。因而，评估跨国社会运动与国际非政府组织的作用需要避免两极化的倾向。一方面，绝对的国家中心主义自然是不恰当的；另一方面，由于跨国社会运动和国际非政府组织在当代世界中的作用和影响越来越突出，就由此认为"社会世界"将要取代"国家世界"，也是会误入歧途的。因此，跨国社会运动与国际非政府组织的作用需要进行客观与公允的评价，而这种评价又需要与对主权国家作用的客观评价联系在一起。在强调跨国社会运动对主权国家政府产生积极影响和作用的同时，也不能否认主权国家为跨国社会运动所提供的机会和限制，而且跨国社会运动与主权国家之间更多的是一种相互依存与互相影响的关系，而正是"国家世界"与"社会世界"之间的互动关系构成了当今世界政治的全貌。

其次，更加注意学科间的理论融合。很多学者认识到，需要将国际关系理论与社会运动研究之间的相关研究整合起来，以破除二者之间的学科隔阂。具体来说，一是在分析概念上，国际关系学科与政治学和社会学学科之间需要一个统一的和一以贯之的分析概念，并将跨国社会运动界定为：以共同认同或目标为基础的、在两个以上国家发动协调一致的和连续的动员和抗议活动以公开地影响社会变革的跨国行动者所组成的非正式网络。这里的跨国行动者包括活跃于国际舞台的国际非政府组织和跨国活动家，也包括具有跨国特征的国内非政府组织和普通的参与者。这一概念的优势在于不仅揭示了国际非政府组织与跨国社会运动之间相互交织和彼此依存的关系，而且可以将国际关系理论与社会运动理论相关研究有机地整合起来。二是在研究焦点上，应该将正式组织和非正式行动主义（informal activism）结合起来进行研究，因为二者往往都是跨国社会运动不可或缺的组成部分。从上述的定义可知，跨国社会运动是将众多的个人和团体联系起来的非正式网络，它既包括正式的组织如国际非政府组织（或跨国社会运动组织）及其联盟，也包括草根团体和活动分子，而且国际非政府组织与草根动员和运动相互配合和协调，并整合成一个范围广泛的联盟往往是跨国社会运动取得成功的一个重要因素。草根动员和斗争为那些在国内和国际层次上进行游说的非政府组织提供了强有力的信息、策略和合法性源泉；而国际和国内非政府组织又为草根抵抗提供了间接影响地方政府、国家、政府间国际组织的渠道。

最后，试图突破既有理论框架，转向整合研究。这主要体现在用"抗争政治研究"取代"社会运动研究"的努力上[①]，抗争政治研究旨在打通社会运动研究、革命研究和社会冲突研究，将三者统合在一个抗争政治（contentious politics）分析框架之内。这种趋势也体现在跨国抗争政治的研究之上，于是冷战后跨国社会运动（跨国抗议）研究向着整合和比较研究的方向发展。一方面，由分析跨国社会运动的作用和影响转向对跨国社会运动（或跨国抗议）规制的研究。以往的研究多集中于从跨国社会运动的作用和影响的角度来探讨国家权力和权威的流散及其社会化进程，而现在则更多地从跨国社会运动的国际机遇和制约结构、国家的应对和规制的角度透视二者的互动以及跨国社会运动的实际作用。另一方面，跨国社会运动（或跨国抗议）规制研究的范畴也在不断扩展，由原先的以西方发达民主国家的跨国运动和所谓"进步的"和"好的"跨国运动为中心，进一步拓展到研究发生在边缘地区的发展中国家和非民主国家的跨国运动，并将那些所谓"坏的"跨国运动规制问题也囊括进来进行综合研究。在此基础上，对这些不同议题领域（例如环境的、人权的和安全的）、不同类型、不同性质（和平的和暴力的、"好的"和"坏的"）以及不同地区、不同国家（经济发展水平、民主程度、政府权能等）的跨国运动规制进行比较研究。

第三节　研究的内容与方法

一、研究内容

研究的前提假设在于：第一，国家本身是各种利益的聚合体，在全球政治中不应当被视为单一的理性行为体；第二，国家并非垄断了全球政治进程，而是与广泛的其他行为体相互作用，并受到制度进程的影响；第三，国际和国内政治过程之间日益相互依赖；第四，非国家行为体已经成为重要的国际行为体，而且随着世界舞台变得更为复杂化和一体化，其重

---

① 麦克亚当，塔罗，蒂利. 斗争的动力. 李义中，屈平，译. 南京：译林出版社，2006；蒂利，塔罗. 抗争政治. 李义中，译. 南京：译林出版社，2010.

要性还会继续增加。

研究的目标在于探究冷战后跨国社会运动的行动逻辑及规制策略。以冷战后跨国社会运动为研究的中心，在界定跨国社会运动的概念以及梳理跨国社会运动演进轨迹的基础上，进一步探讨了冷战后跨国社会运动的特点及行动逻辑，最终的落脚点在于总结分析冷战后跨国社会运动的规制方法和模式。具体包括以下几个重要的方面：（1）跨国社会运动的历史演变与当代特征：在界定跨国社会运动概念的基础上，梳理跨国社会运动的历史演变，分析冷战后跨国社会运动的主要特征；（2）冷战后跨国社会运动的关系维度与角色分析：由于冷战后跨国社会运动特点的变化，其功能角色以及与国家、跨国公司、国际政府间组织和国际非政府组织之间的关系维度也发生变化，探讨冷战后跨国社会运动的双重性身份和行动逻辑；（3）冷战后跨国社会运动的案例研究：在冷战后跨国社会运动的具体案例研究和理论分析时，着力点放在不同议题领域跨国运动、不同性质和类型的跨国运动以及不同地区或国家的同一议题和同一类型运动的个案差异和对比研究之上；（4）冷战后跨国社会运动的规制策略研究：在当代跨国社会运动与主权国家之间的关系演变逻辑的基础上，分析国际社会与主权国家对跨国社会运动的应对策略，提出全球化和网络化背景下国家规制跨国社会运动的新策略。

本书研究需要解决的关键性问题是：（1）冷战后跨国社会运动的特点与行动逻辑研究，这是研究的重点。在具体研究时，既需要把握跨国社会运动的特征演变，也需要分析其在代际和类型上的差异，从中概括出其基本的特征与行动逻辑。（2）冷战后跨国社会运动的规制策略，这是研究的难点和落脚点。跨国社会运动规制策略经历着相当大的历史变迁，在当代的语境下，不同类型、规模和诉求的运动需要有相应的国内与国际规制策略；同一类型和性质的跨国运动对于民主程度和政府权能不同的国家而言，规制模式也存在差异。

二、研究方法

1. 基本思路

（1）历史探究。梳理跨国社会运动的演变轨迹及其与国家之间的互动关系。

（2）理论建构。冷战后跨国社会运动的行动逻辑及规制策略的理论阐释。

（3）对策研究。为国际社会与主权国家应对和规制当代跨国社会运动提供理路。

2. 主要方法

（1）文献分析方法。基于文献的历史分析是本研究的主要基础。跨国社会运动研究在西方已经相当发达，各种文献资料和网络信息也是浩如烟海。因此，无论是在综合性的研究方面，还是在具体的个案研究方面，资料的搜集和整理都依赖于既有的研究文献以及偶尔也包括一些跨国社会运动的网络资料。在充分掌握相关资料的基础上，采取历史研究的方法对跨国社会运动的发展演变进行梳理，把握冷战后跨国社会运动的新特征；在具体的个案研究时，也注意厘清其发展演变的线索，同时，对跨国社会运动与国家等行为体之间的互动关系的探讨也是以相应的文献研究和历史分析为基础的。当然，跨国社会运动的研究特别需要一些实地的调查研究，因此，要尽可能突破经费、语言和时间等方面的限制，更多地实地进行田野调查乃至参与到跨国社会运动中去，避免陷入不明就里和隔靴搔痒的研究误区。

（2）比较研究方法。分析冷战后跨国社会运动的特征、行动逻辑及规制方面的代际差异和个案差异。在梳理跨国社会运动的演进轨迹时，重点放在对跨国社会运动代际差异和特征的分析上，探讨了所谓"老"社会运动（例如早期的废奴运动、国际工人运动和妇女运动等）、二战后的"新"社会运动和冷战后的"全球正义运动"的各自特征。在具体的案例研究和理论分析时，一是注意冷战后跨国社会运动的议题差异，例如分属于经济、环境和安全三个议题领域的跨国减债运动、跨国反大坝运动和跨国禁止集束炸弹运动之间的个案差异；二是注意到不同性质（所谓"好的"和"坏的"）跨国社会运动在其特征、行动逻辑和规制方面的个案差异；三是注意到同一类型的跨国运动在地区和国别上的差异，例如反全球化运动在发达国家和发展中国家、民主国家和非民主国家、高权能国家和低权能国家的个案差异，最后将研究的基础建立在对上述个案差异的比较研究之上。

（3）个案分析方法。对冷战后跨国社会运动的国家规制策略进行个案研究。理论阐释需要与案例研究相结合才会更有说服力。目前关于后冷战时期跨国社会运动的案例研究主要有三种方法：一是具体案例（例如跨国禁雷运动）研究，二是议题领域（例如跨国环境运动）研究，三是对跨国社会运动进行整体性研究。因此，笔者在进行案例研究时试图将上述案例研究方法综合起来，一方面在梳理跨国社会运动的历史演变时，更多的是从整体性或议题领域的角度全景式地对跨国社会运动进行梳理，并且在论述中间也会穿插很多小的和被人熟知的案例。另一方面，将重心放在具体案例的研究上，注意冷战后跨国社会运动在议题领域、运动类型和国家性质等方面的个案差异，选取有代表性的案例进行有针对性的研究，使理论分析和建构建立在扎实严谨的案例研究的基础之上。

第四节　研究的框架与结构

研究的框架主要由绪论和六章内容构成。

绪论部分主要是提出研究的问题，阐述研究综述、研究意义、研究方法和研究框架等。

第一章重点阐述冷战后跨国社会运动的基本特征，在界定社会运动与跨国社会运动的定义、梳理跨国社会运动的历史演变的基础上，归纳分析了冷战后跨国社会运动勃兴的原因及其基本特点。

第二章旨在厘清冷战后跨国社会运动的关系网络，从互动观点出发，分析和阐述其与国际非政府组织、政府间国际组织、跨国公司和主权国家等其他行为体之间的互动关系。

第三章剖析了冷战后跨国社会运动矛盾的行动逻辑和双重的功能角色。基于抗争和治理两种逻辑的分析，探讨了冷战后跨国社会运动作为国际社会的坚定抗争者和（或）作为全球治理的积极参与者和贡献者的双重角色。

第四章聚焦于冷战后跨国社会运动的案例研究，注重分析其个案差异，并从议题差异性、性质差异性和政体差异性等维度进行针对性的个案分析。

第五章论述了冷战后跨国社会运动的应对与规制，结合冷战后跨国社会运动在基本特征、关系维度、行动逻辑和功能角色等方面的发展变化以及其所表现出来的案例差异，探讨主权国家的应对与规制策略。

第六章为结论与讨论，归纳总结研究中的发现和主要观点，提出若干有待进一步讨论的问题，明确未来的研究方向。

第一章　冷战后跨国社会运动的基本特征

第一节　社会运动与跨国社会运动的概念界定

一、社会运动的含义

社会运动研究是社会学和政治学的分支，二战以后在欧美逐渐发展成为一门显学，形成了很多理论流派，然而，对于什么是社会运动，理论界却没有一个公认的定义。例如，集体行为理论认为社会运动是与"组织"行为和"制度"行为相对的一种特殊类型的集体行为，据此特纳和基利安将社会运动界定为"促进或抵制自身所在的社会或组织发生变革的一种持续的集体行为"①。资源动员理论关注社会运动内部的组织因素的作用，例如左尔德和麦卡锡将社会运动定义为"主张对社会结构和（或）社会报酬分配的某些方面进行变革的一套观点和信仰"②。政治过程理论将社会运动与更为广泛的"政治过程"联系在一起，例如蒂利认为"社会运动是权力所有者与那些声称代表缺乏正式代表的选民之间的一系列持续的互动，在互动的过程中这些人公开地要求改变权力的分配或行使，并运用公众示威支持这些诉求"③。新社会运动理论将社会运动与大规模的结构和

① Ralph H. Turner and Lewis M. Killian, *Collective Behavior*. Englewood Cliffs, NJ: Prentice Hall, 1987: 223, in Mario Diani, "The Concept of Social Movement," *Sociological Review*, 1992, 40 (1): 4.

② John D. McCarthy and Mayer N. Zald, "Mobilization and Social Movements: A Partial Theory," *The American Journal of Sociology*, 1977, 82 (6): 1217-1218.

③ Charles Tilly, "Social Movements and National Politics," in Charles Bright and Susan Harding, eds., *Statemaking and Social Movements: Essays in History and Theory*. Ann Arbor: University of Michigan Press, 1984: 306.

文化变革联系在一起，例如图海纳认为社会运动是"一个阶级与其阶级对手为争夺社会控制权进行斗争的一种有组织的集体行为"①。

　　尽管在社会运动的概念界定上，学者们的观点不一致，然而从这些定义中我们可以发现社会运动的一些共同特征：首先，社会运动以"社会变革"为目标。社会运动的共同之处在于集体行动的政治目标是社会变革。它们聚焦于集体社会行动的促进因素，并把活动分子、非政府组织和社会运动视为社会变革的倡导者或代理人②。各种社会运动尽管千差万别，但确实具有某些共同特点。它们是民间团体，是由那些感到被置于国家的基本考虑及主流活动之外的人动员起来组成的；它们认为现状是不公正的，现行的立法与建制有严重的缺陷。根据这样的观点，它们便团结起来保护和捍卫某些一贯蒙受损害的权益。它们企图通过集体行动，掀起社会的根本变革和（或）扭转政治的大方向③。约翰·威尔逊（John Wilson）在《社会运动导论》一书中对社会运动的定义比较有代表性，他指出社会运动就是"通过非制度化的方式引发或阻止大规模社会秩序变革的有意识的、有组织的集体活动"④。罗伯特·奥布赖恩认为："社会运动是在社会领域中运作的无数行为体的一个子类别。它们是具有共同利益的人们团结在一起共同追求（致力于）深远的社会变革。其力量在于大众动员，以影响政治和经济权力的所有者。它们与国家精英的不同之处在于它们通常不能运用国家的强制力量。它们也缺乏商业集团所拥有的仰赖资本流动实现其目标的资源。它们也与利益集团相区别，因为它们的愿景更为广泛，并

①　Alain Touraine，*The Voice and the Eye*：*An Analysis of Social Movements*. Cambridge：Cambridge University Press，1981：77，in Mario Diani，"The Concept of Social Movement，"*Sociological Review*，1992，40（1）：5.

②　Bob Reinalda，"Private in Form，Public in Purpose：NGOs in International Relations Theory，" in Bas Arts，Math Noortmann and Bob Reinalda，eds.，，*Non-state Actors in International Relations*. Aldershot：Ashgate Publishing Limited，2001：29.

③　里德尔-狄克逊. 社会运动与联合国. 冯炳昆，译. 国际社会科学杂志（中文版），1996（2）：110.

④　John Wilson，*Introduction to Social Movements*. New York：Basic Books，1973：8. 有学者将社会运动划分为四种类型：变革型（transformative）、改良型（reformative）、救赎型（redemptive）和另择型（alternative）。变革型社会运动：通过暴力方式或参与某种灾难性的变革，寻求改变整个社会结构，既包括左派运动，也包括宗教激进主义运动。改良型社会运动：目的在于部分变革以补偿当前的不公与不平等，一般为单议题运动，如反核运动、女权运动等。救赎型社会运动：涉及个人的彻底改变，使个人问题从社会背景中分离出来，并成为人性改变和个性改善的问题。另择型社会运动：并不一定要变革或改革体系，而是寻求发展切实可行的、可持续的另一种生活方式，以保护能源和稀缺资源，并更加关注精神价值层面。见该书第23-24页。

且要寻求大规模的社会变革。依据定义，社会运动的参与者并非社会中精英阶层的成员。它们致力于提出与现存组织体系相对立的优先事项。它们依赖于民众动员，因为它们不像国家那样控制着正式权力的杠杆。"[1] 而且，正如曼纽尔·卡斯特（Manuel Castells）所指出的，社会运动是"一种有意识的集体行动，它的结果不管是成功还是失败，都会转变社会的价值和制度"[2]。因此，以"社会变革"为目标这一特征，将社会运动与商业团体、其他不是以追求社会变革为目标的社会团体区别开来。社会运动就是由个人所组成的集体行为体，这些个人都感到自身有着共同的利益和（至少在其社会存在的某个重要方面有着）共同的认同。与政党和压力团体不同的是，社会运动把其群众动员的潜能作为其"社会支持和由此产生的权力的主要来源"[3]。值得注意的是，这些学者往往强调或者暗示，这里所说的"社会变革"是指进步的和积极的社会转型[4]，因而与恐怖主义和宗教激进主义运动等激进运动的目标大相径庭。

其次，社会运动是围绕冲突性议题而进行的集体行动。杰夫·古德温（Jeff Goodwin）等人认为，"社会运动是对权威、权力所有者或文化信仰与习俗的一种集体的、有组织的、持续的和非制度化的挑战"[5]。社会运动的行为体参与到政治的和（或）文化的冲突之中，以促进或反对体系或非体系层次的社会变革。西德尼·塔罗认为，从行动类型上看，社会运动日常所从事的行动不属于常规政治，而是一种抗争政治（contentious politics）。社会运动可以定义为"群众在与社会精英、对立者和当局的不断相互作用中，以共同目标和社会团结为基础发动的集体

---

① Robert O'Brien, Anne Marie Goetz, Jan Aart Scholte and Marc Williams, *Contesting Global Governance：Multilateral Economic Institutions and Global Social Movements*. Cambridge：Cambridge University Press，2000：12.

② 卡斯特. 认同的力量：第 2 版. 曹荣湘，译. 北京：社会科学文献出版社，2006：3.

③ Martin Shaw，"Civil Society and Global Politics：Beyond a Social Movements Approach," *Millennium*，1994，23（3）：651.

④ 一些学者所界定的社会运动概念实际上聚焦于"进步的"社会运动，而将恐怖主义和宗教激进主义运动等激进运动排除在外。所谓"进步的（progressive）"是指一个比较宽泛的政治目标，即促进公正的、可持续的、和平的与文明的惯例以增进人权和社会正义。参见：Sanjeev Khagram and Sarah Alvord，"The Rise of Civic Transnationalism," in Srilatha Batliwala and L. David Brown，eds.，*Transnational Civil Society：An Introduction*. Bloomfield，CT：Kumarian Press，2006：66.

⑤ Jeff Goodwin and James M. Jasper，eds.，*The Social Movements Reader：Cases and Concepts*，2nd edition. Malden，MA：Blackwell Pub.，2009：4.

挑战"①，是"社会动员团体与权力所有者进行的持续的抗争性互动"②。赛勒斯·奇拉克查德（Cyrus Ernesto Zirakzadeh）也强调了社会运动的对抗性特征，认为"当今社会运动由一群具有广泛社会背景的人所组成，他们自觉地试图建立一个激进的新社会秩序，并为弱势的、贫穷的和默默无闻的人们提供了政治表达的渠道，采用政治对抗性的和社会破坏性的策略，具有与利益集团或政党政治不一样的政治风格"③。我们知道，很多非政府组织也是以"社会变革"为目标的，但社会运动所具有的抗争性特征，将它与此类非政府组织区分开来。艾伦·斯科特（Alan Scott）指出："社会运动是由自认为自身都拥有共同利益和共同认同的个人所组成的一个集体行为体。社会运动与政党和压力团体等集体行为体相区别，因为社会运动将大众动员或威胁动员作为其社会表达乃至权力的主要源泉。同时，社会运动也与志愿社团或俱乐部等其他团体区分开来，因为其主要关注于捍卫或改变社会或者团体在社会中的相对地位。"④

　　最后，社会运动的内部组织特征是一种非正式互动网络。社会运动的主体不仅仅是正式组织，还包括尚在形成中的组织，乃至非正式的形形色色的关系网络。包含个人、团体和组织的非正式互动网络的存在得到社会运动理论学者的普遍认可。即使是强调社会运动是"一套观念和信仰"的资源动员理论，也认为这些思想转变成行动需要在具体的社会运动组织、支持者、追随者和旁观者之间进行互动。因此，尽管各种理论定义的侧重点不同，但都认可"社会运动内部所包含的行为体的多元性以及这些行为体之间相互联系的非正式性"⑤。因而，马里奥·迪亚尼（Mario Diani）指出，社会运动的性质很难把握。它们不能简化为具体的起义或叛乱，而更像在不同的时空条件下发生的一连串或多或少相互联系的事件；它们也不等同于某个特定的组织，而是由各种正式化程度不一的团体和组织所组成，这些团体和组织从相当集权的到完全松散的、从合作的到明显敌对

① 塔罗. 运动中的力量：社会运动与斗争政治. 吴庆宏，译. 南京：译林出版社，2005：6.
② Sidney Tarrow，"Transnational Politics：Contention and Institutions in International Politics," *Annual Review of Political Science*，2001，4（1）：11.
③ Cyrus Ernesto Zirakzadeh，*Social Movements in Politics：A Comparative Study*，London：Longman，1997：4-5.
④ Alan Scott，*Ideology and the New Social Movements*，London：Routledge，1990：6. 转引自：Martin Shaw，"Civil Society and Global Politics：Beyond a Social Movements Approach," *Millennium*，1994，23（3）：651-652.
⑤ Mario Diani，"The Concept of Social Movement," *Sociological Review*，1992，40（1）：8.

的，不一而足，并以各种不同的互动模式联系起来。促进和（或）支持社会运动行动的个人并不是作为具有类似的价值观或社会特征的原子化的个体，而是作为行为体（行动者），通过复杂的交流网络，或直接或间接地彼此联系的。换言之，社会运动是复杂的和非常参差多样的网络结构①。所以，他认为社会运动概念的一个重要方面就是"社会运动是形形色色的个人、团体和（或）组织之间非正式互动的网络"②，而维系这一非正式互动网络的就是"共同的集体认同"。他进而将社会运动界定为"以共同的集体认同为基础并参与到政治的或文化的冲突之中的形形色色的个人、团体和/或组织之间非正式互动的网络"③。凯瑟琳·埃施利和尼尔·斯坦默斯（Neil Stammers）也认为，社会运动是将以共同的认同为基础并从事社会变革斗争的非正式团体和个人以及有时将正式组织联系在一起的非正式互动网络④。多纳泰拉·德拉·波尔塔和迪亚尼指出，从概念上说，社会运动是以共同信仰和团结一致为基础的，围绕冲突性议题进行动员并反复发生各种形式的抗议活动的非正式网络⑤。这一点表明社会运动并不等同于社会运动组织（或非政府组织），从而将社会运动与社会运动组织区别开来，同时也突出了社会运动与需要进行成员注册的政党或压力团体之间的不同。

综上，本书将社会运动界定为以共同认同和团结一致为基础、以社会变革为目标，围绕冲突性议题进行动员并反复发生各种形式的抗议活动的个人、团体和（或）正式组织之间所形成的非正式网络。

二、跨国社会运动的含义

正如在社会运动的含义上存在诸多争议一样，跨国社会运动的含义也存在颇多的争论，主要表现在两个方面：

首先，具体称谓上的争论。社会运动超出一国的范围而发展到国际层

---

① Mario Diani，"Introduction：Social Movements，Contentious Actions，and Social Net-works：'From Metaphor to Substance'?" in Mario Diani and Doug McAdam，eds.，*Social Movements and Networks：Relational Approaches to Collective Action*. Oxford：Oxford University Press，2003：1.

② Mario Diani，"The Concept of Social Movement," *Sociological Review*，1992，40（1）：8.

③ 同②13.

④ Catherine Eschle and Neil Stammers，"Taking Part：Social Movements，INGOs，and Global Change," *Alternatives*，2004，29（3）：353.

⑤ Donatella Della Porta and Mario Diani，*Social Movements：An Introduction*，2nd edition. Oxford，UK：Blackwell，2006：Chapter 1.

面，究竟是称之为"跨国社会运动"还是"全球社会运动"，学者们也存在着争议。比较多的学者，尤其是社会学领域的社会运动研究学者倾向于采用"跨国社会运动"的概念①。而另外一些学者则指出一些社会运动"走向全球"，发展成为"全球社会运动"②。罗伯特·奥布赖恩等人也主张使用"全球社会运动"的概念，他们指出，全球社会运动即在全球空间同时也在地方、国家和国际空间运作的社会运动。全球是指与地方、国家和国际维度同时并存的一个活动层面。这是一个互动的领域，与地方的和国家的层面相比，它更少受到时空障碍的约束，并且超越了国际层面的国家间关系。它是指原先被视为遥不可及或相互分割的人们和地方之间的跨国联系。人们如果认为全球金融机构把全世界的金融中心联结成瞬息万变和永不停息的市场，那么，人们也可以认识到全球社会运动的存在。"全球社会运动"一词就是指全世界致力于在跨国层面追求深远的社会变革的民众共同体③。而一些传统的国际关系学者由于其国家中心论的方法而拒绝了全球社会和全球社会运动的概念；另一些人则怀疑在缺乏一个全球国家的情况下，全球社会和全球社会运动是否存在。全球社会和社会运动通常是在国家之间关系的背景中加以界定的。他们的逻辑似乎是，如果没有一个覆盖广泛的全球国家，就不可能有全球共同体，也就没有全球社会和全球社会运动。例如有学者认为真正跨国性的社会运动少之又少，更遑论全球性的社会运动了；并认为"许多跨国社会运动要么是跨国倡议网络，要么是进行松散跨国协调的、以国内为根基的社会运动"，许多社会运动看似是"跨国的"，而实际上是进行松散跨国协调的、以国内为根基和以

---

① 例如：Jackie Smith, Charles Chatfield and Ron Pagnucco, eds., *Transnational Social Movements and Global Politics: Solidarity Beyond the State*. Syracuse, NY: Syracuse University Press, 1997; Donatella Della Porta, Hanspeter Kriesi and Dieter Rucht, eds., *Social Movements in a Globalizing World*. Basingstoke, UK: Macmillan, 1999; Jackie Smith and Hank Johnston, eds., *Globalization and Resistance: Transnational Dimensions of Social Movements*. Lanham, Md.: Rowman & Littlefield, 2002; Sanjeev Khagram, James V. Riker and Kathryn Sikkink, eds., *Restructuring World Politics: Transnational Social Movements, Networks, and Norms*. Minneapolis: University of Minnesota Press, 2002.

② Robin Cohen and Shirin M. Rai, "Global Social Movements: Towards a Cosmopolitan Politics," in Robin Cohen and Shirin M. Rai, eds., *Global Social Movements*. London: Continuum, 2000: 8.

③ Robert O'Brien, Anne Marie Goetz, Jan Aart Scholte and Marc Williams, *Contesting Global Governance: Multilateral Economic Institutions and Global Social Movements*. Cambridge: Cambridge University Press, 2000: 12-13.

国内为导向的社会运动①。除此之外，亚历桑德罗·科拉斯（Alejandro Colás）则主张采用"国际社会运动"②的称谓。

因此，这里关键是对"国际的""跨国的""全球的"做出界定。本书使用"跨国的"而不是"全球的"和"国际的"的原因主要在于：大多数跨国或跨界市民组织和活动在活动范围、目标定位或思想倾向上都不是全球性的；即使是那些声称是全球性的活动、组织和网络和（或）运动也并没有涵盖地球上的所有角落；"跨国的"一词使人们的关注对象不仅跨越国家边界而且跨越各种层面（地方、国家、区域或国际等），而"国际的"一词主要指民族国家之间的关系③。"跨国"是指至少包含一个非国家行为体。相对于"全球的"而言，笔者偏向于使用"跨国的"一词，由于许多跨界互动并没有延伸至整个世界，而是局限于相当有限的地理范围内。受到全球化话语的影响，许多学者忽略了跨国活动的地方维度，并且，在行为体从全球层面对一项活动进行架构与这项活动所真实发生的范围之间存在着概念上的混淆。而且，"跨国的"一词含义更为广泛，且既可以包含仅限于世界上某个特定地区的跨界网络，也可以包含真正全球性的互动。社会运动的跨国性可以有多种表现：第一，聚焦于跨国议题，例如与环境或健康相关的问题；第二，行为体本身是跨国的，或者拥有跨国的组织结构，或者关注于其他国家之中的议题；第三，采用跨国方法和策略，例如电子动员和其他基于网络的活动；第四，运动的目标对象是活动分子自身所在的国家之外的一个或几个国家，因为需要跨国界的互动；第五，拥有跨国的世界观和具有"全球公民"的认同④。鉴于迄今为止多数中外研究社会运动的学者采用"跨国社会运动"概念做表述，故笔者以此表述。

其次，更为主要的是，概念界定上的争论。与社会运动概念相比，跨

---

① Sandra Halperin and Gordon Laxer，"Effective Resistance to Corporate Globalization，" in Gordon Laxer and Sandra Halperin，eds.，*Global Civil Society and Its Limits*. Houndmills，et al.：Palgrave Macmillan，2003：6.

② Alejandro Colás，*International Civil Society：Social Movements in World Politics*. Cambridge：Polity，2002.

③ Sanjeev Khagram and Sarah Alvord，"The Rise of Civic Transnationalism，" in Srilatha Batliwala and L. David Brown，eds.，*Transnational Civil Society：An Introduction*. Bloomfield，CT：Kumarian Press，2006：66.

④ Nicola Piper and Anders Uhlin，"New Perspectives on Transnational Activism，" in Nicola Piper and Anders Uhlin，eds.，*Transnational Activism in Asia：Problems of Power and Democracy*. London：Routledge，2004：5.

国社会运动概念的意涵可能更为复杂一些。对跨国社会运动比较简单的界定可以是：当社会运动围绕着包含社会变革的共同目标，有意识地努力建立跨国合作时，就形成了跨国社会运动。然而问题在于，在社会运动的议题、对象、动员和组织等各个方面都可以建立跨国合作，那么是不是只要其中有一个因素具有跨国特征，而其他因素都局限于国内，这样的社会运动就是跨国社会运动呢？诸如：聚焦于一国议题的跨国联盟，如当年国际性的反对南非种族隔离运动；一国内部反对跨国目标的社会运动，如1987年德国柏林反对国际货币基金组织和世界银行会议的运动等。这些是否都可以称为跨国社会运动就颇有争议。为此，西方跨国社会运动研究者提出了不尽相同的定义：西德尼·塔罗认为跨国社会运动应该是指："在至少两个国家拥有支持者的社会动员团体，与除本国之外的至少一个国家中的权力所有者进行持续的抗争性的互动，或者反对一个国际机构或多国经济行为体。"[1] 桑杰耶夫·卡格拉姆（Sanjeev Khagram）等学者则认为跨国社会运动是指："一批具有共同目的和团结一致的跨国行动者，它们拥有在两个以上国家发动协调一致的和连续的动员以公开地影响社会变革的能力。"[2] 波尔塔和塔罗认为跨国社会运动是一种"跨国集体行动，即反对国际行为体、其他国家或国际机构的活动分子网络所发起的协调一致的国际运动"[3]。

因此，对跨国社会运动进行界定的一个比较适宜的方式是依据组织结构的标准。当社会运动由紧密相连的、来自两个以上国家的个人、团体和组织构成时，我们就可以称之为跨国社会运动。其中"紧密相连"意味着为协调动员以达成共同目标而持续地相互作用[4]。跨国社会运动与国内社会运动一样，都包括广泛的政治行为体，如个人、团体、行业协会以及其他社会团体

① Sidney Tarrow, "Transnational Politics: Contention and Institutions in International Politics," *Annual Review of Political Science*, 2001, 4 (1): 11.

② Sanjeev Khagram, James V. Riker and Kathryn Sikkink, "From Santiago to Seattle: Transnational Advocacy Groups Restructuring World Politics," in Sanjeev Khagram, James V. Riker and Kathryn Sikkink, eds., *Restructuring World Politics: Transnational Social Movements, Networks, and Norms*. Minneapolis: University of Minnesota Press, 2002: 8.

③ Donatella Della Porta and Sidney Tarrow, "Transnational Processes and Social Activism: An Introduction," in Donatella Della Porta and Sidney Tarrow, eds., *Transnational Protest and Global Activism*. Lanham, MD: Rowman & Littlefield, 2005: 2—3.

④ Dieter Rucht, "The Transnationalization of Social Movements: Trends, Causes, Problems," in Donatella Della Porta, Hanspeter Kriesi and Dieter Rucht, eds., *Social Movements in a Globalizing World*. Basingstoke: Macmillan, 1999: 207.

（其中包括宗教团体），但二者在所动员的行为体和资源方面以及在多大程度上是在国际舞台上进行交流、咨询、协调与合作而相互区别开来①。这也就是说，当社会运动在国际层面组织起来，并且进行定期的交流，这些社会运动的活动家就能够跨国界地分享技术和战略信息，协调平行举行的活动，发动真正跨国性的集体行动，那么这样的社会运动就是跨国社会运动。

　　总之，跨国社会运动就是以共同的认同或目标为基础，在两个以上国家发动协调一致和连续动员的抗议活动，从而公开地影响社会变革的跨国行动者所组成的非正式社会活动网络。这里的跨国行动者既包括形形色色的活动分子（activists），也包括活跃于国际舞台的运动活动家（entrepreneur），既可以是国际非政府组织、参与运动的国内非政府组织等正式组织，也可以是临时组建的草根团体或认同网络。

第二节　跨国社会运动的历史演变

　　跨国社会运动的演进有着颇为明显的代际差异，从国际工人运动等所谓"老"社会运动，到二战后的"新"社会运动，再到冷战后的"全球正义运动"，不断演进并呈现出不同的时代特征。

一、跨国社会运动的先驱：从废奴运动到国际主义工人运动

　　毋庸置疑，不论是社会运动还是跨国社会运动都不是当代世界的产物。美国著名社会运动研究者西德尼·塔罗指出，普通民众携手对抗社会精英、当局者和对立者的"抗争政治"，"可以追溯到人类历史之初，但是为了反抗强大的敌对势力而发动、协调和支持这种斗争，却是社会运动（一种现代发明和现代国家兴起的伴随物）的独特贡献"②。查尔斯·蒂利指出："我这里所说的社会运动，即一种独特的实现大众政治的方式和手段——却肇始于18世纪后期的西欧，在19世纪早期的西欧和北美获得了广泛的承认，在19世纪中期凝结成为综合了诸多要素的稳固的复合体，

---

① Jackie Smith, Ron Pagnucco and Charles Chatfield, "Social Movements and World Politics: A Theoretical Framework," in Jackie Smith, Charles Chatfield and Ron Pagnucco, eds., *Transnational Social Movements and Global Politics*. Syracuse, NY: Syracuse University Press, 1997: 59-60.

② 塔罗. 运动中的力量：社会运动与斗争政治. 吴庆宏，译. 南京：译林出版社，2005：2.

此后变化趋缓，却从不停顿，最终扩展到了整个西方世界，并被冠以社会运动之名。"① 虽然，早期社会运动主要在西欧和北美各资本主义国家内部兴起，比如发生在 18 世纪 60 年代的英国织工捣毁机器行动、伦敦平民争取政治权利的运动，以及 1776 年美国革命前夕"自由之子社"所推动的抵制进口税和《印花税法》运动等，但是，"一旦社会运动在一种政治环境中安家落户，就能通过模式化运作和彼此的沟通合作，促使社会运动被其他相关的政治环境所接受"②。这就意味着，社会运动一旦形成就具有向国际化发展的趋势。从 18 世纪末 19 世纪初开始，美国、英国和法国的某些社会运动就已逐步向国际化方向发展，比如废奴运动从 18 世纪后期开始迅速成为一项国际事业，而到了 19 世纪工人运动和妇女解放运动等都获得了广泛的国际化发展。

美国学者玛格丽特·凯克（Margaret Keck）和凯瑟琳·辛金克（Kathryn Sikkink）指出，就其范围、方式和敏感性来说，废奴运动显然是跨国社会运动"最具代表性的先驱"③。早在 17 世纪 80 年代美国宾夕法尼亚的贵格会教徒就率先提出反对奴隶制的主张，但废奴运动真正的起点是 1787 年英国废奴主义者发动的反对奴隶贸易的公众运动，直至 19 世纪 80 年代巴西奴隶解放运动。废奴运动起初要求废除奴隶贸易，接着又提出了要解放奴隶，在整整一个多世纪的时间里遍及世界上许多国家，并使得延续了三千多年的奴隶制度在世界上丧失了存在的合法性。

之后，跨国社会运动"在工人阶级国际主义和妇女运动中开始成形"④。19 世纪晚期到 20 世纪初期的跨国妇女运动⑤以争取妇女选举权的

---

① 蒂利. 社会运动 1768—2004. 胡位钧，译. 上海：上海人民出版社，2009：9.

② 同①52.

③ 凯克，辛金克. 超越国界的活动家：国际政治中的倡议网络. 韩召颖，孙英丽，译. 北京：北京大学出版社，2005：15.

④ Jan Nederveen Pieterse, "Globalization and Collective Action," in Pierre Hamel, Henri Lustiger-Thaler, Jan Nederveen Pieterse and Sasha Roseneil, *Globalization and Social Movements*. New York：Palgrave, 2001：25.

⑤ 一般认为，跨国妇女运动可以划分为三个明显的阶段：第一阶段从 19 世纪晚期至 20 世纪早期，第二阶段涵盖整个 20 世纪中期，第三阶段自 20 世纪末至今。第一阶段主要包括改变社会习俗的社会改革运动以及争取投票权和避孕合法化的运动，第二阶段包括反殖运动中的妇女运动和新社会运动中的女权主义运动，第三阶段国际妇女运动成为一支强大的政治力量，并且日益成为广义而言的全球正义运动之一部分。参见：Peggy Antrobus and Gita Sen, "The Personal Is Global: The Project and Politics of the Transnational Women's Movement," in Srilatha Batliwala and L. David Brown, eds., *Transnational Civil Society: An Introduction*. Bloomfield, CT：Kumarian Press, 2006：142 - 143. 也可将这三个阶段分别称为第一、第二、第三代女权主义。

跨国运动最为典型。而妇女争取选举权的运动与前述的废奴运动有着很大的关联。1840 年，英国伦敦召开的世界反对奴隶制大会拒绝给妇女提供席位，促使一些妇女活动家推动组织争取妇女权利的运动。1848 年，美国妇女活动家首次提出了争取妇女选举权的主张①，发起了妇女选举权运动。妇女选举权运动把为妇女争取选举权作为妇女平等和解放的首要原则。在争取普选权的同时，妇女要求和男人平等的教育、就业和参与社会生活的权力。19 世纪后半叶，在欧洲各国男子逐渐获得选举权的情况下，欧洲各国妇女要求公民权的呼声日益增强，各种争取妇女权利的组织纷纷成立，例如，1865 年成立的德国妇女联合会，1868 年成立的英国全国妇女选举权协会和 1882 年成立的法国女权同盟等。1904 年，第一个专门致力于推动妇女选举权的国际组织——国际妇女选举权协会（International Woman Suffrage Association，IWSA）成立，此时妇女争取投票权运动才真正由国内运动演变为国际运动。第一次世界大战前后的 20 年间，妇女选举权运动成为发达社会一种重要的集体抗议形式，运动在英美等国达到了顶峰。由于妇女在一战中发挥了重要的作用，妇女选举权运动取得了重要的进展。1918 年，英国 30 岁以上的妇女获得了选举权。美国妇女于 1920 年也获得了选举权②。之后，争取妇女选举权国际运动的重点转向拉丁美洲、中东和亚洲，这些地区或者是通过国际妇女组织的活动，或者是通过大规模的工人运动及民族主义革命的方式③，也相继实现了妇女选举权。争取妇女选举权的国际运动以惊人的速度取得了显著的成果。在 19 世纪中期的时候，即便是最有远见的妇女权利倡导者都认为，妇女要获得选举权几乎是不可能的。然而，到 20 世纪中叶，世界上几乎所有国家都赋予了妇女选举的权利。

工人运动是"最为古老且一直存在的跨国运动"④，它以创建一个满足所有人的需求和愿望的社会为目标。与许多早期的解放运动不同的是，现代工人运动在本质上就是国际性的。工人运动的跨国性根植于工人是一

---

① 凯克，辛金克. 超越国界的活动家：国际政治中的倡议网络. 韩召颖，孙英丽，译. 北京：北京大学出版社，2005：59.
② 科恩，肯尼迪. 全球社会学. 文军，等译. 北京：社会科学文献出版社，2001：147.
③ 同①66.
④ Srilatha Batliwala and L. David Brown, "Introduction: Why Transnational Civil Society Matters," in Srilatha Batliwala and L. David Brown, eds. , *Transnational Civil Society: An Introduction*. Bloomfield, CT: Kumarian Press, 2006: 11.

个具有共同事业的阶级这种认知①。随着工业革命的兴起、资本主义大生产的产生以及贫困的工人阶级的形成，工人运动肇始于 19 世纪初的欧洲。早期资本主义发展阶段对工人的残酷剥削促使一些社会改革者提出建立一个更加合理和更为公平的社会秩序的计划。早在 19 世纪 30 年代末，英国和法国的一些工会主义者、社会主义者和民主主义者小团体计划建立一个"致力于工人阶级解放的国际社团"。至 19 世纪中期出现了"第一波工人国际主义"②。1847 年，马克思和恩格斯为共产主义者同盟起草的《共产党宣言》成为近代工人运动的理论基础。随后各行各业的工会组织纷纷成立，19 世纪 60 年代，英、德、美陆续建立了全国性的工人组织，1864 年国际工人协会（第一国际）建立，在第一国际的领导下，欧美各国的工人阶级为缩短工时、增加工资，为改善劳动条件、争取劳动保护，为争取言论、集会、结社的自由等基本经济政治民主权利，开展了前赴后继的斗争。1871 年，法国巴黎公社的建立是国际工人运动建立社会主义的一次伟大尝试。总之，第一国际是工人国际主义在实践中的第一次展示，极大地促进了世界各国工人组织或工会的建立以及它们之间的联系，并且为后来的国际合作提供了理论和政治框架③。然而，由于马克思主义者与无政府主义者之间的分歧，第一国际于 1876 年解体。随着 19 世纪 80 年代西欧群众性社会主义政党的纷纷建立，工人国际主义开启了新的篇章。这时，试图重建跨国工人运动组织的努力终于促成了 1889 年第二国际的建立。第二国际继承了第一国际所倡导的为"八小时工作日"而斗争的主张，将 5 月 1 日定为国际日，并于 1890 年 5 月 1 日在世界各地发起了声势浩大的游行示威。自此以后，5 月 1 日成为纪念工人阶级斗争和庆祝国际工人运动的正式节日。与此同时，工会主义也开始快速发展，到 1911 年，共计形成了 28 个不同行业的国际工会秘书处，组织的主要活动是在罢工期间组织工人团结一致地交流贸易与劳工立法方面的信息。1913 年国际工会联合会（International Federation of Trade Unions，IFTU）成立。总之，19 世纪中期至 20 世纪初工人国际主义的兴起至少在一定程度上是对当时社会经济和政治转型的反映。资本主义制度的全球传播和

---

① Dan Gallin, "Transnational Pioneers: The International Labor Movement," in Srilatha Batliwala and L. David Brown, eds., *Transnational Civil Society: An Introduction*. Bloomfield, CT: Kumarian Press, 2006: 85.

② Ronaldo Munck, *Globalization and Contestation: The New Great Counter-Movement*. London: Routledge, 2007: 41.

③ 同①87.

民族国家之间的普遍相互依赖必须伴随世界人民之间的相互依赖①。然而，第一次世界大战的爆发打断了国际工人运动的发展。工人国际主义被民族主义和爱国主义热情击得粉碎。于一战中诞生的布尔什维克革命对工人运动有着双重影响：一方面大大加强了支持和平以及争取政治社会和经济改革的激情，另一方面也使社会主义运动产生了深深的裂痕。大多数社会主义政党和工会反对布尔什维克式的政治专制，强调政治民主是社会主义一个必不可少的部分②。自此，共产主义运动与社会民主主义运动分道扬镳，并分别产生了共产国际和社会主义工人国际③。此后，国际工人运动又受到法西斯和纳粹主义的严重摧残。第二次世界大战之后，国际工人运动愈加分裂和衰弱，在美苏两极对抗的背景下，跨国社会运动成为双方争夺的一枚棋子，工人运动在西方国家残酷的镇压之下逐渐衰落。更为重要的是，在西方社会，随着福利国家的建设和工人生活水平的提高，工人运动也逐渐被制度化和纳入体系之中而变得不再重要了。然而，早期西方的工人阶级运动，"虽然没能阻止资本主义的兴起，但却在很大程度上改变了资本主义的性质"④，因为它"成功地扼制了资本主义的过分剥削，使之比以往更能公平地为大众的利益服务"⑤，同时也给以后的跨国社会运动留下了重要的遗产和经验教训，例如 20 世纪 60 年代兴起的新社会运动，一定程度上是在对早期国际工人运动进行反思乃至批判的基础产生的。

二、二战后的跨国社会运动：新社会运动的兴盛

二战之后，尤其是 20 世纪 60 年代以后，生态运动、女权运动、和平

---

① Ronaldo Munck, *Globalization and Contestation*: *The New Great Counter-Movement*. London: Routledge，2007：44.

② Dan Gallin, "Transnational Pioneers: The International Labor Movement," in Srilatha Batliwala and L. David Brown, eds., *Transnational Civil Society*: *An Introduction*. Bloomfield, CT: Kumarian Press，2006：88.

③ 第一次世界大战爆发后，第二国际瓦解，国际社会主义运动发生分裂，各党左派于 1919 年在莫斯科成立了共产国际，即第三国际。同年，社会民主党的右派成立伯尔尼国际；1921 年接近右派的"中派"也另组了维也纳国际，亦称"第二个半国际"。1923 年 5 月 21 日，伯尔尼国际和维也纳国际合并，在德国汉堡成立了社会主义工人国际（Labor and Socialist International），它是 1951 年成立的社会党国际（Socialist International）的前身。参见：周琪. 社会民主主义和欧洲共产主义理论的比较分析. 政治学研究，1985（4）：74.

④ 赵鼎新. 社会与政治运动讲义. 北京：社会科学文献出版社，2006：297.

⑤ 科恩，肯尼迪. 全球社会学. 文军，等译. 北京：社会科学文献出版社，2001：440.

运动①、少数族裔反种族歧视运动、人权运动、同性恋运动等新社会运动取代了 19 世纪和 20 世纪早期的工人和妇女运动等老社会运动。新老社会运动之间并非完全按照年代来划分，而是基于组织方式上的分野。老社会运动是以阶级为基础的，如工人团体或农民团体。新社会运动则是指二战后围绕着性别、种族、和平与环境等非阶级议题而形成的社会运动。新社会运动的兴起通常被认为与 20 世纪 60 年代以来发达工业国家的政治和文化变革紧密相连②。主要体现在以下几个方面：

首先，发达国家的转型和中产阶级的兴起。20 世纪 60 年代后，西方发达国家通过新的科技革命，推动了社会经济和物质生活的极大发展，加之福利改革的推行，开始由工业社会向后工业社会③转型，与之相联系的是从体力劳动向知识和服务业的职业转向以及中产阶级的兴起。一方面，这导致工人阶级数量的下降和阶级矛盾的缓和，从而促使传统的工人运动逐渐衰落；另一方面，西方中产阶级也加入社会运动中来，他们不再主要聚焦于物质方面的利益，而是对一些新型社会问题和非物质价值（例如环境、生态、女权、人权和动物权）给予了更多的关注，因而，参加社会运动的人士不再主要是工人和社会中下层青年男性，越来越多的社会阶层和人士，包括中产阶级以及大量的女性和中老年人都日益通过加入、发动和利用新社会运动来表达其诉求和主张。

其次，反西方主流文化运动的兴起与盛行。二战后是欧美经济繁荣发展的时期，传统的工业文明在推动社会发展的同时，也带来了人的异化。尤其是，社会的繁荣是建立在牺牲弱者的基础上的。而且，现代化工业的发展对自然环境的破坏以及新科技的采用也给社会带来严重的负面效应。这些因素促使人们对资本主义发展模式进行反思，他们开始反对市场制度和技术统治；质疑现代化早期的工具理性，认为这种价值观导致了自然和

---

① 二战以后发达国家的和平运动经历了三个高潮：第一次是在 20 世纪四五十年代，以欧洲为中心，主题是反战（特别是朝鲜战争）、捍卫世界和平；第二次高潮发生于 60 年代后期，以美国为中心，主题是反对美侵越战争；第三次发生于 80 年代，西欧和美国均是中心，主题是反对以美苏军备竞争为主要内容的反核和平运动。参见：秦德占. 变动中的当代欧美社会. 北京：当代世界出版社，2004：52–53.

② Robert O'Brien, Anne Marie Goetz, Jan Aart Scholte and Marc Williams, *Contesting Global Governance: Multilateral Economic Institutions and Global Social Movements.* Cambridge: Cambridge University Press, 2000: 17.

③ 后工业社会，指的是社会的服务业（包括知识、媒体和信息等产业）已成为最重要的财富和就业的源泉，与此相伴的是制造业比重相对下降、体力劳动工人减少、大学教育的普及和中产阶级的兴起。

社会的双重代价和风险，应该重新确立价值理性的地位，尊重文化差异和发展道路选择。与此同时，二战以后出生的一代年轻人，尽管享受了欧美福利国家的富足物质生活，但他们不愿接受压抑人们个性的传统物质主义社会价值观，对非物质主义价值观给予了更多的关注，更强调个人价值和认同的实现，崇尚个性解放，关注生活方式、自我实现和政治参与等等①。他们掀起反叛西方主流文化的运动（如"嬉皮士"运动②）挑战传统主流价值观，宣泄对西方现实社会的不满。他们积极发动和参与到当时社会发生的各种社会运动之中。因而，青年人，尤其是学生成为新社会运动的主力或先锋。

再次，新左派的兴起和影响。二战以后西方发达国家的社会保障制度和福利国家建设，削弱和同化了工人运动，左派运动抛弃了推翻世界资本主义体系的革命目标，寻求在资本主义国家中走议会道路和进行改良运动以实现所谓的"民主社会主义"。而在那些左派夺取国家政权建立的社会主义国家中，虽然有斯大林建设"两个平行市场"的努力，然而社会主义国家实际上逐渐放弃了世界革命的主张，转向在世界资本主义体系内寻求本国的现代化发展道路，因而这些老左派从反对世界资本主义体系演变为对世界资本主义体系的接受。更为重要的是，苏联集权主义的发展模式又使很多人对社会主义的信仰产生了怀疑。与此同时，与西方发达国家的繁荣相伴随的异化和环境破坏等社会问题以及代议制民主的信任危机出现，于是 20 世纪 60 年代在对老左派道路和西方自由主义意识形态同时发起的挑战中，产生了西方的新左派。新左派深受赖特·米尔斯（C. Wright Mills）和赫伯特·马尔库塞（Herbert Marcuse）等西方马克思主义者思想的影响，他们既与正统马克思主义拉开距离，又竭力批判资本主义的弊端，尤其是对人的异化的批判，试图在共产主义和资本主义之间寻求"第三空间"③。新左派否认劳工运动对推动社会变革的主导作用，认为新左派的主导力量是青年知识分子。青年群体，尤其是大学生深受新左派思想的影响，他们是新左派思想的信奉者和实践者，同时他们又积极参与人权运动、环保运动、反战反核和平运动、同性恋运动等新社会运动，希望以新的理念和方式来反思和解决资本主义社会矛盾。因而，新左派运动和新

---

① 何平立. 认同感政治：西方新社会运动述评. 探索与争鸣，2007（9）：66.

② 反叛西方主流文化的"嬉皮士"运动，是西方青年试图以各种反叛行为发泄对现实社会不满以及对抗传统价值观的一场文化抗议运动。

③ 周穗明. 西方新社会运动与新马克思主义. 广东行政学院学报，2006（3）：89.

社会运动相互交织、难分你我。

最后，通信技术发展的促进。20 世纪 60 年代，卫星通信技术的发达和太空飞行使人们能真切地看到地球作为一颗行星的图景，促进了人们同住地球村的意识和全球认同，与之相伴随的就是对环境、人权、贫困、战争与暴力、社会不平等与歧视等全球普遍性议题的关注以及环境运动、和平运动、女权主义运动、人权运动等跨国社会运动的兴起。新闻媒体，尤其是电视更是起着推波助澜的作用，这既使得人们对世界其他地方发生的灾难与危机心有戚戚，又加速了社会运动的跨国传播和发展。

总之，很多研究发达国家社会运动的学者认为，新社会运动的兴起是与当时发达国家所发生的社会变迁相关联的。新社会运动"反映的是在传统认同感（阶级意识）日渐式微的态势下，新的社会阶层（如学生）和新的认同感（如学生、女性、同性恋者和环境保护者）的兴起；是人们在新的社会条件下寻找自我认同的结果，是为控制和界定主流文化而进行的斗争；是一场原有的现代化价值与正在兴起的后现代化价值之间的冲突"①。

新社会运动既与 20 世纪 60 年代以来西方的社会转型和变迁相关，又与 19 世纪的工人运动等传统跨国社会运动有着相当大的差异。首先，在传统社会运动中，人们之所以加入一个社会运动往往是因为某种物质需求。人们认为其物质生活的贫乏来自受剥削和受压迫的处境，而他们所参加的那个运动则能改变这种处境进而改进他们的物质生活质量。但是在新社会运动中，一个人加入某个社会运动的主要动机往往是实现一些非物质性的价值，而不是因为经济和物质上的受剥削和受压迫。其次，传统社会运动的背后往往有着诸如共产主义、无政府主义等意识形态的作用。这些意识形态既指出了社会问题的关键所在，又是社会运动成员之间凝聚力的基础。新社会运动的背后则没有这样的意识形态。新社会运动想要改变的仅仅是社会上的某一种主流价值观和行事方式（所以新社会运动又被称为"单议题运动"），其成员之间的凝聚力基础往往是对一种共同身份（如女权主义者、同性恋者）的认同。再次，传统社会运动的对象一般是统治阶级以及使社会运动参加者处于被剥削和被压迫地位的经济和政治结构。这些社会运动的目的是要改善运动参加者的经济和政治地位，甚至是打破国

① 赵鼎新. 社会与政治运动讲义. 北京：社会科学文献出版社，2006：291.

家机器、建立新型国家政权。新社会运动虽然也面向国家，以寻求国家通过立法等手段来保障甚至是促进它们所具有或提倡的生活方式和价值观。但是新社会运动并不追求打破国家机器和建立新政权。新社会运动主张"后物质主义的"价值观和"另类的"解决方案，抗议现代国家的超大规模和内在的理性以及所存在的社会不平等及其他方面的不平等。然而，新社会运动的目标是对体系及其制度进行革新与完善①。新社会运动的根本对象往往是社会本身。传统主流文化忽视了新社会运动所提倡的在环境、生态等问题上的价值观，传统主流文化同时也把诸如同性恋一类的行为看作一种病态。新社会运动则是要提倡一些后现代的价值观，并要求社会真正容纳和接受他们的价值观，把他们（比如同性恋者）当作完全正常的公民看待。最后，传统社会运动的组织往往有着等级分明的结构和权力集中的核心领导者，而新社会运动"在组织成员进行集体活动时，出现了非中心化和非等级化的趋势"②。新社会运动的倡导者认为，传统社会运动虽然反对的是强权和专制，但是它们的这种组织形态本身延续了传统文化的专制性。因此，新社会运动往往倡导或呈现出非中心化、非等级制和网络化的组织形态，要发起一场运动时，这些网络通过现代通信手段迅速联络，以达到协调行动。新社会运动的组织者在决策时采取的是直接民主和全体通过制，而不是传统社会运动组织的少数服从多数原则。所谓的领导也往往只是运动的一个召集人而已③。总之，新社会运动是对新的社会现实和社会需求的反应，并呈现出一些新的特征，然而这并不意味着它们是全新的社会现象，新社会运动同时也是对老社会运动进行反思和继承的结果。

　　新社会运动的高潮是所谓的"1968 年革命"。1968 年并不是社会运动的一次重大的胜利，但它确确实实标志着西欧战后的一个历史转折点。它是 20 世纪 50 年代和 60 年代的长期繁荣与 70 年代的衰退之间的一条分界线④。这一时期，欧美国家的学生作为新社会运动的一支力量异军突起。1968 年法国"五月风暴"是最为突出的代表，当然，法国的"五月风暴"

① Bob Reinalda, "Private in Form, Public in Purpose: NGOs in International Relations Theory," in Bas Arts, Math Noortmann and Bob Reinalda, eds., *Non-state Actors in International Relations*. Aldershot: Ashgate Publishing Limited, 2001: 28.

② 科恩，肯尼迪. 全球社会学. 文军，等译. 北京: 社会科学文献出版社，2001: 444.

③ 赵鼎新. 社会与政治运动讲义. 北京: 社会科学文献出版社，2006: 290-291.

④ 豪尔，杰奎斯. 从 1988 年看 1968 年: 历史性的年代. 国外社会科学，1988（11）: 34.

绝非唯一的一例。学生运动在许多国家爆发，并引发了其他阶层的群众抗议活动。引起 1968 年欧洲学生运动的最初动因是反对美国对越南的武装干涉。1965 年美国学生率先发起反对越战运动，声势遍及全国。1966 年西欧国家出现反越战运动，1967 年在联邦德国达到高潮。1968 年 2 月，德国社会主义学生联合会发起并组织反对越南战争国际大会，引发全球性的抗议浪潮。在 1968 年革命中，学生运动与反战运动以及其他运动相互交织在一起。

　　同时，这一时期也是少数民族、女权主义者和同性恋斗争的重要阶段。这一时期少数民族权利运动从反种族歧视和土著民运动两个层面在国际范围内展开。爆发于 20 世纪 60 年代初的美国黑人民权运动对剥削和压迫黑人数世纪的种族压迫、种族歧视政策提出挑战，愤怒地发出了要求自由和平等的呼声。之后，国际社会还联合起来展开了反对南非种族隔离制度的跨国斗争。从罢工、静坐、示威到武装反抗，南非广大黑人在国际非政府组织的支持下与种族隔离政权展开了旷日持久的斗争。许多西方草根抗议人士发起了阻止跨国公司投资南非的运动，并为南非的反种族隔离运动做出了积极的贡献。此外，自 70 年代中期以来，一个引人瞩目的发展就是"土著民"运动开始具有部分的全球导向。"土著民"运动的发源地主要是南北美洲国家，但如今也扩散到澳大利亚、新西兰、印度和印度尼西亚等地。名为"土著民工作委员会"的伞状集团充当协调这些运动的全球性组织。这场"重新导向"运动的政治焦点，很大程度上体现在联合国成为反映土著民要求的论坛，而且以自决权和人权等国际法语言宣扬土著民的要求①。

　　20 世纪 60 年代兴起的女权运动是跨国妇女运动的第二次浪潮，新一代的女权主义者全面批判男权社会，反对男性在所有领域的统治角色，认为妇女和男人的角色和特点大部分是后天获得的，或者说是社会文化过程强加于个体之上的；所有社会都由于长期的文化认同而接受了性别关系的不平等；妇女具有母性的天性，比男性更倾向于寻求和谐的关系，妇女获得更多的权力并对政治和公共生活拥有更大的影响，世界将会更加和平与平等②。新女权运动以反对"性别压迫"为轴心，运动的锋芒指向文化、

---

　　① 休伊森，辛克莱. 全球治理理论的兴起. 张胜军，编译. 马克思主义与现实，2002（1）：45.

　　② 科恩，肯尼迪. 全球社会学. 文军，等译. 北京：社会科学文献出版社，2001：468，148.

思想等一切领域对妇女的歧视，要求重新认识和评价妇女在社会生活中的地位和作用①。运动参与者众多、影响面较广、类型多样。例如反正统文化和性自由运动、自由女权主义运动、争取堕胎权运动、同性恋女权主义运动和后现代女权主义运动等。

新社会运动中比较突出的是环境运动。可以说，"环境运动已成为西方历史上规模最大的运动"②。全球性的环境保护运动，虽然在二战后才真正开始出现，但是作为这场运动的动力——对环境破坏展开的理智反省，却可以追溯到很久以前。早期的群众性环境保护运动规模较小，可以追溯到19世纪的自然保护运动。环境运动空前爆发（或称环境革命）的导火索是1962年美国生物学家蕾切尔·卡逊（Rachel Carson）《寂静的春天》一书的出版，该书揭露了滥用化学剂和农药给人类和自然界带来的全球性灾难，引发了对人与自然之间关系的深刻反思和世界性的反对污染和保护环境的运动，1970年4月22日美国30万人走上街头开展了环境保护大规模游行活动，这一天后来成为"世界地球日"③。而环境革命的标志则是1972年在斯德哥尔摩召开的全球首脑级环境会议④。当时，跨国环境运动和组织史无前例地参与斯德哥尔摩环境大会，超过250个非政府组织的代表参加了首次举行的与官方会议并行的非政府组织大会⑤，从环境运动参与全球治理的角度来说，斯德哥尔摩环境大会被视为一个"分水岭事件"⑥。之后，

---

① 秦德占. 变动中的当代欧美社会. 北京：当代世界出版社，2004：45.
② 叶平. 全球环境运动及其理性考察. 国外社会科学，1999（6）：38.
③ John McCormick, *The Global Environmental Movement: Reclaiming Paradise*. London: Belhaven Pr., 1989. 转引自：叶平. 全球环境运动及其理性考察. 国外社会科学，1999（6）：37-41.
④ 1972年6月在瑞典斯德哥尔摩召开的联合国人类环境会议，是人类历史上的第一次国际环境保护大会，世界上133个国家的1 300多名代表出席了这次会议。这次会议在很大程度上是20世纪60年代非政府组织和西方环境运动推动以及世界人民环境意识觉醒的结果。大会通过了《联合国人类环境会议宣言》和《行动宣言》，宣告了人类对环境的传统观念的终结，达成了"只有一个地球"、人类与环境是不可分割的共同体的共识。会议做出决议，在联合国框架中成立一个负责全球环境事务的组织，统一协调和规划有关环境方面的全球事务，联合国环境署（UNEP）由此诞生成立。
⑤ Michele M. Betsill and Elisabeth Corell, "Introduction to NGO Diplomacy," in Michele M. Betsill and Elisabeth Corell, eds., *NGO Diplomacy: The Influence of Nongovernmental Organizations in International Environmental Negotiations*. Cambridge, Massachusetts: The MIT Press, 2008: 1.
⑥ Peter Willetts, "From Stockholm to Rio and Beyond: The Impact of the Environmental Movement on the United Nations Consultative Arrangements for NGOs," *Review of International Studies*, 1996, 22 (1): 57.

环境运动主要在两个维度展开，既有主张生态保护和可持续发展的世界性运动，例如围绕全球变暖、臭氧层破坏和热带雨林锐减等环境问题而发起的运动，也有与每个人密切相关的地方运动和草根运动，例如围绕垃圾焚烧、危害性废物和道路建设等问题展开的抗议活动。当然，环境运动也不是孤立进行的，例如在广大的发展中国家，"保护自然环境的愿望往往是要求进行政治和经济改革这一更大的诉求中的一个因素"①。冷战结束以后，环境运动与其他议题运动的交叉合流更为显著，每一次反新自由主义全球化运动之中都可以发现环境活动分子的身影。

尽管社会运动从形成伊始就展现出跨国社会运动的形式，但是，唯有到了 20 世纪后期跨国社会运动及社会运动的广泛联系才有了突出的增长②。这一时期跨国社会运动的一个重要特征是各种运动相互交织在一起，各种运动联络的高潮是 1968 年的反殖民化斗争、美国民权运动、反战运动与学生运动以及工人斗争的多种交错联系。之后是正义与和平运动、团结与人权运动、全球反种族隔离运动、和平运动、环境运动以及土著居民网络、非政府组织及其跨国网络的增长③，在这些运动彼此交错的背景中，"全球抗议运动"已初露端倪。

三、冷战后的跨国社会运动：全球抗议运动的勃兴

20 世纪 80 年代之后，大多数国家采取了市场化的经济发展道路，加之东欧社会主义国家的相继垮台、苏联解体和冷战终结，世界的整合速度得到了进一步加快。经济全球化和现代通信技术的深入发展，促使新一波的跨国社会运动兴起，这一轮跨国社会运动更加的全球化，有些学者直接称之为全球社会运动。

冷战后的全球抗议运动浪潮，最突出的代表是所谓的"反全球化运动"。西方主流媒体将 1999 年西雅图事件以来的抗议活动称为"反全球化运动"④，

---

① Jeff Haynes, *Democracy and Civil Society in the Third World：Politics and New Political Movements*. Malden, Mass.：Polity Press, 1997：118.

② 蒂利. 政权与斗争剧目. 胡位钧, 译. 上海：上海人民出版社, 2012：217.

③ Jan Nederveen Pieterse, "Globalization and Collective Action," in Pierre Hamel, et al., eds., *Globalization and Social Movements*. New York：Palgrave, 2001：26.

④ 指 1999 年 11 月，美国西雅图世贸组织会议期间的大规模抗议活动，又称为"西雅图之战"（the battle of Seattle）。西雅图事件是一个转折点，是新一轮的跨国社会运动兴起的标志，或者说是"反全球化运动"（anti-globalization movement）兴起的标志。

然而这与许多活动分子对运动的认识是相矛盾的①，因为大多数参与者认识到全球化在某种形式上可能是现代世界的一个特征。抗议者的一个主要诉求是"全球化进程应当变得更为民主，使得全世界的居民都有机会进入这一进程"②，运动最有价值的贡献在于其"对跨国公司驱动的全球化的批判"③，而不是真正要反全球化，所以运动参与者更愿意称之为"全球正义运动"④。

目前越来越多的学者也开始将反全球化运动称为"全球正义运动"⑤。杰姬·史密斯指出反全球化运动的标签是维护全球资本家阶级意识形态的一个挡箭牌，而且会使运动向全球公众所真正要传递的信息发生扭曲。运动的真正内涵有三个方面：首先，它是"全面全球化运动"，运动反对将全球化仅仅视为经济交往的管理规范，认为它也应该包括社会和政治交往的规则，主张签订全球性的经济协议时不能置劳工利益、国际人权、环保等议题于不顾。其次，它是一场"全球正义运动"。运动为实现全球正义之目标而高声疾呼，揭露企业在追逐利润时磨灭了人性价值，扼杀了全球生态。最后，它是"全球民主运动"。在众多反全球化运动的诉求中，其共同的主张便是全球民主。政府在制定经济与贸易决策过程中，逐渐为企业利益的力量所渗透、主导，这种力量甚至凌驾于政府权力之上。全球化政策过程中不应排除全球大众的参与，而政府订立自由贸易协议的信息也必须向公众公开⑥。因此，冷战后全球社会运动的主要任务

---

① W. Lance Bennett, "Communicating Global Activism: Strengths and Vulnerabilities of Networked Politics," in Wim Van de Donk, Brian D. Loader, Paul G. Nixon and Dieter Rucht, eds., *Cyberprotest: New Media, Citizens and Social Movements*. London: Routledge, 2004: 143.

② Thomas J. Sullivan, *Introduction to Social Problems*. Boston: Allyn and Bacon, 2003: 62.

③ Walden Bello, "The Global South," in Tom Mertes, ed., *A Movement of Movements: Is Another World Really Possible?*. London & New York: Verso, 2004: 69.

④ 除了"全球正义运动"（global justice movement）之外，也可称之为"另一种全球化运动"（alternative globalization movement）或"改变全球化运动"（alter-globalization movement）。

⑤ 玛丽·卡尔多（Mary Kaldor）等人指出，"反全球化运动"一开始是媒体对该跨国社会运动略带贬义的称谓，有学者称之为"反资本主义运动"，目前越来越多的学者开始用"全球正义运动"来做表述。参见：Mary Kaldor, Helmut Anheier, and Marlies Glasius, "Global Civil Society in an Era of Regressive Globalisation," in Mary Kaldor, Helmut Anheier, and Marlies Glasius, eds., *Global Civil Society* 2003. Oxford: Oxford University Press, 2003: 24.

⑥ Jackie Smith, "Behind the Anti-Globalization Label," *Dissent*, 2001, 48 (4), Fall: 14-18.

在于对经济全球化发起话语上和行动上的挑战，促使人们关注经济全球化对人类的工作、社会和环境所可能产生的不利影响，同时对于民主、人权、自然生态环境与人类和平等方面在全球化的发展下所受到的威胁予以深刻的反省①。可见，"反全球化"一词是有问题的②：首先，运动与当代全球化现象所依赖的是同一进程和技术因素。换言之，反全球化运动本身也是全球化发展的结果。其次，反全球化的称谓掩盖和削弱了运动参与者的真正动机和目标。

　　因此，笔者认为，"反全球化运动"是西方媒体对运动的曲解，问题是这个并不恰当的称谓却广为流传并为社会所熟知，以至于形成了以讹传讹的效应。实际上，由于运动的主流并不反对全球化本身，而是反对当前这种特定形式的全球化，即新自由主义全球化及其政策，运动的根本诉求也不是要推翻资本主义制度（当然也不排除某些运动参与者持此观点），因而"反新自由主义全球化运动"的概念可能更为恰当③。因而，后文中大多用"反新自由主义全球化运动"替代"反全球化运动"。更为主要的是所谓的反全球化运动实际上是"全球正义运动"的一个部分，这不仅是因为其参与者和学者这样认为，而且在于反全球化的根本诉求和目标是追求全球正义和民主，尽管运动中的某些部分在追求这个目标时可能采取了过激的和对抗性的策略，以至于获得了"反全球化"的污名。

　　20 世纪 90 年代以来，反对新自由主义全球化的跨国社会运动在世界范围内勃然兴起，而且影响越来越大，并与环境运动、女权运动、劳工运动、反跨国公司运动、土著民运动、反战运动、反资本主义运动等其他各个领域的社会运动相互借助，有交叉合流之势，诚如格雷格·巴克曼所

---

①　Robin Cohen and Shirin M. Rai, "Global Social Movements: Towards a Cosmopolitan Politics," in Robin Cohen and Shirin M. Rai, eds., *Global Social Movements*. London: Continuum, 2000: 16.

②　Sian Sullivan, "'We Are Heartbroken and Furious!' Violence and the (Anti-) Globalization movement(s)," in Catherine Eschle and Bice Maiguashca, eds., *Critical Theories, International Relations and "the Anti-globalisation Movement"*: *The Politics of Global Resistance*. London: Routledge, 2005: 192 note 1.

③　Peter Van Aelst and Stefaan Walgrave, "New Media, New Movements? The Role of the Internet in Shaping the 'Anti-globalization' Movement," in Wim Van de Donk, Brian D. Loader, Paul G. Nixon and Dieter Rucht, eds., *Cyberprotest: New Media, Citizens and Social Movements*. London: Routledge, 2004: 97.

言：反新自由主义全球化运动"不是普通的运动。在许多方面，它根本不是一种运动。更确切地说，它是一种'运动中的运动'"。它也"不是一个单一组织——它是许多不同的组织、个人以及个人与组织的松散联合的集合体"①。随着全球化程度的加深，反新自由主义全球化运动也有愈演愈烈之势，以致它本身已成为"一种广泛的和不断变化的全球现象"②，发展成为一种全球化运动。

　　然而，关于反新自由主义全球化运动的缘起，学者们的观点并不一致。有学者认为，运动起源于 1994 年墨西哥萨帕塔主义者起义③，也有学者将 1997—1998 年反多边投资协定的跨国运动视为运动的开端④。显然，对新自由主义全球化的抗议并非自 1999 年的美国西雅图开始⑤。实际上，冷战后的反新自由主义全球化运动与前述的新社会运动有着千丝万缕的联系，不过新社会运动一般是单一议题运动。例如，发起拯救鲸鱼运动的绿色和平运动、反核武器运动、同性恋者运动、集中于实现公平劳动惯例的工会运动和反对西方军事干预南方的和平主义运动等。尽管一些政治组织认识到这些运动都是相关的，但这些运动中很少有人看到了这种必然的联系⑥。

　　反对新自由主义全球化的斗争有着比较久远的历史。早在 20 世纪 70 年代，针对全球金融机构的政策尤其是结构调整计划的抗议即所谓的"国际货币基金组织骚乱"（IMF riots）⑦ 就在发展中国家发生了。当前反新自由主义全球化运动的首次重要活动是在 20 世纪 80 年代，当时世界银行

①　Greg Buckman, *Globalization: Tame It or Scrap It? Mapping the Alternatives of the Anti-globalization Movement*. New York: Zed Books, 2004: 110.

②　Frank J. Lechner and John Boli, *The Globalization Reader*. Malden, Mass.; Oxford: Blackwell Publishing LTD, 2004: 407.

③　Catherine Eschle and Bice Maiguashca, "Introduction," in Catherine Eschle and Bice Maiguashca, eds., *Critical Theories, International Relations and 'the Anti-Globalisation Movement': The Politics of Global Resistance*. London: Routledge, 2005: 2.

④　Leslie Sklair, *Globalization: Capitalism and Its Alternatives*, 3nd edition. Oxford: Oxford University Press, 2002: 277-293.

⑤　Ronaldo Munck, *Globalization and Contestation: The New Great Counter-Movement*. London: Routledge, 2007: 57.

⑥　Antonio Carmona Báez, "Scholar-Activism and the Global Movement for Socioeconomic Justice," in Steve John and Stuart Thomson, *New Activism and the Corporate Response*. Houndmills, Basingstoke, Hampshire: Palgrave Macmillan, 2003: 243.

⑦　John Walton and David Seddon, *Free Markets and Food Riots: The Politics of Global Adjustment*. Oxford, UK; Cambridge, Mass.: Blackwell, 1994.

和国际货币基金组织已经成为大规模抗议的焦点。它们在发展中国家兴办的不可靠工程，如印度的纳尔默达大坝工程和印尼苏哈托政府的移民工程，成为最适宜的抗议对象。与此同时，在第三世界债务危机之后，第一波跨国减债运动也产生了①。而 1988 年柏林国际货币基金组织和世界银行会议发生的示威活动俨然是 1999 年西雅图事件的一次预演，当时 133 个团体组成多样性大联盟发起这次运动，吸引了 8 万人参加②。不过，当时反对新自由主义的社会斗争相对来说还是分散的、局部的，只局限于一些部门或区域。

进入 20 世纪 90 年代，新一代的社会活动分子取得了显著的地位，他们意识到跨国公司权力与普通大众和环境的利益之间的持久矛盾。在新兴科技革命的支持下，一种新的全球大众抗议运动把过去 10 年中的分散化的斗争抛在了身后，运动日益组织起来且更加相互协调，新自由主义全球化愈益明显地成为运动的斗争目标。1994 年 1 月 1 日《北美自由贸易协定》生效之日，萨帕塔民族解放军在墨西哥恰帕斯州发动起义，反对经济全球化和恰帕斯地区的贫穷。他们的起义对正在兴起的反新自由主义全球化运动产生了巨大的鼓舞③。而推行新自由主义全球化的国际货币基金组织和世界银行更是成为运动的抗议焦点。1994 年，在世界银行成立 50 年之际，来自发展中国家的非政府组织建立了一个名为"受够了 50 年"（50 years is enough）的跨国社会运动网络，以表达对世界银行和国际货币基金组织的不满和反抗，反对它们提出的经济结构调整方案。1995 年 10 月，美国华盛顿世界银行和国际货币基金组织年会期间，1 000 多名社会运动人士在年会开幕日举行游行示威，要求提高这两大组织运作的公开性和民主性，要求实现平等的发展，要求停止对环境的破坏，要求削减第三世界的债务等，这是第一次在美国发生的针对国际经济组织的抗议活动。1996 年 11 月，在亚太经合组织峰会期间，菲律宾爆发了有十多万人参加的大规模抗议活动。1998 年 5 月，瑞士日内瓦世贸组织部长级会议、关贸总协定 50 周年纪念活动期间，爆发大规模

① Greg Buckman, *Globalization: Tame It or Scrap It? Mapping the Alternatives of the Anti-globalization Movement.* New York: Zed Books, 2004: 113-114.

② Peter Van Aelst and Stefaan Walgrave, "New Media, New Movements? The Role of the Internet in Shaping the 'Anti-globalization' Movement," in Wim Van de Donk, et al., eds., *Cyberprotest: New Media, Citizens and Social Movements.* London: Routledge, 2004: 122 note 2.

③ 同①114.

的反对新自由主义全球化的抗议活动。与此同时，英国伯明翰八国首脑
会议期间，来自英国及其他国家的宗教团体、劳工组织和非政府组织等
约有 5 万名示威者，高喊着"打破债务锁链""债务侵夺生命"等口号，
要求西方发达国家取消第三世界债务，这是跨国减债运动发起的一次重
要运动。1998 年 10 月，在法国阿塔克组织①的领导下，法国爆发大规模
游行示威活动，反对经济合作与发展组织的成员国自 1995 年开始谈判的
《多边投资协定》（Multilateral Agreement on Investment，MAI），而这只是
跨国反对《多边投资协定》运动的一个部分。运动始于 1997 年 2 月，一个
名为"公民组织"（Public Citizen）②的美国非政府组织获得了一份《多边投
资协定》草案，并立即将该草案发布于互联网。而在此之前，《多边投资协
定》谈判是在经济合作与发展组织的成员国内部秘密进行的。该草案在互联
网上的广泛传播引起了人们的广泛关注，美国、法国、英国等近 70 个国家
的大约 600 个非政府组织③加入反对《多边投资协定》的跨国运动之中，极
大地增加了谈判的复杂性。它们通过互联网联合起来，发动媒体运动，揭露
国际资本的密谋，进行大规模的示威斗争。它们谴责《多边投资协定》是对
民主、主权、环境、人权和经济发展的一个重要和直接的威胁，声称《多边
投资协定》给予跨国公司主宰国家的权力将会使政府成为其言听计从的傀
儡，并极大地限制了促进社会、经济和环境正义的能力④。1998 年 10 月，

①　阿塔克组织（Association for the Taxation of Financial Transactions for the Aid of Citi-
zens，ATTAC），是一个提倡课征外汇交易税（又称托宾税，即对现货外汇交易课征全
球统一的交易税，它是由美国经济学家、1981 年诺贝尔经济学奖得主托宾 1972 年在普
林斯顿大学演讲中首次提出的）的社会运动团体。ATTAC 与英文与法文中的"进攻"
谐音，它于 1998 年成立于法国，目前已在 40 国成立 1 000 多个地方组织。它起初仅经
营托宾税议题，现在则关注与全球化相关的各种议题，并监察世界贸易组织、经济合作
与发展组织和国际货币基金组织的决策。阿塔克组织不认为自身是所谓的反全球化团
体，它只批判笼罩经济全球化的新自由主义意识形态，而支持公正并可持续发展的全球
化。阿塔克组织反对社会商品化，它的口号是"世界不是拿来卖的"（the world is not for
sale）。部分阿塔克组织成员也是世界社会论坛与欧洲社会论坛的发起人。参见阿塔克组织主
页：http://www.attac.org/。

②　Public Citizen：http://www.citizen.org/。

③　这些非政府组织包括美国劳联-产联（AFL-CIO）、大赦国际（Amnesty International）、
澳大利亚自然保护基金会（Australian Conservation Foundation）、地球之友（Friends of
the Earth）、乐施会（Oxfam）、公民组织、塞拉俱乐部（Sierra Club）、第三世界网络
（Third World Network）、美国钢铁工人联合会（United Steelworkers of America）、美国
西部州长协会（Western Governors' Association）和英国世界发展运动组织（World De-
velopment Movement）等。

④　Stephen J. Kobrin，"The MAI and the Clash of Globalizations，" *Foreign Policy*，1998，
112，Fall：97-98.

在阿塔克组织的影响下法国宣布退出谈判，两个月后经济合作与发展组织被迫宣布谈判无限期中止，这项投资自由化方案最终无果而终。1999 年 6 月 18 日，德国科隆也发生了抗议八国集团的活动。可见，西雅图事件之前，谴责和批判新自由主义全球化的现象就已经存在了，由于当时的活动比较零散，缺乏全球范围的联系性，因此没有像后来那样成为全球媒体的关注热点。

尽管反新自由主义全球化运动并非以西雅图事件为起点，然而，它却是一个标志性的事件。1999 年年末，西雅图世界贸易组织会议期间的大规模示威抗议，则使得以反对新自由主义全球化为目标的跨国社会运动变成一种"公认的世界性现象"①。西雅图会议的目的是要进一步实现贸易与服务的自由化，然而在致力于环境保护、公平贸易和减免第三世界债务的非政府组织以及美国劳联-产联等工会组织的 4 万示威者的干扰和破坏之下，谈判最终破裂。西雅图事件的影响非同小可，示威的成功给全世界数以百万计的人增添了挑战新自由主义的信心。不可一世的新自由主义的蔓延势头也暂时得到了遏制②。此后，每当有全球化的国际会议召开时，反对新自由主义全球化的示威者就通过游行示威进行抗议。反新自由主义全球化运动成为全球化进程中如影随形的一个"幽灵"。2001 年八国集团首脑会议期间爆发的"热那亚事件"是冷战后跨国社会运动发展过程中又一标志性的事件。当时大约 10 万人参加了示威游行，抗议者还与警察发生了激烈冲突。然而，所谓的反全球化运动也出现了理性化的发展趋势。例如，自 2001 年开始每年举行的世界社会论坛（World Social Forum）是跨国社会运动发展和演变的一个重要现象。有学者指出，当今世界的社会运动出现了种类多样的组织和形式各异的社会行动之间的联合，而世界社会论坛则是包容多种多样社会运动的全球社会之重心③。世界社会论坛与世界经济论坛针锋相对，反对精英治理，强调平民色彩，提出了"另一个世界是可能的"的目标，讨论如何在全球化浪潮下争取社会公正与平等，

① James Heartfield, "Contextualising the 'Anti-Capitalism' Movement in Global Civil Society," in Gideon Baker and David Chandler, eds., *Global Civil Society: Contested Futures*. London: Routledge, 2005: 88.

② 卡利尼科斯. 反资本主义宣言. 上海：上海译文出版社，2005：引言 4.

③ Jacklyn Cock, "The World Social Forum and New Forms of Social Activism," in Rupert Taylor, ed., *Creating a Better World: Interpreting Global Civil Society*. Bloomfield CT: Kumarian Press, 2004: 176.

寻求新自由主义全球化之替代方案，旨在推动全球性的民主参与①。因而，世界社会论坛以及世界各地的地区性社会论坛是跨国社会运动和非政府组织试图影响和参与全球治理的一个重要体现。

综上，反全球化运动的核心是反新自由主义，目标是追求全球正义和民主。即使是以反对新自由主义全球化为目标的运动，例如跨国减债运动、反对《多边投资协定》运动等也是以追求全球的经济、社会和环境正义为目标的。正如罗伯特·奥布赖恩所指出的，尽管跨国社会运动各自关注的议题有很大的差异，但绝大多数跨国社会运动都"声称自己在追求公平或社会正义的目标"②。因此，比较合理的是将反对新自由主义全球化视为全球正义运动的一个部分。换言之，反新自由主义全球化运动是冷战后勃兴的跨国社会运动的一个重要部分。然而，它并不是冷战后跨国社会运动的全貌，反对新自由主义也不是冷战后跨国社会运动唯一的主题。例如，1993 年成立的国际禁雷运动组织（International Campaign to Ban Landmines，ICBL）发起了以全面禁止杀伤人员地雷③为目标的跨国禁雷运动。运动通过其各种组织网络和社会影响使禁雷迅速成为引人关注的议题，并且转变了一些国家政府的国家利益认知，使其接受了跨国社会运动所"教授"的观念，即地雷武器所造成的人道主义成本超过了它的军事效用，从而放弃了对地雷的使用。运动最终促使联合国于 1997 年通过全面禁止生产、输出、使用杀伤人员地雷条约协议，使禁雷成为国际社会的一项新的国际规范。当然，跨国禁雷运动只是跨国社会运动在军事和安全领域影响国际社会的一个体现，还有反对和禁止核武器的跨国运动、禁止小武器与轻武器运动、禁止生化武器运动和跨国禁止集束炸弹运动等。另一

① 2001 年颁布的《世界社会论坛原则宪章》是世界社会论坛的活动指南，确定了世界社会论坛的性质和目的。其第一条就明确指出：世界社会论坛是一个开放式的讨论空间，其目的在于拓深对民主思想的思考与探讨，形成建议；加强各种经验的自由交流，并联合成为有效的行动、决策和各种社会运动。这一运动反对新自由主义，反对当今由资本所控制的主流世界及各种形式的扩张主义，以便建立起有益于人类的世界社会。参见：William F. Fisher and Thomas Ponniah, eds., *Another World is Possible: Popular Alternatives to Globalization at the World Social Forum.* London: Zed Books, 2003: 354–357.

② Robert O'Brien, "Global Civil Society and Global Governance," in Matthew J. Hoffmann and Alice D. Ba, eds., *Contending Perspectives on Global Governance: Coherence, Contestation and World Order.* London: Routledge, 2005: 215.

③ 杀伤人员地雷（anti-personnel landmines）是指有人出现、接近或接触时，便起爆并引起一人或多人失能、伤残或死亡的地雷。当有车辆出现、接近或接触时便起爆的地雷，不属于杀伤人员地雷。参见《渥太华禁雷公约》（《关于禁止使用、储存、生产或转让杀伤人员地雷及销毁此种武器的公约》）第 2 条第 1 款。

个突出的例子是旨在推动建立国际刑事法庭的跨国社会运动。20 世纪 90 年代，国际社会呼吁建立永久性国际刑事法庭的呼声空前高涨。一方面，这是由于在索马里、卢旺达、波黑和科索沃冲突中，国际和国内的政治法律制度未能对严重的反人类罪行实施有效的阻止和惩罚；另一方面，卢旺达和前南斯拉夫问题国际刑事法庭的建立为国际社会建立起诉和惩处屠杀平民的个人和战犯的常设机制提供了经验。在此背景下，1995 年，国际法学家委员会、"大赦国际"、"人权观察"等国际非政府组织共同发起成立了国际刑事法庭联盟①，呼吁建立公正、有效和独立的国际刑事法庭，以起诉对平民百姓犯下战争罪、种族灭绝罪和反人类罪等严重罪行之个人（从普通士兵到国家领导人）。在推动建立国际刑事法庭的过程中，国际非政府组织、法律和人权活动家以及受到迫害的个人和团体之间建立了广泛的联系网络，形成了以国际刑事法庭联盟为核心的跨国社会运动。在其对国家进行持续的游说、施压、督促和影响下，1998 年罗马会议通过《罗马国际刑事法庭条约》，被称为包括跨国社会运动在内的全球社会之一项杰作和"国际法和国际关系行为上的一场小型革命"②。此外，致力于土著民和少数族裔权利保护、维护妇女儿童权益、环境保护、发展援助等公益事业的跨国社会运动案例更是不胜枚举。正如有学者所指出的，在整个西方世界，20 世纪后半期所发生的价值观变化意味着围绕着新社会运动所倡导的议题而形成的社会大动员。这些议题包括人权、性别平等、环境保护、第三世界发展、和平与民主化等，这些明显是现有的政党政治领域之外的议题。从涉及的议题的本质来说，这些运动意味着更大的国际主义，并将西方世界的价值观变化与拉丁美洲或非洲的发展联系在一起。新的国际团结运动与工人运动

---

① William R. Pace and Mark Thieroff, "Participation of Non-Governmental Organizations," in Roy S. Lee, ed., *The International Criminal Court*: *The Making of the Rome Statute-Issues*, *Negotiations*, *Results*. The Hague: Kluwer Law International, 1999: 391 - 392. 另外参见国际刑事法庭联盟（Coalition for the International Criminal Court, CICC）网站: http://www.iccnow.org/.

② 马利斯·格莱修斯（Marlies Glasius）指出，这是由于两点原因：首先，国际刑事法庭是不断地向"更少地以国家主权为基础和更多地以保护世界上所有公民免遭权力滥用的侵害为导向的"国际法律秩序转变的重要一步。其次，全球社会对罗马规约谈判的影响在国际条约谈判的历史上几乎是史无前例的，可与之媲美的是全球社会对《渥太华禁雷公约》的贡献。Marlies Glasius, "Expertise in the Cause of Justice: Global Civil Society Influence on the Statute for an International Criminal Court," in Marlies Glasius, Mary Kaldor and Helmut Anheier, eds., *Global Civil Society 2002*. Oxford: Oxford University Press, 2002: 137.

和传统的政治左派联系相对较少。它更多地与人权和民主有关，更多地关于公正而不是社会平等，更多地关于个人和社会的自决而不是权力政治和国家①。因此，全球正义运动这一概念可以囊括以上所述的所有运动，也是这些运动的共同特征。

当然，聚焦于全球正义运动（包括反全球化运动）只是观察冷战后跨国社会运动的一种视角，有不少学者宁愿从议题领域来研究冷战后的跨国社会运动，诸如环境运动、和平运动、妇女运动、人权运动、土著民运动等（同时还有很多具体的案例研究），然而这些运动都或多或少地与全球正义运动存在着某种关联，而且追求全球经济、社会和环境正义与民主大抵是这些运动的共同主题。因此，这里从整体性的角度来梳理冷战后的跨国社会运动并非是否认或忽视这些议题领域的跨国社会运动，只不过是为了概述上的方便。这也从一个侧面反映了冷战后跨国社会运动的规模和复杂性。然而，究竟为何冷战后跨国社会运动出现了这种大规模勃兴的现象，倒是一个非常值得探讨的问题。

第三节　冷战后跨国社会运动勃兴的原因

从 20 世纪 90 年代早期以来，随着公民团体的数量、能力、活动范围、影响力和公众知名度的增长，跨国运动已经成为一支强有力的政治力量②。实际上，有许多重大事件和因素都对这一现象起着促进作用。

一、全球化的深入发展和全球性问题的愈益凸显

全球化意味着社会关系的范围和特征的深刻变化，因而我们可以认为全球化也影响了人们从事集体政治行动的方式。经济和文化一体化的全球进程以及全球政治机构的兴起影响着人们的组织方式、阐释问题根源的方

---

① Mary Kaldor, Helmut Anheier, and Marlies Glasius, "Global Civil Society in an Era of Regressive Globalisation," in Mary Kaldor, Helmut Anheier, and Marlies Glasius, eds., *Global Civil Society 2003*. Oxford: Oxford University Press, 2003: 18.

② Kumi Naidoo, "Claiming Global Power: Transnational Civil Society and Global Governance," in Srilatha Batliwala and L. David Brown, eds., *Transnational Civil Society: An Introduction*. Bloomfield, CT: Kumarian Press, 2006: 54.

式以及架构变革前景的方式。

冷战后跨国社会运动的勃兴起源于全球化深入发展所带来的深刻社会变革，经济全球化给国与国之间以及国家内部带来了严重的贫富差距和环境污染以及诸如贩毒、非法移民和洗钱等国际性犯罪活动。全球问题需要跨国的回应，因而刺激了跨国社会运动的形成，跨国社会运动反过来又唤起公众对全球问题的关注。同时，全球化和一体化的发展削弱了国家的权力。许多公民开始认为国家政府并不能解决他们的问题，各种力量的运作已超出了国家权力的范围。越来越多的公民开始把跨国社会运动视为对影响他们生活的全球性发展变化的必要反应。

在跨国社会运动看来，全球性问题的症结在于当今全球化本质上就是以"华盛顿共识"① 为核心的新自由主义全球化，因而将矛头对准了新自由主义意识形态。新自由主义从 20 世纪 80 年代开始主导整个世界，这体现在三个方面：发达国家的去管制化进程；发展中国家在债务危机之后服从国际货币基金组织或世界银行的安排，实行"结构调整方案"；苏联解体、东欧剧变以及中国融入世界②。然而 20 世纪 90 年代发生了一系列的金融危机，席卷了墨西哥、俄罗斯、巴西和东亚。这种动荡使人们对统治全球化的原则和制度产生了质疑。首先，资本是否需要控制。其次，危机暴露出多边经济机构面对社会压力的脆弱程度。全球金融动荡为社会团体影响多边机构的政策提供了史无前例的机遇③。这些严重的金融危机向世人暴露了新自由主义所许诺的繁荣的局限性。一方面，经济一体化措施不断推进，如 1993 年欧盟的成立、1994 年北美自贸区启动和 1995 年世界贸易组织的成立；另一方面，经济危机和全球性问题频发，这是反新自由主义全球化运动的直接诱因。

总之，当前全球化进程的深化表明我们可能正在进入一个根本的历史

---

① 1990 年经济学家约翰·威廉森（John Williamson）杜撰了"华盛顿共识"（Washington Consensus）一词来指世界范围内的执政者们在至少 10 个政策领域采取的新自由主义式的安排，包括：财政制度、公共支出优先权、税务改革、金融自由化、竞争性汇率、贸易自由化、外商直接投资、私有化、放松管制、知识产权等。参见：Robin Broad and John Cavanagh, "The Death of the Washington Consensus," *World Policy Journal*, 1999, 16 (3): 87.

② Robert O'Brien, Anne Marie Goetz, Jan Aart Scholte and Marc Williams, *Contesting Global Governance: Multilateral Economic Institutions and Global Social Movements*. Cambridge: Cambridge University Press, 2000: 7.

③ 同②8-9.

变革时期，其重要性犹如欧洲四五百年前发生的工业革命①。全球化进程对跨国社会运动形成了双重影响：一方面，全球化所带来的对人类生存产生严重威胁的全球性问题，以及跨国资本主义"一切商品化"的实践对社会关系每个方面的侵袭，是跨国社会运动勃兴的主要原因之一；另一方面，全球化又为社会运动的跨国联络、动员和行动以便重建一个更好的、更公平的、更民主的世界提供了空前机遇。

二、冷战终结和世界民主化浪潮的影响

冷战终结使国际体系得以松动并为非政府组织和跨国社会运动表达观点和立场提供了更多的空间。苏联解体促进了那些原先被冷战分裂所阻碍的非国家行动形式的发展。由此产生了一波西方政府对非政府组织在中东欧和苏联活动的支持以及当地非国家团体的发展的浪潮。与此同时，分离主义运动、边界战争和军阀主义的爆发，导致全世界人道主义援助的增长②。正如玛丽·卡尔多所指出的，冷战的终结使得社会运动、非政府组织和网络参与到建构全球治理的进程之中成为可能，标志着全球政治的真正出现③。

实际上，苏联解体、东欧剧变本身也是所谓"第三波"民主化浪潮的一个部分。20世纪70年代至90年代世界范围的民主化浪潮席卷了欧洲、拉丁美洲和亚洲，被亨廷顿称为"人类历史上最壮观的、也是最重要的政治变迁"④。民主化的重要性在于它是社会运动产生和进一步跨国化发展的重要前提⑤。因而，世界性的民主化浪潮在进一步促进发达国家跨国社会运动发展的同时，也加强了发展中国家各种形式的集体行动和抗议行

---

① Neil Stammers，"Social Movements and the Challenge to Power," in Martin Shaw，ed.，*Politics and Globalisation：Knowledge，Ethics and Agency*. London：Routledge，1999：73.

② Donatella Della Porta and Sidney Tarrow，"Transnational Processes and Social Activism：An Introduction," in Donatella Della Porta and Sidney Tarrow，eds.，*Transnational Protest and Global Activism*. Lanham，MD：Rowman & Littlefield，2005：7.

③ Mary Kaldor，*Global Civil Society：An Answer to War*. Cambridge，UK：Polity Press，2003：77.

④ 亨廷顿. 第三波：20世纪后期民主化浪潮. 刘军宁，译. 上海：上海三联书店，1998：序3.

⑤ 查尔斯·蒂利指出："在民主化程度较低的情况下以及在大多数历史时期，根本没有社会运动的形成可言。""唯有具有广泛的民主制度和民主实践的政权，才会发生社会运动的可利用性和国际化。"参见：蒂利. 社会运动1768—2004. 胡位钧，译. 上海：上海人民出版社，2009：173-174.

为，特别是在争取更大的经济平等、人权和妇女权利的斗争方面①。另外，很多发展中国家政府（特别是非洲国家）试图寻找可行的发展模式的努力彻底失败了，这也迫使弱势群体在国际非政府组织的帮助下，重申其对经济生活的直接控制。这反过来又有助于加强国内民主化的压力②。这是冷战后跨国社会运动出现一个新的"抗议周期"的重要因素。

三、全球治理的民主赤字和代议制民主的危机

在全球化深入发展的背景下，传统的民族国家治理形式已经变得越来越难以独立且有效地解决诸如艾滋病、毒品走私、环境退化、恐怖主义、洗钱和其他一些并非局限于国家边界内的全球性问题。因而，民族国家试图通过在超国家层面不断发展的政府间机构来应对这些挑战，例如联合国、欧盟、经济合作与发展组织、欧洲安全与合作组织、亚太经合组织、非盟、八国集团等，它们对全世界普通大众的生活行使着巨大的权力。这就产生了民主赤字的难题：影响全球世界大众的生活和福祉的决策日益取决于超国家机构，而它们却不对这些大众负责或者缺乏公民发声的渠道。有关贸易规则、知识产权、宏观经济调控政策、重要服务业的私有化以及债务减免等决策都是在不透明的情况下进行的，而这些往往被认为是非民主的方式。

当前的全球治理体系缺乏代议制合法性，地方和国家层面的民主也陷入困境，甚至在许多成熟的民主国家中也是如此。调查显示，公民对政治机构的信任水平正在下降。在许多民主体系中，民主的形式已经取代了民主的实质；选举照旧进行，但选择进行投票的人却越来越少，并且公民与其选举的代表之间的真正意义上的互动也减少到了最小程度。公民对传统政党的归属感也在下降，由于政党本身缺乏内部民主，或者因为不能解决公民认为重要的问题。金钱利益对政治体系的影响也使得公民由传统的政治参与转向支持新的参与形式③。在思想层面上，跨国社会运动的兴起也

---

① Steffan Lindberg and Arni Sverrisson, "Introduction," in Steffan Lindberg and Arni Sverrisson, eds., *Social Movements in Development: The Challenge of Globalization and Democratization.* New York: St. Martin's Press, 1997: 5-11.

② 科恩，肯尼迪. 全球社会学. 文军，等译. 北京：社会科学文献出版社，2001：450-451.

③ Kumi Naidoo, "Claiming Global Power: Transnational Civil Society and Global Governance," in Srilatha Batliwala and L. David Brown, eds., *Transnational Civil Society: An Introduction.* Bloomfield, CT: Kumarian Press, 2006: 55-56.

反映了人们认识到新自由主义全球化在本质上是代议制民主的危机。而导致这一危机的一个基本原因是权利和决策的方式已经离公民越来越远：由地方到省，由省到国家，再由国家到国际机构，都缺乏透明度或责任性。跨国社会运动对此的解决方案就是要阐释"一种替代性的和参与式的民主"①。因此，跨国社会运动的兴起显然是促使政治空间民主化和克服全球化进程所加剧的民主赤字的广泛努力之一部分②。有学者认为，从总体上来说"这是个社会力量日益增长的时代"，其目的在于提倡"世界主义的民主化"③。

四、国际组织和全球会议的促进

政府间国际组织的出现和扩张有助于为跨国社会运动提供新的舞台，并促进了跨国社会运动结构的进一步发展。世界银行、国际货币基金组织、世界贸易组织和八国集团等的全球峰会为跨国社会运动的活动分子参与相互协调的集体行动提供了机会。20 世纪 70 年代以来，联合国的一系列大会也充当了跨国社会运动的集会场所，并大大促进了跨国社会运动的发展。例如 1975—1995 年联合国主办的四次世界妇女大会既是跨国妇女运动（女权运动）发展的重要体现又推动了妇女运动的进一步发展。20 世纪八九十年代是跨国环境运动迅速发展的时代，而这在很大程度上要归功于 1972 年斯德哥尔摩和 1992 年里约热内卢联合国环境大会以及 2002 年约翰内斯堡联合国世界可持续发展大会的促进作用，众多的跨国环境运动因此而产生或进行动员以推进其保护环境和促进可持续发展的目标。

同时，联合国和欧盟等超国家权力中心的存在为跨国社会运动提供了新的政治机会。随着超国家权力中心的出现，原先主要以国家为诉求对象的社会运动，发现了新的捍卫自身利益的对象。因而，政府间国际组织及其国际性会议不仅成为跨国社会运动表达诉求和阐述主张的平台，也是跨国社会运动借以对主权国家和跨国公司等国际行为体施加影响的一个重要杠杆。

---

① Naomi Klein, "Reclaiming the Commons," in Tom Mertes, ed., *A Movement of Movements*. London & New York: Verso, 2004: 225.

② Kumi Naidoo, "Claiming Global Power: Transnational Civil Society and Global Governance," in Srilatha Batliwala and L. David Brown, eds., *Transnational Civil Society: An Introduction*. Bloomfield, CT: Kumarian Press, 2006: 54.

③ Jan Nederveen Pieterse, "Globalization and Collective Action," in Pierre Hamel, et al., eds., *Globalization and Social Movements*. New York: Palgrave, 2001: 26.

五、信息技术和交通运输技术发展的助推

信息技术和交通运输技术的发展对跨国社会运动具有重要的政治影响，因为其使得运动参与者更能增进组织内部的交流和向社会运动之外的个人和组织发布信息；并使进行跨国组织和动员资源以实现其议程变得更为简单易行。媒体大力报道和宣扬各种事件（包括对跨国社会运动的报道），会促使人们采取行动，加入社会运动之中并促进社会运动的传播乃至跨国拓展。冷战后，信息通信技术方面的最新发展就是所谓"网络社会的崛起"①，网络社会的崛起使得以前孤立的团体之间开始相互交流，并分享共同关切的信息。互联网、传真和电子邮件使得交流更为快捷，信息传递也相对更为廉价。而且，互联网弥补了广播和电视媒体的不足，提供了多种类的交流渠道。这种信息流动更为自由，增加公民可利用的资源，比如在突出和塑造议题、获得公众和媒体支持以及游说政府和国际组织等方面②。此外，计算机和通信革命也打破了国家对信息的收集和管理的垄断，增加了社会行为体获取信息的机会和进一步影响国内和国际决策的能力。网络社会的发展也导致社会运动组织活动方式的变化，互联网和电子邮件等的发展促进了社会团体的网络化。由于交往、磋商和协调的成本大为降低，跨国社会运动愈益采取分散的网络组织形式③。加之，廉价的航空旅行增加了社会运动活动分子面对面交流的机会。因此，电子通信的发展和廉价国际旅行的扩展，使原先各自孤立的运动行为体相互之间跨国交流和合作变得更为容易。交通与通信技术的革新使社会运动更有可能在国内和国际上组成网络与施加压力。与此相关的是，跨国移民的大规模增长，都为跨国倡议网络和跨国社会运动的形成和发展提供了协调和联络的基础。

六、国际非政府组织的推动和社会运动自身的变化

当代跨国社会运动的一个新的发展变化是，它们大都由国际非政府组

---

① 卡斯特. 网络社会的崛起. 夏铸九，王志弘，译. 北京：社会科学文献出版社，2001.
② Marc Williams，"Social Movements and Global Politics，" in Eleonore Kofman and Gillian Youngs, eds., *Globalization: Theory and Practice*, 2nd edition. London & New York: Continuum, 2003: 83.
③ Jessica T. Mathews, "Power shift," *Foreign Affairs*, 1997, 76 (1): 51-52.

织发起和推动，如生态的、女性的、维护和平的乃至反全球化的跨国社会运动都是如此①。换言之，20世纪六七十年代以来国际非政府组织的崛起是当代跨国社会运动勃兴的一个重要原因。而社会运动自身的变化也进一步加强了当代跨国社会运动勃兴的态势。20世纪70年代以后西方社会运动发展的又一个重要特征就是社会运动社会（social movement society）的出现②。这主要表现在：集会、游行、罢工、抗议等社会运动行为在西方社会被合法化和制度化，并且社会各阶层，从左派到右派，从草根大众到上层精英，也越来越娴熟地运用社会运动来表达其利益诉求，因此，社会运动在整个社会中明显增多。与此同时，采用暴力手段的（跨国）社会运动在西方社会不断减少。社会运动的总量在社会上不断增多，然而社会运动对社会的破坏力却越来越小。同时，新兴的社会运动符号和策略的传播速度也大大加快③。社会运动社会的出现为冷战后社会运动的进一步发展和跨国运作提供了良好的基础和适宜的国内政治机会。更为主要的是，社会运动组织者思维方式发生转变：开始具有全球化的思维。有学者指出，大部分西方社会运动的支持者在20世纪80年代都经历了认识方式上的转变。他们意识到他们所关注的地区性问题与更广泛意义上的全球结构有着千丝万缕的联系④。因此，当代跨国社会运动日益将地方、国家和跨国层面的斗争结合起来，采取了"全球思考、地方行动"与"全球行动、地方思考"相结合的策略。

总之，各种形式的跨国社会运动的兴起"既是对全球变革所带来的机遇，也是对全球变革所带来的威胁做出的反应"⑤。冷战后跨国社会运动的勃兴与后冷战时期的时代背景紧密相关，因而与以往的跨国社会运动相比呈现出诸多不同的特征。

① 叶江. 试论国际非政府组织参与全球治理的途径. 国际观察，2008（4）：17.

② David S. Meyer and Sidney Tarrow, eds., *The Social Movement Society: Contentious Politics for a New Century*. Lanham: Rowman & Littlefield Publishers，1998.

③ 赵鼎新. 社会与政治运动讲义. 北京：社会科学文献出版社，2006：37.

④ Zsuzsa Hegedus, "Social Movements and Social Change in Self-Creative Society: New Civil Initiatives in the International Arena," *International Sociology*, 1989, 4（1）：19-36.

⑤ John Clark, "Conclusions: Globalizing Civic Engagement," in John Clark, ed., *Globalizing Civic Engagement: Civil Society and Transnational Action*. London: Earthscan Publications, 2003: 164.

第四节　冷战后跨国社会运动的特点

自冷战终结直至今日的当代跨国社会运动与滥觞于 18 世纪后期、兴盛于 19 世纪的跨国社会运动有很多的相似之处，比如不论是早年的跨国社会运动还是当今的跨国社会运动都是以共同的目标和团结一致为基础的，通过在两个以上国家发动抗议活动，从而试图影响社会变革的跨国社会活动网络。但是，今天的跨国社会运动在全球化深入发展的影响下还具有相当多的不同于早期跨国社会运动的特点。

一、运动范围的全球化

后冷战时期，尤其是进入 21 世纪后的当代跨国社会运动已经在全球化的不断推动下遍及整个世界。一般而言，发生在 18 世纪和 19 世纪的跨国社会运动大都集中在西欧与北美，比如从 18 世纪中后期开始的废奴主义运动，就是从英国越过大西洋与英吉利海峡，在大西洋两岸的数个国家中展开的，直到 19 世纪这场跨国社会运动发展到顶峰，其范围还是在跨大西洋两岸，而 19 世纪的禁酒运动、妇女运动、工人运动等基本都是在环大西洋国家中展开。当代跨国社会运动的范围已经远远超越西欧和北美，比如针对世界贸易组织、国际货币基金组织和世界银行等对经济全球化有着举足轻重影响的国际经济机构所发起的全球抗议运动，也就是通常所称的反全球化运动就是在全球范围内展开的跨国社会运动。

1999 年 11 月针对世界贸易组织西雅图会议的抗议活动是当代重要的跨国社会运动之一——反全球化运动的标志性活动。但是，反全球化运动并不局限于西方发达国家，2001 年 1 月在巴西阿雷格利港有超过 1 万名的跨国社会运动活动者参与了世界社会论坛，商讨反对新自由主义和资本主义全球化的对策和行动。在随后的瑞士达沃斯和墨西哥坎昆举办的世界经济论坛年会上，出现了一系列的反全球化抗议活动。不仅针对新自由主义全球化的跨国反全球化社会运动向全球蔓延，而且针对保护地球生态环境的跨国环境社会运动、针对妇女争取权利的跨国妇女社会运动以及争取世界和平的跨国和平社会运动等都在不同程度上向全世界的各个角落扩展，以至于世界各地的观察家们都不约而同地认为：进入 21 世纪的社会运动正在迅速地全球化①。由于通信和交通技术的发展，社会运动的跨国传播愈益频繁和快捷，星星之火，往往可以形成燎原之势。冷战后跨国社会运动的爆发往往有着向地区甚至全球层面发展的趋势。

二、社会诉求的多样化

冷战后跨国社会运动的诉求越来越多样化，并且诉求对象也日益国际化。首先，诉求的多样化主要表现在下述三个方面：一是既有较为宏大的社会改革诉求，如反全球化运动反对新自由主义和争取全球公平正义的诉求，也有相对较小而具体的社会改良诉求，如跨国反大坝社会运动为维护生态平衡而呼吁限制建造水坝乃至要求拆除已建水坝的诉求；二是不仅有跨国环境社会运动的保护自然环境、应对全球气候变化的诉求，还有跨国禁雷社会运动的全面禁止使用杀伤人员地雷的维护人类安全的诉求；三是在传统的跨国工人社会运动、妇女运动的政治经济诉求继续存在的同时，还产生了由跨国和平运动、人权运动乃至保护土著民运动等提出的新的社会改革诉求等。

其次，诉求对象的国际化主要表现为下述两个方面：一是随着国际政府间组织，尤其是那些在当代国际体系中具有权威地位的国际政府间组织如联合国、世界贸易组织、国际货币基金组织、世界银行、北大西洋公约组织、欧洲联盟、八国集团等在后冷战时期影响力的不断增强，当代跨国社会运动就越来越注重在这些国际组织举行高端会议时举行各种形式的抗议或示威的活动，并通过这些公开的跨国活动向这些国际权威机构表达改造国际社会的诉求。比如跨国减债运动就是运用这样的方式向世界贸易组织、世界银行、八国集团等表述自身的诉求；而保护世界环境和应对气候变化的跨国社会运动则在联合国举办高端的环境和气候变化国际会议时，展开各种公开的活动向联合国及其成员国施加自己的影响。二是当代全球化的主要推动者——跨国公司也已经成为跨国社会运动的重要诉求目标②。近年来，诸如壳牌石油公司、耐克公司、雀巢公司、麦当劳公司等著名的跨国公司都受到过跨国环境社会运动、反《多边投资协定》跨国社会运动、"反血汗工厂运动"、保护人权跨国社会运动等网络抗议和面对面的直接抗议，并且在跨国社会运动的压力下，这些跨国公司都在一定程度

① 蒂利. 社会运动 1768—2004. 胡位钧，译. 上海：上海人民出版社，2009：159.
② 详见第三章第三节的有关论述。

上调整了自己的经营方式。

三、组织形式的网络化

当代跨国社会运动具有非等级制、非集权制的网络化组织特点，并且与国际非政府组织形成了紧密互动的关系。当代跨国社会运动往往都是通过国际互联网将两个以上的国家的众多个人和团体联系起来，发动协调一致和连续动员的抗议活动，从而公开地影响社会变革。这种通过国际互联网进行组织和动员的跨国社会运动内部没有任何等级，参与者不论是个人还是团体都是依据自身的信念行事，既不从属某个更高的机构，也不高于其他机构。也就是说，由于通过覆盖全球的互联网来进行跨国交流和组织活动，当代跨国社会运动根本不可能实行集权制和等级制，因为虚拟的网络根本无法建构上下等级分明的社会运动架构，因此，当代跨国社会运动的组织架构特点是松散、平等和网络化[①]。当代跨国社会运动不仅与 19 世纪的国际主义工人运动大不相同，而且与 20 世纪 60 年代的新社会运动也存在很大差别。早期的跨国活动主要是以非政府组织为中心的、单议题的政策网络，以中间人联盟为基础发起集中组织的运动，并且主要以政策改革为目标。而冷战后跨国运动则是由松散的活动分子网络组成，采取自组织（self-organizing）通信技术和倡导多项议题、多种目标和包容性的认同[②]。

虽然当代跨国社会运动本身组织架构松散、平等和网络化，但是却与具有较为严密组织和上下等级制的国际非政府组织有着十分紧密的互动关系，即"相对小型和组织化的国际非政府组织是镶嵌于大型和网络化的全球社会运动之内的"[③]。毫无疑问，跨国社会运动与目前已经形成重要影

---

① 当然，这里仅仅是就当代跨国社会运动与 19 世纪的跨国社会运动的整体特征比较而言。例如，有学者指出："环境运动十分多样化和复杂化。它们的组织形式既是高度组织化和制度化的，也是非常激进和非正式的，它们的活动范围从地方到全球。它们关注的领域从单一议题到全球环境关切的全球问题。"（参见：卢茨. 西方环境运动：地方、国家和全球向度. 徐凯，译. 济南：山东大学出版社，2005：2.）可以看出，卢茨实际上谈的是环境运动组织的特征，而不是针对整个环境运动而言，因此，这与松散和网络化是跨国社会运动主要特征的判断并不矛盾。

② W. Lance Bennett, "Social Movements beyond Borders: Understanding Two Eras of Transnational Activism," in Donatella Della Porta and Sidney Tarrow, eds., *Transnational Protest and Global Activism*. Lanham, MD: Rowman & Littlefield, 2005: 213.

③ Robin Cohen and Shirin M. Rai, "Global Social Movements: Towards a Cosmopolitan Politics," in Robin Cohen and Shirin M. Rai, eds., *Global Social Movements*. London: Continuum, 2000: 12.

响的国际非政府组织并不是同一事物，即"社会运动不等同于组织，更不等同于其中的任何特定组织"①。然而，必须注意的是，当代跨国社会运动与当代国际非政府组织的活动关系密切，尽管前者的边界不分明，且主要从事与国家、跨国公司或国际机构进行持续的抗争性互动，而后者则组织边界分明且致力于与这些国际体系内的行为体进行常规政治博弈。

当代跨国社会运动与国际非政府组织紧密相关的主要原因在于：一方面，当代相当多的国际非政府组织具有与当代跨国社会运动共同的价值理念，以及推进国际社会改革的目标；另一方面，当代国际非政府组织有着积极参与国际合作、交流和全球治理的丰富经验，已经自我培育起了在全球化环境中推动国际社会改革的组织技巧②，因此，当代跨国社会运动十分需要国际非政府组织的参与乃至推动。实际上，冷战终结之后，许多国际非政府组织为处理不同人群之间的冲突，也为应对全球性问题和寻找解决方案提供了一定的网络或社会基础，从而促进了跨国社会运动的形成和发展③。20 世纪晚期以来，生态的、女性的、维护和平的乃至"反全球化"的跨国社会运动很多都是由国际非政府组织发起和推动的，但是这些跨国社会运动并没有因此而"非政府组织化"，即依然保持组织松散、非等级制、非集权制以及边界不分明等特点。

四、运动目标的非革命化

冷战后跨国社会运动具有十分明显的社会改良与去革命化色彩，即它们不像 19 世纪乃至 20 世纪前期国际工人运动和世界社会主义运动那样充满着革命性。这也就是说，几乎所有的当代"进步"跨国社会运动都不以控制国家政权为目标，它们既不宣扬和推动暴力革命来改变当代国际体系中主要大国的资产阶级统治，也不提出彻底推翻现存的资本主义世界体系的革命要求，更没有任何宏大的世界革命理想。冷战后跨国社会运动虽然有时也有比较宏大的社会改革诉求，但是比较普遍的是，它们中的绝大多数所注重的是以非暴力的方式，针对当代国际体系中具体问题领域里的不

---

① Mario Diani, "The Concept of Social Movement," *Sociological Review*, 1992, 40 (1): 13-14.

② 叶江. 试论国际非政府组织参与全球治理的途径的相关论述. 国际观察, 2008 (4): 16-24.

③ Louis Kriesberg, "Social Movements and Global Transformation," in Jackie Smith, Charles Chatfield and Ron Pagnucco, eds., *Transnational Social Movements and Global Politics*. Syracuse, NY: Syracuse University Press, 1997: 12-13.

公平、不公正、不人道、影响人类安全、威胁世界和平以及阻碍可持续发展等现象展开跨国动员和抗议，从而推动国际社会的改良。正是因为冷战后跨国社会运动所强调的是在具体的问题领域如保护环境、应对气候变化、减免发展中国家债务、保护弱势群体（比如发展中国家的劳工）、维护人的安全等方面进行社会改良，所以它们并不要求推翻整个现代资本主义世界体系，而只是希望通过抗争和运动在现有的体系框架内做具体的改良。正如有学者所指出的，当代跨国社会运动往往"提倡和采取非暴力的直接行动"①；它们"将自己视为开放的、参与性的社会运动，具有明确的草根组织形式，并倾向于进行公开的与和平的抗议活动"；其"基本立场是激进的改良主义，它们对资本主义的批判主要是对其不加节制地追逐权力或利润所造成的社会不公正的一种反应"②，而并不主张推翻现有的资本主义世界体系。

冷战后跨国社会运动对其诉求对象不论是国家还是权威的国际政府间组织或是跨国公司，尽管往往采取声势浩大的抗议活动并极尽批评之能事，但是却并不提出革命性的要求。比如反全球化跨国社会运动对世界贸易组织、世界银行、国际货币基金组织、八国集团等提出了激烈的批评，并且在这些权威的国际机构举行高层级国际会议时组织各种类型的示威和抗议活动，但是，它们的诉求并不是要消灭这些当代国际体系中重要的国际政府间组织，而是要求这些国际机构能注意改变运作方式，更多地关心在全球化进程中被边缘化的群体，促使全球化能更加公平合理地发展。同样，当代反《多边投资协定》跨国社会运动、保护发展中国家劳工权利跨国社会运动所展开的对跨国公司的抗议活动也并不要推进革命——消灭进行跨国剥削的跨国公司，而是希望通过广泛的抗议促使跨国公司改变自己的行为方式，注意保护发展中国家劳工的利益和全球的生态环境等。

但需要注意的是，在一些欠发达、非民主的地区和国家，跨国社会运动往往呈现暴力升级的趋势，甚至对政权产生颠覆作用，而西方主流的跨国和平抗议浪潮之中也经常会裹挟着一股暴力的暗流，这反映了冷战后跨

---

① Neil Stammers, "Social Movements and the Challenge to Power," in Martin Shaw, ed. , *Politics and Globalisation*：*Knowledge*，*Ethics and Agency*. London：Routledge, 1999：84.

② Dieter Rucht, "Critique of Capitalism in the Era of Globalization-Old Wine in New Bottles?" in Ingo K. Richter, Sabine Berking and Ralf Müller-Schmid, eds. , *Building a Transnational Civil Society*：*Global Issues and Global Actors*. Basingstoke：Palgrave Macmillan, 2006：116-117.

国社会运动所具有的较为明显的双重性特征。

五、斗争方式的双重性

自从西方国家进入所谓社会运动社会之后，跨国社会运动的和平化、温驯化和制度化成为运动的主流。但在经过许多年的社会与政治平静之后，跨国社会运动在冷战后进入了一个新的抗议周期，尤其是 1999 年西雅图事件的爆发，使得美国人和全球公众意识到大众运动的存在，这场运动不仅再次挑战了具体的政策选择，而且挑战了盛行的社会发展模式。如果说 20 世纪 80 年代社会运动被描述为日益制度化，偏爱请愿而不是抗议，那么世纪之交之际，大规模的街头抗议浪潮再次令人瞩目。冷战后跨国社会运动更加强调直接行动和公民不服从甚至发起破坏性的抗议活动，尽管非暴力化趋势比较明显，但暴力与非暴力并存，即斗争方式的双重性，也是冷战后跨国社会运动的一个基本特征。

例如，在以街头游行示威为特征的反全球化抗议运动中，尽管和平的、非暴力的斗争方式处于主流，但另一方面，我们也应该注意到，在反全球化的街头抗议浪潮中，暴力现象在逐步蔓延，并引起了社会各界的高度关注。暴力的蔓延已成为反全球化运动的一个基本特征。不过，值得注意的是，尽管暴力的蔓延已经成为不争的事实，但媒体的过度渲染大大强化了暴力在公众脑海中的印象，在西方公众眼中，反全球化运动似乎成为破坏财产、不受约束的无政府主义运动的代名词，这显然有悖于反全球化运动的实际情况。西方公众对反全球化运动的了解和认识，主要来自各类新闻媒体，而在当今和平的时代，媒体为吸引公众眼球，对反全球化运动中处于主流的和平斗争方式没有给予充分关注，而对不占主导地位的暴力活动大肆渲染。实际上，暴力斗争方式在整个反全球化运动中并不占据主导地位，真正诉诸暴力的极端分子比例也微乎其微，即便是暴力活动不断蔓延的趋势，也不能从总体上改变反全球化运动是一场和平的、合法的、非暴力的社会运动的特征。与反全球化抗议浪潮不同的是，环境、减债和禁雷等议题领域的一些跨国运动，发生暴力行为的频率则更低。

总之，冷战后跨国社会运动在非暴力的抗议浪潮之中也经常裹挟着一股暴力的暗流，这在一些反全球化运动事件中比较突出，而在一些欠发达、非民主的地区和国家，运动往往呈现暴力升级的趋势。因此，这些运动在尊崇改良主义与和平方式的同时，也强调直接行动和公民不服从甚至发起破坏性的抗议活动，这使得冷战后跨国社会运动往往有着较为明显的双重性特征。

　　综上所述，冷战后跨国社会运动的特征发生了相当大的变化，呈现出运动范围的全球化、社会诉求的多样化、组织形式的网络化、运动目标的非革命化和斗争方式的双重性等特点。这些特点不仅影响着冷战后跨国社会运动的角色定位和行动逻辑，而且使其与其他国际行为体，尤其是主权国家的互动关系出现了一些新的变化。

第二章　冷战后跨国社会运动的关系维度

在全球化的作用下，冷战后跨国社会运动不仅具有一些新特征，而且与国际非政府组织、政府间国际组织、跨国公司和主权国家等其他国际社会主要行为体之间的关系也发生了改变。

第一节　与国际非政府组织的依存

现有的研究没能清晰地界定跨国（全球）社会运动与国际非政府组织之间的关系，甚至将跨国（全球）社会运动研究等同于国际非政府组织的研究或跨国运动组织的研究。例如，理查德·希高特（Richard A. Higgott）等提道："非政府组织在国际上起着越来越重要的作用……一些更庞大和更活跃的非政府组织现在也被称为全球社会运动组织。"① 查德威克·阿尔杰在一篇题为《跨国社会运动、世界政治与全球治理》的文章中，侧重论述的是跨国社会运动组织对全球治理的影响②。罗伯特·奥布赖恩等的著作初衷是说明全球社会运动对多边经济机构的影响，而实际上在行文中却主要聚焦于国际非政府组织的活动和影响。罗伯特·奥布赖恩等指出，实际上，我们很难准确地把握一个特定社会运动内部蕴含的多样性。从定义来看，社会运动就是易变的和没有边界的。它们不断演进、

---

① Richard A. Higgott, Geoffrey R. D. Underhill and Andreas Bieler, "Introduction: Globalisation and Non-State Actors," in Richard A. Higgott, Geoffrey R. D. Underhill and Andreas Bieler, eds., *Non-State Actors and Authority in the Global System*. London: Routledge, 2000: 1.

② Chadwick F. Alger, "Transnational Social Movements, World Politics and Global Governance," in Jackie Smith, Charles Chatfield and Ron Pagnucco, eds., *Transnational Social Movements and Global Politics: Solidarity beyond the State*. Syracuse: Syracuse University Press, 1997: 260-275.

变革，通常缺乏固定的制度结构。因此，"最好的方法就是确认运动内部的组织节点，因为它们代表着整个运动的特定趋势"。在一个基础广泛的运动内部，可能存在着无数的组织形式或节点，比如环境主义的兴起可以当作一种社会运动来讨论，而其内部又可以区分出大量的组织，例如塞拉俱乐部（Sierra Club）、绿色和平组织和地球之友等。他们进一步指出，跨国或全球社会运动中的"关键组织节点是无处不在的非政府组织"①。而鲍勃·瑞纳尔达则指出非政府组织在不同的理论和研究范式中，呈现为具有自身的目的和手段的特定的行为体形式。例如，它既可以是"以游说和咨询的方式代表自己利益的压力团体"，又可以是"试图通过参与到整个的决策过程中以影响政治的民间行为体"，还可以是"以动员和说服为主要方法，充当变革施动者的社会运动"②。它们都以不同的理论起点为依据，因而都聚焦于非政府组织各自不同的方面。在一定程度上，这三个方面之间是相互重叠的，即非政府组织可能同时扮演上述三种角色。这就引起了需要深入地思考特定的非政府组织与更为广泛的社会运动之间的关系问题。

一、社会运动与社会运动中的组织

社会运动的组织者通常依赖或者创建社会运动组织。然而，社会运动本身不是由组织构成的，而是由持久的互动和政治斗争构成的③。社会运动组织与社会运动全然不同：社会运动是交互式的运动，而社会运动组织并非如此。社会运动组织往往比社会运动持久，而社会运动则几乎总是涉及多种多样的组织、变来变去的联合以及没什么名目的非正式网络④。社会运动是将众多的个人和团体联系起来的非正式网络，与社会运动组织边界分明、需要进行成员注册的政党或压力团体不同的是，社会运动是由自认为是集体努力之一部分的团体和个人所构成的松散的、联系不太紧密的

---

① Robert O'Brien, Anne Marie Goetz, Jan Aart Scholte and Marc Williams, *Contesting Global Governance: Multilateral Economic Institutions and Global Social Movements*. Cambridge: Cambridge University Press, 2000: 15—16.

② Bob Reinalda, "Private in Form, Public in Purpose: NGOs in International Relations Theory," in Bas Arts, Math Noortmann and Bob Reinalda, eds., *Non-state Actors in International Relations*. Aldershot: Ashgate Publishing Limited, 2001: 11.

③ 蒂利. 后记: 社会运动研究者的议程//戈德斯通. 国家、政党与社会运动. 章延杰, 译. 上海: 上海人民出版社, 2009: 220.

④ 蒂利. 社会运动 1768—2004. 胡位钧, 译. 上海: 上海人民出版社, 2009: 70.

网络组成。尽管这些社会运动组织可以指代社会运动，但社会运动并非社会运动组织，而是将各种行为体联系在一起的关系网络，当然该网络中包含着具有正式结构的组织。社会运动的一个独有特点就是，存在这样一种可能性，即属于运动之一部分和自认为参与到集体行动之中而并非必然是某个特定组织的成员①。可见，"社会运动不等同于组织，更不等同于其中的任何特定组织"②。查尔斯·蒂利也指出，将社会运动当作与政党有些类似的团体是错误的，社会运动不是任何一种团体，而是指特定的权威与各种挑战这些权威的代言人之间的持续互动关系③。因而，对社会运动组织和构成社会运动的非正式运动网络，在分析上必须做一个清晰的界定。即使一个社会运动组织内部采用了网络结构，也并不意味着它可以等同于社会运动。当然，正如马里奥·迪亚尼所清楚表明的，组织的确可以是运动的组成部分，他认为"官僚利益团体，甚至是政党"都可以成为社会运动组织，但是一个社会运动并不一定必然产生任何正式的组织④。

那么，如果没有任何组织结构，社会运动是否能够存在呢？很显然，当新的社会运动思想萌芽之时，可能会产生没有组织结构的社会运动阶段。但可以推断，在这一阶段的运动没有政治影响，而且随着运动的发展，某种形式的组织结构会产生。许多社会运动在其思想中都有一种反等级制的成分，但即便是网络等新的沟通方式，也可以被视为重要的组织结构⑤。因此，团体对社会运动也是至关重要的，犹如军队之于战争以及政党之于竞选活动⑥。社会运动是由以共有的集体认同为基础、主要通过集体抗议的方式试图实现或阻止社会变革的个人、团体和组织的动员网络所构成的行动体系。只要社会运动中包含不属于任一团体或组织的、偶尔参与的个人，那么，社会运动当然会比其内在的组织结构即社会运动组织更为广泛。然而，另一方

---

①　Donatella Della Porta, *Globalization from Below*: *Transnational Activists and Protest Networks*. Minneapolis: University of Minnesota Press, 2006: 20.

②　Mario Diani, "The Concept of Social Movement," *Sociological Review*, 1992, 40 (1): 13–14.

③　Charles Tilly, "Social Movements and National Politics," in Charles Bright and Susan Harding, eds., *Statemaking and Social Movements*: *Essays in History and Theory*. Ann Arbor: University of Michigan Press, 1984: 305.

④　同②14–15.

⑤　Peter Willetts, "From Stockholm to Rio and Beyond: The Impact of the Environmental Movement on the United Nations Consultative Arrangements for NGOs," *Review of International Studies*, 1996, 22 (1): 62.

⑥　同③306.

面，社会运动组织又是任何社会运动的支柱，而且，社会运动组织相对于与社会运动只有松散联系的大量个人而言，具有易于辨别的优势。因而，社会运动组织的分析成为社会运动研究的关键并不是偶然的①。

除了社会运动组织和在国际层面进行运作的跨国社会运动组织之外，非政府组织和国际非政府组织也与（跨国）社会运动形成了密切的联系②。所以，接下来首先对这两类组织间的关系做简要的说明。

二、（跨国）社会运动组织与（国际）非政府组织

社会运动组织即社会运动内部那些旨在促进特定社会变革的正式组织。它们是社会运动的主要载体，在运动能量起伏的整个阶段，起着动员新的人力和物质资源、激发和协调战略性行动的作用，并将社会运动中的各个组成部分联结在一起。相对于民族国家内部的社会运动组织而言，跨国社会运动组织由来自两个以上国家的成员组成，具有某种正式的结构，并通过一个国际秘书处协调战略③。换言之，跨国社会运动组织即在两个或三个国家拥有成员的且有一个负责协调和（或）促进跨国活动、交流和（或）策略的国际办公室或秘书处的社会运动组织④。

与社会运动组织密切相关而且很多时候相等同的是非政府组织。联合国是最早正式使用非政府组织概念的⑤。"非政府组织"一词的出现，最初是为了把以非政府身份参加联合国会议的团体与各国政府代表区分开

---

① Dieter Rucht, "The Transnationalization of Social Movements: Trends, Causes, Problems," in Donatella Della Porta, Hanspeter Kriesi and Dieter Rucht, eds. , *Social Movements in a Globalizing World*. Basingstoke: Macmillan, 1999: 207.

② 有些学者用社会组织来囊括在国内和跨国层面运作的各种非政府组织、社会运动组织和倡议网络等。

③ Jackie Smith, Ron Pagnucco and Charles Chatfield, "Social Movements and World Politics: A Theoretical Framework," in Jackie Smith, Charles Chatfield and Ron Pagnucco, eds. , *Transnational Social Movements and Global Politics*. Syracuse, NY: Syracuse University Press, 1997: 60−61.

④ Jackie Smith, "Transnational Political Processes and the Human Rights Movement," *Research in Social Movements*, *Conflict and Change*, 1995 (18): 211−212.

⑤ 虽然非政府组织（nongovernmental organizations, NGOs）概念的产生时间不长，但非政府组织却并非是一个新现象，其历史起点至少可以追溯到 19 世纪中期。非政府组织有着各种不同的称谓或相关的术语，比如，"非营利组织""社会组织""志愿者组织""第三部门""公共组织""慈善组织"等等。现代行政学从营利与非营利的角度将社会组织或部门分为公共部门（又称政府部门）和私营部门（又称营利性企业）两大类。而当代组织社会学认为，由于现代社会分工的异常复杂，在公共部门与私营部门之间还存着不以营利为目的和旨在为社会公益服务事业提供准公共产品的第三部门，即非政府组织。

来。"非政府组织"一词来源于《联合国宪章》，被联合国授权的（国际）非政府组织的标准是：拥有国际机构、不倡导使用暴力、不是政党、不追逐利润、不是由政府建立、支持联合国的工作①。归结起来，联合国使用的非政府组织是指，"在地方、各国或国际各个层级上组织起来的公民志愿组织，是非营利、非政府、非宗教、非政治性的公益性社会组织"②。国际非政府组织就是指在国际层面不代表政府的非营利行为体。根据联合国经济与社会理事会的定义，任何不是根据政府间的协议建立起来的国际组织都是国际非政府组织③。然而，这个定义太过于宽泛。国际社团联合会（Union of International Associations，UIA）的定义更具有代表性，它明确了国际非政府组织作为"非营利、非政府的组织"（因而将跨国公司和政府间组织排除在外）的特征，并提出如下限制条件："有着国际目标、至少在三个国家从事活动的组织。这样的组织至少有来自三个国家的具有投票权的个人或集体参与；有永久总部和维持持续行动的储备和补给；有相当的预算，这些预算至少来自三个国家的公民、基金会和政府的捐赠。"④当然，从广义上来说，一些具有国际倾向的或参与到跨国多边活动之中的国内非政府组织也可以纳入国际非政府组织的范畴。

在阐述跨国社会运动和国际非政府组织之间的关系之前，有必要对（跨国）社会运动组织与（国际）非政府组织进行大致的区分。大体说来，相对于社会运动组织来说，非政府组织是一个更大的类别，其中那些致力

---

① Peter Willetts，"From Stockholm to Rio and beyond：The Impact of the Environmental Movement on the United Nations Consultative Arrangements for NGOs，" *Review of International Studies*，1996，22（1）：59.

② 赵黎青. 联合国对非政府组织的界定. 学会，2009（3）：3-4. 此外，美国学者莱斯特·M. 萨拉蒙认为非政府组织（他称之为非营利部门），主要有以下几个方面的共同特征：（1）组织性，即这些机构都有一定的制度和结构；（2）私有性，即这些机构都在制度上与国家相分离；（3）非营利性，即这些机构都不向它们的经营者或"所有者"提供利润；（4）自治性，即这些机构都基本上是独立处理各自的事务；（5）自愿性，即这些机构的成员不是法律要求而组成的，这些机构接受一定程度的时间和资金的自愿捐助。（萨拉蒙，等. 全球公民社会：非营利部门视界. 贾西津、魏玉，等译. 北京：社会科学文献出版社，2002：3-4.）我国学者刘贞晔指出，一般认为，非政府组织通常具有以下特征：（1）应是非政府的社会组织，即应是自主管理、不受政府控制的组织；（2）应是合法的社会组织，犯罪集团和恐怖组织等都不是非政府组织；（3）应是非政党性质、不谋求政治权力的社会组织；（4）应是非营利的社会组织；（5）组织的活动目标是社会公益性的；（6）具有一定的志愿性质。（刘贞晔. 国际政治领域的非政府组织：一种互动关系的分析. 天津：天津人民出版社，2005：56.）

③ 入江昭. 全球共同体：国际组织在当代世界形成中的角色. 刘青，等译. 北京：社会科学文献出版社，2009：1.

④ 叶江，甘锋. 试论国际非政府组织对当代国际格局演变的影响. 国际观察，2007（3）：58.

于"改变社会结构中的某些因素和（或）社会报酬分配"的非政府组织即
社会运动组织。国际非政府组织就是那些拥有跨国成员的非政府组织。社
会运动组织与国际非政府组织重叠的部分就是跨国社会运动组织（见
图 2-1）。换言之，跨国社会运动组织是致力于某种社会或政治变革，并
设立国际办公室或秘书处，为在两个以上国家活动的成员服务的国际非政
府组织①。那些"促使国际秩序的制度和政策发生变革"的国际非政府组
织就是跨国社会运动组织。跨国社会运动组织与国际非政府组织之间的区
别主要是跨国社会运动组织的目标在于动员大众压力以实现政治与社会变
革②。大多数国际非政府组织反映和加强了现状。有时，各国有权有势的
人和团体会组成跨国组织以制定促进其利益和价值观的政策。例如，北
美、西欧和日本的商业人士于 1973 建立的三边委员会（Trilateral Com-
mission）就反映了这种做法。与之形成对比的是，跨国社会运动组织则

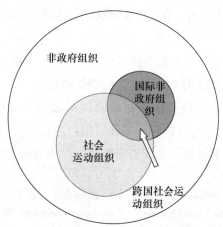

图 2-1　（国际）非政府组织与（跨国）社会运动组织之间的关系示意图

　　注：大体上来说，社会运动组织是非政府组织中的一部分，其中跨国运作的社会运动组织
即跨国社会运动组织，也就是社会运动组织与国际非政府组织相互重叠的部分。
　　资料来源：Louis Kriesberg, "Social Movements and Global Transformation," in Jackie Smith,
Charles Chatfield and Ron Pagnucco, eds., *Transnational Social Movements and Global Politics*.
Syracuse, NY: Syracuse University Press, 1997: 12.

---

① Louis Kriesberg, "Social Movements and global Transformation," in Jackie Smith,
Charles Chatfield and Ron Pagnucco, eds., *Transnational Social Movements and Global
Politics*. Syracuse, NY: Syracuse University Press, 1997: 12.
② Charles Chatfield, "Intergovernmental and Nongovernmental Associations to 1945," in
Jackie Smith, Charles Chatfield and Ron Pagnucco, eds., *Transnational Social Move-
ments and Global Politics: Solidarity beyond the State*. Syracuse, NY: Syracuse
University Press, 1997: 30.

寻求促使现状发生变革①。例如，绿色和平组织、"大赦国际"等致力于在环境、人权或发展等领域寻求进步性变革的国际非政府组织，同时也是跨国社会运动组织中的一员。跨国社会运动组织和其他国际非政府组织在发展和结构上类似，二者在很多活动上相互重叠。主要的不同在于目标——跨国社会运动组织以某种公益的名义改变现状——和所运用的策略上。当然，跨国社会运动组织有时很难从其他国际非政府组织中区别开来，也许部分是由于其角色随国际体系的变动而不断变化②。

三、当代跨国社会运动与国际非政府组织

当代大多数跨国社会运动的"基本立场是激进的改良主义，它们对资本主义的批判主要是对不加节制地追逐权力或利润所造成的社会不公正的一种反应"，且"具有明确的草根组织形式和对公开的与和平的抗议活动的偏好"，这一点与一些国际非政府组织相区别；但同时它们又"将自己视为开放的、参与性的社会运动"，因而，"它们很可能包括专业的非政府组织在内或者与之结成联盟"③。国际非政府组织的活动有时是与跨国社会运动"相互配合的"④，甚至是相互转化的。换言之，当代跨国社会运动与国际非政府组织既不相等同，又紧密依存。

首先，跨国社会运动与国际非政府组织存在着诸多的区别：第一，在内部结构上，国际非政府组织通常有着正式的组织形式，而跨国社会运动则是一种松散的非正式网络，往往既包含正式的非政府组织，也包含非正式的草根团体和活动分子。与之密切相关的是，国际非政府组织往往更加专业化，而跨国社会运动的优势在于广泛的代表性。有学者指出，国际非政府组织是主要作为专家和请愿者的专业团体进行运作的一类非政府和非

---

① Louis Kriesberg, "Social Movements and Global Transformation," in Jackie Smith, Charles Chatfield and Ron Pagnucco, eds., *Transnational Social Movements and Global Politics*. Syracuse, NY: Syracuse University Press, 1997: 12.

② Charles Chatfield, "Intergovernmental and Nongovernmental Associations to 1945," in Jackie Smith, Charles Chatfield and Ron Pagnucco, eds., *Transnational Social Movements and Global Politics: Solidarity beyond the State*. Syracuse, NY: Syracuse University Press, 1997: 40.

③ Dieter Rucht, "Critique of Capitalism in the Era of Globalization-Old Wine in New Bottles?" in Ingo K. Richter, Sabine Berking and Ralf Müller-Schmid, eds., *Building a Transnational Civil Society: Global Issues and Global Actors*. Basingstoke: Palgrave Macmillan, 2006: 116-117.

④ 科恩，肯尼迪. 全球社会学. 文军，等译. 北京：社会科学文献出版社，2001: 46.

商业的国际组织，而且，它们在与政府之间的常规互动有时是为了迎合政府的要求，可能会走向进一步制度化和专业化，因而，很难被视为草根运动的代表。与国际非政府组织相比，当声称代表大众时，跨国社会运动强调其广泛的大众支持。它们认为自己是大众的真正体现，而不仅仅是作为其代表或倡导者①。从这一点上来说，跨国社会运动有着更大的公众代表性。第二，在功能角色上，国际非政府组织和跨国社会运动相对来说，分别扮演的是一种"局内人"（insider）和"局外人"（outsider）的角色。国际非政府组织大多是在现存的政治体系内部运作以影响政府和全球层面政策的压力团体，而且经常会参与到政府咨询委员会和代表团之中或者参与到具体方案的执行之中；而跨国社会运动特别是其中非正式的草根团体和活动分子，往往没有资格或机会参与乃至接近决策圈。第三，在行动策略上，国际非政府组织主要是请愿和游说，而跨国社会运动更多地是采取抵制与抗议的方式。尽管非政府组织和社会运动的活动领域有重叠之处，并且非政府组织也时常参与到非传统的抗议之中，但非政府组织的工作主要集中于与政府和地方当局进行谈判磋商。塔罗则提出，国际非政府组织与跨国社会运动都具有寻求社会变革的目标，二者之间的区别主要体现在行为上：跨国社会运动着重于与国家、跨国公司或国际机构之间进行持续的抗争性互动，而国际非政府组织则致力于与这些行为体进行常规政治博弈，并为其他国家的公民提供服务②。当然，策略上的差异是与二者各自的功能密切相关的。由此可见，跨国社会运动与许多国际非政府组织是相互区别的，尽管二者的关注点经常重叠，而且二者的确常常并肩协力发起运动。关键是国际非政府组织是全球社会中享有名望的改良派，并且现在愈益成为国家和跨国公司讨好的对象，因为国家和跨国公司为了增加其活动的合法性并试图使非政府组织的活动合法化。相比较而言，跨国社会运动的诉求更为激进，形式上更少制度化，而且常常面对公司的反对和国家的镇压，尤其是那些参与反对公司全球化的社会运动或社会运动之中的某些部分。

---

① Dieter Rucht, "Critique of Capitalism in the Era of Globalization-Old Wine in New Bottles?" in Ingo K. Richter, Sabine Berking and Ralf Müller-Schmid, eds., *Building a Transnational Civil Society: Global Issues and Global Actors*. Basingstoke: Palgrave Macmillan, 2006: 121.

② Sidney Tarrow, "Transnational Politics: Contention and Institutions in International Politics," *Annual Review of Political Science*, 2001, 4 (1): 12.

其次，更为重要的是，跨国社会运动和国际非政府组织的活动领域不仅有很多重叠之处，而且，在追求共同的社会变革目标时，还形成了密切的依存和协作关系。一方面，跨国社会运动的形成和发展离不开国际非政府组织的促进、参与和支持。由于国际非政府组织促进了国际交流和合作，培育了组织技巧，这些都有利于跨国社会运动的孕育和发展。例如，许多国际非政府组织为处理不同人群之间的冲突、产生的全球问题及其解决方案的共识等方面提供了网络或社会基础，从而促进了跨国社会运动的形成和发展①。而且，跨国社会运动在很大程度上也要依靠国际非政府组织的参与和支持，因为，"除了普通大众之外，非政府组织可能拥有强大的支持者。它可能因获得社会精英或经济部门的广泛支持而拥有政治影响"②。一般来说，非政府组织比国内社会运动更为正式和专业，具有法律地位和专职人员③。而社会运动通常有着相对非正式的和自发的特征。如果社会运动不是以非政府组织为先锋，那么它就不太可能与政府进行接触或者对法律进程和正式机构产生任何影响④。20 世纪晚期以来，生态的、女性的、维护和平的乃至反全球化的跨国社会运动主要是由国际非政府组织发起和推动的⑤。同时，国际和国内非政府组织还是形成跨国集体行动的主要行为体⑥。而且，一般来说，一些强大的（跨国）社会运动还创建了新的（国际）非政府组织，后者往往比抗议动员存在的时间更久远。例

---

① Louis Kriesberg, "Social Movements and Global Transformation," in Jackie Smith, Charles Chatfield and Ron Pagnucco, eds., *Transnational Social Movements and Global Politics*. Syracuse, NY: Syracuse University Press, 1997: 12-13.

② Peter Willetts, "From Stockholm to Rio and beyond: The Impact of the Environmental Movement on the United Nations Consultative Arrangements for NGOs," *Review of International Studies*, 1996, 22 (1): 61.

③ Sanjeev Khagram, James V. Riker and Kathryn Sikkink, "From Santiago to Seattle: Transnational Advocacy Groups Restructuring World Politics," in Sanjeev Khagram, James V. Riker and Kathryn Sikkink, eds., *Restructuring World Politics: Transnational Social Movements, Networks, and Norms*. Minneapolis: University of Minnesota Press, 2002: 6.

④ Peter Willetts, "From Stockholm to Rio and beyond: The Impact of the Environmental Movement on the United Nations Consultative Arrangements for NGOs," *Review of International Studies*, 1996, 22 (1): 62.

⑤ 叶江. 试论国际非政府组织参与全球治理的途径. 国际观察，2008 (4).

⑥ Sanjeev Khagram, James V. Riker and Kathryn Sikkink, "From Santiago to Seattle: Transnational Advocacy Groups Restructuring World Politics," in Sanjeev Khagram, James V. Riker and Kathryn Sikkink, eds., *Restructuring World Politics: Transnational Social Movements, Networks, and Norms*. Minneapolis: University of Minnesota Press, 2002: 6-7.

如，美国全国妇女组织（National Organization for Women，NOW）、美国全国有色人种协进会（National Association for the Advancement of Colored People，NAACP）和绿色和平组织（Greenpeace）分别从早期的女权运动、民权运动和环境运动中产生的。当运动消退之后，这些组织承袭了运动的使命，对公共政策进行监督，积极从事公众教育活动，试图利用新的机遇进行再次的跨国动员。所以，这些团体是新的跨国社会运动兴起的重要资源。

另一方面，国际非政府组织只有依赖于跨国社会运动的力量才能在国际舞台上发挥更大的作用。不少社会学家都认为应当把某些（虽然不是全部的）国际非政府组织纳入社会运动之列①。因为尽管国际非政府组织仍然保持着本身的独立性，但它往往以跨国社会运动为依托②。国际非政府组织虽然在很大程度上改写了世界政治中国家垄断一切合法行动的神话，但单个或少数的国际非政府组织毕竟势单力薄，而要真正地对国际政治和社会生活产生广泛、深远的影响，还需要国际非政府组织在各个议题领域上结成跨越国界的组织网络，通过信息传递、资源共享、共同行动来致力于一定价值和目标的实现。跨国社会运动是国际非政府组织网络化发展的形式，它大大提高了国际非政府组织的行动能力和议题影响力，从而使其获得了在国家和政府间国际组织体系之外提出、传播和塑造诸如人权、环境保护、可持续发展等公益性质的实质性价值的巨大能量③。此外，非政府组织的民主作用也"依赖于社会运动的存在和发展"，尤其是国家和地区层次的民主运动是阻止"国际非政府组织演变为精英主义官僚制的和准国家形式"的必要因素④。而且，为了选择目标、施加压力和赢得影响，非政府组织需要进行沟通的资源和技巧。只有它们得到由广泛基础的社会支持所提供的资金、人员、时间、精力和道义等资源的支撑，非政府组织才能发展这些资源和技巧。更为主要的是，社会运动最重要的影响在于其催生了阐释新的政治行动主张的新思想和新的非政府组织⑤。现代非政府组织的演变可以追溯到 18 世纪晚期的反奴隶贸易运动和 19 世纪

---

① 科恩，肯尼迪. 全球社会学. 文军，等译. 北京：社会科学文献出版社，2001：447.

② 同①436.

③ 刘宏松. 跨国社会运动及其政策议题的有效性分析. 现代国际关系，2003（10）：19.

④ Christoph Gorg and Joachim Hirsch, "Is International Democracy Possible?" *Review of International Political Economy*，1998，5（3）：607.

⑤ Peter Willetts, "From Stockholm to Rio and beyond：The Impact of the Environmental Movement on the United Nations Consultative Arrangements for NGOs," *Review of International Studies*，1996，22（1）：62.

的和平团体①。因此，国际非政府组织并不是新现象，最早的国际非政府组织一般认为是 1839 年建立的反奴隶制协会（Anti-Slavery Society）②，它就是从反对奴隶制的跨国社会运动产生的。因此，跨国社会运动有利于国际非政府组织的发育并促使其成为全球治理的重要参与者。

总之，当代跨国社会运动是包含国际非政府组织在内，但又不等同于国际非政府组织的一个特殊的国际行为体。国际非政府组织往往与跨国社会运动建立了紧密的联系并且时常与之结盟，实际上，国际非政府组织不仅是跨国社会运动的支持者和倡导者，也是跨国社会运动的代言人。认识它们两者之间关系的最简单的方法，就是将跨国社会运动看作非正式或非组织的一种网络，而各种国际或国内的非政府组织则处于其"羽翼"之下，并为其指导运动的方向③。当然，跨国社会运动和国际非政府组织是在多元化的层次上运作的，既建立了个人、民间活动与上层的纵向联系，也建立了国与国之间、国家与国际非政府组织之间以及各主要社会运动之间的横向联系。这正是当今跨国社会运动非常活跃的原因④。

尽管国际非政府组织已经在国内和国际积极参与国际政治方面取得了重大进展⑤，然而，挫折依然存在。例如，非政府组织正式参与国际谈判是一个非常遥远的前景。这也解释了为什么建制化的国际非政府组织和网络转向抗议。正如杰克·戈德斯通（Jack Goldstone）⑥ 所指出的那样，抗议和游说对于更制度化的社会运动来说并不是相互排斥的活动。

正因为如此，作为一个特殊的国际行为体，跨国社会运动在斗争中往往将非政府组织的游说和草根运动的抵抗结合在一起，这尤其体现在对"局内人"策略和"局外人"策略的综合运用上。这是因为，在抗争政治

---

① Steve Charnovitz, "Two Centuries of Participation: NGOs and International Governance," *Michigan Journal of International Law*, 1997, 18（2）: 183-286.

② Helmut Anheier, Marlies Glasius and Mary Kaldor, "Introducing Global Civil Society," in Helmut Anheier, Marlies Glasius and Mary Kaldor, eds., *Global civil society* 2001. Oxford: Oxford University Press, 2001: 4.

③ 科恩, 肯尼迪. 全球社会学. 文军, 等译. 北京: 社会科学文献出版社, 2001: 448.

④ 同③456.

⑤ 例如 Thomas Princen and Matthias Finger, eds., *Environmental NGOs in World Politics: Linking the Local and the Global*. London: Routledge, 1994; Michele M. Betsill and Elisabeth Corell. "NGO Influence in International Environmental Negotiations: A Framework for Analysis," *Global Environmental Politics*, 2001, 1（4）: 65-85.

⑥ Jack A. Goldstone, ed., *States, Parties, and Social Movements*. Cambridge: Cambridge University Press, 2003.

中，作为"局内人"的非政府组织和作为"局外人"的社会运动很难划出清晰的界限，而且非政府组织和社会运动二者的活动分子之间的联盟日益普遍①。所谓"局内人"策略是指通过提供信息、专业知识、政策解决方案和专家建议，与其他行为体合作，试图从全球治理机构的内部来施加影响力。所谓"局外人"策略是指通过游行、抗议、集会、联合抵制等方式，向政府、跨国公司和政府间组织等行为体施压以影响全球治理的结果。这是当代跨国社会运动影响全球治理的两种主要的策略。而且，跨国社会运动有时能够将国内政治与国际政治串联起来形成所谓的"多层治理"②，这一治理既非"自上而下"，亦非"自下而上"，而是国内政治与国际政治之间复杂和动态的互动过程。由此可见，国际非政府组织与跨国社会运动往往彼此支援或是结合在一起，共同参与到推动国际社会变革的进程之中。

第二节　与政府间国际组织的互动

当代跨国社会运动与政府间国际组织③在全球治理进程中形成了更为密切的互动关系。这主要体现在，一方面政府间国际组织是跨国社会运动参与全球治理的一个重要的平台和杠杆，另一方面跨国社会运动又推动政府间国际组织应对和解决全球性问题，从而拓展了其治理的范围，并通过促使政府间国际组织变得更为民主、透明和负责而增强了全球治理实践的有效性。

一、跨国社会运动与政府间国际组织关系的轮廓

全球性或地区性的政治经济机构及其权威的形成促生了社会运动的跨国化进程。为了影响这些全球性的或地区性的权威，使得社会运动的跨国化成为必需，联合国和世界贸易组织等政府间国际组织的活动为跨国运动

①　Sidney Tarrow, *The New Transnational Activism*. Cambridge: Cambridge University Press, 2005: 29.

②　Kathryn Sikkink, "Patterns of Dynamic Multilevel Governance and the Insider—Outsider Coalition," in Donatella Della Porta and Sidney Tarrow, eds., *Transnational Protest and Global Activism*. Lanham, MD: Rowman & Littlefield, 2005: 158.

③　政府间国际组织是指两个或两个以上主权国家政府为实现共同的政治经济目的，依据其缔结的条约或其他正式法律文件建立的常设性机构。这里的政府间国际组织，如果没有特别说明，主要是指联合国这一主要的全球性政治机构以及世界银行、世界货币基金组织和世界贸易组织这三个全球性经济机构。

和网络的发展提供了重要的聚焦点。尽管大多数政府间组织在日常生活中相对难以接近，但它们的会议为抗议者传达信息提供了一个很好的机会。会议是提前宣布和计划好的，经常有重要官员和国家代表出席。这些活动也在国际城市举行，通常为许多人提供相当方便的机会，并促使当地居民动员起来将当地作为抗议基地。这些事实，再加上广泛可用的联络手段和组织手段，创造了一个有利于抗议组织以及接触全球化的主要推动者和全球公众受众的全球结构。

　　例如自 1972 年斯德哥尔摩环境大会以来，联合国举行重要的国际大会的同时举办非政府组织论坛已成惯例。这些非官方的聚会有助于跨国社会运动接触各国政府代表和联合国的官员，以及在跨国社会运动和组织之间建立它们本身的网络。尽管国际会议和国际谈判本身在很大程度上是跨国活动的产物，但它们反过来又对培育未来的跨国联系起着很大的促进作用①。社会运动团体一贯寻求进入国际组织的机会，并且发起要求增加透明度的运动，而这反过来进一步增强了未来参与社会运动的机会。在与国际机构的互动中，一些社会运动组织获得了物质性的和象征性的资源，例如特定项目的资助或对其合法性的认可。同时，国际机构也从自愿团体的廉价工作中，从其所提供的信息中，从接近当地居民以及从合法性的方面获益良多②。因而，跨国社会运动与政府间国际组织之间的联系网络在不断拓展③。而且，跨国社会运动与政府间国际组织之间的联系和对话对全球治理有着多种好处。例如，可以为世界治理机构提供新的信息、证据和分析；促进批判性和创造性的辩论和讨论，从而增强政策的清晰度和有效性；为全球治理带来更大的透明度和责任；有助于增强全球治理制度的合法性以及能够推动超国家治理机构消除社会不平等和社会排斥，从而促进社会的整合；等等④。

---

① Wendy E. F. Torrance and Andrew W. Torrance, "Spinning the Green Web: Transnational Environmentalism," in Srilatha Batliwala and L. David Brown, eds. , *Transnational Civil Society: An Introduction*. Bloomfield, CT: Kumarian Press, 2006: 102.

② Donatella Della Porta and Sidney Tarrow, "Transnational Processes and Social Activism: An Introduction," in Donatella Della Porta and Sidney Tarrow, eds. , *Transnational Protest and Global Activism*. Lanham, MD: Rowman & Littlefield, 2005: 6.

③ Jackie Smith, *Social Movements for Global Democracy*. Baltimore: Johns Hopkins University Press, 2008: 124, Table 6.5— "Changes in TSMO Network Ties, 1973−2003".

④ Jan Aart Scholte, "The IMF and Civil Society: An Interim Progress Report," in Michael Edwards and John Gaventa, eds. , *Global Citizen Action*. London: Earthscan Publications Ltd. , 2001: 89.

　　不过，跨国社会运动与政府间国际组织的关系也不能一概而论，这是由于在许多从事全球治理的国际和区域组织中，有些组织比其他组织更容易发生抗议。这一目标定向可能与对其权力的范围和大小、对是否存在社会关切问题以及对普通公民日常生活的影响等方面的认知有关①。世界银行和国际货币基金组织长期以来都是抗议的目标，而区域开发银行、八国集团和世界经济论坛也是类似的抗议目标。世界贸易组织作为一个拥有比其前身关贸总协定更大权力的组织，自 1995 年成立以来就引发了抗议。最近，甚至更多的"社会友好型"组织（例如联合国和欧盟）也成为抗议的目标，尽管更多的是为了强化这些组织中支持安全、人权或可持续发展等方面的因素。

　　事实上，一方面，跨国社会运动在议题领域、组织形态、目标和策略等方面千差万别，因而各种跨国社会运动与政府间国际组织的关系也千差万别。另一方面，政府间国际组织在组织结构、组织文化、行政首脑的作用以及对跨国社会运动压力的脆弱性上有所不同，因而其与跨国社会运动的关系也存在差别，甚至大相径庭，例如跨国社会运动与联合国以及与全球经济组织之间的关系。世界银行、国际货币基金组织和世界贸易组织（尽管其中有两个是联合国体系之一部分）在实践中都独立运作且往往与《联合国宪章》的价值观相矛盾。根据《联合国宪章》，联合国大会掌握着最大的全球权威，因此全球金融机构从法律上来说是从属于联合国的。然而，实际上全球经济组织有着更为强大的政策执行力，而联合国则因相对无强制力和相对缺乏资源而无法施加其自身的法律权威。因而，联合国主要只能运用规范性权力和仰仗道德劝告来敦促成员国实行其所主要关注的社会政策。与之相对应的是，全球经济组织则有着某种最为强大的规则创制和监督的权威（尤其是世界贸易组织），借此来促进经济自由主义，却很少对社会政策给予关注。这就导致了联合国与全球经济机构之间的权力不平衡，这种不平衡不仅会促使追逐利润和国际贸易的利益凌驾于公平、人类和环境健康等其他社会价值之上，而且也有助于新自由主义全球化的优势地位②。全球经济组织的基本指导原则是限制政府的作用和使得公共政策对贸易的限制越少越好，而联合国的目标则在加强国家在人权、环

①　Kate O'Neill, "Transnational Protest: States, Circuses, and Conflict at the Frontline of Global Politics," *International Studies Review*, 2004, 6: 238.

②　Jackie Smith, *Social Movements for Global Democracy*. Baltimore: Johns Hopkins University Press, 2008: 178-179.

境、社会公平正义等社会政策方面的积极作用。这就解释了当今众多跨国社会运动反对多边经济机构而支持联合国的原因。

二、跨国社会运动与全球经济机构的关系

20 世纪的最后几年的一个显著特征是对全球经济组织的反对之声日益增强。世界银行、国际货币基金组织和国际贸易组织等全球经济组织在全球经济治理中发挥着越来越重要的作用。毫无疑问，三大全球经济组织对于大众来说关系重大。国际货币基金组织的结构调整方案影响着发展中国家民众的生存机会，世界银行女孩教育优先的决定则会开启个人和社会发展的可能性，世界贸易组织平衡环境关切与贸易自由化的能力可能会保护或破坏生态系统。这些机构的运作对许多远离华盛顿和日内瓦决策中心的人们产生了严重的后果。因而，毫不奇怪，处于这些机构中的政策的接收端的人们日益动员起来以影响这些机构本身的结构和政策。在许多国家发生的强势经济机构与社会运动之间的冲突已经引发了一场有关全球治理的争论。这场争论既涉及这些机构的结构和决策程序等形式问题，也涉及其政策的内容问题，即是以自由市场为导向，还是在各种社会价值观之间进行平衡[①]。可见，全球治理问题是双方互动关系的核心。

总的说来，跨国社会运动关注于全球经济组织对各国民众的日益增加的影响力。就国际货币基金组织而言，跨国社会运动关注和批判结构调整方案的新自由主义方法及其跨国扩张。全球社会运动对世界银行的关切集中于贷款政策和工程方案。世界贸易组织则被跨国社会运动视为在许多地区创立新的国际经济法律和执行自由化方案的机构。总之，跨国社会运动的重心在于对全球经济机构的新自由主义经济方法发起挑战。

跨国社会运动对全球经济组织的影响主要体现在五个方面：一是反对和阻挠全球经济组织的计划。例如，围绕印度纳尔默达河大坝工程发生的跨国社会动员导致世界银行对大坝建设工程贷款的取消。1989 年在委内瑞拉发生的造成了 300 多人死亡的国际货币基金组织骚乱使得执行特定的结构调整政策举步维艰。同时，跨国社会运动长期致力于反对这些机构所推行的贸易自由化措施，尽管各自的侧重点可能不同，比如在非洲针对的

---

① Robert O'Brien, Anne Marie Goetz, Jan Aart Scholte and Marc Williams, *Contesting Global Governance: Multilateral Economic Institutions and Global Social Movements.* Cambridge: Cambridge University Press, 2000: 1-2.

可能是知识产权问题，在欧美则可能是环境问题。二是促进了全球经济机构的政策变革。在跨国社会运动的影响下，全球经济组织至少在这些方面发生了政策变化：对世界银行项目进行环境评估、增加对发展中国家性别议题的关注、创建了结构调整方案的社会维度以及对核心劳工标准的强调等。这些政策变化都转移了全球经济资源，影响了目标群体的健康与生计，甚至在某些情况下涉及生死存亡的问题，诸如社会安全网的构建问题。因而，对于全球社会中的弱势群体来说，跨国社会运动对全球经济机构的政策影响非常重要。三是促进了全球经济组织治理的民主化。全球经济组织的运作是全球民主的一个重要关切，因为这些机构的活动日益影响着成千上万人的日常生活。自 20 世纪 80 年代早期债务危机之后，国际货币基金组织和世界银行在管理许多发展中国家的结构调整政策方面起着主导作用。而新成立的世界贸易组织则开启了一个国际社会对各国贸易政策领域的审查日益增加的时代。在北方国家，一些团体关切这些机构的意识形态，将环境保护、性别平等和劳工权利等议题服从于自由化动力，南方国家的团体则担心在自由主义全球经济中，发达国家与发展中国家之间的差距日益拉大。而南北方国家的人们都共同表达了对这些机构及其所代表的利益会削弱国家主权的担忧①。正是在跨国社会运动的持续而强大的压力下，三大全球经济组织正在着手推行初步的改革，逐步向更透明、更民主、更负责的方向转变。四是全球经济组织在某些时候还需要跨国社会运动的支持。全球经济组织希望利用全球社会运动基于当地的专业知识，这是全球经济组织的职员所不具备的。例如，跨国社会运动能够详细地阐明特定政策对当地的影响。跨国社会运动常常对宏观的多边经济机构所要解决的问题的微观层面更为熟悉，而多边经济机构则经常对社会弱势群体，如穷人或妇女的情况不太了解。这就为全球经济机构借助跨国社会运动的地方网络、进而执行受当地欢迎的政策提供了可能性。而且，它们有时还推动跨国社会运动对国家施压以使之遵守多边经济机构政策。例如国际货币基金组织希望劳工对第三世界国家施压以限制腐败和维持善治。五是跨国社会运动还可能通过影响其他行为体来对多边经济机构施加影响。例如，自 20 世纪 80 年代早期以来，公民团体游说美国国会对美国提供的国

---

① Robert O'Brien, Anne Marie Goetz, Jan Aart Scholte and Marc Williams, *Contesting Global Governance: Multilateral Economic Institutions and Global Social Movements*, Cambridge: Cambridge University Press, 2000: 21.

际货币基金组织的资金施加条件限制。类似地，跨国环境团体对美国国会的影响反过来又影响了世界银行的贷款决定。还有一种路径是借助联合国及其所确立的国际规范来影响多边经济机构。

跨国社会运动和全球经济机构在碰撞的同时也产生了某些联系与合作，不过在短期内，多边经济机构与全球社会运动之间的联系不可能改变多边经济机构的功能，也不可能改变其内在的性质。长期而言，这些主要机构的功能和范围将会发生增量变化的可能性。自 20 世纪 80 年代以来，三大多边经济机构的功能渐渐发生了改变，尽管各个机构变化的程度不尽相同，但增加与社会团体接触的模式则是有目共睹的。多边经济机构逐渐超越了国家之间的授权，开始积极地接触众多国家的社会行为体①。不过，这种接触在程度上存在差异。世界银行、国际货币基金组织和世界贸易组织都形成了增加与社会运动接触的机制，例如提供更多的信息和非正式的交流管道，以及建立新的部门以解决社会运动的关切。这一过程在世界银行中进展最大，而在国际货币基金组织和世界贸易组织中只有温和的进展②。总之，跨国社会运动与三大全球经济机构之间是一种抗争与有限合作的关系，跨国社会运动反对全球经济机构所推行的新自由主义全球化政策对全球民主、正义、和平以及环境和人权的威胁，力图推动这些机构解决当前全球治理所面临的一些全球性问题，并在与之进行联系与合作的过程中，增加了全球治理的透明度、有效性和合法性。与之形成对照的是，跨国社会运动与联合国之间更多是一种参与和密切合作的关系。

三、跨国社会运动与联合国的关系

作为"社会友好型"组织的联合国也成为冷战后跨国社会运动的抗议对象，但相较于三大全球性经济机构，二者之间的互动关系相对更为"友好"。

1. 跨国社会运动与联合国之间关系的演变

早在联合国成立之时，跨国社会运动和非政府组织就对联合国产生了重要的影响，这主要体现在《联合国宪章》中有关教育和文化、经济和社

---

①　Robert O'Brien, Anne Marie Goetz, Jan Aart Scholte and Marc Williams, *Contesting Global Governance*: *Multilateral Economic Institutions and Global Social Movements*. Cambridge: Cambridge University Press, 2000: 2-3.

②　同①18.

会以及人权方面的规定和承诺上①。自此以后，跨国社会运动与联合国的关系不断发展和变化，大致经历了三个阶段②。第一阶段从联合国成立至20世纪80年代末，在冷战的背景下，尽管社会运动（例如有关妇女、和平和环境的运动）和非政府组织为联合国贡献了许多新思想，但它们对联合国事务的实质性参与相对较少，因而，联合国与非政府组织之间主要是"一种形式上和仪式上的关系，而不是一种政治上的关系"③。第二阶段从冷战结束至1999年西雅图事件，这一时期跨国社会运动和国际非政府组织的数量和议题范围都大为拓展，冷战的终结和各种联合国全球性会议的相继召开促使跨国社会运动将注意力转向了联合国，它们将联合国视为其重要的盟友和全球治理制度框架的一部分，寻求直接参与联合国事务并通过倡议和动员对其施加政治影响。第三阶段从1999年至今，"第三代"联合国与社会关系的轮廓开始显现，包括志同道合的政府和社会联盟（如国际刑事法庭、地雷公约）以及各种形式的多方利益相关者伙伴关系、公共与私人伙伴关系以及公共政策网络和伙伴关系，例如全球契约（Global Compact）和2002年世界可持续发展峰会上达成的众多"第二轨道"伙伴关系协议。而且，这些新的伙伴关系形式与第二代跨国社会运动的政治和倡议作用同时存在④。不过，这一阶段跨国社会运动和国际非政府组织一方面对新自由主义政策成功地使得联合国被边缘化以及商业利益对联合国的影响不断增加的现象表示忧虑，另一方面又对联合国在全球治理中的作用感到失望。因此，一些跨国社会运动开始在联合国等正式机构之外影响全球变革和寻求解决全球问题之路径，因为联合国的谈判进程过于缓慢和范围过于狭隘以至于不能解决它们所关注的紧急议题。

2. 联合国对跨国社会运动的影响

首先，联合国解决全球问题的一个重要策略是召开全球性会议，而这

① Charles Chatfield, "Intergovernmental and Nongovernmental Associations to 1945," in Jackie Smith, Charles Chatfield and Ron Pagnucco, eds., *Transnational Social Movements and Global Politics: Solidarity beyond the State*. Syracuse, NY: Syracuse University Press, 1997: 28.

② Jackie Smith, "Social movements and multilateralism," in Edward Newman, Ramesh Thakur and John Tirman, eds., *Multilateralism under Challenge? Power, International Order, and Structural Change*. New York: United Nations University Press, 2006: 395-421.

③ Tony Hill, "Three Generations of UN-Civil Society Relations: A Quick Sketch," *Civil Society Observer*, 2004.

④ 这里提到的"第二轨道"（Track Two）主要指非官方的或民间的国际交往活动，是相对于正式的官方关系（"第一轨道"）而言的。

些全球性会议极大地促进了跨国社会运动的发展并为之提供了影响全球政治的平台。例如联合国妇女大会对跨国妇女运动和女权运动的促进作用，斯德哥尔摩和里约联合国环境大会对跨国环境运动的促进作用。尽管联合国的各种大型政府间大会本身很少有机会让社会运动直接参加，然而，后者可以通过参加"官方大会"的筹备工作，或通过如今与多数大型政府间大会同时举行的"非官方的"非政府组织论坛来施加影响。每次举行官方大会之前的筹备工作，都要确定议事日程和准备资料文件。在这个筹备阶段，与非政府组织磋商业已成为通常的惯例。各社会运动虽然算不上主要角色，但可以协助官方大会做好准备，更为重要的是，它们通过发布代表自己立场的文本和建议案来影响大会的政策结果。官方大会召开期间非政府组织的聚会使得各社会运动有可能向各国政府代表和联合国的官员陈述自己的主张，建立自己的网络，以及寻求传媒的支持。

其次，联合国成为跨国社会运动影响和抗衡国家和跨国公司的杠杆。特别是联合国咨商地位和宪章有关人权的规定①，为社会团体参与全球政治提供了合法性，同时也为社会变革倡议者反对与之目标相左的国家提供了某种杠杆和保护作用②。而且，联合国还成为跨国社会运动团体阐述集体主张的舞台。例如，在有关土著民或妇女权利方面，联合国所确立的国际规范，尽管其效力比国内规则要弱，但可以用来加强和合法化这些团体的主张③。当其政府拒绝支持国际法和国际规范的时候，公民及其所形成的跨国社会运动可以求助于联合国，例如，美国黑人民权运动就曾不断地向联合国请愿以抗议美国的种族歧视，反对耐克和阿迪达斯"血汗工厂"的跨国运动则用联合国人权宣言及其国际劳工组织公约来支持其主张。

正如有学者所指出的，联合国是"连接国家中心世界与多元中心世界之间的桥梁"④。因而，联合国成为跨国社会运动参与全球治理和影响主

---

① 当然，这二者本身也是在跨国社会运动和团体影响下产生的。

② Jackie Smith, *Social Movements for Global Democracy*. Baltimore: Johns Hopkins University Press, 2008: 51.

③ Donatella Della Porta and Sidney Tarrow, "Transnational Processes and Social Activism: An Introduction," in Donatella Della Porta and Sidney Tarrow, eds., *Transnational Protest and Global Activism*. Lanham, MD: Rowman & Littlefield, 2005: 5—6.

④ James N. Rosenau, "Powerful Tendencies, Enduring Tensions and Glaring Contradictions: The United Nations in a Turbulent World," in Albert J. Paolini, Anthony P. Jarvis and Christian Reus-Smit, eds., *Between Sovereignty and Global Governance: The United Nations, the State, and Civil Society*. Houndmills: MacMillan Press, 1998: 270.

权国家的一个重要的中介和杠杆。

3. 跨国社会运动对联合国的影响

跨国社会运动对联合国的贡献主要表现在：第一，社会运动大多没有等级结构而按民主原则运作①，它们致力的事业是为了保护在现制度下处境艰难和失去权利的人们。社会运动参加联合国系统的活动，将有助于联合国的民主化。第二，各种社会运动均有灵活性、适应性和非官僚主义的特点，因而能对各种情况做出较快的反应，摆脱陈规，而采取非传统的解决办法，能帮助联合国增加议程内容，改变工作重点，重新安排议事日程。第三，它们来自现场和基层，拥有这方面的知识与经验，这对于联合国做出适时有效的决策非常重要。第四，通过与各种社会运动的合作，联合国将得以同现有的一些跨国组织网络沟通，而这些组织网络所致力的不仅是联合国已经关心的问题，还有一些尚未纳入联合国议程的重要问题②。社会运动发挥影响的具体途径是多方面的，诸如制订议事日程、确立选项范围、确定政策选择、跟踪监督计划与政策的执行、参加实施活动，以及推动修改决策程序等。

由于社会运动在上述四方面的优点，联合国与之合作便可能提高它的效能及合法性。这种合作有助于保证联合国的政策与计划更符合穷苦人和被压迫者的需要，而后者正是联合国人员最经常设想的援助对象。此外，与具有群众基础的社会运动协商制订的政策与计划，更有可能得到当地人民的支持。当地人民的态度对于这些政策与计划的效果有直接的影响，因为，如果政策与计划制订有误或推行不当，当地人民将是首要的受害者。有了这种合作，联合国将更有效地促进广义的社会公正和普遍安全。由于更多倾听人民的呼声以及更有效地满足人民的需要，联合国的合法性将得以提高。反之，如果社会运动反对联合国的项目、计划、原则，甚至其组织本身，联合国的社会支持便遭到削弱，同时其合法性也受到怀疑。从短期来看，这种反对造成消极效应，有损联合国的信誉。然而，从长期来看，它可能带来积极的结果，那就是迫使联合国改变其政策、方针或方法，以期恢复自己的合法性③。当然，跨国社会运动推动联合国的改革或增进其效能和合法性的目的都在于促使联合国在全球治理进程中发挥更重

---

① 这是与政府和国际组织比较而言的，相对来说社会运动的特点是等级制和集权较少，而内部的民主较多。

②③ 里德尔-狄克逊. 社会运动与联合国. 冯炳昆，译. 国际社会科学杂志（中文版），1996（2）.

要的作用。

　　总体上来说，跨国社会运动与联合国之间更多的是一种合作和相互促进关系。跨国社会运动与联合国之间形成了密切的共生关系："跨国社会运动因联合国所提供的机会而加强，而这反过来又为联合国增加权力和证明自身的重要性提供了新的存在理由。"因而，与包括跨国社会运动在内的全球社会进行建设性的和战略性的接触是联合国应对自身所面临的挑战的一个重要的防御措施①。跨国社会运动也离不开联合国的支持，并试图从推进新自由主义全球化势力的手中重新夺回对联合国的控制权，推动联合国在全球治理进程中承担核心作用。

　　概言之，在全球治理进程中，一方面政府间国际组织是跨国社会运动参与全球治理的一个重要平台；另一方面跨国社会运动又拓展了政府间国际组织参与全球治理的范围，并增强了政府间国际组织中全球治理实践的有效性。而且，跨国社会运动在与政府间国际组织互动的过程中，还试图通过政府间国际组织对主权国家和跨国公司等行为体施加影响，或者是以政府间国际组织作为其影响主权国家和跨国公司的一个重要杠杆，来推动国家和跨国公司积极参与全球治理和应对全球性问题。

第三节　与跨国公司的较量

　　20 世纪 50 年代以来，跨国公司②成为经济活动在全球流动的一个主要表现和重要推动力量。跨国公司控制了世界就业、生产和贸易的重要组成部分。有的跨国公司甚至"富可敌国"。如果将跨国公司的年销售额和民族国家的国内生产总值进行比较，当今世界最大的经济单位中一半是民族国家，另一半就是跨国公司。尽管说跨国公司已经摆脱了民族国家的控制有些言过其实，然而对民族国家，尤其是相对弱小的发展中国家而言，

---

①　John D. Clark, "Dot-Causes and Protest: Transnational Economic Justice Movements," in Srilatha Batliwala and L. David Brown, eds., *Transnational Civil Society: An Introduction.* Bloomfield, CT: Kumarian Press, 2006: 136.

②　罗宾·科恩和保罗·肯尼迪认为可以从五个方面来定义跨国公司：在两个以上的国家进行经济活动；能使国家间的比较利益最大化，并从资源禀赋、工资率市场条件以及政治和经济的差异中获取利益；具有地理上的灵活性，即在全球不同地区转移资源和改变运作方式；跨国公司的各分支机构在金融、组织和管理方面比在一个国家具有更大的流动性；有全球意义上的经济和社会影响。参见：科恩，肯尼迪. 全球社会学. 文军，等译. 北京：社会科学文献出版社，2001：175-176.

跨国公司仍具有强大的影响力甚至破坏性和颠覆能力。无怪乎，在一些人眼中，跨国公司好比是"国际资本的特洛伊木马"，是富裕国家的帮凶和压迫穷国的工具。更为主要的是，与国家权力相比，跨国公司所操纵的是无责任的权力，它们拥有很大的自主权却无须承担社会责任，例如对环境污染、对当地社会和劳工的责任等。1984 年美国联合碳化物公司酿成的人类历史上最严重的环境灾难——印度博帕尔毒气泄漏惨案，以及阿迪达斯和耐克等跨国公司在发展中国家设立的"血汗工厂"都是典型的例证。正因如此，跨国公司愈益成为跨国社会运动所针对的目标。

不过，相对于跨国社会运动来说，跨国公司具有结构性的优势。它们不仅掌握着强大的经济资源，而且还拥有庞大的"跨国资本家阶级"支持力量。莱斯利·斯克莱尔（Leslie Sklair）认为，随着经济全球化的发展，世界上出现了一个跨国资本家阶级，并在特定领域里占据了统治地位。他们是全球化的主要推动者，也是创建全球资本主义体系的主导力量。跨国资本家阶级由四类人组成：跨国公司经理、全球化的官僚与政客、全球化的专业人员和消费主义精英（包括商人和媒体）。跨国公司控制着重要的经济资源，以实现自身利益的最大化为根本目的。但跨国公司的管理者仅凭自身力量难以达到目的，还需要求助于正在适应全球化的官僚、政客、专业人员、消费主义精英及其操纵的组织和机构。从全球体系理论出发，斯克莱尔指出，跨国公司、跨国资本家阶级和消费主义的文化思想是全球资本主义的三大支柱。在经济层面，跨国公司是主导性的制度力量和全球化的驱动力量；在政治层面，跨国资本家阶级出现，其力量就来源于跨国公司；在文化思想层面，消费主义文化思想体现了一整套的信仰和行为方式，是维持跨国公司和跨国资本家阶级存在的"血液"，是保持资本主义体系稳定的基本价值①。因此，跨国公司及其宣扬的消费主义文化和裹挟的跨国资本家阶级力量，无疑使跨国社会运动与跨国公司的斗争更为困难和持久，而且对跨国社会运动产生了重要的影响。

一、跨国公司对跨国社会运动的影响

概括起来，跨国公司对当代跨国社会运动的影响主要体现在以下几个

---

① 参见：Leslie Sklair, "Social Movements for Global Capitalism: The Transnational Capitalist Class in Action," *Review of International Political Economy*, 1997, 4 (3): 514-538; Leslie Sklair, *The Transnational Capitalist Class*. Oxford: Blackwell Publishers Ltd, 2001.

方面：

1. 改变跨国社会运动的政治机遇结构

一方面，在国际层面，跨国公司通过世界银行、国际货币基金组织和世界贸易组织等全球经济机构在全球层面扩张其利益，推行以跨国公司为主导的新自由主义全球化，造成了国与国之间以及国家内部的贫富差距扩大、生态环境恶化等严重问题，而且，社会运动长期以来争得的民主和自由权利以及福利待遇也受到了威胁。这也就使得反对跨国公司的社会运动不再仅仅局限于国内斗争，而是愈益向跨国层面发展，并将这三大全球经济机构作为斗争的重要对象。在跨国社会运动看来，跨国公司"代表了全球资本主义"，而它们则是"跨国公司的工具"，因此都在反对之列。另一方面，在国内层面，跨国公司扩大对国家的影响和控制。一般认为，现代国家在通过鼓励财富积累和投资的政策而促进资本家的利益的同时，也通过对国内资源的一些管制和分配措施确保社会的平衡。而且，这些分配和管制政策有助于弥补资本主义的根本矛盾，因为它既保证工人基本的购买力，从而促进了经济的可持续增长，又使得资本主义生产所依赖的生态和人力资源基础得以维持①。然而，新自由主义意识形态对国家应当在社会中承担管制和分配任务的观念发起挑战，鼓吹放弃国家干预，听任市场力量的自发作用。跨国公司则是这一新自由主义意识形态的重要推动力。受此影响，国家对跨国公司的控制能力受到削弱，这对于发展中国家尤其如此。而且，由于吸引外国投资的竞争越来越大以及资本的自由流动，各国政府不愿采取有碍跨国公司投资的行为。更糟的是，一些发展中国家为了吸引跨国公司的投资，提供所谓的"良好投资环境"，不断降低其工资与劳动条件，以便跟其他国家竞争，一种"逐底竞争"（race to the bottom）的趋势逐渐形成。这说明跨国公司与国家之间关系的改变，削弱了跨国社会运动通过对国家施压进而借助国家的权力管制跨国公司的能力。

2. 直接破坏和瓦解了跨国社会运动的斗争

跨国公司不仅凭借其强大的经济能量，在国内博弈、国际谈判等方面破坏和阻挠跨国社会运动所支持的议程和倡议，而且对跨国社会运动本身也产生重要的影响。尽管有些国际非政府组织不愿意接受跨国公司的直接捐赠，但实际上很多国际非政府组织的资金来源大多与跨国公司有关，而

---

① Jackie Smith，*Social Movements for Global Democracy*. Baltimore：Johns Hopkins University Press，2008：69.

这些组织也会与跨国公司进行妥协以换取资金支持，因而跨国社会运动与国际非政府组织之间会产生很多的分歧和冲突。可见，跨国公司透过国际非政府组织对跨国社会运动产生相当大的影响力。此外，跨国公司的全球扩张和流动对社会运动产生了重要的影响。例如，它们利用发展中国家劳动力成本低的特点，在母国，通过向发展中国家转移部分生产线的办法给工会施加谈判压力，以弱化工会关于要求它们提高工人福利待遇的努力。在东道国，它们同样采取这种"转移生产线策略"向工会施加压力，弱化东道国工人讨价还价的努力。这是传统工人运动衰落的一个重要因素。因此，跨国社会运动之间的协调斗争与联合尤为必要，这也是冷战后跨国社会运动发展的一个重要趋势。

3. 培育和支持商业非政府组织对抗跨国社会运动

跨国公司还通过代表其利益的商业非政府组织来对国家和政府间组织进行游说，反对跨国社会运动的诉求，协调跨国公司在应对跨国社会运动方面的立场，反对跨国社会运动推动制定监督跨国公司行为的国际努力，这些组织包括国际商会（International Chamber of Commerce, ICC）、美日欧三边委员会等。例如在联合国贸易和发展会议上，国际商会联合世界企业可持续发展委员会（World Business Council for Sustainable Development）共同反对跨国环境运动提出的对跨国公司的环境行为进行国际管制的主张。再比如，"冷脑子联盟"（Cooler Heads Coalition）① 是跨国公司支持的一个臭名昭著的反环保组织，旨在通过所谓的科学研究来反对全球变暖的观点，它诬蔑环境主义者为极端主义者，声称他们夸大了环境问题的严重性并提出过高的和不必要的政策主张。此外，全球气候联盟（Global Climate Coalition）则是一个石油工业的游说团体，其成立的目的就是为了反对《京都议定书》。哈兰学会（Heartland Institute）② 则是跨国公司又一个得力的智库，它信奉和推行新自由主义，主张运用自由市场方案来解决经济和社会问题，也是反对跨国环境运动的一种重要力量。

4. 发布研究报告，质疑跨国社会运动的民主责任和合法性

为了从根本上抵消和反击跨国社会运动的冲击，跨国公司还通过发布

---

① Cooler Heads Coalition：http://www.globalwarming.org/about/.
② The Heartland Institute：http://www.heartland.org/about/.

研究报告来质疑国际非政府组织的合法性①，进而削弱了跨国社会运动参与全球治理的道德权威。例如美国右翼智库"美国企业研究所"（American Enterprise Institute）2003 年主办了一次题为"非政府组织——不断增长的未经选举的少数人的力量"的会议，会议的核心内容是批评国际非政府组织是不民主和不负责的组织，认为尽管许多国际非政府组织在人权、环境以及经济和社会发展等方面做出了重要的贡献，但由于缺乏衡量国际非政府组织责任的国际标准，使得这些不太可靠的组织对决策产生了重要影响。美国企业研究所还与联邦主义者协会（Federalist Society）共同发起成立了一个非政府组织观察（NGO-Watch）的新网站。跨国公司还资助研究机构发布一些报告来诋毁国际非政府组织和跨国社会运动。例如陶氏化学公司（Dow Chemical）、跨国公司游说组织"可持续性组织"（Sustainability）与联合国环境署等合作，共同出版了一个研究报告——《21 世纪的非政府组织：在市场中求变革》，其核心观点是社会组织只有遵从市场原则，将拥有的资金发挥最大效用，才会被视为一个负责的社会行为体②。跨国公司通过这些途径来削弱国际非政府组织和跨国社会运动对全球治理的参与，并且跨国公司对媒体有着较大的影响力，这些会对跨国社会运动产生很大的负面影响。

二、跨国社会运动对跨国公司的影响

尽管跨国公司凭借其结构性的优势对跨国社会运动进行掣肘，然而，跨国公司所竭力推进的"新自由主义经济全球化的悖论在于其既削弱同时又激活了社会抵抗运动"③。由于跨国公司是新自由主义全球化的主要推动者和受益者，因而它们成为反新自由主义全球化运动首当其冲的对象。跨国公司的行为受到了跨国社会运动和国际非政府组织更为严密的审查，

①　国际非政府组织合法性问题的提出并不是偶然的，因为它正是出现于国际非政府组织开始在国际舞台上取得真正影响力之时。从这个意义上来说，它们成了自身成功的牺牲品。然而，实际上，国际非政府组织比企业（甚至比很多政府）更加负责。而且，尽管跨国社会远无民主可言，然而社会组织在世界舞台上的作用的日益增强，为国家体系加入了一个重要的监督和制衡层面。参见：Michael Edwards, "Introduction," in Michael Edwards and John Gaventa, eds., *Global Citizen Action*. London: Earthscan Publications Ltd., 2001: 7.

②　Jackie Smith, *Social Movements for Global Democracy*. Baltimore: Johns Hopkins University Press, 2008: 84-85.

③　Barry K. Gills, "Introduction: Globalization and the Politics of Resistance," in Barry K. Gills, ed., *Globalization and the Politics of Resistance*. New York: Palgrave, 2000: 3.

忽视社会和环境责任的公司会遭到曝光、羞辱和抵制而造成真正的损失。一些全球知名的跨国公司，如耐克、阿迪达斯、壳牌石油公司、雀巢、沃尔玛、麦当劳和微软等，均成为跨国社会运动攻击的主要目标。当然，跨国社会运动与跨国公司的斗争采取了众多的策略方式，并产生了不同程度的影响。

1. 直接行动与抵制

全球化背景下，国家对跨国公司监管不足。当代跨国社会运动更多地采取了直接行动的策略，例如对跨国公司进行游说、曝光和羞辱，乃至抗议和抵制等。其中对跨国公司的抵制尤其有效，因为它通过说服消费者不购买公司的产品或服务而直接破坏了跨国公司的资源流动，而且抵制经媒体曝光之后会导致跨国公司的公共形象危机。跨国公司的名誉和合法性等无形资产有时也会成为其脆弱性的一个来源，从而使得跨国社会运动达成其目标。

跨国社会运动能够特别有效地利用全球压力来达到其政治目的，进而对跨国公司的政策成功地施加影响。例如，1995年至1997年，世界上最大的跨国石油公司之一的壳牌石油公司遭到全球性批判和跨国协同攻击。两个主要的事件造成了壳牌的困境。一是，1995年2月，英国政府批准了壳牌公司的决定：将一个废弃的北海石油钻井平台沉入海底，而不拖至陆地拆散。二是，1995年1月尼日利亚政府宣布处决9名环境运动者，其中包括世界著名剧作家肯·萨罗-维瓦（Ken Saro-Wiwa）。他们长期抗议壳牌公司对尼日利亚东部奥哥尼地区的环境破坏。1982年至1992年，共有160万加仑的石油泄漏，毁坏了当地很多农场和村庄。这两个事件激起反对壳牌公司的绿色运动。1995年5月底，绿色和平组织号召在欧洲范围内开展反对壳牌公司的游行示威并抵制其产品。运动在德国特别成功，一些加油站的壳牌石油销售降低了70%。6月中旬，环境运动者围攻德国的壳牌加油站。1997年5月，世界自然基金会、"大赦国际"以及一些宗教组织在壳牌股东年度大会共同发起一项动议，要求壳牌公司在环境保护和人权问题上实行更严格的政策。结果，1995年6月，壳牌公司同意将石油平台拖至陆地上处理；对尼日利亚的环境破坏提供经济补偿；将公司运作置于公众的监督之下，并鼓励外界监督其环保活动。1998年5月，壳牌公司还发表了第一份《社会报告》，并做出声明：消费者期望公司对国际社会的经济和社会发展着眼于更长远的利益，并将在世界自然资源的良性发展中得到反映①。

　　跨国社会运动者对跨国公司指责最多的是其在发展中国家的劳工标准或"血汗工厂"。自 20 世纪 70 年代以来，随着全球经济一体化程度的加深，跨国公司在世界范围内开始进行生产转移。跨国公司通过向广大发展中国家进行直接投资，把大量的制造工厂转移到环境和劳动保护标准较低的国家，从而实现利润最大化。这种生产转移和直接投资促进了发展中国家经济的发展；但是，随之而来的是环境的恶化和广大劳动者权益受到损害。因此，跨国社会运动开始把矛头对准了跨国公司，抨击跨国公司向落后的发展中国家转移劳动密集、污染环境以及危害健康的生产线的现象，并针对跨国公司在发展中国家分包商工厂中存在的"血汗工厂"问题发起了声势浩大的"反血汗工厂运动"（anti-sweatshop movement），其中以"耐克观察运动"（Nike Watch Campaign）最为典型，这一社会运动经常得到国际劳工运动、消费者运动、环保运动和女权运动的支持，要求跨国公司在全球扩张和追逐利润的同时，必须承担包括保护环境和劳工权益在内的社会责任。

　　跨国社会运动除了在保护环境、抵制"血汗工厂"、保障最低工资和改善人权以及监督跨国公司等方面开展了许多工作之外，还成功地阻止了转基因或生物技术等的食品生产。而且，跨国社会运动的抵制有时也会产生间接的影响，由于担心会遭到跨国社会运动的潜在威胁，一些公司可能会采取主动的策略，例如引入绿色政策和改善公共形象等。

　　2. 推动或联合政府间组织对跨国公司进行治理

　　尽管全球经济机构大多为跨国公司的利益服务，然而，跨国社会运动与联合国及其下属机构在反对跨国公司方面形成了更多的合作关系。例如，跨国社会运动在抵制雀巢公司的斗争中与世界卫生组织的合作是一个典型的案例。从 1977 年至 1984 年，社会运动与宗教团体联合起来发起抵制雀巢公司产品的跨国运动，反对该公司向贫穷国家推销婴儿奶粉，因为那里往往缺乏冲奶粉的清洁饮水，以致造成大批婴儿死亡。世界卫生组织响应这次抵制运动，于 1981 年通过关于在发展中国家销售婴儿奶粉的指导原则。两年以后，雀巢公司在抵制运动的持续施压下同意了世界卫生组

---

① 科恩，肯尼迪. 全球社会学. 文军，等译. 北京：社会科学文献出版社，2001：500-501.

织的这一原则①。此外，在跨国社会运动要求跨国公司承担社会责任的影响和推动下，1999 年，联合国秘书长科菲·安南提出"全球契约"（Global Compact）计划，并于 2000 年 7 月在联合国总部正式启动。"全球契约"计划要求跨国公司承担社会责任，重视劳工标准、人权和环境保护，遵守在人权、劳工标准、环境和反贪污方面的十项基本原则②。该契约的目的是动员全世界的跨国公司直接参与减少全球化负面影响的行动，推进全球化朝积极的方向发展。目前，"全球契约"计划已有 100 多个国家的数千家企业参加，成为世界上最大的全球企业间的公民行动倡议。

3. 重新夺回国家的控制权，加强国家对跨国公司的管制

传统上，社会运动往往以国家为主要抗议对象，并且寻求国家干预来阻止跨国公司或市场产生有害的社会或经济后果。这是因为国家有能力对跨国公司以及市场扩张所产生的社会和道德后果进行管制。实际上，20 世纪下半叶以来，国家所采取的社会和环境管制措施大多是社会运动推动的一个直接结果③。然而，随着经济全球化的不断推进和新自由主义的发展，国家管制跨国公司和市场的能力在下降。市场的自由化和技术的发展使得跨国贸易成为可能，这使得国家管制劳工标准和资本流动变得更为困难④。所以，当今反对跨国公司的斗争往往是由国际非政府组织和跨国社

---

① 里德尔-狄克逊. 社会运动与联合国. 冯炳昆，译. 国际社会科学杂志（中文版），1996（2）：117. Shannon Shipp, "Modified Vendettas as a Method of Punishing Corporations," *Journal of Business Ethics*, 1987, 6（8）：603—612.

② 这十项基本原则是：（1）企业应尊重国际公认的人权；（2）保证不与践踏人权者同流合污；（3）企业界应支持结社自由及切实承认集体谈判权；（4）消除一切形式的强迫和强制劳动；（5）切实废除童工；（6）消除就业和职业方面的歧视；（7）企业应支持采用预防性方法应对环境挑战；（8）采取主动行动促进向环境方面更负责任的做法；（9）鼓励开发和推广环境友好型技术；（10）企业界应努力反对一切形式的腐败，包括敲诈和贿赂。

③ Brayden G King and Nicholas A. Pearce, "The Contentiousness of Markets: Politics, Social Movements, and Institutional Change in Markets," *Annual Review of Sociology*, 2010, 36（1）：251.

④ 一些"全球主义者"甚至认为全球化会不可避免地会走向一个没有边界的世界和经济的"公平的竞争场所"，在其中真正全球化的跨国公司会成为主要的行为体。除了提供商业所需的基础设施和公共物品之外，国家几乎没有或很少有什么作用（Kenichi Ohmae, *The Borderless World: Power and Strategy in the Interlinked Economy*. London: Collins, 1990; Kenichi Ohmae, *The End of the Nation State: The Rise of Regional Economies*. London: Harper Collins, 1995.）。当然，我们不能否认国家依然是国际经济和政治中的主要行为体，但同样不能忽视的是，在全球化的背景下，虽然国家的作用可能并未减少，但显然发生了改变。国家在一些领域得以加强，而在另一些领域则明显失去权力。

会运动——而不是某个民族国家的政府——发起的。例如，尼日利亚奥哥尼地区反壳牌石油公司的跨国运动就是由当地的抗议运动所发起并得到了"大赦国际"、绿色和平组织等国际非政府组织的支持，并不是尼日利亚政府要反对壳牌石油公司。由于政府不愿给跨国公司的投资附加更多的环保限制，跨国社会运动和环境非政府组织将目标转向了跨国公司。这主要是为了填补政府不愿激怒跨国公司而留下的环保真空地带①。因此，在国家对跨国公司的管制缺乏或不足的情况下，跨国社会运动对跨国公司的抵制、施压、监督就显得弥足珍贵。更为重要的是，跨国社会运动的一个重要主张是从跨国公司手中重新夺回国家（reclaim the state）的控制权。使国家成为促进和保护人权的机构而不是作为增进经济增长的工具，对于跨国社会运动抵制和反抗新自由主义全球化的任何策略都很重要。而且，跨国社会运动是推动国家对跨国公司进行管制的重要因素。此外，对于一些难以与跨国公司匹敌的发展中国家而言，跨国社会运动更是其抗衡跨国公司的一个得力助手。跨国社会运动反对雀巢公司对埃塞俄比亚的索债行为②，就是一例。

4. 发起企业社会责任运动，提出管制跨国公司的计划

跨国社会运动与跨国公司斗争的一个核心主张是，所有的公司都应该承担其社会责任，并掀起了遍及全球的企业社会责任（corporate social responsibility）运动。1991 年，美国大型牛仔裤制造商李维斯·施特劳斯（Levi-Strauss）的海外工厂在监狱般的工作环境中使用年轻女工的事实被

---

① 科恩，肯尼迪. 全球社会学. 文军，等译. 北京：社会科学文献出版社，2001：496.

② 2002 年圣诞前夕，雀巢公司因向陷入严重饥荒的埃塞俄比亚逼债而又一次成为跨国社会运动的目标。由于雀巢公司一家子公司 1975 年被埃塞俄比亚收归国有，27 年后雀巢公司要求该国赔偿 600 万美元，而此时这个国家正面临着 20 年来最严重的饥荒。雀巢公司的"圣诞逼债"行为不仅是有问题的，而且是没有必要的，因为这些钱不过是雀巢公司一个小时的营业额，然而却可以供 100 万埃塞俄比亚人生活一个月时间。乐施会（Oxfam）和其他一些国际非政府组织要求雀巢公司放弃索赔要求，并发起大规模的电子动员对其施压。在乐施会的倡议下社会运动活动分子在 3 天内向雀巢公司发了 15 000 封信件，在随后的几周内，信件总数达到 4 万余。与此同时，全世界的媒体迅速报道此事，有些还将其作为头版头条。编辑来信和媒体网站上的评论源源不断。在大量的网络日志上，人们开始积极地呼吁抵制雀巢公司的产品。雀巢公司仓促做出反应。一开始表示要将埃塞俄比亚的赔款用于当地投资，之后又改变立场提出将这笔款项捐赠给人道主义组织用于赈济饥荒。然而，乐施会对此并不满意。2003 年 1 月 24 日，雀巢公司和埃塞俄比亚政府达成协议，赔款减至 150 万美元，并将该笔款项用以救援当地饥荒。参见：Duane Raymond, "Activism: Behind the Banners," in Steve John and Stuart Thomson, eds., *New Activism and the Corporate Response*. Houndmills, Basingstoke, Hampshire: Palgrave Macmillan, 2003：207-208.

曝光，顿时成为舆论和消费者运动关注的焦点，成为"血汗工厂"的典型。为挽回企业形象，该公司草拟了世界上第一份企业内部生产守则。随后，以"保护工人权利"和"反对不公平竞争"为口号，环保、劳工、人权等跨国社会运动的视线转向一系列的大型跨国公司，从而促使更多的跨国公司制定了企业内部生产守则，并设置专门机构、配备专职人员，负责使这些企业规范贯彻实施于包括跨国公司总部及供货商、分包商在内的"生产链"全过程。自此，跨国社会运动所推动的企业社会责任运动由此起步，并迅速波及全球，为消费者个人、工会和各种各样关心劳工权利和环境保护的非政府组织参与监督跨国公司履行社会责任提供了全球实现空间。此外，为了弥补国家在监管跨国公司方面的不足，跨国社会运动和国际非政府组织还提出自己设定的标准和监督体系。例如，非政府组织创立全球报告计划（Global Reporting Initiative），为跨国公司报告其在经济、环境和社会方面的表现提供指南，提出将此类可持续发展报告与跨国公司的财务报告放在同等重要的位置上。当然，非政府组织创立的私人管制体系缺乏有效的执行能力，只有与强有力的国家监督和组织性更强的劳工运动相结合才会更为有效。

毫无疑问，在跨国社会运动和国际非政府组织的影响下，一些跨国公司正在考虑其经商的方式并且正变得更为诚实。它们常常通过发布企业社会责任计划来证明自身的社会责任和道德立场。可以这样说，在过去的二十多年中，跨国公司的企业文化发生了巨大的变化，由主要关注于股东利润转变为采纳保护工人和环境的行为准则[1]。在跨国社会运动的影响下，跨国公司不得不同时接受以市场规则为核心的制度和以环境、人权等规范为核心的制度。例如，许多贸易制度对产品和服务都设有一定的"绿色"标准，以获取环境保护组织的支持，就是一种明显的体现。而跨国公司不管是自愿还是被迫，对这样的标准也大都选择了认可和接受。

三、跨国社会运动与跨国公司在全球治理中合作的前景

跨国社会运动与跨国公司在全球治理中的合作有着广阔的合作空间。跨国公司在解决贸易、劳工和环境等议题方面都是非常重要的行为体。例

---

[1] Gay W. Seidman，"Monitoring Multinationals：Corporate Codes of Conduct，"in Joe Bandy and Jackie Smith，eds.，*Coalitions across Borders：Transnational Protest and the Neoliberal Order*. Lanham，Md.：Rowman & Littlefield，2005：164.

如，在解决臭氧层破坏和全球变暖等全球问题中跨国公司的参与尤为关键。因而，跨国公司可以成为跨国社会运动的一个重要的合作对象。正如有学者所指出的，跨国社会运动的成功与否以及影响力大小与其"扩展盟友（包括其他社会行为体和其他部门的参与者）的能力"有着很大的关联。一般来说，跨国社会运动所提出的倡议的长期成功"需要与政府机构和商业利益等其他部门建立联盟"，因为它们能够动员政治权力和经济资源来实现跨国行动的新愿景①。跨国社会运动所提出的建立一个更好的社会的希望和愿景往往需要国家和商业部门等利益相关方的参与和合作。由于那些部门拥有资本、技术、正式权威等信息和资源，能够补充或扩展社会所带来的资源，例如创造性的思想、大众支持和道德权威等。跨国社会运动可能促使人们关注某一议题并提出自己的应对之策，但最终的解决方案则需要其他部门和利益相关者扩大参与，建立制度安排。例如，随着跨国环境运动的发展，反环境利益的势力也在动员和增长。为了与这种现象做斗争，跨国环境组织不仅要扩大和加深自身的跨国网络和更为有效地弥合内部的分歧，而且也必须与商业和其他利益相关方将环境关切融入商业实践之中②。而且，跨国社会运动只有将环境和劳工等方面的国际规范转变为跨国公司的具体实践，才有可能比单纯的抗议和抵制更为有效。例如，尽管石化工业强烈反对认可气候变化是一个切实的威胁，然而对环境的关切也已经渗透进一些跨国公司。例如，英国石油公司开始将其注意力转向发展更为清洁的能源并寻求减少自身的排放。1998 年，英国石油公司还参与了世界资源研究所（World Resources Institute）与气候变化做斗争的一项计划。这说明跨国公司与环境组织之间的联盟能够在未来继续起到推进环境目标的作用。

　　由此可见，跨国社会运动在处理与跨国公司的关系时存在一个悖论。譬如在跨国环境运动中，一方面，由于跨国公司为了其利益都不愿采取环保措施，跨国社会运动和环境非政府组织必须动员社会力量才能迫使跨国公司接受其激进的目标。在这种情况下，跨国社会运动和跨国非政府组织

① Srilatha Batliwala and L. David Brown, "Shaping the Global Human Project: The Nature and Impact of Transnational Civil Activism," in Srilatha Batliwala and L. David Brown, eds., *Transnational Civil Society: An Introduction*. Bloomfield, CT: Kumarian Press, 2006: 210.

② Wendy E. F. Torrance and Andrew W. Torrance, "Spinning the Green Web: Transnational Environmentalism," in Srilatha Batliwala and L. David Brown, eds., *Transnational Civil Society: An Introduction*. Bloomfield, CT: Kumarian Press, 2006: 117.

必须尽可能地避免与跨国公司妥协，更重要的是它们不能失去社会力量的支持，相反应当扩大这种支持。然而，另一方面跨国社会运动又必须尽可能地与跨国公司（以及政府和国际政府间组织）进行合作，因为它们在改善环境方面具有重大的作用。

总之，跨国社会运动与跨国公司之间更多的是一种抗争的关系，这涉及经济与社会之间的冲突关系，跨国公司竭力将经济利益凌驾于社会利益之上，而跨国社会运动则对跨国公司发起挑战，试图将经济重新嵌入社会之中①。尽管在跨国社会运动的影响下，一些跨国公司或多或少地担起了社会责任，并且与跨国社会运动，尤其是一些国际非政府组织在全球治理进程中形成了一定的合作关系，但跨国社会运动与跨国公司斗争的一个难点在于，如果跨国公司一个工厂的生产因抗议而受到威胁，跨国公司就可以立即转移到另一个国家的生产线上。更为重要的是，跨国公司及其商业精英正裹挟更多的支持全球资本主义的力量形成了一个跨国资本家阶级，在全世界推进其利益。在反对贫困、经济不平等和环境破坏上，跨国社会运动与跨国公司有着难以调和的矛盾。因而，跨国公司的权力与普通大众的利益之间的矛盾具有持久性，跨国社会运动与跨国公司的斗争必然也是长期的。而且，跨国社会运动与跨国公司之间的关系还涉及它们与国家之间的关系以及国家的作用，二者实际上都在争夺对国家的控制权。相对于强大的跨国公司而言，处于弱势的跨国社会运动除了动员全世界的公众力量之外，只有争取到国家的更多支持，才可能在与跨国公司的斗争中获得更多的成功。

第四节　与主权国家的博弈

国家在社会运动研究中居于核心地位。鉴于社会运动作为当代世界政治变革力量的重要性和国家在塑造政治变革方面的重要性，社会运动与国家之间的互动成为学界关注的一个焦点问题。有关二者之间互动关系的争

---

① 正如有些学者所指出的，正常情况下，经济是嵌入在社会关系中的，然而在现代市场社会中，无论是19世纪的"自由放任"还是20世纪的"华盛顿共识"，都使得经济和经济关系不再嵌入在社会、共同体、文化或宗教的管制形式之中，而且一些宗教激进主义者甚至要将社会嵌入在经济之中，而我们现在需要的是使经济重新嵌入在社会之中。因为，一个真正自由的自我管制的市场体系只是一个神话而绝不可能在现实中存在。市场是经济的一部分，而经济则是社会的一部分。参见：Ronaldo Munck, *Globalization and Contestation: The New Great Counter-Movement*. London: Routledge, 2007: 18.

论，因冷战后跨国社会运动的高涨而变得越发激烈。

一、民族国家与（跨国）社会运动的发展演变

一般认为，社会运动 18 世纪后期兴起于英国，19 世纪在欧洲和北美等地扎下了根基①。查尔斯·蒂利明确指出，社会运动是"与民族国家政治相伴而生的"②。换言之，西方社会运动的兴起本身就是对民族国家形成的一种反应。在近代民族国家的建立过程中，国家把许多原先属于地方的权力接管了过来，并逐渐剥夺了原来属于社会的权力，许多地方性事务和问题成为全国性的政治问题，与此同时，原先分散的和多样化的地方性暴动和骚乱则演变为全国性的社会运动、动乱乃至革命。此外，民族国家的建构以及民族主义与民族认同的发展也为自由主义、无政府主义、法西斯主义等大型意识形态的产生和发展创造了条件，这些意识形态大都试图为社会矛盾提供一揽子解决方案③，而且往往成为激发、支撑和维系社会运动的一个重要因素。因此，西德尼·塔罗强调，与以往的"抗争政治"不同，社会运动是"一种现代发明和现代国家兴起的伴随物"。

正如前文所述，社会运动一旦形成便有了国际化的倾向。然而，需要注意的是，虽然社会运动的国际化早就存在，但是由于 19 世纪以降至 20 世纪下半叶，国家在现代国际体系中的地位和作用不断加强，占有明显的优势地位，因此，社会运动的跨国发展经常受到国家的限制。国家限制跨国社会运动发展的主要表现在于国家对其领土范围内的资源、行为和人民的控制，以及对跨境流动项目的管制。实际上，今天各国民众在出国旅行时依然还在普遍使用的护照制度就是在 1850 年至第一次世界大战期间开始普及的④。在这样的国际政治环境中，即使早年非常国际化的国际工人运动，也随国家力量的不断增强而逐渐地从跨国性的社会运动转向以国内为主的社会运动。

第二次世界大战终结之后，跨国社会运动随着新一轮全球化的发展而

---

① John Markoff, *Waves of Democracy: Social Movements and Political Change*. Thousand Oaks, Calif.: Pine Forge Press, 1996: 45.

② Charles Tilly, "Social Movements and National Politics," in Charles Bright and Susan Harding, eds., *Statemaking and Social Movements: Essays in History and Theory*. Ann Arbor: University of Michigan Press, 1984: 314.

③ 赵鼎新. 社会与政治运动讲义. 北京：社会科学文献出版社，2006：111-113.

④ John Topey, *The Invention of the Passport: Surveillance, Citizenship and the State*. Cambridge: Cambridge University Press, 2000: 93-117.

发展。二战后形成的全球化不断地侵蚀大多数国家的核心权力，世界市场不断扩展，放任资本从一个国家迅速地流向另一个国家并以此牟利。权力的轴心正在由政治向市场倾斜，新自由主义经济政策增加了跨国公司的权力，减少了传统国家结构控制跨国公司的控制力①。在全球化的冲击下，从 20 世纪 50 年代和 60 年代开始，国家在控制大众传媒、科学知识、国际移民乃至武器和毒品等的跨境流动，以及在应对金融危机、生态失衡、环境污染、恐怖主义等全球性问题方面越来越力不从心，因而国家越来越多地通过政府间国际组织和召开国际会议来解决这些问题，因而政治权力中心发生了转移，由国家层面转移到了超国家层面，一些国际机构，尤其是经济机构（如世界银行、国际货币基金组织、世界贸易组织等）以及一些地区性机构（如欧盟和北美自贸区等）权力日益增大。在国家之外，新的权威中心产生②，例如私营部门、欧盟和北美自由贸易区等地区性国际组织以及多边经济机构产生。权威在国家、地区和全球层面的扩散对公民具有重要影响。为了影响这些权威，公民必须促使国家积极地与这些权威中心进行接触或者试图直接与这些权威接触。而在实际生活中，这种情况同时存在。在某些时候，权威的分散也使得公民活动的跨国化成为必需。随着 20 世纪 80 年代末 90 年代初冷战的骤然终结，东西方严重对立的两极国际格局寿终正寝。在后冷战时期，全球化更为深入和广泛地发展，当代国际体系中的非国家行为体——跨国公司、世界金融机构、政府间国际组织（如联合国、欧盟等）以及国际非政府组织（如绿色和平组织、"大赦国际"、世界自然保护同盟、无国界医生组织等）对全球事务的影响力日增，这一切都极大地推动了全球性的跨国社会运动蓬勃兴起。

　　正如随着民族国家的兴起，抗争政治由地方上升至国家层面而形成国内社会运动一样，全球化和超国家权力的形成进一步促进了社会运动的跨国化进程③。因而，与国内社会运动相比，跨国社会运动的目标往往不一定是运动发起者所在的民族国家，而是政府间国际组织、跨国公司和其他国家和人民。

---

① Donatella Della Porta and Sidney Tarrow, "Transnational Processes and Social Activism: An Introduction," in Donatella Della Porta and Sidney Tarrow, eds., *Transnational Protest and Global Activism*. Lanham, MD: Rowman & Littlefield, 2005: 2.

② Susan Strange, *The Retreat of the State: The Diffusion of Power in the World Economy*. Cambridge: Cambridge University Press, 1996.

③ 同①。

二、主权国家对跨国社会运动的影响与制约

现代社会运动是随着民族国家的建立而发展起来的，且民族国家许多年来一直是抗议的主要目标[1]。事实上，对社会运动行为和策略影响最大的是它们所要挑战的政府行为和策略[2]。国家所提供的外部环境会对可能影响其政治进程的社会运动所发生的可能性起到促进或抑制作用，即民族国家决定着社会运动产生与发展的政治机遇结构。因此，一个社会运动的发展动态在很大程度上取决于国家的性质和国家处理该社会运动的方式[3]。国家的影响可以略分为以下几个方面：

首先，国家对社会运动的镇压或同化。国家对所有施压或挑战其权威的社会运动的直接反应是否定的。国家掌握着对内对外的主权，管理着公共领域，并为公民提供公共产品。因此，存在着一种抵制任何本质上对国家的某种政策和行动的权威施加压力和（或）对国家的决定和行动进行抗议的集体行动的趋势。国家将社会运动视为对其治理合法性的挑战。在最初的直接反应之后，国家采取各种不同的措施来应对社会运动。这些措施从对话和谈判等宽容之举到残酷镇压不一而足。国家会拷问和杀害活动分子并在参与者中制造恐惧，同时也会使用各种策略来安抚和同化运动参与者。为了分化集体行动，国家会采取赈济和让步等安抚措施以及将运动领导人吸收进决策机构的做法。在某种程度上，国家对主张在现有制度框架内进行改革的社会运动比旨在推翻和取代国家权力的社会运动采取更为温和的措施。然而，当国家意识到仅凭严厉的镇压不能奏效和导致相反效果的时候，会改变策略，包括同化运动领导人，对运动进行渗透，抛出与之相反的思想，并运用各种缓和与转移运动参与者和支持者注意力的伎俩[4]。

国家对社会运动的挑战会交替运用"大棒"和"胡萝卜"两种策略，因而，国家的镇压或同化战略是影响社会运动的重要因素。早期的争取普选权的斗争，争取言论、集会和游行自由的斗争以及工人为反对过分剥削

---

[1]　Donatella Della Porta and Sidney Tarrow, "Transnational Processes and Social Activism: An Introduction," in Donatella Della Porta and Sidney Tarrow, eds., *Transnational Protest and Global Activism*. Lanham, MD: Rowman & Littlefield, 2005: 1.

[2]　同[1]9.

[3]　赵鼎新. 社会与政治运动讲义. 北京: 社会科学文献出版社, 2006: 295.

[4]　Ghanshyam Shah, "Introduction," in Ghanshyam Shah, eds., *Social Movements and the State*. Thousand Oaks, CA: Sage Publications, 2002: 23.

和争取集体谈判自由的斗争，都使社会运动获得了某种程度的对国家权力的直接控制。尤其是工人和社会主义者不仅组成了工会，以便能更有效地同资本家进行谈判，而且还组成了能控制政府的政党。与此相对应的是，当代社会运动对于直接控制或争取国家权力不太关注①。这一方面是由于社会运动者所要争取的自由权利得到了部分实现，例如集会、游行示威、罢工等社会运动行为在西方都合法化了；另一方面也是对国家镇压做出的反应。总之，社会运动的目标由控制国家政权（"解放政治"）向关注"生活政治"的转向、斗争方式由暴力向非暴力的演变以及组织形式由集权化向网络化的发展都是在与国家互动过程中所进行的调整。许多社会运动被同化而变得非政府组织化或者变成制度化体制内的利益团体或政党。然而，社会运动也并不会销声匿迹，因为"人类离公正和善良有多远，社会运动便要走多远"②。

其次，国家的国内政治结构对社会运动的制约。当然，跨国社会运动对国家的影响或者说参与或作用于国内决策过程也取决于国家的国内政治结构。各国政治制度结构的差异决定着跨国社会运动接近决策过程和获得政策成功的难易程度③。一国的政治制度结构越是开放，跨国社会运动越多地拥有接近和影响该国决策的渠道和影响力。例如，前面所述的跨国减债运动和跨国反大坝运动主要在民主国家和（或）民主化的国家中进行。需要注意的是，尽管在具有一个相对开放的政治制度结构的国家中，跨国行为体拥有更多和更容易的接近决策过程的机会，但这种机会并不能简单地转化为政治影响力，因为政策制定和实施是分散化的④。因而，即使在民主国家中，跨国社会运动为了更加有效地对国家施加影响力，必须运用动员、示威游行、请愿、媒体宣传和曝光、"局内人"策略等多种手段来扩大自己的影响力。然而，国内政治结构对社会运动的制约也不是绝对的，这是因

---

① 科恩，肯尼迪. 全球社会学. 文军，等译. 北京：社会科学文献出版社，2001：440.

② 胡位钧. 从民族国家到社会运动//蒂利. 社会运动 1768—2004. 胡位钧，译. 上海：上海人民出版社，2009：译者序言 8.

③ Felix Kolb, *Protest and Opportunities：The Political Outcomes of Social Movements*. Frankfurt；New York：Campus Verlag, 2007：92.

④ Thomas Risse-Kappen, "Bringing Transnational Relations Back In：Introduction," in Thomas Risse-Kappen, ed., *Bringing Transnational Relations Back In：Non-state Actors, Domestic Structure and International Institutions*. Cambridge：Cambridge University Press, 1995：25-28.

为：一方面，即使是在那些缺乏发生社会运动的国内政治机会结构①和条件的国家中，国内的非政府组织、社会团体或社会运动活跃分子也可能会绕过政府，直接寻求国际盟友的帮助，力求从外部对该国施加压力，这就是跨国社会运动网络中的"回飞镖影响模式"②。这种模式在国际人权运动中最为明显，也存在于土著民权利运动和环境保护运动之中。另一方面，一个封闭的社会虽然难以接近，但是一旦这种接近渠道建立起来，跨国行为体的影响力就会相对强大。正如瑞斯-卡彭所言："跨国行为体的目标国家的制度结构越是难以渗透，但是一旦渗透进去了，其政治影响似乎就越大。"③

再次，国家是实现社会运动诉求的主体。当代一些跨国活动分子认为民族国家政府是全球经济不公平问题的一个组成部分，因为它们要么是主动加入新自由主义的经济贸易和发展机制的，要么是被新自由主义的经济贸易和发展机制所支配的。对问题的这种认知使许多活动分子对国家层面的政策解决方案丧失了信心④。而更多的社会运动，例如民权运动、妇女运动、环境运动和和平运动等，在追求政治目标时，都将国家作为运动的对象，因为它们认为国家要么直接对其怨愤和不满负有责任，要么是解决这些问题最合适的机构⑤。而且，即使是那些运动所追求的目标是文化或其他方面的，不直接与国家相关（政治目标与国家直接相关），它们也经常希望国家采取某些行动或措施来推进其目标。这足以说明国家之于社会运动的重要性。而且抗议者认为，国家间的分歧，比如北方国家和南方国家或美国和欧盟之间在世贸组织的争端，或北约或联合国安理会内部对伊

①　"政治机会结构"（Political Opportunity Structure）是西方社会学学者在研究"社会运动"时所引入的一个重要概念，它指的是主权国家为可能影响其社会政治进程的社会运动所提供的外部环境或者政治背景。

②　凯克，辛金克. 超越国界的活动家：国际政治中的倡议网络. 韩召颖，孙英丽，译. 北京：北京大学出版社，2005：15.

③　Thomas Risse-Kappen，"Structures of Governance and Transnational Relations：What have we Learned?" in Thomas Risse-Kappen，ed.，*Bringing Transnational Relations Back In：Non-state Actors，Domestic Structure and International Institutions*. Cambridge：Cambridge University Press，1995：289.

④　W. Lance Bennett，"Social Movements beyond Borders：Understanding Two Eras of Transnational Activism," in Donatella Della Porta and Sidney Tarrow，eds.，*Transnational Protest and Global Activism*. Lanham，MD：Rowman & Littlefield，2005：214.

⑤　Felix Kolb，*Protest and Opportunities：The Political Outcomes of Social Movements*. Frankfurt；New York：Campus Verlag，2007：5.

拉克战争的分歧，是可资利用的机会。如果有很大的意见分歧，那么跨国运动也许能够获得政府支持，否则他们就无法利用这种支持。

最后，国家边界和民族忠诚仍然重要。对于跨国社会运动而言，它们也依然受到无法逃避的领土边界的分割和阻碍①。换言之，跨国社会运动日益增加的作用并不必然是国家衰退的标志。很明显国家依然是当今世界占据统治地位的政治权威。国家可能从某些产品和服务供给上退出来，但仍保留着公民忠诚，并且国家作为一种政治组织形式在当今条件下仍然无法超越。毫无疑问，国家忠诚并不是国际体系中认同建构的唯一来源。尽管民族主义经常与其他认同形式并不相互排斥，但它并未被有效地取代②。正如黛安娜·奥托（Dianne Otto）所言，在当代国际体系中，跨国认同很微弱，"勉强可以听得见"③。当然，我们也应该看到深入发展的全球化浪潮对国家边界和民族主义的冲击也正在愈益增强，正因为如此，跨国社会运动对主权国家的影响也随之增加。

三、跨国社会运动对主权国家的作用和影响

尽管跨国社会运动受到民族国家的制约和影响，但反过来，当代跨国社会运动的勃兴也对主权国家产生了或多或少的影响，甚至对国家主权发起了挑战。

第一，跨国社会运动有强大的动员能力，能够对民族国家施加强大的全球舆论压力，进而影响政策制定，或者至少使有关国家认识到不采取行动的代价。例如，经济合作与发展组织的成员自 20 世纪 90 年代开始秘密谈判的《多边投资协定》，该协定拟给予资本流动高度的自由化和对外国投资的高度保护，并准备将此协定推广到世界其他国家。而反对《多边投资协定》的跨国社会运动成功地将以前隐蔽的谈判在好几个国家中提升为突出的议题，从而极大地增加了谈判的复杂性，继而在 1998 年 10 月，法国阿塔克组织发动了大规模游行示威活动，迫使法国退出谈判，致使该协

① M. J. Peterson, "Transnational Activity, International Society and World Politics," *Millennium*, 1992, 21 (3): 371−389.

② Marc Williams, "Social Movements and Global Politics," in Eleonore Kofman and Gillian Youngs, eds., *Globalization: Theory and Practice.* 2nd edition, London & New York: Continuum, 2003: 85.

③ Dianne Otto, "Nongovernmental Organizations in the United Nations System: The Emerging Role of International Civil Society," *Human Rights Quarterly*, 1996, 18 (1) 140.

定破产。1999 年的西雅图世界贸易组织谈判失败的一个重要原因也是因为遭遇了大规模的反全球化运动。

第二，借助国际规范的力量促使主权国家社会化。因为跨国社会运动一个主要的作用在于"创造、强化、补充和监督国际规范"①，尽管国际规范往往是国家通力合作在国际组织框架内制定的，然而，跨国社会运动等非政府行为体，也是"新规范的重要发起者和促进者"②，例如，跨国减债运动倡议和建立了一个为重债穷国减债的国际惯例，跨国禁雷运动创建了一个制度化的国际禁雷规范，而跨国反大坝运动借助既有的环境、人权和土著民权利等方面的规范，这些都对民族国家的社会化以及其在决策中更加负责和透明施加了重要的影响。此外，当代跨国社会运动还是主权国家履行国际规范和兑现国际承诺的一种重要监督力量。总之，跨国减债运动、禁止集束炸弹运动和禁雷运动以及反大坝运动等跨国社会运动都"有助于塑造一个新规范或修正一个既有的规范"，从而"在一定程度上影响了全球规范结构"，而这些话语和规范又"塑造了人们思考和理解世界的方式"③。换言之，当代跨国社会运动促使人们更多地从人的角度而不是从主权民族国家的角度来审视和应对在全球化环境中产生的全球性问题，并不断地通过促进建构和推广国际规范而促使主权民族国家超越单纯的国家利益，实现自身的社会化。

第三，与其他行为体合作共同作用于主权国家。跨国社会运动可以运用全球市场的杠杆作用来迫使国家做出政策反应。抵制是最主要的策略，如果一国政府没有满足跨国社会运动的诉求，就会面对市场损失和经济困境。例如在一些国家和跨国公司配合下，反对南非种族隔离的跨国抵制运动促使南非政府取消了种族隔离政策，而反耐克公司"血汗工厂"的跨国抗议运动成功地影响了印度尼西亚等亚洲国家的政府政策，例如它促使这些国家建立或增加了最低就业年龄和工作条件的标准。对于那些比较依赖

① Sanjeev Khagram, James V. Riker and Kathryn Sikkink, "From Santiago to Seattle: Transnational Advocacy Groups Restructuring World Politics," in Sanjeev Khagram, James V. Riker and Kathryn Sikkink, eds., *Restructuring World Politics: Transnational Social Movements, Networks, and Norms*. Minneapolis: University of Minnesota Press, 2002: 4.

② Kathryn Sikkink, "Restructuring World Politics: The Limits and Asymmetries of Soft Power," in Sanjeev Khagram, James V. Riker and Kathryn Sikkink, eds., *Restructuring World Politics: Transnational Social Movements, Networks, and Norms*. Minneapolis: University of Minnesota Press, 2002: 301.

③ 同②306.

于外部市场的国家而言，跨国社会运动的抵制和抗议运动更为成功。跨国社会运动也会以国际组织为对象，促使其成员国或签约国遵守某些规则和规范①。例如，围绕印度纳尔默达河大坝工程而形成的跨国社会运动就有效地通过对世界银行进行游说和抗议活动，最终迫使世界银行和其他投资方撤出了对大坝工程的投资和贷款。同时运动又借助国际劳工组织来对印度政府的大坝建设政策施加影响，因为大坝建设违反了国际劳工组织《土著与部落种群公约》②。而且，跨国社会运动还可能与一些主权国家合作反对另外一些主权国家，甚至挑战美国等大国的霸权。例如，建立国际刑事法庭的跨国社会运动和跨国禁雷运动的成功的一个重要方面是它们都与某些志同道合的国家建立了密切的合作关系。跨国禁雷运动的成功表明即使没有大国的参与，跨国社会运动与中小国家的合作同样能够成功地创建全球规则和新规范。

第四，跨国社会运动以其"非国家认同"挑战了民族国家的认同和忠诚。首先，这体现在一些跨国社会运动所倡导和实践的国际主义、世界主义和世界公民权等超国家主义的认同和意识中，例如当今全球性的环境主义运动、人权运动，都是以人类的相互依赖和共性为出发点，以整个地球和全人类为关照对象，以共有的和普遍性的价值与规范为宗旨，反对民族国家和民族认同的狭隘性和自私性。一些跨国社会运动反对将民族利益置于普遍价值之上。在它们看来，民族国家往往被视为国际正义的"敌人"，因为政府常常将民族利益放在第一位，而将国际正义放在最后一位。其次，一些跨国社会运动又从非民族国家认同的层面对主权国家认同和忠诚形成了挑战。当今具有代表性的是跨国女权主义运动、同性恋运动等。与

---

① 跨国社会运动也会以国际组织或国际条约为对象，促使其成员国或签字国遵守某些规则和规范。通过这一路径，国内社会运动不必依靠跨国中介，而是可以直接以国际机构为对象。例如，美国公民权组织不断地向联合国请愿来抗议美国的种族歧视。不过，这一路径也有一些制约因素：跨国社会运动所追求的政策目标在国际协议中制度化程度不同，那么相应地国家对国际压力的脆弱性也不同，国家嵌入在国际治理结构中的程度不同，国际组织本身是否存在强有力的执行机制。参见：Felix Kolb, *Protest and Opportunities: The Political Outcomes of Social Movements*. Frankfurt; New York: Campus Verlag, 2007: 90-91.

② 1957年，国际劳工组织通过了《土著与部落种群公约》，即《国际劳工组织第107号公约》(The Indigenous and Tribal Populations Convention)，印度是签约国。关于围绕大坝问题的跨国社会运动详见后文的论述或者参见：Sanjeev Khagram, *Dams and Development: Transnational Struggles for Water and Power*. Ithaca, NY: Cornell University Press, 2004.

此同时，跨国移民运动和遍布世界的侨民则一定程度上突破了国家边界的束缚，挑战了民族认同与国家认同的统一性。最后，这还体现在次国家的族裔认同上，例如反种族歧视运动和被称为"第四世界"[①] 的土著民运动强调了少数族裔、土著民和部落民[②]的固有认同和权利，挑战甚至否定了民族认同，因为在民族国家认同之下，他们的权利和利益并没有得到有效的保护，反而是最受伤害的群体。因此，在全球化的背景下，这种次国家的族裔认同呈现出愈益增强的趋势，尤其是种族分离主义运动，这无疑是对民族国家和认同的一个重要挑战。一个有意思的现象是，这些运动又常常是以普遍性价值观和世界主义思想为指导的，例如印度国内土著民运动往往是与环境主义结合在一起的，墨西哥萨帕塔运动是主张以"自下而上的全球化"取代"新自由主义全球化"的反全球化运动的一部分，而那些分离主义运动也往往以民族自决和人权等国际规范来反对（大）民族主义和民族国家认同。总之，跨国社会运动从不同的层面对民族主义和民族国家认同形成了夹击之势。一个碎片化、多样化和交叉重叠的认同图景已经显现出来，而民族认同只是其中的一个组成部分，尽管它依然是最重要的那个部分。

第五，跨国社会运动挑战了国家的权威和民主实践。社会运动一方面从行动上"挑战了现存的权力主体、权力场所和权力结构，通过建构和阐述政治的、经济的和社会的需求，寻求传播和扩散相对集中的权力场所和权力结构并使之民主化"。另一方面又从思想上"建构和阐释规范、价值

---

① George Manuel and Michael Posluns, *The Fourth World: An Indian Reality*. Toronto: Collier-Macmillian, 1974; Noel Dyck, ed., *Indigenous Peoples and the Nation-State: Fourth World Politics in Canada, Australia, and Norway*. St Johns, Newfoundland: Institute of Social and Economic Research, Memorial University of Newfoundland, 1985. 转引自：Paul Havemann, "Enmeshed in the Web: Indigenous Peoples' Rights in the Network Society," in Robin Cohen and Shirin M. Rai, eds., *Global Social Movements*. London: Continuum, 2000: 19.

② 1989 年，联合国通过《土著和部落民公约》，即《国际劳工组织第 169 号公约》，公约规定："独立国家中的部落民是指在社会、文化和经济状况上有别于民族共同体的其他部分的群体，其地位系全部或部分地由他们本身的习俗或传统或以专门的法律或规章所规定；独立国家中的土著民是指那些在被征服、被殖民或确定现有的国家疆域时已居住在一个国家或该国所属某一地区的居民的后裔，并且无论其法律地位如何，他们仍部分或全部地保留了本民族的社会、经济、文化和政治制度。"International Labour Organisation, *Indigenous and Tribal Peoples Convention* (C169), 1989, http://www.ilo.org/ilolex/cgilex/convde.pl? C169. 2010-12-02.

观、生活方式和实践，旨在使日常生活中的权力关系平等化、传播和扩散"①。因此，长期来说，跨国社会运动在"塑造共同观念和塑造共同认可的行为结构方面"可能更具决定意义②。跨国社会运动中的许多活动分子，以这种和那种方式，"不仅要改变政策，而且要重构政治的性质，并且在一定程度上取得了成功"③。它们的倡议经常挑战了政治行动的主流观念、程序和策略。而且，可能是出于对代议制民主的失望，或者是为了对其进一步扩大和补充，跨国社会运动又从三个方面对民族国家代议制民主进行反叛和挑战：一是对参与民主、协商民主甚至直接民主的倡导，例如与世界经济论坛唱对台戏的世界社会论坛，就是跨国社会运动和非政府组织倡导和实践新型的参与式和直接民主的舞台。而一些跨国社会运动对集权化和官僚制的反对和对多元化和地方自治的强调也是这一反应的结果。二是采取网络化、非集权化和非等级制的组织形式。当今的跨国社会运动的活动分子认为，传统社会运动虽然反对的是强权和专制，但是它们的这种组织形态本身延续了传统文化的专制性。因此，当代跨国社会运动往往倡导或呈现出非中心化、非等级制和网络化的组织形态，决策时采取的是直接民主和全体通过制，而不是传统社会运动组织的少数服从多数原则。而这些无论是从实践还是从理念上来说都是对代议制民主的挑战。三是对"世界主义民主"的倡导，有学者指出：一个重要的民主问题在于权力的结构以及主要的社会和政治议题牢牢地根植于全球背景之中，而参与、代表和合法性却固定在国家层面。因而，将民主拓展至以领土为基础的国家层面之上，已经成为一个迫切的问题④。跨国社会运动力图在国际层面实现透明化和呼求民主的责任，它们通过与民族国家和政府间国际组织的互动，参与到国际决策中去，从而促进了国际决策的民主化，促使全

① Neil Stammers, "Social Movements and the Challenge to Power," in Martin Shaw, ed., *Politics and Globalisation: Knowledge, Ethics and Agency*. London: Routledge, 1999: 86.

② Robert O'Brien, "Global Civil Society and Global Governance," in Matthew J. Hoffmann and Alice D. Ba, eds., *Contending Perspectives on Global Governance: Coherence, Contestation and World Order*. London: Routledge, 2005: 224.

③ Jan Aart Scholte, "The Globalization of World Politics," in John Baylis and Steve Smith, eds., *The Globalization of World Politics: An Introduction to International Relations*. Oxford: Oxford University Press, 1997: 26.

④ Robert O'Brien, Anne M. Goetz, Jan Aart Scholte and Marc Williams, *Contesting Global Governance: Multilateral Economic Institutions and Global Social Movements*. Cambridge: Cambridge University Press, 2000: 21-22.

球治理变得更加民主、透明和负责。当前，跨国社会运动所呼唤的"世界主义民主"，可能只是一种乌托邦式的梦想，然而，在 18 世纪"国内民主"对大多数国家而言又何尝不是如此①。

总之，跨国社会运动与主权国家之间是一种抗争与合作的关系。跨国社会运动独立于政府，在有些情况下与之对立，并以其他国家的支持者为对象以抵制或重塑国家政策，甚至主张可以绕过政府建立另一种全球秩序。但社会运动与国家并不必定是敌对关系，二者之间常常可以是互补关系②，这在全球治理进程中尤其如此。跨国社会运动对国际社会所产生的影响和成果最终要通过国家来贯彻和执行，而且当前跨国社会运动反对跨国公司和新自由主义主导的全球化进程的主要目的也是"从新自由主义的手中夺回对国家的控制权"，主流跨国社会运动的最终目标是"倡议建立全球层面的治理体系，在这个体系中既要保护公民免遭政府的苛政，又要增进国家解决跨国问题的能力"③。

以上是笔者对跨国社会运动与国际非政府组织、政府间国际组织、跨国公司和主权国家之间的关系做的梳理。总之，当代跨国社会运动与国际非政府组织形成了密切的协作关系，并进而联合对跨国公司、政府间国际组织和主权国家政府施加影响，它们既可能采取直接行动和大规模的游行示威或者接触游说等策略，也可能通过改变社会的态度和价值观念，使之产生要求改变政策的压力。它们也可能通过促使一个行为体（或者与之共同合作）对另一个行为体施加压力，以便产生其所需要的政策结果，而在这当中，重新夺回对主权国家政府和联合国等政府间国际组织的控制权以对抗全球经济机构和跨国公司所主导和推动的新自由主义全球化，进而实现全球正义与民主，这是当代主流跨国社会运动的重心所在。跨国社会运动的目的就是要"捍卫已经确立的权利，促进更加以人为中心的而不是以市场为中心的全球治理模式"④。从上述分析中可以发现，冷战后跨国社会运动的行动逻辑具有双重性：一方面对国际社会在政治、经济和社会等方面的不平等、不公正、不合理现象进行抗争，另一方面又试图参与全球

---

① Dieter Rucht, "Social Movements Challenging Neo-liberal Globalization," in Pedro Ibarra, ed., *Social Movements and Democracy*. New York: Palgrave Macmillan, 2003: 223.

② Jackie Smith, *Social Movements for Global Democracy*. Baltimore: Johns Hopkins University Press, 2008: 110.

③ 同②232, 17.

④ 同②4.

治理进程，对攸关人类福祉的国际规范和制度设计施加影响，使之朝着理想的方向发展。接下来，在其特点和关系维度的基础上，探讨一下冷战后跨国社会运动的行动逻辑与功能角色。

第三章　冷战后跨国社会运动的行动逻辑

冷战后跨国社会运动的行动逻辑大体可以分为抗争逻辑和治理逻辑两种，基于这两种逻辑，它们在国际体系中的基本角色，既可能是国际社会的坚定抗争者，也可能是全球治理的积极参与者，或者二者兼而有之。

第一节　矛盾的行动逻辑

抗争与治理这两种基本的行动逻辑主导着冷战后的跨国社会运动，与之相伴随的是，暴力与和平两种基本斗争方式、局内人和局外人两种基本策略单独或交替运用。

一、抗争与治理的双重逻辑

关于社会运动的行动逻辑，迪特尔·鲁赫特认为[①]，一些社会运动遵循"工具性"逻辑，这些运动力求获取政治权力，通过这种方式，迫使社会的法律、制度和组织方面进行有目的的变迁。它们的首要目标是政治控制。一旦成功，这类运动就会变成压力团体或政党，进入议会和政府。德国"绿党"和波兰团结工会提供了最近的例证。另一些运动则遵循"表意性"逻辑，它们寻求的是确定认同，使其价值观或生活方式被接受，其成员或广大支持者努力争取自治和平等权利，争取文化与政治上的解放。民权运动、民族运动、女权主义运动和同性恋运动等都是其主要例证。受此启发，基于跨国社会运动的特点及其与其他国际行为体互动关系，依据跨国社会运动对社会变迁影响范围上的不同，笔者将冷战后跨国社会运动的

---

① Dieter Rucht, "Themes, logics, and arenas of social movements: a structural approach," *International Social Movement Research*, 1988, 1: 305-328.

行动逻辑区分为两种：一是抗争的逻辑，二是治理的逻辑。

从影响社会变迁范围大小的角度，我们可以将冷战后跨国社会运动分为两类。一类仅仅聚焦于某个或某些限定的目标或议题，旨在在不触及核心制度性结构的前提下调整社会的某些方面。它们想要进行内部变迁，而不是外部变迁。这些运动我们可以称为改良运动。例如，堕胎运动和反堕胎运动要求法律做出适当改变，动物权益运动要求禁止动物实验，以及要求在德国高速公路上限速的运动。另一类运动则寻求更深刻的变革，触及社会组织根本原则。由于它们攻击的是制度的核心，因此一旦奏效，所带来的社会变迁就会远远超出当前目标，导致社会本身发生转型，而不仅仅是社会内部变迁。这些运动一般是激进的运动，例如，美国的民权运动、南非的反种族隔离运动、殖民国家的民族解放运动等。在这类激进运动中，如果其所期望的变迁包含社会结构所有核心方面（政治、经济和文化），并在类似于"另类社会"或"社会乌托邦"等观念指导下寻求社会的整体转型，我们就称为革命运动。就其行动逻辑而言，第一类运动的核心在治理，第二类运动的核心在抗争。

遵从治理逻辑的跨国社会运动大多是温和派和改革派，发生在发达国家的各种所谓进步运动都可以归入此类，运动目标是通过渐进、和平的变革方式，来矫正各国国内和国际社会中存在的不民主、不人道、不公正、不平等和不合理的现象、制度和观念。运动的基本策略也是合法的、非暴力的。它们并不反对现有的国际体系和资本主义制度，一般没有颠覆国家政权的企图，而是反对当前新自由主义全球化模式及其所带来的全球性问题和各种后果。它们希望通过游行示威、请愿、静坐、发传单、独立的研究等方式影响和推动国内和国际生活的改革，并试图使自己参与到国家和全球治理的进程中去，发挥自身的作用，推动国内和国际社会向着所希望的方向发展。

遵从抗争逻辑的跨国社会运动则大多是激进派甚至是革命派，主要发生在发展中国家，这是由于西方大国所主导的新自由主义全球化对发展中国家的主权造成冲击和侵害，而且带来两极分化和全球性环境灾难等全球性问题，这些问题和侵害对不同国家和不同种族的人口的影响大不相同。因此，在过去的 30 年中，一种新抗争形式开始传遍全球，它们聚焦于与经济全球化和一体化相关的议题以及对其的各种抱怨。除了持续的种族和宗教冲突之外，基于经济的抗议可能是在社会运动类型的活动分子中动员了最为庞大的参与者。这些跨国社会运动主要是对全球化所带来变化的一种自卫性反应，如果它们不集体抗争，原本在国家主导的发展过程中所获得的权利和福利也将失去。运动在向两个方向发展：一种面向未来、重在创新、旨在塑造一种从未有过的社会模式；另一种则试图阻止社会变迁，具有反现代性，例如捍卫本土文化、反全球化和民族排他主义等的运动都属于这种类型，其中还有一些则面向过去、回到传统、试图恢复被历史进程所淘汰或破坏的制度、法律、生活方式和信念的所谓保守或"回潮"运动。在一些发达国家也存在这种激进的以抗争为主的运动，像一些激进的反全球化运动。

当然，在一些跨国社会运动中，可能既有抗争行动，又有治理诉求，因而其行动逻辑则具有更明显的双重性。由此，冷战后跨国社会运动总体上可以分为基于治理逻辑和基于抗争逻辑的两大类运动，二者的斗争方式、运动策略和功能角色也存在差异，更为关键的是，国家与跨国社会运动的互动关系以及国家的规制策略也大相径庭。

二、和平与暴力的斗争方式

冷战后跨国社会运动大多奉行"最低限度地诉诸暴力和最大程度地尊重在不同的生活方式之间文明地进行权力分享的原则"[①]，然而，和平和合法的运动经常会伴随着偶尔的暴力或破坏行为或者有着向暴力斗争转化的可能。实际上，跨国社会运动的斗争方式可谓五花八门，但总体来看，暴力和和平（非暴力）是两种最为基本的斗争方式。从本质上而言，暴力与非暴力这两种斗争方式彼此对立，但二者往往同时出现在同一场跨国社会运动之中，只不过各自所占据的地位有轻重之别而已。尽管冷战后跨国社会运动非暴力化趋势比较明显，但暴力与非暴力的并存，即斗争方式的双重性，也是一些跨国社会运动的一个基本特征。

尽管和平的、非暴力的斗争方式处于主流，但另一方面，我们也应该注意到，在冷战后的跨国社会运动中，尤其是反全球化的街头抗议浪潮中，暴力现象在逐步蔓延，并引起了社会各界的高度关注。暴力的蔓延已成为反全球化运动的一个基本特征。事实上，自20世纪末以来，在历次规模较大的反全球化抗议示威中，暴力倾向都不同程度地表现出来。暴力现象蔓延的根源在于，在一些激进的、极端的抗议者看来，绝大多数示威

---

① John Keane，"Global Civil Society?" in Helmut Anheier，Marlies Glasius and Mary Kaldor，eds.，*Global Civil Society* 2001. Oxford：Oxford University Press，2001：24.

者和抗议群体所采用的街头游行、发表演说和张贴标语等和平的、合法的常规斗争方式已无法取得成效，因此，对那些以牺牲地球及其贫困居民为代价而扩张全球贸易和技术的跨国公司而言，他们有必要通过采取"直接行动"来对其进行打击。加之，大规模的反全球化运动一般内容广泛、参与者众多，而又缺乏强有力的组织和领导，尽管绝大多数示威者声称自己从事的是非暴力的合法行动，但也有一些极端分子混入其中，他们将其他抗议者当作"人体盾牌"，借机从事暴力行动，这些暴力活动主要有：在抗议示威活动中扔石块、扔燃烧瓶、打碎沿街商店的玻璃、烧毁街上的汽车、砸毁象征全球化的麦当劳和肯德基连锁店、毁坏银行和公司建筑，等等。这些不理智的行为必然会招致警察的干预和镇压。

自反全球化抗议运动爆发以来，暴力程度最为严重的当属 2001 年 7 月爆发的"热那亚事件"。在这场针对八国集团首脑峰会的反全球化抗议中，暴力的蔓延成为普遍现象。开幕式当日十多万名抗议者参加示威游行，使用各种自制的武器与临阵以待的警察发生激烈冲突，一名罗马青年被警察开枪打死，由此引发次日暴力冲突的蔓延。暴力冲突共造成 1 人死亡，300 多人受伤，近百辆汽车被毁，多家商店和银行被砸，直接经济损失达 1 000 亿里拉。"9·11"事件后，反全球化运动的暴力性质有所减弱，但不久又再度复燃。在 2002 年华盛顿的七国财长会议以及国际货币基金组织和世界银行年会期间都存在着示威者与警察之间的暴力冲突事件，2003 年 9 月世界贸易组织坎昆会议的抗议浪潮期间，暴力冲突进一步发展。当游行队伍与警察对峙时，一名韩国农民突然拔刀自杀身亡，由此引发大规模的暴力冲突，结果造成 26 人受伤，警方还逮捕了数百名抗议分子。此后的反全球化抗议运动中也大多伴随着暴力事件。

其实，在以街头游行示威为特征的反全球化运动中，主要采取的是各种和平的非暴力的斗争方式，之所以会如此，是由于形形色色的反全球化人士往往是在各类非政府组织的发动下来参与抗议示威的，而绝大多数反全球化的非政府组织所倡导的斗争方式基本上是和平的、非暴力的，它们反对任何形式的暴力，认为暴力不利于运动的发展。2001 年八国集团首脑会议期间爆发的"热那亚事件"是反全球化运动的一个标志性事件，运动中一些极端分子的暴力行为引发了警方的镇压，抗议者还与警察发生了激烈冲突，但绝大多数参与游行的非政府组织仍主张采取退让政策，反对任何形式的"以暴易暴"。

由于绝大多数跨国社会运动和组织都强调和平的、合法的、非暴力的斗争方式，并公开宣称是暴力的反对者，远离各种形式的暴力或恐怖活动，所以，在西雅图、华盛顿、布拉格、魁北克、哥德堡、达沃斯、日内瓦等地举行的反全球化运动中，和平方式的集会、示威、游行等始终成为主流，尤其是数万乃至十多万人参与的游行示威，基本上都是在和平有序地进行着，暴力的发生和蔓延始终局限在很小的范围内，和平的对抗成为反全球化抗议运动的主要形式。而在环境、减债和禁雷等一些跨国社会运动中，暴力行为发生的频率则更加稀少。

就和平与暴力斗争方式的效果而言，从短期来看，暴力斗争既能吸引媒体的关注，也能给当局造成压力，迫使其屈服。但从长远来看，暴力斗争有着深远的消极影响，它使得运动面临分裂和被抹黑的风险，而且会招致政府的镇压，使得运动夭折或无果而终。与之相比，和平斗争尽管不被媒体所充分关注，但其潜移默化的影响可能会产生比暴力斗争更大的影响力和成效。非暴力斗争寻求的是对手与公众在良心上的对话，从而通过公众舆论的影响力来发挥作用。所以，从某种意义上，非暴力往往是一种心理武器，通过制造情感和道德上的冲突而改变社会变迁的进程。

实际上，许多暴力事件都是从非暴力诉求演变而来。如相对平静的人群在围堵税务人员时有人投掷石块，相对平静的请愿人群中出现了一个捣乱分子，或者相对平静的示威者在遇到警察围堵之后爆发冲突。而暴力运动在失去公众支持或遭到打压之后，也可能会转而采取和平的斗争方式。和平与暴力的斗争方式存在着转换和交替，对于冷战后跨国社会运动而言，采取何种斗争方式不仅取决于运动自身的选择，更多的是对国家管制行为的一种反应。

我们应当注意到，暴力行动经常出现在非民主的政权中，这是由于抗议者缺少参与政治的合法途径，被迫从事地下的对抗行动。而在那些民主的国家，人们有很多表达诉求的渠道，没有必要从事风险高、效果难以确定的暴力行动。

三、局内人与局外人策略

社会抗议运动是现代社会和政治生活的一个重要特征。社会运动是连接制度内和制度外行为体的一种动态政治形式，往往包含传统的和非传统的政治行为。对于冷战后跨国社会运动而言，连接制度内和制度外行为体的主要是通过单独或交替运动两种不同的策略实现的。

一是"局内人策略"（insider strategy），即通过提供政策解决方案和专家建议，与谈判者和政府密切合作来获得影响力。他们也参与在特定的论题上的知识建构和基于研究的报告和文件起草工作①。跨国社会运动在发起抗议运动之外还经常运用这类策略，通过其内部的非政府组织或者借助和联合一些著名的大型国际非政府组织参与知识建构。例如，在应对全球环境和气候变化问题上，非常关键的一点是对当前和未来的环境和气候相关科学知识和信息的了解。当其他行为体不能或不愿进行必要的研究，或者没有意识到研究的必要性，非政府组织乐于填补空白；当科学数据可以获得的时候，非政府组织则另外进行独立的研究以便能够做出对比并检验两组结果的有效性。知识结构对环境议题的影响并不仅仅限于科学的专业知识。非政府组织还能够聚焦于问题的根源并孕育出公共问题的集体解决方案，这些方案的优势在于比政府部门更为快捷地适应地方的需求和愿望。环境非政府组织的这些优势和努力是跨国环境运动获得成功的一个重要因素。

二是"局外人策略"（outsider strategy）。这种策略通过游行活动、写抗议信、集会、直接行动、联合抵制甚至公众不服从等方式，向谈判者、政府和目标团体施压以促进遵守国内法律或国际协议。这个策略是通过影响公众舆论，促使国家在国际谈判中表现出灵活性，来推动政府遵守国际承诺和义务，对跨国公司、国家或其他行为体的不当行为向公众曝光。

总之，两种策略紧密关联、相互依存：当局内人策略行之有效之时，局外人策略就会在一定程度上受到抑制；而局内人策略效果不佳之时，局外人策略则相对兴盛，而这又反过来推动了前者。当然，尽管跨国社会运动在运用局内人策略和局外人策略时存在不同的考量，但是许多议题领域问题的复杂性要求采用双重策略才能奏效，此时它们一般都运用双重策略。因而，跨国社会运动总是交替或综合运用局内人和局外人策略。

第二节　国际社会的抗争者

与纯粹的政治运动不一样，社会运动在市民社会的层面中运作，无论

① Clair Gough and Simon Shackley, "The Respectable Politics of Climate Change: The Epistemic Communities and NGOs," International Affairs, 2001, 77 (2): 329-345.

是国内市民社会层面还是跨国市民社会层面，社会运动都并非一个静止的团体，而是一个以抗争能力为特征的持续对抗过程。

一、作为抗争政治的社会运动

抗争政治可以追溯到人类社会产生之初，抗争是人类社会的特征之一，只要有社会矛盾，就会有抗争政治。在社会运动产生以前，历史舞台上就已出现多种抗争政治形式，包括粮食骚乱、抗税、宗教战争和革命等。但只有通过持续的集体行动来反抗对手，抗争事件才演变为社会运动。因此，从这个角度而言，社会运动可以界定为"以潜在社会网络和使人产生共鸣的集体行动框架为基础，能发展出对强大对手保持持续挑战力的抗争政治事件"[①]。事实上，所有社会运动、抗议和革命在根本上都离不开抗争性集体行动。抗争性集体行动之所以成为社会运动的基础，不仅因为运动总是激烈的或偏激的，还因为它是普通民众所拥有的对抗具有装备优势的对手或强大政府的主要、常常也是唯一的资源。因此，尽管社会运动具有不断发展的专门技能来组织游说、合法挑战与展开公关活动，但其最典型的行动还是抗争。这不是因为运动领袖心理上倾向于暴力，而是因为他们缺乏稳定的资源——资金、组织、进入政府的通道——这些都为利益群体和政党所控制。为了吸引新的支持者，同时为了支持他们的主张，抗争可能是运动所能控制的唯一资源。因此，运动就利用集体挑战使之成为支持者关注的焦点，引起对立者或第三方的重视，并创造一批能代表它们利益的选举人。

当然，这并不是说运动只在于抗争，它其实有许多事要做，如建立组织、阐明思想、联络和动员支持者、加强成员的自我发展和构建集体认同等。即使有些运动在根本上是非政治性的，只关注自身内部或其成员的生活，它们也会与当局发生冲突，因为当局有责任维护法律和秩序，并为社会制定标准。于是，运动组织者就利用抗争来开拓政治机遇，构建集体认同，把人们团结在组织内，动员他们向更强大的对手挑战。运动与国家之间互动的历史大多可以被看作运动积极分子和掌权者之间抗争与反抗争的二重唱。

政府在抗争中的出现或缺席很是紧要，这其中的缘由有以下三点：首

---

① 塔罗. 运动中的力量：社会运动与斗争政治. 吴庆宏，译. 南京：译林出版社，2005：
　　3. 原文将 contentious politics 译为"斗争政治"，这里都译为"抗争政治"。

先，那些掌握政府的人相对于那些并不掌握政府的人，拥有更多的优势。即便在那些政府力量软弱的地方，控制了政府也就意味着掌握了征税、分配资源以及规定其他人行为的手段。因此，抗争政治便意味着那些当前享有政府权力者的优势被置于危险之境了。其次，政府总会制定支配抗争的法规，它决定着谁可以提出集体要求，可以提出什么样的集体要求，通过什么方式提出集体要求，会具有什么样的结果。即便较为软弱的政府也能对提出要求的主要形式施加某些影响，这些政府也会对企图在其疆域范围内建立一个竞争性权力中心的其他人进行抵制。最后，政府控制着大量强制手段：军队、警察、法庭、监狱等。政府强制的有效性给极少出现在政治舞台之外的政治抗争以边界。在政治抗争中，大规模使用暴力的可能性始终存在，不论这一可能性是如何微弱①。

社会抗议和运动组织与政党、利益集团以及其他社会组织中的倡议组织一样，被普遍视为塑造政治结构和政治过程的一种力量。广义而言，抗争运动的政治后果是多层面的。

首先，影响公众舆论。抗争运动为了对国家和国际机构的决策施加更大的影响，就必须争取社会的支持，达到这一点的重要一环就是运动必须创新或具有新闻价值，才能得到媒体青睐，才能吸引目标公众的支持。通常情况下，媒体对于那些人数庞大、行动激进和抗议形式新颖的集体行动感兴趣。为此，冷战后跨国社会运动在通过媒体影响公众舆论方面进行了诸多的努力，相对于完全制度化与和平的改良运动，抗争运功往往更能引起媒体更多的关注，从而使更多公众了解、关注运动所提出的问题，而且有利于推动政策制定者与运动中温和派的对话，政府为了遏制暴力、分化运动而可能做出一些让步，满足运动的一些要求。

其次，促进观念进化。抗争运动最深远的影响是对社会价值观和文化观念的影响。比如人权的观念、女权的观念、环保的观念、人的自决和社会自决的观念、动物权的观念，等等，都是社会运动经过历次抗争最终在社会中确立的。包括社会运动本身原先被视为非理性的产物这一观念，也是在与国家的抗争互动过程中被改变的，它们逐渐被国家和社会所认可，成为常规政治之外的一种主要的政治参与方式。

再次，影响政策过程。抗争运动能够促使国家与政府做出回应，改变政策甚至政治制度结构。在政策过程中，抗争运动不仅能够在政策制定和

---

① 蒂利，塔罗. 抗争政治. 李义中，译. 南京：译林出版社，2010：10-11.

执行的环节发挥作用，而且能起到让人们关注新问题和设置议程的作用。社会抗争在议程设定的阶段发挥影响力主要有两种机制：一是与利益集团一样，抗争组织能够通过影响决策者的信息和偏好来塑造政策议题；二是运动可能通过暴力和其他策略的使用来影响政治精英，增加精英行动的社会成本。

最后，推动政体变迁。根据蒂利的研究，西欧的民主化进程绝非"渐进"，也不可能是"自觉"的，毋宁说它源于广泛的民众抗争，以及由此而导致的统治当局的让步。西欧民主化的进程同样充满了曲折和斗争。正是形形色色的、散布于各个层面的斗争，构成了西欧民主化进程波澜壮阔的画卷。综观这段历史，我们不难发现，恰恰是那些对民主抱有戒心的统治当局，为了避免民众抗争导致革命的危机，不得不采取一定程度的政治改良，从而推动了所谓的民主化进程。蒂利指出："1650 年之后的欧洲，一切通向民主政治体的主要历史道路，都包含了旷日持久的抗争。民主源于民众抗争，并且动员和重塑民众抗争。"① 也就是说，另一方面，民主化也在塑造抗争，因为民主化使抗争的剧目（repertoires）发生了变化。非民主条件下的抗争，是自发的、地方性的事件，往往带有暴力的倾向，也没有任何建构性的内容，通常表现为纵火、大声喧哗、袭击收税人、洗劫房屋、游街示众等；在民主化条件下的抗争，则更多采取体制化的方式，包括群众集会、游行示威和组织罢工等，斗争的组织性大大增强，并且更多诉诸普遍的意识形态和身份认同。换言之，民主化提升了抗争的品质，抗争品质的提高则进一步加快了民主化的进程。

在一些落后地区和发展中国家中，抗争性社会运动的出现反映了在威权主义政体统治下的弱势者无法通过体制内的渠道表达他们的利益和诉求，唯有借助体制外的方式才能竞逐体制内的权力分配②。运动一般通过直接破坏活动，对抗社会精英、当局和其他集团或文化规范的方式有代表性地发起抗争挑战。

按照政治过程论的观点，抗争策略的本质是要破坏某种权力赖以形成和运作的社会结构，策略的有效性就来自它对某种社会结构的破坏③。政

---

① 蒂利. 欧洲的抗争与民主（1650—2000）. 陈周旺，李辉，熊易寒，译. 上海：上海人民出版社，2008：27.

② 倪云鸽，胡雨. 试析当代政治伊斯兰的生成机制：一种社会运动理论的视角. 宁夏社会科学，2009（4）.

③ 冯仕政. 西方社会运动理论研究. 北京：中国人民大学出版社，2013：193.

治暴力是普通社会运动进程的一个自然的延伸。因为从经验上看，只有非暴力行动才能实施抵抗的情况是罕见的，实行各种政治行动的方式包括制度和非制度的、暴力的和非暴力的。如果只关注于抗争运动的非暴力行动，那么可能低估了暴力或隐含的暴力威胁在促进政治变革中的作用。

更为主要的是，暴力行动通过"激进的侧翼效应"可能对挑战产生积极或消极的影响[1]。一个积极的"激进的侧翼效应"发生时，温和派的影响力通过呈现所谓的激进派（通过所谓激进派的在场）被加强了，后者具有更极端的目标，并包含暴力策略。激进势力的存在使温和的策略和要求显得更加合理，激进分子可能会制造危机，最终解决对温和派有利的问题。当激进势力的活动削弱了温和派的影响力时，就会产生负面的"激进的侧翼效应"。激进分子的活动破坏了整个运动的活动和目标，威胁到温和派寻求第三方支持的能力。

就暴力行为与社会运动结果的关系而言，使用暴力行动可能有助于挑战者实现其目标，也有可能产生相反的效果，因为它减少了第三方的支持，消除了对当局使用镇压的限制。事实上，促进变革的不是暴力本身，而是暴力的破坏性。当暴力抗议通过扰乱商业活动而对经济构成威胁时是有效的。因此，暴力之所以奏效，是因为它具有破坏性，而且由于非暴力行动可能与暴力行动一样具有破坏性，在某些情况下，它可能等同于暴力，从而产生政治变革[2]。

当然，还有一种情况是，挑战者完全有可能是好战和对抗性的，有激进目标，但不采取暴力行动。这似乎在非民主国家尤为重要，在非民主国家，挑战者通常都有激进目标，即他们寻求政治结构的根本变革，但他们不一定非得使用暴力或依靠暴力来实现他们的目标。

二、跨国抗争运动的发展

时代背景决定抗争模式。根据蒂利对抗争政治的历史演变的研究：抗争在不同的历史时期有不同的形式。1850 年前，欧洲的抗争趋向于地方或教区示威集会的形式，比如扣押财物、械斗等；随着时间的推移，抗争变得具有全国性和组织性，比如战略性罢工、群众集会等。

---

[1] Herbert H. Haines，"Black Radicalization and the Funding of Civil Rights，1957—1970，" *Social Problems*，1984，32：31-43.

[2] Kurt Schock，*Unarmed Insurrections：People Power Movements in Nondemocracies*. Minneapolis：University of Minnesota，2005：48.

　　长期以来，社会运动研究往往以民族国家作为抗争运动的政治背景，这当然有其历史现实方面的原因，然而，事实上，在客观的现实世界中，大规模的抗争运动却极少完全发生在民族国家境内。社会运动的跨国化发展有着悠久的历史，但在当代全球化的背景下，与过去时代的抗争相比，当今抗争政治的跨国化就其性质而言，已呈现出一些新的特点。这种区别主要体现在三大过程上：跨国激进主义、跨国联盟的形成，以及快速的跨国传播①。首先，跨国激进主义体现在，一个新的激进分子阶层开始形成，他们将注意力转向国际层面，将国际机构和跨国公司作为抗议的目标，主张直接行动，对其他抗议者、不幸者或受害者们进行声援或援助，支持世界上其他任何人提出的正当诉求，倡导构建另一个世界。其次，政府间组织充当着"珊瑚礁"的角色，通过它们，一些非政府组织、激进分子和抗争者，组成了各种跨国网络或跨国联盟。一些国际规范或者国际性事件，也为跨国联盟的形成提供了聚焦点。最后，地方性的抗争常常快速地传播，转变为跨国性的社会运动。历史上的 1848 年革命和 1968 年革命都是抗争运动跨国传播的典型案例。但与之相比，当今世界通信和交通，尤其是互联网的发展，以及全球化所带来的跨国联系和相互依赖的加深，则加快并强化了抗争运动的传播和运动规模的转变。

　　如果说在此前的抗议周期中，社会运动主要是在民族国家内部检验示威权力和公民自由的限度，但也有跨国性的话，那么，当前的这一波抗议浪潮的显著特点就是其高度的跨国主义特征：冷战后的跨国社会运动不仅诉诸世界主义认同，而且组织越来越跨国化。尤其是抗议日益趋向于以国际组织为目标。抗议最明显的形式是围绕（或反对）国际政府间组织的峰会而组织起来。

　　我们知道，现代社会运动是随着民族国家的建立而发展起来的，且民族国家许多年来一直是抗议的主要目标。许多社会运动，例如民权运动、妇女运动、环境运动和和平运动等，主要在追求政治目标，所以它们将国家作为运动的对象，因为它们认为国家要么直接对其怨愤和不满负有责任，要么是解决这些问题最合适的机构。而且，即使是那些运动所追求的目标是文化或其他方面，不直接与国家相关的，它们也经常希望国家采取某些行动或措施来推进其目标。

　　但是在千禧年交替之际，民族国家面临着许多新的挑战：从外部来

①　蒂利，塔罗. 抗争政治. 李义中，译. 南京：译林出版社，2010：213-214.

说，存在着当代恐怖主义的挑战及其对多元主义和世俗主义政府的拒绝；从内部来说，存在着对传统的政治形式的普遍不满以及对积极国家的理想破灭。将这些内部和外部挑战联结起来的是全球化所带来的不确定性，全球化将每个公民与全球市场相连，但减少了其对自身命运的控制权。

尽管民族国家的权力决不会就此消失，然而，自从20世纪60年代以来，社会、文化和地缘政治上的变化已经开始改变社会运动的制度和文化环境。尤其是政治权力中心发生了转移，这一转移以日益采用的"多层治理""世界政体""全球市民社会"等概念为标志。从内部来说，权力不断地由议会转移到行政部门，同时在行政部门内部又转移到官僚和半独立的机构手中；权力由群众性政党转移至所谓的"全能型""专业草根型""卡特尔型"政党。从外部来说，权力的中心由国家层面转移到了超国家的和地区层面，一些国际机构，尤其是经济机构（如世界银行、国际货币基金组织、世界贸易组织等）以及一些地区性机构（如欧盟和北美自贸区等）权力日益增大。

与此同时，非正式的网络的传播也跨越了国界。例如国际标准协定，人权、环境与和平等领域的非政府组织联盟以及贩毒和人口走私网络等。很多人发现权力的轴心正在由政治向市场转移，新自由主义经济政策增加了跨国公司的权力和减少了传统国家结构控制跨国公司的能力。这些变化加在一起可以称为"复合国际主义"体系，它为普通民众、有组织的非国家行为体以及弱国带来了威胁，也带来了机遇。

大多数社会运动研究都是以现代民族国家作为当代政治抗争的背景的①。然而，近几十年来全球一体化进程的加速改变了我们有关国家及其影响国内和全球进程之能力的既有观念。这些变化对促进社会变革的团体所进行的政治抗争具有至关重要的意义。从外部来看，国家日益受到逐渐扩大的对其他国际行为体承担责任之网的限制。越来越多的政府间组织和条约预示着一个更加相互依赖和深度一体化的国家间体系②。这意味着国家要对其独立行动的能力加以限制，以便在更大的体系中换取更大的安全

---

① Charles Tilly，"Social Movements and National Politics，" in Charles Bright and Susan Harding，eds.，*Statemaking and Social Movements*：*Essays in History and Theory*. Ann Arbor：University of Michigan Press，1984：297-317.

② John Boli and George Thomas，"World Culture in the World Polity：A century of International Non-governmental Organization，"*American Sociological Review*，1997，62（2）：171-190.

和可预测性。例如，一国政府可能会同意（或在其他行为体的压力下）接受公认的人权规范。反过来，政府获得某种保护，以免受他国侵犯人权而造成的政治难民跨界大规模流动的可能性。在经济领域，国际监督和执行比人权领域更加可能，一个国家让渡（自愿地或以别的方式）其管制国内经济的自治权，以换取进入他国市场的机会和在全球经济关系中更大的预测性和透明度。

除了拓展贸易和安全机制之外，全球化进程也创造了新的跨国行为体，包括跨国公司、国际非政府组织、跨国银行和全球犯罪网络。所有这些行为体都潜在地挑战了国家作为全球舞台上唯一，甚至是占主导地位的行为体的优越地位。经济上，大多数跨国公司的年销售量超过了大多数国家的国内生产总值[①]。政治上，像推动国际刑事法庭或禁止地雷条约等令人瞩目的公民运动显露出非国家、跨国行为体对国内和全球政治同时产生的巨大影响。世贸中心爆炸戏剧性地表明跨国犯罪网络是如何顽固地挫败政府保护自身安全和控制本国政治和经济活动的企图的。总之，这些观察表明，国际体系中传统的影响手段，即军事和经济力量，受到全球行为体的挑战，这些全球行为体也行使着权力，尽管其缺乏接近这些传统资源的途径。

这并不意味着在理解全球政治进程方面国家并不重要或不是很重要，而是表明许多当代的、国家层次的政治冲突至少部分地是由全球力量所塑造的。支配着决策的过程、公开结社的机会、资源动员和政治镇压的国家结构，当然继续限定着集体行动的最直接和最明显的政治机会背景[②]；但是，只要我们承认国家政体是根植于影响着政治冲突且日益富有影响的全球政体之中，那么如果不关注国家在其中运作的国际体系，我们就不可能对国内政治斗争做出解释。

与局限于国内的抗争运动相比，跨国抗争政治有着更多可利用的杠杆，例如，社会运动可以运用全球市场的杠杆作用来迫使国家做出政策反应。抵制是最主要的策略，如果一国政府（或公司）没有服从他国消费者的诉求，就会面对市场损失和经济困难。因而，国内社会运动在跨国网络的支持下将其不幸反馈给他国，并最终在国内运动甚至是政府的支持下取

---

① Sarah Anderson，John Cavanagh and Thea Lee，*Field Guide to the Global Economy*，New York：New Press，2000.

② Sidney Tarrow，"Transnational Politics：Contention and Institutions in International Politics，" *Annual Review of Political Science*，2001，4 (1)：1−20.

得抵制的成功。反对南非种族隔离政权的国际抵制运动就是一个突出的案例。一个案例是反耐克公司"血汗工厂"的跨国倡议网络成功地影响了几个亚洲国家的政府政策，例如它促使这些国家建立或增加了最低就业年龄和工作条件的标准。如果目标国比较依赖于外部市场的话，社会运动的抵制运动将会更为成功。社会运动也会以国际组织或国际条约为对象，促使其成员国或签字国遵守某些规则和规范。通过这一路径，国内社会运动不必依靠跨国中介，而是可以直接以国际机构为对象。例如，美国公民权组织不断地向联合国请愿来抗议美国的种族歧视。

冷战后，跨国抗争运动的核心目标是新自由主义所主导的全球化进程。反对新自由主义的抗议主要围绕以下三个主题：首先，抗议这些协议的行动者反对谈判的等级制特点。谈判被认为主要是商业和政府精英的事务，谈判的无代表性和不民主的本质疏远了行动者团体及其拥护者。其次，行动者团体哀叹这些谈判对社会的关切漠不关心，以致他们经常集会吁求贸易协定应包含对劳工权利、食品安全和环境标准方面的考量。最后，行动者针对协议的新自由主义目标提出了广泛的替代目标。行动者还经常在经济贸易峰会期间举行反峰会，并散发阐明其另类发展纲领的文件。

对于许多评论者而言，冷战后跨国社会运动的主要任务在于对经济全球化发起话语上的和行动上的挑战，把全球化视为是对人们的工作、社区和环境产生不利影响的主要力量。依据这一逻辑，民主、人权、"自然世界"与和平在全球规模上受到威胁。在这种背景下，1999 年 12 月世界贸易组织西雅图会议期间爆发的抗议浪潮格外引人瞩目，抗议者的数量据美国保守派报纸估计有 4 万人，而活动分子团体声称有 6 万人。抗议者对全球消费主义和跨国公司的垄断发起了总攻。他们也在一些具体议题上取得了进展，如反对美国将含有激素的牛肉输往法国，为发展中国家吁求更便宜的艾滋病药丸，试图拯救捕网中的海龟，寻求保护雨林与禁止转基因食物，以及明显重新焕发活力的美国劳工运动发起的反对失业的示威。既是由于谈判者的无能，又是对抗议的反应，会议不得不在一片抱怨市政府管理不当和警察残暴声中惨淡收场。正在兴起的混乱易变的全球社会运动与街头政治联合起来使得美国政客和评论者一头雾水、迷惑不解，但是，传统的以国家为中心的政党政治不久将要与一个正在兴起的全球市民社会政治展开竞争与角逐。

更为重要的是，冷战后跨国社会运动还要从根本上挑战当前的世界发展模式。这尤其体现在冷战后日益兴起的跨国社会运动或网络创造出各种独特的和自治的空间，例如世界社会论坛以及一系列区域性和地方性的社会论坛。冷战后的跨国抗争运动旨在通过这些论坛为超越当前秩序（或失序）走向"另一个可能的世界"而斗争，这是由于它们意识到当前世界秩序被活动分子谴责为新自由主义全球化的统治，这一统治存在着严重的问题：例如社会内部和社会之间不断恶化的贫困和不平等、公司对土地的占有、公共产品的失窃、生态破坏、贫困的女性化、冲突的加剧以及民主的侵蚀等。跨国社会运动谴责新自由主义是普遍传播的危险和伤害的罪魁祸首，主要归根于新自由主义全球化的"结构性暴力"（structural violence），即财富和权力史无前例的集中以及生活方式和生活状况、生态系统和物种的快速破坏。

以"另一个可能的世界"为宗旨的冷战后跨国抗议和运动常常是参与甚广和引人注意的，而对一个强势的全球另择（global alternative）的渴求也将会使得跨国社会运动之间形成联合，一些联合已经采取制度化的形式，如绿色和平组织和世界妇女工人组织等。当然，跨国抗争也要与社会论坛这一新的运动形式结合起来，因为如果没有一个跨国的框架——一个全球公共空间或论坛——反对和抗议的影响力就会大打折扣。在这种背景下，无疑存在着诞生"另一种全球化"的可能性，跨国社会运动就是这一"另一种全球化"愿景和实践的一个组成部分，而这种全球化与跨国公司、世界贸易组织和世界银行所代表的全球化有着明显的冲突。

但需要注意一般性抗争与带有暴力恐怖主义性质的抗争之间的区别。后者往往采用秘密行动的方式，成立突击队或进行恐怖活动，来反抗那些它们正在挑战的强势群体。"基地"组织对世贸中心进行恐怖主义袭击就是这种激进的、恐怖主义性质的抗争的代表。这些暴力抗争者的目的在于，通过报复强势群体来表达自己真实或臆想的怨愤；骚扰对手，直到对方为了制止暴力而做出让步；为了保护本群体而削弱对手的力量；证明对手不过是不堪一击的纸老虎，以便能招募更多的成员进行斗争①。但与非暴力的一般性抗争相比，暴力抗争存在缺陷：暴力给双方以及无辜者带来伤害，遭受恐怖袭击者往往以暴力进行回应，从而导致了暴力的循环；可能转移对挑战者的不满和问题的注意力，并将其转向暴力行为本身，而且

---

① 普鲁特和金盛熙. 社会冲突：升级、僵局及解决. 王凡妹，译. 北京：人民邮电出版社，2013：99.

当激进分子使用暴力时，它往往疏远潜在的支持者和第三方。

三、跨国抗争运动的影响

全球化的威胁与国际化的机遇已经令世界各地的激进分子把他们的注意力从关注国内政权转移到关注国际体系，从关注国内的对手转向关注一些跨国公司。随着抗争运动的跨国化发展，其发挥影响的途径也发生了相应的变化。跨国抗争运动借助国际政治机制发挥影响。所谓国际政治机制，即集体抗议者通过借助国际力量，给本国政府施加压力，以便执行或改变某个政策[①]。具体包括：一是跨国抗议能够通过国际市场的影响力，迫使目标国政府做出政策回应。联合抵制就是一种主要策略，如果某个政府或公司面对其他国家的抵制，就会面临严重的经济损失；对于政府来说，联合抵制会使得目标国在国际社会失去尊严。二是跨国抗议能够将目标瞄准国际组织或者国际条约，通过这些组织，迫使国家（或其他行为体，例如跨国公司）执行或改变政策。集体抗议者利用这个力量，可以直接向这些组织表达诉求，例如，美国的民权组织经常向联合国请愿，抗议美国国内的种族歧视政策。三是国际规范与规则能够影响到国内的政治变化，这个过程在跨国倡议组织网络的帮助下得到了发展。如果国内社会运动组织向跨国倡议组织提供践踏人权的信息，国际组织就会将这些国家的问题提交到国际社会，通过国际舆论向目标国政府施加压力。四是通过改变国内政治环境，国际政治能够施加它的影响。跨国社会运动组织能够参与到国内政策制定过程，将外部的影响内部化。跨国行动者比较容易进入那些政治制度比较开放的国家，而在那些封闭的国家，国际组织面临着很大的难题。但是，在那些封闭的国家中，行动者一旦进入，对政治改变的影响就比较大。

由此可见，冷战后跨国抗争运动的勃兴对国家提出了挑战，对国际体系造成了不小的冲击，因为跨国社会运动通常独立于主权国家，在有些情况下甚至与之对立，并以抵制或重塑主权国家政府的政策为己任，甚至主张可以绕过主权国家而建立另一种新的全球秩序。

首先，当代全球性的跨国社会运动有着强大的动员能力，能够对主权国家施加强大的全球舆论压力，进而影响各个国家政府的政策制定，或者至少使相关的国家政府认识到不采取行动的代价。例如，经济合作与发展

---

① 谢岳. 抗议政治学. 上海：上海教育出版社，2010：207.

组织的成员国自 20 世纪 90 年代开始秘密谈判《多边投资协定》，该协定拟给予资本流动高度的自由化和对外国投资的高度保护，并准备将此协议推广到世界其他国家。而反对《多边投资协定》的跨国社会运动发动媒体成功地将以前隐蔽的谈判在好几个国家中提升为突出的议题，从而极大地增加了谈判的复杂性。1998 年 10 月，法国阿塔克组织发动了大规模游行示威活动，揭露《多边投资协定》给予跨国公司主宰国家的权力将会使政府成为其言听计从的傀儡，从而限制了国家促进社会、经济和环境正义的能力，迫使法国退出谈判，致使该协定破产。跨国抗争运动可以运用全球市场的杠杆作用来迫使民族国家做出并不一定符合本国本民族利益的政策反应。抵制是当代跨国社运动最主要的策略，如果某一个民族国家政府没有满足跨国社会运动的诉求，就会面对市场损失和经济困境，从而使得本国的民族经济和民族利益遭到损害。例如反对南非种族隔离政权的跨国抵制运动推动了南非政府结束种族隔离政策的进程，而反耐克公司"血汗工厂"的跨国抗议运动成功地影响了印度尼西亚等亚洲国家的政府政策，例如它促使这些国家建立或增加了最低就业年龄和工作条件的标准。对于那些比较依赖于外部市场的国家而言，跨国社会运动的抵制和抗议运动会更为成功。

其次，当代跨国社会运动通过国际规范促使国家的社会化，从而摒弃单纯和狭隘的民族利益取向。跨国社会运动一个主要的目标在于"创造、强化、补充和监督国际规范"①，尽管国际规范往往是当代民族国家通力合作在国际组织框架内制定的，然而，跨国社会运动等非政府行为体也是"新规范的重要发起者和促进者"②，在围绕特定的规范性需求发起的运动中，关键的个人和跨国社会运动往往扮演着"跨国道德事业家"③ 的角

---

① Sanjeev Khagram, James V. Riker and Kathryn Sikkink, "From Santiago to Seattle: Transnational Advocacy Groups Restructuring World Politics," in Sanjeev Khagram, James V. Riker and Kathryn Sikkink, eds., *Restructuring World Politics: Transnational Social Movements, Networks, and Norms*. Minneapolis: University of Minnesota Press, 2002: 4.

② Kathryn Sikkink, "Restructuring World Politics: The Limits and Asymmetries of Soft Power," in Sanjeev Khagram, James V. Riker and Kathryn Sikkink, eds., *Restructuring World Politics: Transnational Social Movements, Networks, and Norms*. Minneapolis: University of Minnesota Press, 2002: 301.

③ 跨国道德事业家（transnational moral entrepreneurs），参见：Ethan A. Nadelmann, "Global Prohibition Regimes: The Evolution of Norms in International Society," *International Organization*, 1990, 44 (4): 482.

色，发挥着重要的作用。美国学者凯瑟琳·辛金克研究发现，跨国减债运动、禁雷运动以及反大坝运动等跨国社会运动都"有助于塑造一个新规范或修正一个既有的规范"，从而"在一定程度上影响了全球规范结构"，而这些话语和规范又"塑造了人们思考和理解世界的方式"①。即更多地从人的角度而不是从民族国家的角度来审视和应对当今世界层出不穷的全球性问题。例如，跨国禁雷运动通过将禁雷这一军事和安全问题架构为人道主义议题，最终改变了绝大多数国家的狭隘的民族利益认知，从而缔结了一个具有普遍约束力的在世界范围内禁止杀伤人员地雷使用、生产、储存和转让的国际法规，这是跨国社会运动所倡导的以"人的安全"取代"国家的安全"思维的一次成功实践。跨国社会运动一方面会因既有的国际规范的传播而增强其力量，因为这些规范制度化并渗透进国家和政府间国际组织的程序和结构之中，为这些跨国社会运动发挥影响力提供了新的政治机遇；另一方面，它们又反过来进一步促进了这些国际规范。而且，随着跨国社会运动力量的增强，它能推动修改或创建新的国际规范和（或）制度。这些新的国际规范和制度反过来为跨国社会运动解决原先所不能解决的问题开辟了新的空间。

再次，跨国社会运动挑战了主权国家在当今国际体系中的权威。一方面，当代跨国社会运动从行动上"挑战了现存的权力主体、权力场所和权力结构，通过建构和阐述政治的、经济的和社会的需求，寻求传播和扩散相对集中的权力场所和权力结构并使之民主化"。另一方面，当代跨国社会运动又从思想上"建构和阐释规范、价值观、生活方式和实践，旨在使日常生活中的权力关系平等化、传播和扩散"②。总之，跨国社会运动在"塑造共同观念和塑造共同认可的行为结构方面"可能更具决定意义③。跨国社会运动中的许多活动分子，以这种和那种方式，"不仅要改变政策，

---

① Kathryn Sikkink, "Restructuring World Politics: The Limits and Asymmetries of Soft Power," inSanjeev Khagram, James V. Riker and Kathryn Sikkink, eds., *Restructuring World Politics: Transnational Social Movements, Networks, and Norms*. Minneapolis: University of Minnesota Press, 2002: 306.

② Neil Stammers, "Social Movements and the Challenge to Power," in Martin Shaw, ed., *Politics and Globalisation: Knowledge, Ethics and Agency*. London: Routledge, 1999: 86.

③ Robert O'Brien, "Global Civil Society and Global Governance," in Matthew J. Hoffmann and Alice D. Ba, eds., *Contending Perspectives on Global Governance: Coherence, Contestation and World Order*. London: Routledge, 2005: 224.

而且要重构政治的性质，并且在一定程度上取得了成功"①。它们的倡议
经常挑战民族国家是现实国际体系中的决定性政治行动主体的主流观念，
对民族国家的决策程序和策略都产生了重要的有时甚至是决定性的影响。
例如，当代跨国社会运动往往倡导或呈现出非中心化、非等级制和网络化
的组织形态，决策时采取的是直接民主和全体通过制，而这些无论从实践
还是从理念上来说是对民族国家的一种挑战。值得一提的是，与世界经济
论坛唱对台戏的世界社会论坛，它是跨国社会运动和非政府组织倡导和实
践新型的网络化组织形式和参与式民主的一个重要舞台。在欧美国家竭力
鼓吹新自由主义全球化是"别无选择"（there is no alternative）之时，世
界社会论坛则针锋相对提出"另一个世界是可能的"，试图建立一个新的
世界秩序，一个由世界各地的普通大众而不是民族国家及其精英所决定的
新秩序。

　　最后，可能是更为重要的挑战或许在于，跨国抗争运动具有某种颠覆
国家政权的功能。不过，值得注意的是，与以往跨国社会运动，尤其是
19 世纪的国际主义工人运动相比，当代跨国社会运动的主流已经发生了
巨大的变化：它们往往"提倡和采取非暴力的直接行动"，实行"非集权
化的、非等级制的组织形式"②，它们"将自己视为开放的、参与性的社
会运动，具有明确的草根组织形式，并倾向于进行公开的与和平的抗议活
动"，其"基本立场是激进的改良主义，它们对资本主义的批判主要是对
其不加节制地追逐权力或利润所造成的社会不公正的一种反应"③，而并
不主张推翻现有的国际体系。然而，尽管如此，一些跨国抗争运动，尤
其是非民主国家的某些跨国社会运动对民族国家政权稳定的冲击依然需
要我们予以警惕和注意。而以"基地"组织为代表的恐怖主义运动给有
关国家和国际社会带来更大的挑战。

---

① Jan Aart Scholte, "The Globalization of World Politics," in John Baylis and Steve Smith, eds., *The Globalization of World Politics：An Introduction to International Relations.* Oxford：Oxford University Press, 1997：26.

② Neil Stammers, "Social Movements and the Challenge to Power," inMartin Shaw, ed., *Politics and Globalisation：Knowledge, Ethics and Agency.* London：Routledge, 1999：84.

③ Dieter Rucht, "Critique of Capitalism in the Era of Globalization-Old Wine in New Bottles?" in Ingo K. Richter, Sabine Berking and Ralf Müller-Schmid, eds., *Building a Transnational Civil Society：Global Issues and Global Actors.* Basingstoke：Palgrave Macmillan, 2006：116-117.

　　当然，作为国际社会的抗争者，冷战后跨国社会运动也受到全球化进程的影响和制约。例如，马科·朱戈尼发现不同国家环境中的运动往往采取类似形式，为此他提供了一个普遍的框架，将运动的跨国相似性归因于三个全球层面的进程①。首先，全球化进程通过建构共同的跨国威胁或机遇促使不同背景的运动做出类似的反应。例如，结构调整贷款导致南方国家社会内部类似的反应，一些不满的团体对 IMF 和 WB 施加的紧缩计划发起类似的抗议活动。其次，全球性压力为不同国家背景中的集体行动提供了类似的机会结构。跨国行为体变得更为重要，当它们组织起来解决全球性的愤懑和利用与国家平行的组织的时候。像"大赦国际"或福音两千等团体能够轻易地提出针对不同国家制度的一个共同的政治战略。最后，跨国传播过程的影响。随着有关集体行动的信息和观念的跨国流动，不同国家内部的社会运动采取了类似的意识形态定位和策略。

　　另外，像国内出现的机遇结构一样，国际机遇结构同样是各种机遇与威胁的结合。它在制度性与非制度性政治的缝隙中发挥作用，为挑战者们提供临时的盟友，并且随较大范围的政治变动而兴衰起落。这主要是因为主权国家对全球化进程和跨国抗争有着强大的干预和阻断力量。而且，跨国抗争运动与国内抗争运动根本不同的一点是，尽管并非所有国内抗争都直接针对政府，但政府却形塑着抗争，对抗争做出反应，镇压那些超出其许可的行动者，并为那些愿意与各种机构进行互动的行动者提供潜在的盟友。与之相比较，由于国际社会的无政府状态，跨国抗争运动把矛头散乱地对准了一些主权国家、国际机构或跨国公司，却不存在一个稳定的抗争目标和对象，即强有力的世界政府，并借以贯彻和实施运动的诉求。

　　此外，还有资本和跨国资产阶级对跨国抗争运动的影响。当前，在全球化进程中，地方化的诉求也在发展，围绕重新地方化、重新投资和重新多元化所发起的新一轮保护主义可能会产生相当大的吸引力，尤其是对那些仍然陷入地方参与民主逻辑之中的人们。尽管跨国主义的幽灵很大程度上已从地方的、行政区划的和国家的排外禁锢中释放出来了，有时所有这些层面还能够富有成效地相互影响，然而，这并非必定会发生，例如近来

----

① Marco G. Giugni, "Explaining Cross-national Similarities among Social Movements," in Jackie Smith and Hank Johnston, eds., *Globalization and Resistance*: *Transnational Dimensions of Social Movements*. Lanham: Rowman & Littlefield, 2002: 13-29.

在国际工人运动中，它在面对势不可当的全球资本动力时采取保护主义而受到严重削弱，其他社会运动需要从中汲取深刻的教训。

实际上，在过去的两百年里，在斗争的性质和政府对斗争的控制手段上，一直存在着缓慢的、参差不齐却坚定不移的文明化倾向。由于模式化斗争手法把社会运动与国家连在一起，直接的暴力攻击形式越来越少，取而代之的是数字的力量、团结和国家与运动间的非正式对话①。

第三节　全球治理的参与者

抵抗或抗争的概念可能会模糊冷战后跨国社会运动与全球治理的关系的其他可能性：这是由于它们既可能是拒斥当前新帝国主义全球化的激进抵抗者，也可能是基本认可既有全球治理体系的"忠诚的"反对者。事实上，冷战后跨国社会运动的主流被视为自下而上挑战新自由主义全球化的力量来源，其抗议的是国家的权威和实践、跨国政府网络和国际机制，并力图在影响和塑造全球治理的实际进程中发挥作用。

一、冷战后跨国社会运动与全球治理的关系

全球治理的兴起常被认为是巨大的全球变革的结果，是对诸如冷战终结和全球化进程深化等事件的一种反映②。全球治理的理念最先由社会民主党国际主席、国际发展委员会主席、联邦德国前总理威利·勃兰特（Willy Brandt）在 20 世纪冷战即将终结之际提出并倡导；与此同时，美国著名国际关系学者詹姆斯·罗西瑙等人在 1992 年出版的专著《没有政府的治理：世界政治中的秩序与变革》中也根据全球政治、经济乃至文化所经历的前所未有的一体化和碎片化，认为国际政治权威的位置发生了重大的迁移，人类社会生活的治理也因此从以国家为主体的政府治理转向多层次的治理，并由此从学理的层面提出了"全球治理"的理念。从此，全球治理开始从理论和实践两个层面迅速在当代国际体系中展开，并经过

---

① 塔罗. 运动中的力量：社会运动与斗争政治. 吴庆宏，译. 南京：译林出版社，2005：280-281.

② Martin Hewson and Timothy Sinclair, "Emergence of Global Governance Theory," in Martin Hewson and Timothy Sinclair, eds., *Approaches to Global Governance Theory*. Albany, NY: State University of New York Press, 1999: 3-23.

大约 30 年的发展和演变，已逐渐地成为"当今国际事务治理的新方式和建构世界秩序的新途径"①。

全球治理理论的基本理念是，在全球化深入发展的背景下，主权国家政府并不完全垄断一切合法权力和权威。除主权国家政府以外，政府间国际组织、国际非政府组织、跨国公司和跨国社会运动等非国家行为体也都参与到国际事务的治理之中，负责维持秩序，参加对经济和社会的调节。因而，研究全球治理的学者尤其强调跨国公司、政府间国际组织和国际非政府组织等非国家行为体在全球治理中的作用，而其中国际非政府组织尤其成为全球治理研究的热点②。尽管全球治理理论的开创者之一詹姆斯·罗西瑙曾突出强调了跨国社会运动在全球治理中的作用，指出社会运动的组织性虽然不是很强，但其重要性并不亚于国际非政府组织③，然而，相对于国际非政府组织来说，跨国社会运动在全球治理这一话题中相对不受重视，研究也相对比较薄弱，而且围绕跨国社会运动在全球治理中的地位和作用问题，学者们还存在诸多分歧。总的来看，现有的研究可以从跨国社会运动与主权国家治理之间关系的角度粗略地分为三种观点：一是认为跨国社会运动与全球治理不相关，二是认为跨国社会运动与国家治理相对立，三是认为跨国社会运动与国家治理是互动的关系。

第一种观点认为跨国社会运动与全球治理不相关，这在坚持国家中心论立场的新现实主义国际关系学者那里体现得尤为明显。新现实主义者坚

---

① 叶江. 全球治理与中国的大国战略转型. 北京：时事出版社，2010：1.

② 例如：Rodney Bruce Hall and Thomas J. Biersteker, eds. , *The Emergence of Private Authority in Global Governance*. Cambridge：Cambridge University Press, 2002；Margaret P. Karns and Karen A. Mingst, *International Organizations*：*The Politics and Processes of Global Governance*, 2nd edition. Boulder, Colo. ：Lynne Rienner Publishers, 2010；Leon Gordenker and Thomas Weiss, eds. , *NGOs, the UN, and Global Governance*. Boulder, Colo. ：Lynne Rienner, 1996；Steve Charnovitz, "Two Centuries of Participation：NGOs and International Governance," *Michigan Journal of International Law*, 1997, 18 (2)：183-286. 国内的研究例如：王杰，张海滨，张志洲. 全球治理中的国际非政府组织. 北京：北京大学出版社，2004；刘贞晔. 国际政治领域中的非政府组织：一种互动关系的分析. 天津：天津人民出版社，2005.

③ 参见：James Rosenau, "Governance in the Twenty-First Century," *Global Governance*, 1995, 1 (1)：24. 詹姆斯·罗西瑙指出，社会运动的组织性虽然不是很强，但其重要性并不亚于非政府组织。"近几十年来的社会运动一直是全球治理的发展源泉。实际上，社会运动可能恰恰是有潜力成长为制度化治理机制的初级控制机制之精华所在。""社会运动时常围绕着一些突出问题，如女权主义者、环保主义者、和平主义者所关心的焦点，这就使得它能够满足那些国家政府、有组织的国内团体或私人企业所不能实现的跨国需求。"而且，它们起着"收拾由政府和商业跨国活动所留下的残局"的作用。

持认为"全球或世界政治并未取代国家政治"①，"领土国家仍然是国内和国际事务中的首要行为体"②。国际体系本质上是无政府的，不存在一个统一的主权权威，因而，国际治理要么是受到缺乏合法的执行机制的制约，要么是根本就不存在国际形式的治理，因为如果说存在"国际"形式的治理，那么国际领域和国内领域的根本区别就会消失。罗伯特·吉尔平明确提出，"国际治理的现实主义理论，这一提法从术语上来说就是矛盾的"③。尽管国际机构、国际非政府组织和跨国社会运动网络的数量和密度都在增长，但国家仍然主导着国际政治舞台。正是国家、国家权力和无政府状态的支配作用共同塑造了国际制度和全球治理。因而，在新现实主义学者看来，全球治理要么在客观世界中不存在，要么是国家治理的同义语；非国家行为体，特别是（在他们看来）具有"挑战性和颠覆性"的跨国社会运动，自然是不在其分析之列或者是可以忽略不计的。

新自由主义学者更多地关注于跨国关系的研究，将政府间国际组织、跨国公司和国际非政府组织等非国家行为体与全球治理联系在一起分析。然而，这些"全球治理论者所倡导的是一种全球精英民主，他们主张对全球政治从制度上进行重建，希望建立比现存的联合国和国家间体系更为民主的制度结构，以更真实地反映一个日益兴起的全球政治共同体的现实"。尽管他们也强调要将全球社会中的行为体纳入分析，以便在制度化的结构和特定的民族共同体之间起中介作用，同时体现全球治理中更强的民主责任因素，但他们只认为全球社会中的某些元素（例如国际非政府组织）才能被当作全球治理的行为体，而将跨国社会运动排除在外，因为他们没有认识到跨国社会运动"自下而上"地产生积极的社会、文化和政治变革的潜在能力④。例如，戴维·赫尔德的"世界主义治理"模式以及全球治理委员会的报告《天涯成

---

① Kenneth Waltz, "Globalization and Governance," *PS*: *Political Science & Politics*, 1999, 32 (4): 696.

② Robert Gilpin, "A Realist Perspective on International Governance," in David Held and Anthony McGrew, eds., *Governing Globalization*: *Power*, *Authority and Global Governance*. Cambridge: Polity Press, 2002: 238.

③ 同②237.

④ Neil Stammers, "Social Movements and the Challenge to Power," nMartin Shaw, ed., *Politics and Globalisation*: *Knowledge*, *Ethics and Agency*. London: Routledge, 1999: 76—77.

比邻》①。前者强调全球范围的、多层次的、民主参与的治理，认为全球治理是指通过具有约束力的国际机制解决全球性问题以维持正常的国际政治经济秩序的过程。至于后者，奥兰·扬（Oran R. Young）指出，全球治理委员会的这份报告目的在于"对联合国进行改革以使其成为供给全球治理的主要机制"，本质上是"一种综合的、有法律约束力的和以国家为中心的国际治理路径"②。因而，"自下而上"的跨国社会运动是很难在这种"自上而下"的精英主义全球治理中得到应有的关注和重视的。

　　第二种观点是有些学者认识到了跨国社会运动与全球治理之间存在相关性，不过，他们认为二者是一种对立的状态。其中一种表现是认为冷战后跨国社会运动的勃兴（特别是其中的反全球化运动）是全球治理的挑战者，或者是导致全球治理危机的原因之一，因而处于全球治理的对立面，是需要进行治理的一个全球性问题。然而，正如前文所论述的，这种观点一方面是对所谓的反全球化运动的真正内涵和目标存在误解；另一方面是没有密切关注当代跨国社会运动的特点和角色所发生的转变，实际上，冷战后跨国社会运动更多的是全球治理的参与主体，而并非是与全球治理相对立的客体。

　　另一种表现是，有些学者虽然认可跨国社会运动是全球治理的参与主体，但认为跨国社会运动与主权国家治理在治理路径和方式上是相对立的。例如，比奇·马圭施卡（Bice Maiguashca）从治理政治（politics of governance）和抵抗政治（politics of resistance）相对立的角度来阐释跨国社会运动与国家治理之间的关系。他指出，如果说国际治理（治理政治）是与"自上而下"的政治以及与秩序和霸权体系的有效的维持与扩张联系在一起的话，那么"抵抗政治"往往是以"自下而上"的政治和性质上的变革性为特征的。前者通常与一套日益兴起的结构和进程联系在一起，从世界贸易组织等正式机构到非正式的市场机制，它们都是围绕并且在一定程度上配合着西方大国尤其是美国的日益增加的领导作用；而后者

---

① David Held, *Democracy and the Global Order：From the Modern State to Cosmopolitan Governance*. Cambridge：Polity Press，1995；Commission on Global Governance，*Our Global Neighbourhood*. Oxford：Oxford University Press，1995.

② Oran R. Young，"Global Governance：Toward a Theory of Decentralized World Order," in Oran R. Young, ed.，*Global Governance：Drawing Insights from the Environmental Experience*. Cambridge，Mass.：MIT Press，1997：274.

具体说来，是由跨国社会运动、国际非政府组织等全球行为体以及潜在的第三世界国家联盟所组成①。这种观点将跨国社会运动放在了"治理政治"的对立面，或者说形成了"社会中心"治理体系与"国家中心"治理体系之间的对立。类似地，理查德·福尔克认为全球的社会运动行动特征是与精英推动的"自上而下"的全球化相对立的"自下而上"的全球化②。这种观点通常认为国家、政府间国际组织、市场所实行的不合法的治理，受到了大众、国际非政府组织联合力量的抵制。

　　总之，相当多的全球治理著述将跨国社会运动对治理的抵抗看作需要加以解决的问题，而这种将"社会中心"治理体系与"国家中心"治理体系描述为二元对立的观点也是有问题的。因为二者是不可避免地相互联系在一起的两种力量，二者结合在一起构成了一个作为整体的全球治理体系。因此，从二元对立的角度来理解跨国社会运动与国家治理之间的关系是不符合客观实际的，更为重要的是，它没有对跨国社会运动"自下而上"地促进社会、文化和政治变革的潜在能力和作用做出公允的评价。

　　第三种观点从批判上述对立关系的观点入手，认为跨国社会运动与主权国家治理体系是一种互动和共生性的关系，共同构成了全球治理体系。伊恩·克拉克（Ian Clark）认为，"抵抗的概念范畴涵盖了更多的可能性，其与治理的关系会相应发生变化"。实际上，跨国社会运动既可能在功能上等同于"忠诚的"反对者，认可基本的体系，甚至当其在体系中倡导替代性的政策和战略时也是如此；也有可能是激进的反资本主义团体，认为目前的全球治理形式是新帝国主义的，并呼吁进行解放斗争以产生一个"人高于利润和地方优先于全球的另一种全球治理体系"。由于这种变化性，在治理和抵抗之间做截然的区分存在的一个关键问题："它是建立在治理和抵抗是完全分离的类别这一错误假设的基础上，而事实上它们是相互重叠和彼此交叉的。"因而，治理与抵抗简单的对立丢弃了治理和抵抗二者都具有的丰富的和复杂的内涵。通常，并非所有的抵抗都要求推翻"国家中心"的治理。事实上，大多数抵抗政治的研究文献一再地呼吁国家作为既有社会契约的担保者以抗衡全球经济掠夺的作用重新

①　Bice Maiguashca，"Governance and Resistance in World Politics，" *Review of International Studies*，2003，29（S1）：5.

②　Richard Falk，*Predatory Globalization*. Cambridge：Polity Press，1999：2-3.

回归的必要性①。因此，"国家中心"的治理与"社会中心"的治理并非是对立的关系，而应是"时而合作、时而竞争，且并行不悖"的互动关系。

罗西瑙也指出，世界事务可以通过一个二分体系进行管理，换言之，世界政治是由国家间体系和多元中心体系所组成，尽管他是通过其世界政治的理论来推演全球治理理论的，但他不认为二者之间是对立的，其不断相互作用并且"共同组成了一个高度复杂的全球治理体系"②。因而，跨国社会运动与主权国家治理体系"不是相互分离的、互相矛盾对立的两个过程，而是具有更为复杂的和共生性的关系"③。

下文从这种观点出发，基于冷战后跨国社会运动所具有的治理功能，探讨这一国际体系中的特殊行为体与全球治理之间的互动关系，分析二者相互之间的正面影响和积极作用。

二、冷战后跨国社会运动的全球治理功能

全球治理，以国际规范和制度为基础，以应对全球性问题为导向，倡导从超越地方、国家乃至地区治理的多层次、网络化的治理结构和过程中调动各种国际行为体，以协同解决全球性公共问题。由于全球治理强调通过多元行为体（既包括国家行为体也包括非国家行为体）互动的集体行动来应对和解决全球性问题，这为跨国社会运动和国际非政府组织的活动提供了广阔的舞台。与此同时，以寻求社会变革为目标的当代跨国社会运动，同时在地方、国家、地区和全球等众多层面进行运作以影响和参与全球治理，并在全球治理进程中与其他国际行为体相互作用，在推动其他行为体参与全球治理的过程中对全球治理本身施加重要影响。总体而言，跨国社会运动对全球治理的影响主要体现在充当全球治理议题和政策的倡议者、促进全球治理的民主化、塑造全球治理的规范和制度以及影响和推动全球治理模式的变革等方面。

首先，充当全球治理议题和政策的倡议者。冷战后跨国社会运动对全

① Ian Clark, "Legitimacy in a Global Order," *Review of International Studies*, 2003, 29 (S1): 76-77.

② 罗西瑙. 全球新秩序中的治理//赫尔德，麦克格鲁. 治理全球化：权力、权威与全球治理. 曹荣湘，等译. 北京：社会科学文献出版社，2004：75.

③ Rosaleen Duffy and Feargal Cochrane, "Conclusion: Global Governance, Conflict and Resistance," in Feargal Cochrane, Rosaleen Duffy and Jan Selby, eds., *Global Governance, Conflict and Resistance*. New York: Palgrave Macmillan, 2003: 217.

球治理施加了相当大的影响，它们"在很大程度上有助于生态可持续性、人权保护、赈灾、福利供给和社区改良等领域中的政策革新"①。许多全球治理的倡议也出自跨国社会运动的倡议和推动。例如，跨国减债运动成功地推动第三世界"债务问题以及富国与穷国之间的不平等关系成为全球政治议程最重要的议题之一"②。福音两千运动巧妙地借用圣经中的宗教规范，将2000年这一千禧年定为免除债务和减少贫困的"福音"之年，不仅使减债获得更多的认可，而且增加了减债的道义力量，从而促使重债穷国债务问题走到全球治理的议题选择中，并成为联合国、世界银行、国际货币基金组织、八国集团乃至二十国集团会议的重要或必谈的议题，为国际社会关注和着手解决这一议题提供了契机。又如，在跨国禁止集束炸弹运动中，国际红十字委员会、"人权观察"、门诺会互助促进会和集束炸弹联盟等通过搜集有关集束炸弹人道主义危害的资料，召开专家会议，发布研究报告以及发起媒体运动，对主权国家和联合国裁军机构施加影响。国际非政府组织和跨国社会运动的这些努力促使禁止集束炸弹议题被提上国际社会的议事日程，为国际社会解决这一议题奠定了基础。

其次，促进全球治理的民主化。毫无疑问，在现代国际体系中，传统的民主概念是以民族国家为基础的。长期以来，处于无政府状态下的国际社会很难形成"国际社会民主"或"全球社会民主"，因为迄今为止在国际社会中并不存在全球性的议会民主机制。然而，跨国社会运动不仅通过自身的活动"促进了公共辩论，向媒体提供信息和提醒全世界的政治家关注其做出的分析和替代性的视角"③，而且通过与主权国家和政府间国际组织的互动，参与到国际决策和全球治理的过程中，力图在国际层面实现全球治理的透明化和民主化。例如，跨国反对纳尔默达河谷大坝工程的运动也促使世界银行的政策和实践发生了显著的变革。运动对世界银行的工

---

① Jan Aart Scholte，"The Globalization of World Politics，"inJohn Baylis and Steve Smith，eds.，*The Globalization of World Politics：An Introduction to International Relations*. Oxford：Oxford University Press，1997：25.

② Ann Pettifor，"The Jubilee 2000 Campaign：A Brief Overview，" in Chris Jochnick and Fraser A. Preston，eds.，*Sovereign Debt at the Crossroads：Challenges and Proposals for Resolving the Third World Debt Crisis*. Oxford：Oxford University Press，2006：298.

③ John Clark，"Conclusions：Globalizing Civic Engagement，" in John Clark，ed.，*Globalizing Civic Engagement：Civil Society and Transnational Action*. London：Earthscan Publications，2003：165，169.

程管理方法及其政策和项目对话的开放程度等都产生了深远的影响。在移民安置方面，世界银行的政策修改也引起实践方面的一些改善。同时，世界银行还制定了新的信息披露政策和设立了一个监察小组来评估大型发展项目是否违反了政策和国际规范。再比如，跨国减债运动不仅促使广泛的行为体参与到全球治理之中，而且"使得官方的宏观经济政策和决策受到了史无前例的全球公共审查，而这些领域曾经是很不透明的或很少经过民主辩论"①。跨国减债运动改变了世界银行的贷款政策和国际货币基金组织的"结构调整方案"，作为申请重债穷国债务减免计划之前提的减贫战略文件（PRSP）和世界银行的结构调整参与性审查倡议计划（SA-PRI），都明确和保证了国际和国内社会团体对有关主权国家（债权国和债务国）政府和世界银行等国际组织决策的参与和监督。更为主要的是，跨国减债运动不仅呼吁无条件减免重债穷国无力偿还的所有债务，而且进一步对世界银行和国际货币基金组织等国际金融机构的决策过程以及对南北之间不平等关系这一债务问题的根源发起挑战②，主张改革国际金融机构决策程序以使其更加透明和更加负责，甚至呼吁建立更加公正、合理和平等的国际秩序。这无疑促进了国际金融机构的改革以及与社会团体建立更为紧密的关系，并且促使全球治理变得更为透明、负责和民主化。

再次，塑造全球治理的规范和制度。跨国社会运动因人权和环境保护等国际规范的传播而增强了力量，同时反过来也进一步促进了这些国际规范。国际规范往往大多是由国家通力合作在国际组织框架内制定的，而且国家负责国际规范的履行，然而跨国社会运动也是"新的国际规范的重要发起者和促进者"③，跨国社会运动的一个主要目标就在于"创造、强化、

① Carole J. L. Collins, Zie Gariyo and Tony Burdon, "Jubilee 2000: Citizen Action across the North-South Divide," in Michael Edwards and John Gaventa, eds., *Global Citizen Action*. London: Earthscan Publications Ltd., 2001: 135.

② 国际减债运动认为，"债务就像污染或全球变暖一样都是不平等和不可持续的全球政治经济体系的一个副产品"。Ann Pettifor, "The Jubilee 2000 Campaign: A Brief Overview," in Chris Jochnick and Fraser A. Preston, eds., *Sovereign Debt at the Crossroads: Challenges and Proposals for Resolving the Third World Debt Crisis*. Oxford: Oxford University Press, 2006: 303.

③ Kathryn Sikkink, "Restructuring World Politics: The Limits and Asymmetries of Soft Power," in Sanjeev Khagram, James V. Riker and Kathryn Sikkink, eds., *Restructuring World Politics: Transnational Social Movements, Networks, and Norms*. Minneapolis: University of Minnesota Press, 2002: 301.

补充和监督国际规范"①，通过改变和影响国际规范结构进而作用于主权国家政府和整个全球治理体系。例如，跨国禁止集束炸弹运动是创造新的国际规范的典型例证，运功将禁止集束炸弹这一军事和安全问题发展为人道主义议题，最终改变了绝大多数国家的利益认知，从而缔结了一个具有普遍约束力的、在世界范围内禁止集束炸弹使用、生产、储存和转让的国际法规。跨国禁止集束炸弹运动在监督国家履行这一国际规范中也将发挥着重要的作用，正如国际禁雷运动在监督禁雷规范实施方面一样。而跨国减债运动则通过将债务问题与发展权和人权以及圣经规范联系在一起，进而将"免除重债穷国无力偿还的债务"塑造成为国际社会的一种规范，一种道义上的责任与义务。而且跨国减债运动还是主权国家履行这一新的国际规范和进一步兑现减债承诺的一种重要监督力量。在印度反大坝运动的案例中，无论是主张改革还是主张反对大坝建设的跨国联盟都因土著民保护、人权和环境保护等国际规范的传播而增强了力量，同时跨国联盟反过来也进一步促进了这些国际规范。这些规范制度化并渗透进国家和政府间国际组织的程序和结构之中，为这些跨国联盟发挥影响力提供了新的政治机遇。总之，随着跨国社会运动力量的增强，它能推动制度的修改或创建新的、体现全球性的规范和（或）以全球性规范作为执行规则的制度。这些新的规则反过来为人们解决原先的权力格局所不能解决的问题开辟了新的空间②。例如，对人权的全球保护使得人们在地方组织起来解决社会和环境问题变得更为容易，对核武器和生化武器的全球性限制又促使人们对地雷和集束炸弹等常规武器的限制和禁止。

最后，影响和推动全球治理模式的变革。跨国社会运动等行为体常常"被视为自下而上抵抗全球化和国际机构的源泉，从而挑战了国家的权威和实践，塑造了全球治理的界限与特征"③。跨国社会运动对权力与权威

① Sanjeev Khagram, James V. Riker and Kathryn Sikkink, "From Santiago to Seattle: Transnational Advocacy Groups Restructuring World Politics," inSanjeev Khagram, James V. Riker and Kathryn Sikkink, eds., *Restructuring World Politics: Transnational Social Movements, Networks, and Norms*. Minneapolis: University of Minnesota Press, 2002: 4.

② Jeremy Brecher, Tim Costello and Brendan Smith, "Globalization and Social Movements," in D. Stanley Eitzen and Maxine Baca Zinn, eds., *Globalization: The Transformation of Social Worlds*. Belmont, CA: Thomson Wadsworth, 2006: 341.

③ Sanjeev Khagram, James V. Riker and Kathryn Sikkink, "From Santiago to Seattle: Transnational Advocacy Groups Restructuring World Politics," inSanjeev Khagram, James V. Riker and Kathryn Sikkink, eds., *Restructuring World Politics: Transnational Social Movements, Networks, and Norms*. Minneapolis: University of Minnesota Press, 2002: 4.

的挑战和重构，促使以主权国家为主体的国际治理体系演变为多层次的和多中心的全球治理体系。跨国社会运动对全球治理模式变革的影响体现在以下三个方面：一是阻碍、挫败和延缓某些有悖于全球正义和民主的全球治理方案和倡议。例如，跨国减债运动对世界银行和国际货币基金组织所推行的结构调整方案的反对和挑战，跨国运动对经合组织多边投资协定计划的阻挠，因为跨国社会运动认为这些全球治理方案和倡议已经或将会造成国际社会的灾难。二是弥补现有全球治理模式的不足。例如，跨国禁雷运动和禁止集束炸弹运动都是在主权国家所主导的联合国裁军进程之外，发起独立的裁军进程，这是对主权国家和联合国这一政府间国际组织原有的治理效果不足的一个重要补充，而且两种进程彼此共存且相互竞争进而对这些武器实现共同的管制。三是催生新的全球治理合作模式。令人关注的是，旨在为国际大坝的规划建设和运营管理等方面制定国际认可的规范、准则和标准的世界大坝委员会就是在跨国反大坝运动的推动下产生的，该委员会非同寻常的一点是，它是"由分别来自政府、私营部门和社会组织的各 4 名委员组成"①，这种"混合治理模式"是史无前例的。这种多行为体、多部门和多层次的全球治理安排在 20 世纪的大部分时间里是不可想象的，并从一个侧面表明了 20 世纪 90 年代末跨国社会运动给国际大坝管理机制所带来的重要改变②。可见，在影响和推动全球治理模式变革的过程中，跨国社会运动的创造性和补充性治理功能尤为重要。总之，跨国社会运动旨在促进的是一种"更加以人为中心的，而不是以市场为中心"的全球治理模式，这与进一步推动全球治理的透明化、负责化和民主化是并行不悖且相互促进的。在国家干预滞后或缺乏的领域，治理就会以其他的方法得以实现。

　　综上，当代跨国社会运动正是通过充当全球治理议题和政策的倡议者、促进全球治理的民主化、塑造全球治理的规范和制度、影响和推动全球治理模式的变革来作用和影响全球治理进程的。现存的全球治理进程实际上就是国家、市场和社会三者之间博弈的结果。依据卡尔·波兰尼（Karl Polany）的观点，市场和社会之间存在着双向运动：市场的扩张运动必然伴随着社会的自我保护运动（反向运动），而国家则

---

① Ann Florini, *The Coming Democracy*: *New Rules for Running a New World*. Washington: Island Press, 2003: 132.

② Sanjeev Khagram, *Dams and Development*: *Transnational Struggles for Water and Power*. Ithaca, NY: Cornell University Press, 2004: 178.

是处于社会与市场之上的第三方，并对二者之间的张力进行调节①。总之，国家、市场和社会三者之间应当保持一个合理而稳定的结构。然而，新自由主义全球化在全球迅猛推进，使国家的权力不仅受到市场的侵蚀，甚至和市场结合在一起不断地侵占社会的空间，这自然就激起了社会保护运动的反弹，而冷战后跨国社会运动的勃兴就是这一反向运动的新发展。正如有学者所指出的，在全球化深入发展的背景下，不断变化的主权特征和日益增加的资本权力构成了社会运动拓展其跨国和全球活动的框架②，换言之，跨国社会运动的勃兴在某种意义上来说是对扭曲了的国家、市场和社会之间关系的一种反映。更为重要的是，跨国社会运动被认为是"不断扩张的市场影响力和日趋衰落的国家权力的一种平衡力量"③。因为当代跨国社会运动有助于弥补"政府失灵"和"市场失灵"乃至"以社会制约国家和市场的权力"。用哈贝马斯的话来说，社会运动充当着反对政治和经济力量对"生活世界的殖民化"的自卫性动员的作用④。因此，跨国社会运动有助于纠正国家、市场和社会之间的畸形关系，使之回到正确的轨道上来。而这正是跨国社会运动之于全球治理的重要意义所在。

三、冷战后跨国社会运动全球治理功能的制约因素

当然，冷战后跨国社会运动对全球治理的参与和建构作用是有限的，它受到全球治理体系以及其他治理主体尤其是国家的影响和制约。这是冷战后跨国社会运动与全球治理互动关系的第二个层面。

一是全球治理体系的影响。首先，传统的国家治理体系向全球治理体系的演变刺激了跨国社会运动的勃兴。面对全球化深化和全球问题凸显，民族国家越来越多地通过政府间国际组织和国际会议来解决这些问题，为了对这些超国家的全球治理机构施加影响，社会运动的跨国化发展成为必需。其次，现有的全球治理机构既缺乏经过选举而产生的民主合法性，也

---

① 波兰尼. 大转型：我们时代的政治与经济起源. 冯钢，刘阳，译. 杭州：浙江人民出版社，2007.

② Marc Williams, "Social Movements and Global Politics," in Eleonore Kofman and Gillian Youngs, eds. , *Globalization: Theory and Practice*. 2nd edition, London & New York: Continuum, 2003: 90.

③ Michael Edwards, "Introduction," in Michael Edwards and John Gaventa, eds. , *Global Citizen Action*. London: Earthscan Publications Ltd. , 2001: 3.

④ 同②84.

缺乏对世界上所有国家政府声音的普遍代表性。因此，当代跨国社会运动的兴起也是"对全球治理中的民主赤字的一种反应"①。最后，从历史上看，跨国社会行为体的勃兴与全球化的开放程度相同步，并且只能在一个相对和平与稳定的、对国际互动的规则和国家单元的合法性有着基本共识的国际体系中发展起来。换言之，全球治理体系的自由和开放程度决定了冷战后跨国社会运动治理功能的范围和限度。

　　二是全球治理其他治理主体尤其是主权国家的影响。首先，民族国家几乎垄断了暴力的使用并保留着塑造全球和国家福祉的巨大能量，民族国家"依然更多地塑造着非国家行为体的活动，而不是相反"②，这对于冷战后跨国社会运动来说也不例外。其次，包括跨国社会运动在内的全球社会的治理功能是"对国家体系治理功能的补充而非取代"③。那种"认为正是在与国家相对的全球社会中拯救全球治理才有可能"的观点是错误的。相反，如果我们想要建立真正民主的全球治理，我们别无选择，只有通过国家发挥作用，因为国家依然是"建立一个真正民主政体的最坚实基础"④。最后，跨国社会运动的全球治理诉求、主张和成果大多最终要靠国家来采纳、贯彻和执行，而且跨国社会运动反对跨国公司和新自由主义全球化议程所主导的全球治理形式的最终目的也是"从新自由主义的手中夺回对国家的控制权"⑤，跨国社会运动的全球治理愿景是"既要保护公民免遭政府的苛政，又要增进国家解决跨国问题的能力"⑥。可见，由于主权国家及其政府在当今全球治理体系中仍然起着主导和决定性的作用，跨国社会运动对全球治理的参与和建构也受到主权国家的深刻影响和制约。

---

① John Clark, "Conclusions: Globalizing Civic Engagement," in John Clark, ed., *Globalizing Civic Engagement: Civil Society and Transnational Action*. London: Earthscan Publications, 2003: 169.

② 凯格利，维特科普夫. 世界政治：趋势与变革（影印本）. 北京：北京大学出版社，2004：182.

③ 保罗·韦普纳（Paul Wapner）认为全球社会的治理功能是"对国家体系治理功能的补充而非取代"，笔者认为这对于跨国社会运动也是适用的。参见：Paul Wapner, "Governance in Global Civil Society," in Oran R. Young, ed., *Global Governance: Drawing Insights from the Environmental Experience*. Cambridge, Mass.: MIT Press, 1997: 67.

④ Ian Clark, "Legitimacy in a Global Order," *Review of International Studies*, 2003, 29 (S1): 77—78.

⑤ Jackie Smith, *Social Movements for Global Democracy*. Baltimore: Johns Hopkins University Press, 2008: 232.

⑥ 同⑤17.

　　总之，冷战后跨国社会运动与全球治理相互影响、相互作用、相互塑造，二者之间的关系在互动中展开，并在互动中不断发展，进而作用于当今国际体系。它有时积极参与到全球治理之中而成为其中的一个部分，有时又似乎游离于全球治理的正式机构之外，对其发起建设性的挑战。与此同时，它又是在现有的全球治理机构之中运作并受其影响和制约，并且随着全球治理实践的发展而愈益发展壮大。更为重要的是，正是在跨国社会运动与政府间国际组织和主权国家政府等全球治理机构之间互动的过程中，世界政治和国际体系正发生着"静悄悄的革命"①。一些学者由此认为，"国际关系"演变为"世界主义政治"②，而威斯特伐利亚时代则为"后威斯特伐利亚时代"所取代。

　　综上，冷战后跨国社会运动所具有的影响力和冲击力，给主权国家和国际社会带来新的挑战，而其在基本特征、关系网络、行动逻辑和功能角色等方面所表现出的新变化和新趋势，也给主权国家的应对和规制提出新的课题。

---

① Charles Chatfield, "Intergovernmental and Nongovernmental Associations to 1945," in Jackie Smith, Charles Chatfield and Ron Pagnucco, eds., *Transnational Social Movements and Global Politics: Solidarity beyond the State*. Syracuse, NY: Syracuse University Press, 1997: 21.

② Robin Cohen and Shirin M. Rai, "Global Social Movements: Towards a Cosmopolitan Politics," in Robin Cohen and Shirin M. Rai, eds., *Global Social Movements*. London: Continuum, 2000: 13.

第四章　冷战后跨国社会运动的个案差异

冷战后跨国社会运动的基本特点、关系维度和行动逻辑等理论性的分析，一方面需要通过具体的案例做进一步的考察和验证，另一方面，上述分析大多是基于冷战后跨国社会运动共性的判断，却忽略了其差异性。更为重要的是，冷战后跨国社会运动的个案差异性又影响着跨国社会运动规制。

冷战后的跨国社会运动纷繁而复杂，现有的案例研究，主要有三种不同的路径：一是从整体上进行论述，即将冷战后跨国社会运动作为一个整体进行研究，学者们所使用的名称并不统一，如反全球化运动、全球正义运动、自下而上的全球化运动（草根全球化运动）、反资本主义运动、反体系运动、反跨国公司运动等①。此外，对跨国倡议网络、跨国或全球活动主义、跨国或全球社会的研究②，也可以归入这一类，它们也是从整体

---

① 整体性研究的著作："反全球化运动"，例如 Greg Buckman, *Globalization*：*Tame It or Scrap It? Mapping the Alternatives of the Anti-globalization Movement*. New York：Zed Books, 2004；Tom Mertes, ed., *A Movement of Movements*：*Is Another World Really Possible?* London；New York：Verso, 2004. "全球正义运动"，例如：Donatella Della Porta, ed., *The Global Justice Movement*：*Cross-national and Transnational Perspectives*. Boulder, USA：Paradigm Publishers, 2007. "自下而上的全球化运动"，例如：Donatella Della Porta, *Globalization from Below*：*Transnational Activists and Protest Networks*. Minneapolis：University of Minnesota Press, 2006. "反资本主义运动"，例如：卡利尼科斯. 反资本主义宣言. 上海：上海译文出版社, 2005. "反体系运动"，例如：Giovanni Arrighi, Terence K. Hopkins & Immanuel Wallerstein, *Antisystemic Movements*. London；New York：Verso, 1989. "反跨国公司运动"，例如：Amory Starr, *Naming the Enemy*：*Anti-corporate Movements Confront Globalization*. London：Zed Books, 2000；Evan Osborne, *The Rise of the Anti-Corporate Movement*：*Corporations and the People who Hate Them*. Westport, CT：Praeger Publishers, 2007.

② Margaret Keck and Kathryn Sikkink, *Activists beyond Borders*：*Advocacy Networks in International Politics*. Ithaca, NY：Cornell University Press, 1998；Donatella Della Porta and Sidney Tarrow, eds., *Transnational Protest and Global Activism*. Lanham, MD：Rowman & Littlefield, 2005；Sidney Tarrow, *The New Transnational Activism*. Cambridge：Cambridge University Press, 2005；Rupert Taylor, ed., *Creating a Better World*：*Interpreting Global Civil Society*. Bloomfield, CT：Kumarian Press, 2004；Srilatha Batliwala and L. David Brown, eds., *Transnational Civil Society*：*An Introduction*. Bloomfield, CT：Kumarian Press, 2006.

上对跨国社会运动进行研究，只不过这些著作没有使用跨国社会运动的概念而已，实际上研究的大都是同一种社会现象，即冷战后的社会力量（尤其是跨国社会运动）的勃兴。这种研究方法的优点是可以从整体上把握冷战后跨国社会运动的全貌和发展轨迹。但当代跨国社会运动本身构成复杂、成分多样、观点不一，笼统地一概而论可能难以论述清楚。

　　二是将冷战后的跨国社会运动划分为各种不同的议题领域①进行分别研究。因而，有些学者聚焦于各种议题领域的论述，如跨国和平运动、妇女运动、人权运动、环境运动、土著民运动等。例如，罗宾·科恩（Robin Cohen）和希林·雷（Shirin M. Rai）对"全球社会运动"②的研究选取的案例主要有：土著民权利运动、人权运动、妇女运动、环境运动、宗教运动与和平运动等。罗伯特·奥布赖恩等人对"全球社会运动"的研究，其核心是三个多边经济机构与三个全球社会运动之间的相互作用③。按照全球性议题，例如与环境、人权、和平和国际法等有关的议题，来对跨国社会运动加以命名和区分是很有用处的，有助于阐明跨国组织与社会运动中其他组成部分之间的关系④。

　　三是以某一个具体议题或案例为切入点来研究冷战后跨国社会运动。不少学者开始聚焦于一个具体的议题或案例，这既可以是整体研究中包含一些具体案例研究，也可以是只聚焦于研究某个具体案例。前者例如安·弗洛里妮（Ann M. Florini）论文集中对跨国减债运动和跨国反大坝运动等跨国社会运动的研究⑤；后者如对国际禁雷运动⑥和支持建立

① 也有学者称之为社会运动部门（social movement industry，SMI）。正如经济部门是由提供类似产品的所有公司所组成一样，社会运动部门则是由具有相似目标的所有社会运动组织（SMOs）所组成的。参见：Mayer N. Zald and John D. McCarthy, "Social Movement Industries: Competition and Cooperation among Movement Organizations," CRSO Working Paper No. 201, 1979, p. 2.

② Robin Cohen and Shirin M. Rai, eds., *Global Social Movements*. London: Continuum, 2000.

③ Robert O'Brien, Anne Marie Goetz, Jan Aart Scholte and Marc Williams, *Contesting Global Governance: Multilateral Economic Institutions and Global Social Movements*. Cambridge: Cambridge University Press, 2000.

④ Charles Chatfield, "Introduction," in Jackie Smith, Charles Chatfield and Ron Pagnucco, eds., *Transnational Social Movements and Global Politics: Solidarity beyond the State*. Syracuse: Syracuse University Press, 1997: xv.

⑤ Ann M. Florini, ed., *The Third Force: The Rise of Transnational Civil Society*. Tokyo: Japan Center for International Exchange and Washington, DC: Carnegie Endowment for International Peace, 2000.

⑥ Richard Rice, "Reversing the Gun Sights: Transnational Civil Society Targets Land Mines," *International Organization*, 1998, 52 (3): 613-644.

国际刑事法院的跨国社会运动①等。当然，具体案例研究的相关著作和文章远远不止这些，这里只不过摘取与本书相关的一些作品做些提示性的介绍。

大体上，现有的关于冷战后跨国社会运动的理论和案例研究倾向于总结西欧和美国的经验。这会导致两个明显的问题：第一，这种知识背景可能会想当然地认为北方或西方社会运动与世界其他地方的社会运动在特征上是相同的。而且，对世界其他地区社会运动的忽视可能阻碍研究者对北方或西方主导的社会运动提出深层次的问题。这些深层次的问题在南北关系的背景下尤为重要。南方国家社会运动是在一个与北方国家社会运动不同的地方环境中运作的②。除了金融资源相对稀少之外，它们对地方的组织和活动更为关注，它们与国家之间的关系也更加矛盾。在南方国家积极地镇压地方社会运动的同时，它们又被认为是值得支持的，以反抗占据主导地位的北方国家利益。它们欢迎以北方国家为基础的社会运动的援助，但不会以采用北方国家社会运动的议程为代价。

第二，相对局限于"进步的"和"好的"跨国运动。现有的对冷战后跨国社会运动的研究大多聚焦于所谓好的或进步的跨国社会运动，例如，环境、发展、人权和土著民运动等。而将所谓"坏的"跨国社会运动排除在外。而有的学者认为宗教激进主义运动与进步社会运动在形成逻辑或运作动力上并无本质区别，因而社会运动无所谓"好与坏"之分③。由于治理型和抗争型跨国社会运动在行动逻辑、斗争策略，尤其是与国家和国际机构之间的关系方面有着较多的差异，甚至彼此对立，因此，对二者的综合研究和比较研究是相当重要和必需的。

鉴于此，笔者转入对冷战后跨国社会运动差异性的案例研究，注重个案研究及其之间的差异，从内部和外部两个方面将案例研究主要分为三类：一是不同议题领域的进步运动，以跨国减债运动、跨国反大坝运动和跨国禁止集束炸弹运动为例；二是不同性质的运动，主要聚焦于激进的抗

① Marlies Glasius, *The International Criminal Court: A Global Civil Society Achievement*. London: Routledge, 2007; Michael J. Struett, *The Politics of Constructing the International Criminal Court: NGOs, Discourse, and Agency*. New York: Palgrave Macmillan, 2008.

② Ponna Wignaraja, ed., *New Social Movements in the South: Empowering the People*. London: Zed Books, 1993.

③ Ronaldo Munck, *Globalization and Contestation: The New Great Counter-Movement*. London: Routledge, 2007: 30−31.

争运动，以"基地"组织为代表的新恐怖主义运动为例；三是不同政体、不同地区国家的同类型运动，以反全球化运动为例。

第一节　议题差异性

就跨国社会运动的议题差异而言，从经济、环境和安全三个议题领域分别选取了跨国减债运动、跨国反大坝运动和跨国禁止集束炸弹运动三个个案进行案例研究。原因有两点。

首先，为什么选定经济、环境和安全三个议题领域？当代跨国社会运动可以说涉及国际社会和生活的各个领域，然而又不可能对所有领域的跨国社会运动都进行案例研究，从经济、环境和安全这三个比较有代表性的议题领域选取案例是一种比较可行和妥当的方法。根据杰姬·史密斯（Jackie Smith）对跨国社会运动组织的统计研究，跨国社会运动组织关注的主要议题是环境、经济正义、发展、和平、人权和妇女权利等。其中环境议题和经济（包括经济正义与发展）议题领域的跨国社会运动组织增长最为迅速，占总数的比例由 1963 年的 2％和 7％增长至 2003 年的 18％和 19％①，环境跨国社会运动组织尤其在 20 世纪 80 年代增长最为快速，而 90 年代则是聚焦于经济正义的跨国社会运动组织发展最快的时期②。这说明经济和环境议题在当代跨国社会运动中的重要性日渐突出，因此，选取这两个议题领域进行案例研究可能更有助于揭示当代跨国社会运动的演变趋势和日益扩大的影响。而选取安全领域，是因为传统的观点认为社会运动只聚焦于社会和环境等议题，但实际上跨国社会运动在涉及国家外交和军事安全等领域也能发挥突出的作用，例如反对和禁止核武器运动、跨国禁雷运动和跨国禁止集束炸弹运动等，而且这些运动又是和平和人权议题领域的跨国社会运动近些年来的关注焦点③。因而，从经济、环境和安全这三个议题领域分别进行案例研究，既有助于揭示当代跨国社会运动的演变趋

---

① Jackie Smith, *Social Movements for Global Democracy*. Baltimore：Johns Hopkins University Press，2008：123.

② Jackie Smith and Joe Bandy, "Introduction：Cooperation and Conflict in Transnational Protest," in Joe Bandy and Jackie Smith，eds.，*Coalitions across Borders：Transnational Protest and the Neoliberal Order*. Lanham，Md.：Rowman & Littlefield，2005：5.

③ 根据杰姬·史密斯的上述统计，人权与和平两大议题领域的跨国社会运动组织占总数的比例一直稳定在 50％左右。因此，安全领域的案例研究就显得尤为必要。

势，又能够全面和均衡地反映跨国社会运动在世界政治中的地位和影响。

其次，为什么从经济、环境和安全三个议题领域中选取跨国减债运动、跨国反大坝运动和跨国禁止集束炸弹运动这三个案例？涉及这三个议题领域的跨国社会运动虽然得到了非常多的关注和研究，然而具体的个案研究仍需进一步加强。从经济和环境领域来说，跨国减债运动和跨国反大坝运动也具有代表性，它们是对全球化所造成的经济不平等和环境恶化的一种反映，它们的共同特征都是反对新自由主义意识形态对全球化的主导，而这正是当前大多数跨国社会运动关注的一个焦点。跨国减债运动和跨国反大坝运动，一方面是当前反对新自由主义全球化的最早表现之一①，另一方面也是20世纪90年代之后从广义而言的"全球正义运动"的重要组成部分，但又保持着自身的相对独立性。研究这两个案例，既可以帮助我们了解反新自由主义全球化运动的缘起，又可以通过这两个案例（可能有助于）深化对整个"全球正义运动"的全貌、轨迹、动力和影响的理解。从安全领域来说，鉴于国内已有对国际禁雷运动和反战反核运动的研究②，因此，笔者选取了最近10年发生的跨国禁止集束炸弹运动，它与之前发生的国际禁雷运动和反战反核运动共同说明了跨国社会运动在国家安全这一领域中的作用，而且也代表了跨国社会运动在这一领域中取得的新进展，此外它与跨国减债运动和跨国反大坝运动也有关联之处——都共同聚焦于全球正义和民主这个主题，这也是为什么冷战后跨国社会运动更多地被统称为"全球正义运动"的原因之一。

一、跨国减债运动

20世纪90年代以来，在全球化的影响下，聚焦于全球经济正义议题的跨国社会运动日渐增多，而跨国减债运动则是其中一个非常典型的案例，它不仅成功地推动了发达国家对发展中国家债务的大规模取消，而且对不公正的国际经济秩序发起了挑战。

跨国减债运动是以减免乃至完全取消发展中国家债务（尤其是穷国无

---

① 冷战后兴起的反对新自由主义全球化运动的首次重要活动可以追溯到20世纪80年代发生的跨国减债运动和跨国反大坝运动。跨国减债运动在1998年伯明翰和1999年科隆八国峰会期间发起了大规模反债务示威，从中我们已经可以隐约看到日后西雅图和热那亚更大规模对抗的影子。参见第二章第二节第三部分的有关论述。

② 参见：刘贞晔. 国际政治领域中的非政府组织：一种互动关系的分析. 天津：天津人民出版社，2005；刘华平. 非政府组织与核军控. 北京：中国社会科学出版社，2008. 不过，二者都是从非政府组织的角度对国际禁雷运动和反战反核和平运动进行了研究。

力偿还的重债）为目标的一场世界性的跨国社会运动。早在 20 世纪 70 年代末期，西方非政府组织和教会就已经开始致力于债务议题，它们起初在国家的或地区的层面展开活动，然后又进行跨国合作，从而导致 80 年代末形成了一个跨国运作的减债网络，并在 90 年代中期至晚期演变为一个更加整合的但依然互不隶属的联盟，即福音两千运动①。1999 年西雅图抗议事件之后，跨国减债运动成为反新自由主义全球化运动的一部分，尽管它还保持着一定的独立性。

通过对跨国减债运动的案例研究，我们发现：首先，跨国减债运动的策略是：一是以国际非政府组织是为依托，国际非政府组织是运动的发起者和组织者。跨国减债运动始于一些非政府组织和宗教组织对发展中国家债务问题的关注，进而又形成了跨国减债网络，并逐渐发展为以福音两千运动为核心的跨国社会运动。乐施会等国际非政府组织以及欧洲债务和发展网络、福音两千运动和"受够了 50 年"网络等非政府组织联盟都在运动过程中发挥着重要作用。二是游说和抗议的综合运用。跨国减债运动不仅通过游说、与政府代表接触、发起媒体运动或举办研讨会等策略影响国际公众和有关国家以及政府间国际组织，而且还组织了持续的抗议活动，给七国集团、世界银行和国际货币基金组织施加了相当大的全球性压力。在从地方到国际层面的制度背景中，整合和协调从草根抗议到精英游说等各种策略有助于促进跨国社会运动的成功。

其次，跨国减债运动与国际货币基金组织、世界银行等政府间国际组织的关系主要是抗争加有限的合作。跨国减债运动主要针对西方发达国家的债权国政府，同时也包括七国集团、国际货币基金组织和世界银行等政府间国际组织。跨国减债运动还进一步对世界银行和国际货币基金组织等国际金融机构的决策过程发起挑战，主张改革国际金融机构的决策程序以使其更加透明和更加负责，这无疑促进了国际金融机构的改革以及与社会团体建立更为紧密的关系。例如，世界银行的结构调整参与性审查倡议计划（SAPRI）和减贫战略文件（PRSP）的制定都明确和保证了国际和国内社会团体对有关主权国家（债权国和债务国）政府和世界银行等国际组织决策的参与和监督。不过，这种合作虽然在扩展，但还是很有限的。当

---

① Elizabeth A. Donnelly, "Proclaiming Jubilee: The Debt and Structural Adjustment Network," in Sanjeev Khagram, James V. Riker and Kathryn Sikkink, eds., *Restructuring World Politics: Transnational Social Movements, Networks, and Norms*. Minneapolis: University of Minnesota Press, 2002: 156.

然，这些组织召开的国际性会议为跨国减债运动提出减债议题、吸引媒体关注、发起运动提供了平台，同时也为跨国减债运动对主要债权国施加影响提供了机遇。

再次，跨国减债运动与跨国公司的关系基本以抗争与约束为主。跨国减债运动虽然以两大全球金融机构、七国集团债权国政府为主要运动对象，但运动起初是以一些跨国商业银行为对象的，而且运动在发展过程中也开始加强与贸易、投资、劳工标准、移民、经济与社会权利等其他相关的运动的联系。运动不仅反对不公正的经济秩序对重债穷国的影响，而且也与其他以跨国公司为目标的运动一道反对跨国公司对发展中国家的控制和剥削以及由资本输出所带来的沉重的债务负担。不仅使跨国公司的投资行为受到减债规范的制约，而且还推动跨国公司在减债和消除贫困方面发挥更大的作用。跨国减债运动也会对跨国公司的对外投资和资本输出施加严格的审查和监督，以使之符合国际减债规范和跨国减债运动的主张。

最后，在与国家关系方面，跨国减债运动影响和改变了发达国家的行为、声援了发展中国家。跨国减债运动起源于国际非政府组织和教会对发展中国家，尤其是穷国债务危机的关注，并发起了要求发达国家及其所主导的国际货币基金组织和世界银行减免重债穷国债务的跨国社会运动，运动既有在债务国国内的动员、游说和抗议等活动，又有针对这两大金融机构和七国集团会议的抗议和游说活动。运动首先迫使一些发达国家做出了减债的承诺，继而转变为切实的减债行动，并且通过对两大金融机构和七国集团会议施压促使债权国政府采取一揽子的减债计划，例如重债穷国计划和多边减债计划。跨国减债运动促使"免除重债穷国无力偿还的债务"转变为国际社会的一种规范，这将是推动主权国家尤其是主要债权国继续采取减债措施的重要因素，而且跨国减债运动还是这些国家履行国际减债规范和进一步兑现减债承诺的一种重要监督力量。另一方面，运动明显是站在发展中国家（尤其是重债穷国）的一边反对发达国家（尤其是七国集团政府）。发展中国家所欠的国际债务是发达国家以及世界银行和国际货币基金组织竭力促使其实行经济自由化的主要杠杆[1]，而跨国社会运动则成为发展中国家抗衡发达国家和多边经济机构以及改变于己不利的国际经济秩序的一支重要力量。从一定意义上来说，跨国减债运动改变了发达国

---

① Jeff Haynes, *Democracy and Civil Society in the Third World*: *Politics and New Political Movements*. Malden, Mass: Polity Press, 1997: 64.

家与发展中国家之间的力量对比，在一定程度上有利于国际关系的民主化和公平合理的国际经济秩序的形成。

二、跨国反大坝运动

跨国环境保护运动在二战之后才真正开始出现，在联合国人类环境大会的促进下，20 世纪 70 年代至 90 年代发展尤其迅速。环境和可持续发展领域的国内和国际决策也愈益受到跨国社会运动的严格审查、监督，甚至抵制和抗议，而这其中跨国反大坝运动就发挥了一定作用。

毋庸置疑，大坝在发电、灌溉、防洪等方面有着巨大的积极作用和贡献，然而，令人困惑不解的是，尽管对大坝产生的收益有着非常巨大的需求，而且很多强大的团体和组织在竭力推进大坝建设，但是自 20 世纪 70 年代中期以后，全球大坝建设数量却急剧下降①。尽管在这一趋势的背后有技术、财政和经济上的因素，然而这些因素并不足以解释整个事件。实际上，围绕大坝问题形成的跨国社会运动在其中起着重要的作用。

早期的反对大坝运动在 20 世纪 50 年代到 70 年代西方国内环境运动的发展中曾经起过关键的作用②。在此期间，批判大坝建设的社会团体在欧洲许多国家中兴起。要求公开披露信息和对大型工程进行环境影响评估，这既是反大坝运动的结果，同时又促进了运动的成功。这些成功的运动促成了 70 年代世纪大多数欧洲国家大坝建设数量的普遍下降③。之后，跨国反大坝运动的主战场转移到了发展中国家，尤其是 20 世纪 80 年代中期以来，跨国反大坝运动不断发展。一方面，来自发达国家并在国际层面运作的环境非政府组织，以及致力于人权和土著民保护的非政府组织，日益聚焦于延缓或阻止大坝的全球传播。另一方面，在世界其他地方直接受影响的当地居民、社会运动和国内非政府组织经常各自孤立地动员起来改

---

① 据统计，全世界每年建成的大坝数量从 1900 年几乎为零到 20 世纪中期增长为约 250 个。在此之后，从 20 世纪 50 年代中期到 70 年代中期出现爆炸式增长，每年完工的大坝达到顶峰的 1 000 个。但是到 20 世纪末时，这一数量急剧地下降至不足 200 个，在十几年时间里减少了 75%。参见：Sanjeev Khagram, *Dams and Development：Transnational Struggles for Water and Power*. Ithaca, NY：Cornell University Press，2004：8.

② Sanjeev Khagram, "Toward Democratic Governance for Sustainable Development：Transnational Civil Society Organizing around Big Dams," in Ann M. Florini, ed., *The Third Force：The Rise of Transnational Civil Society*. Tokyo：Japan Center for International Exchange and Washington，DC：Carnegie Endowment for International Peace，2000：85.

③ 同②88.

革或阻挠自己国内大坝工程的建设。一段时间后，这些志同道合的国内和国外团体之间形成了联盟。在美国和西欧更为成功的国内反大坝运动显然有助于这一跨国社会联盟的形成。因而，跨国反大坝运动的形成源自"西方环境组织、人权和土著民权利组织在国内的成功和随后的国际化，以及世界各地的人民团体和社会运动反对大坝建设的斗争所铸造的联系和联盟"。正是这些国内和国际社会组织在世界各地展开的大量斗争和运动结合在一起所形成的跨国社会运动"极大地改变了大坝工程建设的动力"①。到20世纪90年代，世界上几乎每一座正在建设或提议中的大坝都成为跨国社会运动潜在的目标②。

　　近些年来，围绕大坝建设的冲突在一些发展中国家中已经演变成激烈的国内政策辩论。在国际层次上，这些工程也曾处于那些主张对国家和政府间国际组织进行重大改革的激烈辩论的核心议题之一③。跨国反大坝运动在印度、巴西、菲律宾、印度尼西亚、泰国、南非、乌干达等众多的发展中国家展开。例如，1974年菲律宾反对世界银行资助的奇科（Chico）大坝工程运动，目的在于促使人们关注世界银行资助的大型工程对土著和部族人口的不利影响。由于遭到持续的反对，世界银行最终撤销了对这一工程的资助。类似地，在巴西，从20世纪70年代起，受大坝影响的民族发起的全国性运动的规模和力量不断增长。运动将巴西各地区的反对大坝工程的社会运动联合起来，不仅促进了巴西国内社会和环境政策的改革，而且推动了巴西的民主化进程④。在发展中国家众多的反大坝运动中围绕印度纳尔默达（Narmada）河谷大坝而展开的跨国斗争最为闻名。

　　运动可以分为前后两个阶段，第一阶段主张对纳尔默达工程进行改

---

① Sanjeev Khagram, "Toward Democratic Governance for Sustainable Development Transnational Civil Society Organizing around Big Dams," in Ann M. Florini, ed., *The Third Force: The Rise of Transnational Civil Society*. Tokyo: Japan Center for International Exchange and Washington, DC: Carnegie Endowment for International Peace, 2000: 85-86.

② 同①94.

③ Sanjeev Khagram, "Restructuring the Global Politics of Development: The Case of India's Narmada Valley Dams," in Sanjeev Khagram, James V. Riker and Kathryn Sikkink, eds., *Restructuring World Politics: Transnational Social Movements, Networks, and Norms*. Minneapolis: University of Minnesota Press, 2002: 208.

④ Franklin Daniel Rothman and Pamela E. Oliver, "From Local to Global: The Anti-dam Movement in Southern Brazil, 1979-1992," *Mobilization: An International Journal*, 1999, 4 (1): 41-57.

良，运动起初并不反对大坝本身，而是旨在确保大坝建设中环境要得到保护以及被迫迁徙的人能够得到适当的经济补偿[①]。第二阶段致力于彻底阻止世界银行的资助，运动也由改良转变为"反大坝"，它由印度当地的和国内的团体发起并最终发展成强大的社会运动即拯救纳尔默达运动（Narmada Bachao Andolan，NBA）[②]，更为主要的是，外国的或国际的非政府组织也参与其中，使其成为一场名副其实的跨国社会运动。

随着世界银行撤销其对萨达尔·萨诺瓦项目的支持和印度最高法院命令暂时停工，跨国反大坝运动在印度国内和国际层面取得了明显且巨大的胜利。但运动并没有最终阻止萨达尔·萨诺瓦项目建设，暂停5年多之后，最高法院于1999年和2000年先后做出了初步判决与最后判决，工程又得以恢复。最高法院的裁决激起了跨国反大坝运动的大规模抗议。在此之后，跨国反大坝运动有了进一步的发展。首先，斗争目标有了新的内涵。拯救纳尔默达运动的领导人梅达·帕特卡指出，运动原来的目标是为移民失去的生活和环境的破坏而战，现在，它在更广泛的意义上为国家的发展而战。其次，斗争方式有了新的发展：一是进一步利用国际舆论和国际条约向印度政府施压。2000年6月，拯救纳尔默达运动的成员出席了联合国人权大会，并指出了纳尔默达工程中的人权问题。二是把反大坝与反全球化和私有化联系起来，强调全球化就是把印度人民的土地、河流和森林转变成跨国公司的超额利润，而根本不在乎人民的福祉与环境的保护[③]。尽管以拯救纳尔默达运动为核心的跨国社会运动没能从根本上阻止纳尔默达河谷大坝工程的建设，然而，运动成功地改变了印度中央政府、邦政府和世界银行安置移民的政策。拯救纳尔默达运动组织的跨国联盟促使全世界重新思考大型水坝的价值，改变了世界银行的政策与实践，促成了世界水坝委员会（World Commission on Dams）的建立，以评估世界范围内大型水坝的影响[④]。世界水坝委员会的建立是全球性的跨国反大坝运动对全球治理实践的一个最为重要的影响和成果。

---

① Jeff Haynes, *Democracy and Civil Society in the Third World: Politics and New Political Movements*. Malden, Mass.: Polity Press, 1997: 104.

② Narmada Bachao Andolan 的含义是"拯救纳尔默达运动（Save the Narmada Movement）"。

③ 张淑兰. 印度的环境非政府组织：拯救纳尔默达运动. 南亚研究季刊，2007（3）：81.

④ 布朗，等. 全球化、非政府组织与多部门关系//奈，唐纳胡. 全球化世界的治理. 王勇，等译. 北京：世界知识出版社，2003：228.

　　围绕印度纳尔默达工程而兴起的跨国社会运动由起初争取"公平补偿和适当安置"的斗争发展成一场独特的、反对破坏性发展的广泛性运动①。印度纳尔默达工程并非一个孤立的案例，而是第三世界国家跨国反大坝运动历史的一部分。近些年来，围绕大坝建设的冲突在一些发展中国家已经演变成激烈的国内政策辩论。在国际层次上，这些工程也曾处于那些主张对国家和政府间国际组织进行重大改革的激烈运动之中心。而跨国反大坝运动对环境和可持续发展议题方面的治理问题也带来一些积极的变化，进而对其他国际行为体以及全球治理产生了重要的影响。

　　首先，国际和国内非政府组织是跨国反大坝运动的支持者和促进者。围绕印度纳尔默达河谷工程而展开的跨国反大坝运动由民间抵抗而起，非政府组织与其合作并积极提供支持。在跨国反大坝运动的案例中，反纳尔默达河谷大坝运动的成功是"因为其成功地建立了一个强大的反大坝联盟，一个当地农民、妇女、青年和环境团体和绿色和平组织、地球之友和美国环境保护基金等跨国团体之间的联盟"②。一方面，印度国内早期的草根抵抗由于缺乏跨国联盟的支持，无法对印度政府和当地政府产生更大的影响而陷于失败。另一方面，之后无论是主张改良还是主张反大坝的跨国联盟的成功又在很大程度上依赖于印度国内持续存在的草根（民间）抵抗。国内社会动员极大地增加了印度官员和外国捐赠者在推动工程建设中所面临的（政治上和经济上的）代价，与组织起来的国内动员之间的联系为那些在印度国内和国际层次上进行游说的非政府组织提供了强有力的信息、策略和合法性源泉。

　　其次，与政府间组织的关系方面。在跨国反大坝运动的案例中，世界银行既是运动的抗争对象，又是影响印度政府的杠杆。作为运动的抗议对象，世界银行是纳尔默达大坝工程的贷款提供者，跨国联合反对萨达尔·萨诺瓦项目的斗争还促使世界银行的政策和实践发生了极为显著的变化。这是因为世界银行的政策声明与其具体实践之间存在差距，使其在面对国

---

① Harsh Sethi, "Micro-struggles, NGOs and the State," in Manoranjan Mohanty, Partha Nath Mukherji and Olle Törnquist, eds., *People's Rights：Social Movements and the State in the Third World*. New Delhi；Thousand Oaks, Calif.；Sage Publications，1997：416.

② Jeff Haynes, *Democracy and Civil Society in the Third World：Politics and New Political Movements*. Malden，Mass.；Polity Press，1997：104.

际非政府组织的游说时具有脆弱性。正如 1985 年世界银行自身的业务评估所表明的："纳尔默达工程对世界银行了解实现可持续发展的困难，对其投资管理方法以及对其政策和项目对话的开放程度等都产生了深远的影响。"在移民安置方面，世界银行的政策修改也引起实践方面的一些改善。同时，世界银行还制定了新的信息披露政策和设立了一个监察小组来评估大型发展项目是否违反了有关政策①。另一方面，世界银行又成为跨国社会运动借以影响印度政府的一个杠杆。世界银行的卷入使得纳尔默达工程的建设必须符合世界银行既有政策中有关的环境和移民安置等方面的规范标准，这就使得原先的"双层国内博弈转变为三层国际博弈"②，从而使印度的这一国内工程暴露在国际审查、批判和监督之中，因而增加了非政府组织间接对印度施压使其修改与工程相关的环境、人权或其他政策的机会。

再次，与跨国公司的关系。跨国反大坝运动实际上是政府机构、国际组织、跨国公司和国内工业与农业游说者等支持大坝建设的强势利益集团与反对大坝建设的土著民和社会联盟之间冲突的表达。在印度的案例中，支持大坝建设的力量既有印度本国的公司和商业精英，也有跨国公司和日本等外国投资者。最终，跨国抗议运动使得世界银行撤销了贷款决定，也使得日本撤销了其资金支持，这就使得对大坝工程进行投资的跨国公司和从事工程建设的印度国内公司失去了有力的资金支持，从而阻挠和延缓了大坝工程的建设。而且，跨国反大坝运动所倡导和创立的有关大坝建设和管理的一系列国际规范无疑给跨国公司等商业利益集团套上了一道"紧箍咒"。鉴于跨国反大坝运动发生在世界很多国家中，因而跨国公司在进行大坝建设或者资源开发的时候，越来越受到跨国社会运动的密切关注、监督乃至抗议，以及土著民和人权与环境和可持续发展等方面的国际规范的制约。

最后，与主权国家的关系。跨国反大坝运动中，跨国社会运动和非政府组织既有从印度国内来展开斗争的，又有在国际层面借助世界银行和其

---

① Sanjeev Khagram，"Restructuring the Global Politics of Development：The Case of India's Narmada Valley Dams，" in Sanjeev Khagram，James V. Riker and Kathryn Sikkink，eds.，*Restructuring World Politics：Transnational Social Movements，Networks，and Norms.* Minneapolis：University of Minnesota Press，2002：226.

② William F. Fisher，"Development and Resistance in the Narmada Valley，" in William F. Fisher，ed.，*Toward Sustainable Development？Struggling over India's Narmada River.* Armonk，NY：M. E. Sharpe，1995：19.

他主权国家来对印度这个主权国家施加影响和压力的。印度的民主体制是跨国社会运动成功的一个重要原因,民主政体提供了一套政治机会结构,包括赋予国内团体组织和动员的权利,与国外志同道合的行为体结成联盟和接触大量信息的能力,以及一个可以使国内政府和非政府行为体对印度和国际上的规范、程序和法律负责的法律体系①。然而,即便在印度这样的民主政体中,很多时候也忽视了环境和土著民权利的保护,尤其是社会底层的需求,对这些公民的诉求以及国内运动和非政府组织的反应不足或迟缓,因而跨国社会运动和非政府组织在发动直接抗争的同时,也诉诸国际盟友,借助其他国家和国际组织的力量来进一步施加影响。

三、跨国禁止集束炸弹运动

传统的国际关系理论认为在安全和军控等领域国家具有完全垄断的权威,而跨国社会运动与国际非政府组织只是在环境、发展、妇女等领域才发挥一定的作用,然而冷战后,跨国社会运动在全面禁止核试验、禁止生化武器和禁止地雷武器等武器和安全领域也发挥了实质性的影响②,2010年缔结的《集束炸弹公约》则是跨国社会运动在安全领域取得的一个新进展。

2010年8月1日,《集束炸弹公约》(Convention on Cluster Munitions,CCM)生效,公约对集束炸弹的使用、生产、储存和转让进行了明确禁止。这是国际裁军行动和国际人道法的一个重要成果。不过,禁止集束炸弹的历程充满了曲折和障碍。实际上,早在1974年,在关于重申

---

① Sanjeev Khagram, "Restructuring the Global Politics of Development: The Case of India's Narmada Valley Dams," in Sanjeev Khagram, James V. Riker and Kathryn Sikkink, eds. , *Restructuring World Politics: Transnational Social Movements, Networks, and Norms*. Minneapolis: University of Minnesota Press, 2002: 228.

② 1993年日内瓦裁军大会达成了《禁止化学武器公约》,1995年《核不扩散条约》延长为无限期有效,1996年联合国通过《全面禁止核试验条约》,1997年《渥太华禁雷公约》缔结。关于跨国社会运动在其中的作用,分别参见:Daniel Feakes, "Global Civil Society and Biological and Chemical Weapons," in Mary Kaldor, Helmut Anheier and Marlies Glasius, eds. , *Global Civil Society 2003*. Oxford: Oxford University Press, 2003: 87-117; Rebecca Johnson, "Advocates and Activists: Conflicting Approaches on Non-proliferation and the Test Ban Treaty," in Ann M. Florini, ed. , *The Third Force: The Rise of Transnational Civil Society*. Tokyo: Japan Center for International Exchange and Washington, DC: Carnegie Endowment for International Peace, 2000: 49-81; Richard Rice, "Reversing the Gun Sights: Transnational Civil Society Targets Land Mines," *International Organization*, 1998, 52 (3): 613-644.

和发展适用于武装冲突的国际人道法外交大会①上，瑞典等国就提交了一份工作报告。报告呼吁对集束炸弹武器订立一个新的国际法规②。为什么时隔30多年，禁止集束炸弹的斗争取得了最终的胜利？回顾禁止集束炸弹的历史，我们可以发现一个非常重要的不同因素：以集束炸弹联盟（Cluster Munition Coalition，CMC）和国际红十字委员会（ICRC）为核心的跨国禁止集束炸弹运动的作用。

针对集束弹药所造成的人道主义问题，以主权国家和联合国裁军大会为核心的国际治理机构没能实现有效的治理，然而，跨国禁止集束炸弹运动改变了国家的利益认同，联合一些中小国家在联合国裁军进程之外发起了独立的"奥斯陆进程"，进而创造了一个全新的国际规范，实现了对一种武器类别的禁止。由此可见，跨国社会运动即使在军事与安全等国际政治的核心领域也发挥着重要的治理功能。当然，这是跨国社会运动在与其他行为体互动和博弈过程中实现的。

首先，国际非政府组织是跨国禁止集束炸弹运动的倡导者和促进者。国际非政府组织持续关注集束炸弹议题的过程催生了集束炸弹联盟这一非政府组织联盟，而集束炸弹联盟又与国际红十字委员会等非政府组织之间组成了复杂的合作网络，从而形成了包括国际红十字委员会和集束炸弹联盟（以及国际禁雷运动）在内的跨国禁止集束炸弹运动。在禁止集束炸弹的过程中，跨国禁雷运动和跨国禁止集束炸弹运动也存在着密切的协作关系（尽管在议题聚焦上有时也可能存在冲突）。由此可见，跨国社会运动内部非政府组织的密切合作、精英游说与草根抗议等多种策略的综合运用，以及跨国社会运动之间的积极配合是运动获得成功的一个重要因素。

其次，在与政府间国际组织关系方面，跨国禁止集束炸弹运动与联合国是一种参与与合作的关系。联合国日内瓦裁军大会以及常规武器公约会议等政府间组织会议为跨国社会运动网络提供了一个提出议题、发表观点、施加影响的重要舞台，而且跨国社会运动借助联合国等政府间国际组织的力量来间接影响主权国家。然而，联合国多边裁军进程毕竟由主权国家政府组成和控制，当这种多边进程不能满足其要求时，跨国社会运动就

---

① 重申和发展适用于武装冲突的国际人道法外交会议（Diplomatic Conference on the Reaffirmation and Development of International Human Law Applicable in Armed Conflict）1974年至1977年在日内瓦召开。

② John Borrie, *Unacceptable Harm：A History of How the Treaty to Ban Cluster Munitions Was Won*. New York；Geneva：United Nations，UNIDIR，2009：5-6.

推动国际社会发起独立于常规武器公约的奥斯陆进程，尽管不完全否定常规武器公约进程的作用。联合国及其有关机构（可能是认识到自身机制的有限性）反过来又与跨国社会运动和国际非政府组织一道共同推动这一独立进程。因此，跨国社会运动对联合国治理功能是一个重要的补充。

再次，与跨国公司的关系方面，反对禁止集束炸弹的国家背后有着发达国家的军火商等跨国公司的巨大商业利益。为了避免一些集束炸弹被禁止，军火商大多主张通过技术改良的方式来减少其人道主义危害，支持全面禁止集束炸弹的跨国运动和非政府组织则认为集束炸弹是无法接受的武器，因为其人道主义后果超过了其军事效用。特别是集束炸弹联盟的成员挪威人民援助组织关于 M-85 集束炸弹可靠性的研究报告彻底击败了某些军火公司（以及一些军事大国）试图将"先进的"集束炸弹排除在禁令之外的企图。尽管军火跨国公司可能会转而发展更为先进的武器，然而毕竟跨国社会运动使得目前现役的几乎所有集束炸弹都被列为禁止和销毁的对象，这成为对抗强大的军火跨国公司的一个重要胜利，更为重要的是，军火企业未来所发展的任何武器都必然受到跨国社会运动和国际非政府组织的严格监督，因为一旦其产生了严重的人道主义危害，就必然会遭到抗议、反对乃至禁止。

最后，与主权国家之间的关系，跨国禁止集束炸弹运动推动了国家的"社会化"和国家间关系结构的改变。一方面，跨国禁止集束炸弹运动改变了国家的立场和利益认知。主权国家在《常规武器公约》框架中难以有效地解决集束炸弹议题，这一定程度上是由于《常规武器公约》的共识惯例，但更为主要的是由于《常规武器公约》中的一些国家为了继续保留和使用此种武器，不愿意承认集束炸弹对平民所产生的威胁及其与国际人道法和道德良知之间的联系，更不用说解决这种问题了。而且大多数军事大国在关于集束炸弹的国际讨论中长期存在证实倾向，例如 20 世纪 70 年代的国际红十字委员会和《常规武器公约》会议，往往成为政府专家寻找能证实其关于集束炸弹的合法性和效用的预先存在的立场和信仰的舞台，而置集束炸弹的人道主义危害于不顾。然而，随着跨国社会运动和国际非政府组织将集束炸弹这一安全和裁军议题作为人道主义议题，并且通过不断累积的证据表明了集束炸弹的人道代价已经超过军事效用之后，这些国家的这种实用主义观点就不再令人信服，再也站不住脚了。在跨国社会运动和国际非政府组织的影响下，比利时、挪威、奥地利等国率先禁止集束炸弹，又进一步推动了其他国家加入奥斯陆进程。而且跨国社会运动还转变了一些集束炸弹大国的立场，例如英国、法国和德国。另一方面，跨国禁止集束炸弹运动改变了主权国家之间的既有关系结构。禁止集束炸弹的斗争是跨国社会运动团结和支持一些中小国家发起的，而这些中小国家之所以支持禁止集束炸弹，在一定程度上也是跨国社会运动和国际非政府组织国内游说和施压的结果，进而对一些诸如美国和俄罗斯等大国的利益发起了挑战，尽管它们没有加入，但也承受了强大的道德和舆论压力。

四、议题差异性对跨国社会运动规制的影响

就跨国减债运动、跨国反大坝运动和跨国禁止集束炸弹运动而言，尽管议题各异，但都反对新自由主义全球化的议程，共同聚焦于全球正义和民主。这种共性和差异性也体现在反全球化抗议运动中。尽管跨国反全球化运动的成员与主流非政府组织等其他类型的跨国活动分子有所重叠，但并非所有的跨国抗议团体都完全属于"跨国网络"或"跨国社会运动"[1]。虽然参加抗议是所有群体的共同点，但他们的起源和动机各不相同。事实上，大多数抗议活动都有当地的参与者，就像西雅图的劳工组织一样。此外，并非所有参与抗议的组织都明确关注经济全球化，但可能会将抗议视为一个向街头传递信息的机会。这一群体还包括更专业的国际非政府组织，通过选择扩大传统的活动范围、参加抗议以及游说或诉讼活动，希望提高信誉，建立更多样化和更年轻化的支持基础，并与其他团体建立更广泛的联盟。因此，跨国社会运动是各种利益和活动的结合体。换言之，跨国社会运动既体现出目标的相对一致性，又在具体的议题和动机上存在一定的差异性。

议题的差异性对冷战后跨国社会运动和国家的互动关系，以及跨国社会运动规制策略产生了一定的影响。议题领域本身的属性不仅影响了跨国社会运动成功与否，而且在一定程度上决定着国家对其镇压与否。其中比较重要的有议题的紧迫性、议题与国家核心利益的关联性、议题价值与国际规范的嵌合性，以及议题与公众政策偏好的契合性等方面[2]。

---

① Sanjeev Khagram, James V. Riker and Kathryn Sikkink, eds., *Restructuring World Politics: Transnational Social Movements, Networks, and Norms.* Minneapolis: University of Minnesota Press, 2002.

② 详见第五章第一节相关部分的分析。

第二节　性质差异性

社会运动的大多数定义都假定某种进步或变革的动力或动机。然而，我们需要考虑的是，社会运动好坏之间的隐含区别实际上是否站得住脚。曼纽尔·卡斯特尔斯指出：社会运动可能是社会保守的，也可能是社会革命的，或者两者兼而有之，或者两者都不是。从分析的角度来看，社会运动没有"好"和"坏"之别①。因此，需要考察不同性质的跨国社会运动的运作特点、行动逻辑及其对规制策略的不同影响。本节主要对以"基地"组织等为代表的所谓新恐怖主义运动进行个案分析。

一、新恐怖主义运动的兴起

冷战后跨国社会运动的研究特点是：把重点放在人们普遍认为是进步的和值得同情的运动和抗议上，并对少数群体的街头暴力进行了不当的批评。而重要的政治抗争现象，如"基地"组织，被简单地归类为"全球恐怖主义"或其他一些类别，而不被视为反全球化运动的一部分。

目前，没有多少反全球化运动的成员认为"基地"组织是广泛的反全球化运动的一部分。然而，似乎很明显，"基地"组织是一种特殊类型的社会运动。正如曼纽尔·卡斯特尔斯所言，"基地"组织最明显的特征是"代表对运动参与者有意义的价值观和利益、旨在改变社会主导价值观和制度的有目的集体行动"②。事实上，我们正在目睹一个以明确的政治目标为动机并对其支持者进行组织的多族群、多民族全球网络的影响。"基地"组织既是全球化的产物，也是在全球范围内反对不受管制的自由市场的波兰尼式（Polanyian）反向运动的一部分③。然而，这种解释并没有得到多少认同，例如，玛丽·卡尔多等人在为《全球公民社会》年鉴撰写的一篇关于激进团体的文章中指出，"原教旨主义者"，指的是那些对其教义

---

① Manuel Castells, *The Information Age*, Vol. 2: *The Power of Identity*, 2nd Edition. Oxford: Blackwell, 2004: 73.

② 同①109.

③ Ronaldo Munck, *Globalization and Contestation: The New Great Counter-Movement*, London: Routledge, 2007: 119.

缺乏灵活性并试图将这些教义强加于他人的团体①。"极端""暴力""恐怖分子"的定义同样具有规范性。大多数人都会明确排除"基地"组织的成员资格，因为在西方模式下，"基地"组织并不支持民主。卡尔多等人正为这样一个明确的规范性裁决所困扰，该裁决反对所谓的全球社会的黑暗面，但他们仍在问自己："我们是否应该容忍这种不容忍的人？"② 答案是否定的。

作为所谓的黑暗面象征的"基地"组织，需要与全球化及其不满联系起来加以分析。它的兴起不能简化为抵抗全球化的文化同质化趋势。在西方殖民主义的漫长历史时期，大多数伊斯兰国家通过现代化走向西方的发展模式。由于与反殖民主义运动的联系，国家发展模式的影响也相当大。这种遵循西方路线的国家发展模式在 1968 年以后开始失去效力。1973 年埃及对以色列的战争失败、1978 年伊朗国王政权的垮台使西方模式的吸引力减弱。1991 年海湾战争最终破坏了阿拉伯民族主义的信誉。在 20 世纪 90 年代新自由主义全球化开始了其霸权主义运动的背景下，伊斯兰主义内部不断发展。正如帕沙所说，伊斯兰运动并不是对西方征服和控制的简单反应，而是一场反对以西方为中心的全球化运动，由伊斯兰社会中的不同派别推动，也是一场实现世俗民族主义的替代运动③。

给这场运动贴上"原教旨主义者"的标签是吸引人的，但会产生误导。20 世纪 90 年代伊斯兰主流运动从建立跨国伊斯兰共同体的愿望转向巩固国家政权，忙于创造国内政治合法性，并成为国家体系中可靠的行为者。与之不同，"基地"组织已经转变为一个超现代的跨国企业。它们体现了民族国家的危机，不能被还原为（简化为）落后的传统主义者。事实上，正如奥利维尔·罗伊所解释的那样，"基地"组织更多的是当代全球化的产物，而不是伊斯兰过去的产物④。这些运动与民族主义者一样，充分利用了全球化带来的沟通效益，具有同时向前和向后看的特性。它们将

---

① Mary Kaldor and Diego Muro, "Religious and Nationalist Militant Groups," in M. An-heier, D. Glasius and M. Kaldor, eds., *Global Civil Society 2005*. Oxford: Oxford University Press, 2005: 152.

② 同①151.

③ Mustapha Kamal Pasha, "Globalization, Islam and Resistance," in B. Gills, ed., *Globalization and Resistance*. London: Palgrave, 2000: 241.

④ Olivier Roy, "Neo-Fundamentalism", 2001, (http://essays.ssrc.org/sept11/essays/roy_text_only.htm).

现代超国家网络与传统的甚至是过时的非国家关系形式（例如部落主义等）结合起来，这可能是一个全球化的悖论。

实际上，"基地"组织对许多伊斯兰文化地区普遍存在的不公正和屈辱感做出了回应。帕沙认为，"对那些没有权力或特权的人来说，伊斯兰抵抗主要是被剥夺者的呼喊"[①]。虽然"基地"组织的领导人和关键行动人员确实有相对优越的背景，但他们吸引的是伊斯兰社会的边缘阶层、棚户区以及自我监管的市场不断扩大所造成的日益壮大的失业或社会排斥大军。虽然基于共同的宗教身份，但重要的是要考虑帕沙的结论："伊斯兰抵抗并不涉及宗教本身。"[②] 因此，认为这些运动是伟大的反向运动的组成部分，而不是异类的和不可理解的东西，是完全有道理的。

当然，对伊斯兰世界的文化攻击，例如亨廷顿的"文明冲突论"，被看作伊斯兰抵抗的主要驱动力。"基地"组织在 2001 年袭击了美国的标志性目标，人们普遍认为这是一种前所未有的攻击，是对西方和文明本身的攻击。它被认为是新的全球安全威胁，只有击败它，世界和平才有可能。然而，就对全球化的非属地化跨国反应而言，2001 年的这些袭击可以被视为大国与反对其霸权主义的各种社会和政治团体之间更广泛的"不对称战争"的一部分。

二、新恐怖主义运动的特点

在伊朗伊斯兰革命成功之后，自 20 世纪 70 年代末以来席卷中东的伊斯兰激进主义浪潮正在走向不同的道路。主流伊斯兰运动已从争取超国家伊斯兰共同体的斗争转变为一种伊斯兰民族主义：他们希望在国内政治舞台上被充分承认为合法的行为者，并基本上放弃了作为其意识形态一部分的超国家议程。另一方面，许多国家，为了削弱伊斯兰反对派并重新获得一些宗教合法性，实施了保守的再伊斯兰化政策，但结果适得其反。它产生了一种新型的伊斯兰运动，它在意识形态上是保守的，但有时在政治上是激进的。虽然这一运动基本上是一种社会文化现象，但它也产生了一种极端主义的表现，这种表现体现在松散的外围网络中，比如"基地"组织发动的恐怖主义已经从国家支持的行动或针对国内目标的行动转向非属地

---

① Mustapha Kamal Pasha, "Globalization, Islam and Resistance," in B. Gills, ed. , *Globalization and Resistance*. London: Palgrave, 2000: 250.

② 同①251.

化、超国家化的行动主义。

自 20 世纪 90 年代初以来，一些从事传统恐怖主义研究的著名学者大力主张以爱尔兰共和军（IRA）、西班牙恐怖组织"埃塔"（ETA）或德国恐怖组织"赤军团"（RAF）等形式的"老恐怖主义"与由"基地"组织等实施的"新恐怖主义"有根本不同①。虽然学者们以前认为不同类型的"老恐怖分子"，如民族主义者、分离主义者以及右翼和左翼团体之间的区别是重要的，但传统恐怖主义研究的趋势是：这些不同的老恐怖主义集团具有一些与新恐怖主义现象根本不同的共同特征②。总体而言，新老恐怖主义之间在动机、行为和组织三个层面存在根本的区别。

1. 动机上的区别

首先，许多新老恐怖主义的支持者认为，二者的根本区别之一在于它们的动机不同。老的恐怖主义团体被认为有主要是世俗的动机和合理的政治理由的暴力行为。例如，民族主义恐怖分子想要他们的群体独立，其形式是将他们的领土与另一个国家的领土分离，建立他们自己的主权国家，或与另一个国家合并。在这两种情况下，他们的具体要求往往被认为是合理的，例如，他们要求释放某些被监禁的同伴，或者劫持人质作为交换。即使在难以满足诉求的情况下，例如在分裂国家、建立民族国家等方面，仍有对话或谈判的余地③。

相反，新恐怖主义被认为并非基于世俗的动机和合理的政治理由。新恐怖主义往往被描述为这样一种恐怖主义，即拒绝所有其他政治方法，并根据信仰促进对世界的毫不妥协的看法。与老恐怖主义不同，新恐怖主义缺乏政治议程或确切的政治要求。霍夫曼认为，新恐怖主义的决定性特征是产生了"完全不同的价值体系、合法性、辩护机制、道德概念"④。

---

① 例如：W. Laqueur, *The New Terrorism: Fanaticism and the Arms of Mass Destruction*. London: Oxford University Press, 1999; P. Neumann, *Old and New Terrorism*. Cambridge: Polity Press, 2009. E. Kurtulus, "The 'New Terrorism' and Its Critics," *Studies in Conflict and Terrorism*, 2011, 34 (6): 476-500.

② Alexander Spencer, "New Versus Old Terrorism," in Richard Jackson, ed., *Routledge Handbook of Critical Terrorism Studies*. London: Routledge, 2016: 270-271.

③ K. Ramakrishna and A. Tan, "The New Terrorism: Diagnosis and Prescriptions," in K. Ramakrishna and A. Tan, eds., *The New Terrorism: Anatomy, Trends and Counter-Strategies*. Singapore: Eastern Universities Press, 2002: 6.

④ B. Hoffman, "'Holy Terror': The Implications of Terrorism Motivated by a Religious Imperative," *Studies in Conflict and Terrorism*, 1995, 18 (4): 272.

2. 行为上的区别

老恐怖主义团体的暴力一般是"有针对性的，在范围和强度上与所追求的实际政治目标相称"①。为了最大限度地宣传和传播它们的意识形态，它们仔细挑选和袭击明确界定的、极具象征意义的权力机构目标，包括政治家、政府官员、贵族、军事或银行部门成员，以及其他象征性目标，如政府大楼。对老恐怖分子而言，袭击被认为是"行为宣传"，目的是增加民众的支持，在袭击之后，他们通常会发表一份公报，赞扬这一行为，提出要求，或解释为什么针对这一特定目标进行袭击。为了增加其行动的影响，袭击往往根据媒体报道的特点而进行专门设计②。换言之，老恐怖分子不想使用过度的不加区分的暴力，因为这减少了他们对合法性的要求，使他们与支持者疏远，从而减少了他们接触新成员和获得资金的机会。有针对性的暴力行为通常采用传统战术，如手持枪支、机关枪以及炸弹。老恐怖分子对大规模毁灭性武器等新战术和非常规武器兴趣不大。他们试图在不杀害无辜的旁观者的情况下行动，因为伤亡会使民众疏远，并违背他们煽动民众起义的初衷。因此，保持低伤亡人数，老恐怖分子才能"保留他们在谈判桌上的资格，并最终在后续政府中发挥作用"③。

而新恐怖分子在行为上更愿意使用过度和不加区分的暴力。例如，有学者认为，"新恐怖主义性质不同，其目的不是明确界定的政治要求，而是摧毁社会和消除大量人口"④。新恐怖分子把他们的斗争看作善与恶的斗争，不关心他们的破坏行为是否会疏远他们的支持者。虽然老恐怖分子往往只袭击选定的目标，但新恐怖分子却变得越来越"不分青红皂白"，并试图造成尽可能多的伤亡。因此，他们对任何形式的谈判都不感兴趣。根据马修·摩根的说法，"今天的恐怖分子不想在谈判桌前占有一席之地，他们想要摧毁桌子和坐在桌子旁的每个人"⑤。而且，新恐怖分子更愿意从事危险、复杂和看似不合理的行为。虽然老恐怖分子采取的大多数行动涉及逃跑，但

① S. Simon and D. Benjamin, "America and the New Terrorism," *Survival*, 2000, 42 (1): 65.

② B. Jenkins, "International Terrorism: A New Mode of Conflict," in D. Carlton and C. Schaerf, eds., *International Terrorism: Fanaticism and the Arms of Mass Destruction*. London: Croom Helm, 1975: 13-49.

③ W. Laqueur, *No End to War: Terrorism in the Twenty-First Century*. New York: Continuum, 2003: 66.

④ W. Laqueur, *The New Terrorism: Fanaticism and the Arms of Mass Destruction*, London: Oxford University Press, 1999: 81.

⑤ Matthew Morgan, "The Origin of the New Terrorism," *Parameters*, 2004, 34 (1): 30-31.

新恐怖分子更愿意在策划恐怖行为的同时献出自己的生命。此外，许多学者认为，由于新恐怖分子有动机使用极端暴力，他们更有可能获得和使用核生化武器和放射性武器。霍夫曼警告说，随着新恐怖主义的兴起，"许多以前禁止恐怖分子使用大规模毁灭性武器的限制（包括自我施加的和技术性的）正在削弱"[①]。

3. 组织上的区别

最后是组织和结构上的不同。一般认为老恐怖主义是以等级方式组织的，有相当明确的指挥和控制结构[②]。虽然不可能明确划分不同的层次，但人们认为，老恐怖主义是像金字塔一样组织起来的[③]：领导层决定着总体政策和计划；其下是活跃的恐怖分子，他们实施袭击，并经常专门从事诸如制造炸弹、暗杀或监视等活动；再下一级是积极的支持者，他们提供情报、武器、供应、通信、运输和安全居所；最底层是那些消极的支持者，他们赞同恐怖主义组织的目标，传播他们的思想并表达他们的情感支持。

相反，新恐怖主义最受强调的方面之一是其松散的网络和层次较少的组织结构，这得益于新通信技术的出现。"基地"组织是这种新恐怖主义的典型代表，其特点是更松散、地理位置分散的网络，取代了以前的等级制和集权型的团体。新组织越来越超国家化，使用通信技术，从个人联系切换到移动电话，并通过他们的网站与受众进行交流。正如古纳拉特纳所指出的，这个网络中的每一个群体都变得相对自主，但它们仍然通过先进的通信将它们的共同目的联系在一起[④]。因此，它们变得更加灵活，能够更容易地适应和应对不同的情况。虽然成员确实与他们的领导沟通，但团体也可以充分地自我运作。有学者将此称为"辐射型"结构（节点与中心沟通）与"轮盘"结构（网络中的节点相互沟通而无须转介中心）的组合[⑤]。这种集成结构比传统的层次结构更难识别和渗透。它的弹性要大得

---

① B. Hoffman, *Inside Terrorism*, London: Indigo, 1998: 197.

② E. Kurtulus, "The 'New Terrorism' and Its Critics," *Studies in Conflict and Terrorism*, 2011, 34 (6): 489—491.

③ H. Henderson, *Global Terrorism: The Complete Reference Guide*. New York: Checkmark Books, 2001: 17.

④ Rohan Gunaratna, *Inside Al Qaeda: Global Network of Terror*, 3rd ed.. New York: Berkley Books, 2003.

⑤ S. Simon and D. Benjamin, "America and the New Terrorism," *Survival*, 2000, 42 (1): 70.

多，因为即使失去了组织的领导，每个单元仍然可以单独运作。

总之，尽管"恐怖主义历史至少有一定的连续性"[1]，但新老恐怖主义在恐怖主义的动机、恐怖组织的行为和使用暴力，以及它们的结构和组织等方面显然存在根本性区别，而这些区别又在很大程度上左右着国际社会对恐怖主义的反应以及主权国家的规制策略。

三、新恐怖主义运动的规制

以"基地"组织等为代表的新恐怖主义运动给国际社会和主权国家提出了显著的挑战，国际社会甚至由此进入了反恐的新时代。反恐与理解恐怖主义现象的性质以及如何适应更广泛的安全环境密切相关。我们如何看待恐怖主义，在很大程度上决定了我们如何打击恐怖主义，以及我们决心为此投入哪些资源（比如资金、人力、时间和制度框架等）[2]。对恐怖主义的界定非常重要，鉴于各种不同的恐怖主义定义，反恐可以采取许多不同的结构和形式。反恐既可以是指寻求消除恐怖主义环境和团体的政策，也可以是指能够阻止或防止恐怖袭击的目标强化和其他防御措施，然而，二者都旨在通过防止或减少袭击次数来拯救生命。因此，我们可以用"反恐"一词来描述为打击恐怖主义所做的任何努力。

可能的反恐方法可以概括为四个方面：使用武力、情报和管制、国土安全、和解和对话[3]。一是使用武力，武力方法将恐怖主义视为一种特别的战争，强调武力摧毁、破坏、阻止或预防恐怖主义。二是情报和管制，该方法认为恐怖主义是一种犯罪活动，是一种安全威胁，可以通过国家的安全服务来对抗。三是国土安全，这种方法将恐怖主义视为一种可控的安全威胁，可以通过增强国家对恐怖主义的抵御能力和采取免于恐怖主义的保护措施来减轻这种威胁。四是和解和对话，这种方法认为恐怖主义是社会政治不满和冲突的表达，可以通过非暴力努力加以解决。这是对主要反恐类型的简要总结，但也总结了西方国家的反恐政策，以及西方国家在反恐研究领域对反恐的传统认识和方法。每一种方法都是基于不同的理念采

---

① Jitka Malecková, "Control of Terror—Terror of Control," in Wilhelm Heitmeyer, Heinz-Gerhard Haupt, Stefan Malthaner and Andrea Kirschner, eds., *Control of Violence: Historical and International Perspectives on Violence in Modern Societies*. New York: Springer, 2011: 420.

② R. Crelinsten, *Counterterrorism*. Cambridge: Polity Press, 2009: 39.

③ Richard Jackson, Lee Jarvis, Jeroen Gunning and Marie Breen-Smyth, *Terrorism: A Critical Introduction*. New York: Palgrave Macmillan, 2001: 225—229.

取了不同的规制策略。

在对新恐怖主义运动规制策略选择方面，最大的争论主要表现在武力镇压或暴力反恐的有效性问题上。作为反恐核心组成部分的武力镇压的效用一直是反恐的一个主要批评点，因为学者们质疑现行反恐政策和措施的有效性。暴力性的武力镇压并不能消除恐怖主义，反恐战争也是如此。有学者认为，美国主要是通过和盟国的协调，依靠警察系统才成功地打击了"基地"组织，而不是通过直接的军事行动①。2014 年伊拉克和叙利亚的局势就是一个很好的例子。一些团体被迫转入地下。一些温和派成员会发现，在面对基于武力的残酷反恐方针时，很难采取和解战略②。使用酷刑是全球反恐战争中另一种已经正常化的做法，来自阿布格莱布监狱和关塔那摩湾的图像和故事提供了大量使用酷刑的证据。一些学者认为，酷刑是一种独特的道德错误，它并不能为反恐提供有用的信息，而一些西方国家所形成的一种支持酷刑的文化则是更为严重的问题。

更为关键的问题是国家恐怖主义的危险，因为在这种武力反恐过程中，国家成为恐怖主义的实施者。基于某种支配性的政治话语，恐怖主义成为一种战争行为，而不是一种犯罪行为。最重要的是，它带来军事化反恐行动的合法化。反恐战争具有与反贫困或反癌症战争相同的隐喻特征，在阿富汗战争中付诸实施。然而，这种反恐战略所体现出的单边主义、不断远离法治的趋势和严重的人道主义灾难，暴露出"恐怖的控制"已经滑向了"控制的恐怖"。

真正的战争是一个主权国家对另一个主权国家的合法机构正式宣战，并以投降或缔约结束。反贫穷和癌症、反毒品和犯罪以及现在的恐怖主义战争，不是真正的战争。将其塑造成"战争"问题，诉诸的是原始的人类冲动，而非理性。它们可能有效地实现短期政治目标，从长远来看，却制造了错误的希望，对穆斯林和其他移民的歧视，最终导致公众失望。将恐怖主义称为战争恰恰达到了相反的结果③。

如果说以武力为基础的反恐被发现适得其反，往往在道德上是错误

---

① 拉克曼. 国家与权力. 郦菁，等译. 上海：上海人民出版社，2013：161.

② R. Mac Ginty, "Social Network Analysis and Counterinsurgency: A Counterproductive Strategy?" *Critical Studies on Terrorism*, 2010, 3 (2): 220.

③ Brian Forst, "Local Police and the 'War' on Terrorism," in Michael D. Reisig and Robert J. Kane, eds., *The Oxford Handbook of Police and Policing*. Oxford: Oxford University Press, 2014: 639.

的，而且通常代价高昂，那么非暴力与和平的反恐就成为一种现实的选择。反恐怖主义研究文献中经常提到非暴力，但通常情况下，只有在最初的威胁通过武力处理之后才能做出反应。它只是反恐的助手。这种将非暴力作为次于武力反恐的观念受到挑战。近年来，学术界对与恐怖分子的对话和谈判以及和解与放弃暴力的重要性进行了很好的研究①。到目前为止，研究表明，与武力相比，非暴力具有明显的优势。非暴力的最大挑战是对抗暴力的模拟性质：我们看到暴力，我们以暴力反应。对非暴力的承诺很重要，因为它与普遍认为"不好"的暴力可以用"好的"暴力成功地还击的信念背道而驰②。如果我们承认目的和手段之间的联系，就意味着使用暴力作为打击暴力的手段是站不住脚的。使用镇压性武力的做法往往适得其反，暴力只会滋生更多的暴力。

事实上，迄今很少或没有经验性研究支持以下论点：使用武力在打击恐怖主义或从长远来看处理其根源方面是有效和高效的。大多数恐怖主义行为都是冲突的结果；以更多的暴力打击暴力只会导致反恐不断创造并重新创造它发誓要击败的敌人。究其原因，反恐是从狭隘的解决问题的角度出发，在很大程度上忽视了恐怖主义现象的背景、复杂性和不稳定性。因此，有必要把重点放在恐怖主义的根源上，而不仅仅是症状。这并不是要求找出恐怖主义的根源，而是要严格地查明和审查有利于恐怖主义的条件。成功的反恐不仅仅是更好的反恐模式问题，而且是呼吁减少世界秩序的病态，争取更多的人的安全的问题③。

很明显，反恐行动如果要有效的话，既需要国内反恐行动，也需要国际反恐行动。主要是通过军事合作和警察合作进行联合跨国规制。然而，对新恐怖主义运动的跨国规制也存在困境。这是由于人们普遍认为，对合法使用武力的垄断是现代国家的决定性特征。而警察和军队这两个组织分别体现了武力的领土垄断的内部和外部方面。在这两个领域的国际合作可能会影响到现代国家的核心。从不同的角度来看，国际警察合作对各国构成了真正的挑战。这是因为它侵犯了合法使用武力的领土垄断，在马克

① C. Goerzig, *Talking to Terrorists：Concessions and the Renunciation of Violence*. Abingdon：Routledge, 2010；H. Toros, *Terrorism, Talking, and Transformation：A Critical Approach*. Abingdon：Routledge, 2012.

② Sondre Lindahl, "Critical Evaluation of Counterterrorism," in Richard Jackson, ed., *Routledge Handbook of Critical Terrorism Studies*. London：Routledge, 2016：461.

③ K. Booth and T. Dunne, *Terror in Our Time*. Abingdon：Routledge, 2012：181-184.

斯·韦伯的传统中，这被认为是现代国家地位的决定性特征。如果这是真的，那么各国就应该小心地监视其武力垄断。各国不应接受任何对国际警察合作具有约束力的承诺。因此，各国参与国际管制的意愿应受到严格限制。换言之，国家既受到打击国际恐怖主义等全球威胁的利益的激励，又应受到维护国家主权和垄断武力的利益的制约①。国家面临着这一进退两难的困境。

第三节　政体差异性

虽然 1999 年西雅图反世界贸易组织抗议并非反全球化运动的真正开端，但它确实引发了一系列全球范围的抗议。此后，跨国反全球化运动已成为新一波抗议浪潮的代表。反全球化运动遍及北美洲、欧洲、拉丁美洲、亚洲和非洲的不同国家和地区。本节聚焦于反全球化运动这一同类型的跨国社会运动在不同国家和地区所呈现出的共性和差异，尤其是其与国家的互动关系中的共性和差异，这些共性和差异又明显地作用于反全球化运动的规制策略和管制模式。就反全球化运动及其规制而言，不同国家或地区，尤其是不同的政治体制显著影响着运动的策略选择及其与国家的互动模式，尤其是运动的规制策略和管制模式。

一、跨国反全球化运动的差异性

在经过许多年的平静之后，1999 年西雅图抗议事件使得美国人和全球公众意识到大众运动的存在，这场运动挑战的不仅是具体的政策选择，而且是对盛行的社会发展模式发起的挑战。如果说 20 世纪 80 年代的社会运动被描述为日益制度化，偏爱请愿而不是抗议的，那么世纪之交街头政治的再次令人瞩目，就表明抗议者与国家尤其是警察部队之间的互动进入一个新的周期。

在此前的抗议周期中，社会运动主要在民族国家内部检验示威权力和公民自由的限度，但也有些跨国性，当前的这一波抗议浪潮的显著特点是其高度的跨国主义特征：跨国反全球化运动不仅诉诸世界主义认同，而且

---

① Jörg Friedrichs, *Fighting Terrorism and Drugs：Europe and International Police Cooperation*. London：Routledge，2008：1.

组织越来越跨国化。虽然运动是否真正具有全球性仍然是个悬而未决的问题，但毫无疑问，西雅图事件后的这个抗议周期在跨国网络内部形成了频繁的互动。尤其是，抗议日益趋向于以国际组织为目标，从 20 世纪 80 年代后期开始，激进组织开始把国际货币基金组织和世界银行等国际金融机构作为全球化最明显的代理人，通过游说本国政府或通过抗议开展工作。其他运动的重点是跨国公司。联合国和欧盟等"社会友好型"组织也成为目标，尽管更多的是为了促使这些组织矫正新自由主义全球化所带来的问题以及进一步推动安全、人权和环境等全球议程。抗议最明显的形式是围绕或反对政府间国际组织的峰会而组织起来，即大规模的示威在反峰会期间组织起来。

这一抗议浪潮的一个共同主线是对新自由主义全球化的尖锐批判和抵抗。新自由主义全球化是抗议运动直接抗议政府间国际组织的主要理由，并将从地方到全球层面的形形色色的抗议者团结在一起。从把广告扔出教室到重新夺回阵地，到抗议国际货币基金组织的私有化计划或自由贸易措施造成的环境退化，各团体在反对其生活、环境和生计的区分化和私有化方面找到了共同的目标。跨国抗议的主要原因可能是，抗议者感到无力直接影响政府间国际组织的决策进程，因为他们认为地方和国家政府被剥夺了权力，许多政府间国际组织不透明，以及公司权力集中化。由于经济全球化的不平等和其他社会影响，他们也有真正的不满。社会行为者担心国家正在把重要权力转让给缺乏问责制和透明度的跨国机构和公司，自由市场资本主义的根本动力将破坏地方、国家和国际各级的社会和环境政策。反全球化运动的一个重要目标是谴责这一超国家进程中的民主合法性缺失问题。因此，他们试图改变新自由主义全球化的不公平影响和不透明的决策进程。当然，抗议的其他动机包括接触媒体和更广泛的公众。

在组织和结构上，与过去跨国社会运动的组织需要一个集中的等级制度才能有效运作不同，反全球化运动拒绝了这种等级制度。参与者采用了一种分散的基于网络的政治组织和抗议方法，而不是一个集中的系统。技术进步帮助打开了这些新的组织可能性。网络、手机和电子邮件等快速便捷的联络手段允许更多基层非等级的动员模式。他们还允许活动分子通过网络组织起来。在这个方案下，多个人通过网络连接起来，形成了一个庞大的联系网络。因此，反全球化运动代表着一个全球性的活动网络，没有真正的中心，也没有正式的领导。这种组织方式在 1999 年世贸组织抗议期间和随后的几次抗议中非常有效。面对以网络为基础的运动战略，警察调整了他们的社会控制机制，以管理这一新的威胁，目标正是可使运动取得成功的方面：网络结构。与抗议者一样，国家也在进行主动调整、适应和利用合适的机会来应对跨国反全球化运动的这些挑战，并发展新的具体的控制形式，所针对的正是反全球化运动的这些特征①。二者之间的互动关系将做进一步分析。

综上，尽管在其根源、目标和组织结构等方面具有一些共性，但跨国反全球化运动内部也存在着动机和议题的差异性、"好"与"坏"派别的性质差异性和相应的抗争手法差异性，更为重要的是不同政体下运动及其规制的差异性。鉴于议题的差异性本章第一节已经讨论过，以下主要探讨性质、抗争手法和政体三个方面的差异性对运动本身的发展、对运动和国家的互动关系尤其是运动的规制模式的影响。

1. 性质差异

这里要探讨的是跨国反全球化运动内部派别的性质差异——"好""坏"之别及其影响。

全球社会研究文献几乎完全集中于社会正义、环境和人权等进步运动上，忽视了右翼的、极端民族主义的、犯罪的、暴力的或恐怖的团体的作用，后者就其组织和战术而言，也可以说是跨国社会运动的组成部分。确实，社会运动理论中仅有少数研究集中于非进步性运动②。然而，跨国社会运动内部以及运动与国家行为者之间冲突的主要根源之一是，在大多数抗议活动中，少数激进的，往往是暴力的少数示威者的行动（以及对这些行动的反应）造成了广泛的财产损失，许多人被捕，甚至偶尔导致抗议者的死亡。"9·11"事件之后，当局担心跨国抗议的安全问题以及抗议者和恐怖组织之间可能存在的任何联系，这些激进团体的存在引发了国家的镇压，也引发了媒体报道的疏远行为，这给人的印象是，激进少数派主导了抗议活动。

---

① Luis A. Fernandez, *Policing Dissent: Social Control and the Anti-Globalization Movement*. Rutygrs, NJ: Rutgers University Press, 2008: 6-7.

② Ruud Koopmans, "Explaining the Rise of Racist and Extreme Right Violence in Western Europe: Grievances or Opportunities?" *European Journal of Political Research*, 1996, 30: 185-216; Andrew Rowell, *Green Backlash: Global Subversion of the Environmental Movement*. London: Routledge, 1996; Joshua D. Freilich, Jeremy A. Pienik and G. J. Howard. "Toward Comparative Studies of the U. S. Militia Movement," *International Journal of Comparative Sociology*, 2001, 42: 163-210.

事实上，跨国反全球化运动的舞台中心可以分为两个方面①：一是它的"巡回马戏团"层面，二是暴力无政府主义者派别，社会运动理论家对后者的关注却少得多。这里的论点是，"巡回马戏团"即表演和戏剧性的角色，在建立运动合作方面，绝对是理解主流运动行为者如何影响公众舆论、保持内部动力和与运动的"黑暗面"区分开来的关键。反过来，与进步组织相比，由社会运动文献中相对较少受到关注的群体组成的"黑暗面"也很重要，因为它的行动引发了国家镇压。

反全球化运动是对公共秩序的一项挑战。国家的普遍反应是压制并试图将运动分为"好"和"坏"的抗议者，这包括增加警察对示威者的攻击。反全球化运动则试图通过创造多样化的抗议空间来维持团结。

2. 抗争手法差异

所谓抗争手法是一组有限的、为人所知的、可用的提出集体性要求的方式②。抗议者行动方式上的创新一般只能在由特定的抗争手法所设定的限度内进行。由于跨国反全球化运动内部存在和平与暴力两种性质不同的派别，其相应的抗争手法也是不同的，国家及其政府机构，尤其是警察对其的反应也是不同的。

首先，对于该运动的和平派别来说，它试图通过两个主要的"局外人"群体来界定自己：一是作为全球化的推动者的国家和政府间组织，二是运动本身的激进或暴力部分。对于他们来说，跨国抗议运动的组织以及成员间有效合作所面临的障碍是巨大的，主要包括将运动成员分离开的重要文化、语言、社会经济和意识形态边界。作为回应，他们已经尝试并改造了一系列基于表演的战术。基于表演的战术在社会运动理论中有着悠久的历史。歌曲、戏剧和表演是民权运动、和平运动和劳工运动内部演变的关键③。在西雅图和随后的抗议活动中，巨大的木偶、五颜六色的服装在游行中的混合，与那些全副武装的警察形成鲜明对比。在其他抗议活动中，出现了"粉红集团"（装扮成仙女的抗议者），抗议者向警方投掷泰迪熊，而不是石头④。

① Kate O'Neill, "Transnational Protest: States, Circuses, and Conflict at the Frontline of Global Politics," *International Studies Review*, 2004, 6: 234.

② 蒂利，塔罗. 抗争政治. 李义中，译. 南京：译林出版社，2010：244.

③ Anita Krajnc, "The Art of Green Learning: From Protest Music to Media Mindbombs," *International Politics: A Journal of Transnational Issues and Global Problems*, 2000, 37 (1): 19—40.

④ James Harding, "Inside the Black Bloc," *Financial Times*, 2001: October 15.

　　这种表演战术的视觉效果既影响到运动之外的潜在盟友，又跨越了划分参与者的边界：传达共同的想法，为进一步合作打开机会，并且有助于运用诸如街头行动和辩论会等其他策略。在运动内部，这些行动起到加强和夯实合作的作用；在运动外部，这些表演传达了大多数示威者所坚持的和平信息，有助于吸引媒体，使示威者能够接触到更广泛的支持者，并抓住公众的想象。总之，跨国抗议运动力量的一个关键部分可能在于这一"巡回马戏团"的元素①。它建立了动力，吸引了参与者，并产生了来自不同国家的不同群体之间的沟通，提供了一种象征性的黏合剂，将来自不同国家的类似团体凝聚在一起。

　　其次，对于该运动的激进或暴力派别来说，他们在跨国抗议运动中发挥着突出的作用，他们的策略引起了媒体和国家行为者的不成比例的关注。跨国抗议运动的激进派别的主导群体是松散的无政府主义者——黑团（Black Bloc），其中一些蒙面的黑团成员被认为对西雅图、布拉格、热那亚等地的街头暴力和财产破坏负有责任。一些组织团体将暴力归咎于警察部队的卧底特工，认为他们旨在为更极端的人群控制技术，进而为暴力提供辩护。在其他情况下，普通人只是为当下所困：抗议、示威和体育决赛总是产生这些冲动。但对于少数示威者来说，彬彬有礼、规规矩矩的游行不会阻止事情的发展，暴力抗议成为他们传达信息的"扩音器"②。黑团更像是个人和团体聚集在一起抗议的一面旗帜，而不是有组织的运动③。它包括所有类型的激进团体的成员，从无政府主义者和激进的环保主义者到极端的民族主义团体。然而，对几乎所有这些团体来说，他们的主要目标是故意破坏和对抗当局，而不是伤害平民。

　　国家当局、媒体和进步团体对跨国抗议运动局势中具有破坏性甚至暴力分子的存在的反应非常强烈。媒体很自然地把注意力集中在黑团等激进或暴力分子身上：被催泪瓦斯袭击的示威者和戴着黑色面具向警察投掷石块的年轻男女的照片给报纸带来销量。而运动的主流——进步与和平团体为了获得媒体的关注进行了一场艰难的斗争，为了保护自己，他们不得不迅速采取行动，将激进团体边缘化，并采取明确的非暴力行动宣言，而且

---

①　Kate O'Neill，"Transnational Protest：States，Circuses，and Conflict at the Frontline of Global Politics，"*International Studies Review*，2004：240.

②　James Harding，"Inside the Black Bloc，"*Financial Times*，2001：October 15.

③　同①242.

主流团体为了将自己与暴力少数群体更激进地区别开来，使用"创造性的非暴力"（creative nonviolence）已成为这一活动的一部分①。国家当局当然对避免抗议区的财产破坏感到关切，但它们更担心的则是一些反全球化的抗议团体和恐怖组织之间的联盟。尽管这种联系的证据并不一定可信，但它是国家当局正在采取的监测和控制跨国抗议分子活动的举措的基础，并有可能导致跨国抗议运动从相对被容忍的经济抗议重新框架化为对国家安全的威胁。国家当局已通过扩大警察权力，特别是通过扩大警察部门之间的跨国合作，对不断增加的暴力做出反应。然而，从当局的角度来看，跨国抗议只是包括恐怖主义和足球流氓在内的许多跨国威胁之一。近年来，许多新形式的跨国犯罪活动被添加到诸如非法毒品和武器贸易这些传统犯罪中来，为国际警察合作提供了更多的辩护理由。这种加强合作所采取的措施包括分享信息和防止某些个人和团体旅行，反过来，这些个人和团体又以非常真实的方式影响到所有从事跨国社会运动的团体。和平团体已经发现自己参加示威的能力受到限制，形象受到影响，其他运动也受到监视。

总的说来，在跨国反全球化运动的历史中，警察与示威者之间的冲突非常普遍。当局一般将这些冲突的责任归咎于运动中声称运用城市游击战战术的极端边缘团体，也归咎于整个运动，指责运动对暴力问题的模糊立场。运动和相当多的公众舆论也批评警察的不适当行动侵犯了绝大多数和平示威者的公民权利。

3. 政体差异

对跨国反全球化运动及其规制影响最大的或者说更主要的因素在于国家政体的差异性。尽管一个重要的文献研究了国内社会运动与国家之间的相互作用②，但跨国社会运动（包括反全球化运动）的分析人士往往完全绕过了国家，聚焦于跨国社会运动直接攻击政府间国际组织的方式之上③，或者将国家作为单一的行为体④。在更一般的跨国政治领域中的一些研究工

---

① Christopher Dickey and Rod Nordland, "First Blood: Death and Violence in Genoa May Mark a Permanent Split in the Ranks of the Anti-Globalization Movement," *Newsweek*, 2001-07-30.

② Jack A. Goldstone, ed., *States, Parties, and Social Movements*. Cambridge: Cambridge University Press, 2003.

③ Robert O'Brien, Anne Marie Goetz, Jan Aart Scholte and Marc Williams, *Contesting Global Governance: Multilateral Economic Institutions and Global Social Movements*. Cambridge: Cambridge University Press, 2000.

④ Margaret Keck and Kathryn Sikkink, *Activists beyond Borders: Advocacy Networks in International Politics*. Ithaca, NY: Cornell University Press, 1998.

作讨论了国家作为全球政治中的核心行为体的衰落或作用变化[①]。全球社会作为全球资本主义和国家体系的替代物，聚焦于跨国网络的活动，分析人士可以掩盖国家在全球化理论中所发挥的非常真实的，尽管有些改变的作用。

跨国反全球化运动由范围广泛、各种各样的组织和个人组成，运用大众抗议或街头抗议行动手法，以国际行为体为目标对象，这些国际行为体包括政府间国际组织、跨国公司，以及更普遍的全球资本主义势力，而不是直接或主要针对国家（尽管美国政府是反战运动的主要目标）。然而，虽然国家可能不是跨国社会运动（特别是反全球化运动）的直接目标，但它们肯定是其主要对手。正是各国政府的代表谴责抗议或拒绝承认抗议对决策过程的影响。此外，政府还提供执法人员和战术，用以对付街头抗议活动，并制定控制抗议者跨国界行动的政策。可以说，这些行动塑造了跨国抗议运动的行为。

社会运动曾经被视为主要通过抗议形式向组织提出诉求的挑战者。它们所使用的非传统行动形式涉及国家，国家不仅仅是磋商运动目标中的一个对应方，而且是公共秩序的担保人。因此，组织对抗议做出反应的一个重要方面是控制抗议的策略。在抗争政治中，抗议者与国家之间是动态互动和相互形塑的关系，跨国社会运动及其抗议者与国家之间始终在不断地创新与谈判协商，二者都试图说服、组织、挫败、惩罚对方或实现合作。根据蒂利等人的分析，在独裁与半独裁的政权中，抗议者更可能运用致命的手段或遭到致命手段的镇压和报复[②]。统治者的镇压往往迫使那些旨在采用温和抗争手法的人转而采取更为激进的手段。然而，与民主政权中的公民有权进行抵抗相比，那些身处独裁或半独裁政权中的民众并没有被授予公开抵抗或示威的充分权利，他们通常都表现得很顺服，只有在政治机遇的窗口打开的时候才会起而反抗。不过，冷战后跨国社会运动的新一波抗议周期，为他们提供了新的政治机遇。

[①] Saskia Sassen, "Embedding the Global in the National: Implications for the Role of the Nation State," in David A. Smith, Dorothy J. Solinger and Steven C. Topik, eds., *States and Sovereignty in the Global Economy*. London: Routledge, 1999; Hendrik Spruyt, "The Origins, Development, and Possible Decline of the Modern State," *Annual Review of Political Science*, 2002, 5: 127-149.

[②] 蒂利，塔罗. 抗争政治. 李义中，译. 南京：译林出版社，2010: 239.

二、跨国反全球化运动规制的共同特点

如果说反峰会代表着社会运动对决策权力由民族国家向超国家组织转移所做的策略调整，那么警察控制这种抗议形式的反策略也发生改变以适应该挑战的性质[①]。各国和警察部队管理反全球化运动峰会抗议的方式，可以说形成了一种新的峰会管制模式[②]。这一模式涉及以下一些或全部战术：拒绝抗议者实际进入举行首脑会议的地点或城市甚至国家；通过建立禁区和对首脑会议地点的实际设防，更多地利用物理屏障和地理障碍将首脑会议与可能的抗议隔离开来；将首脑会议转移到几乎不可能发生大规模抗议的偏远地区；非法化和妖魔化的媒体运动；试图在媒体和在现场造成"好"和"坏"抗议者之间的分裂；先发制人逮捕；加强对政治活动分子和活动的监视和骚扰；军事援助；预期抗议之前释放监狱囚犯；呼吁邻近司法管辖区的警察部队提供援助；暂停政治权利和民主权利；通过封锁边界中止旅行自由；阻止游行或封锁团体游行；虐待监狱或警察牢房中的被拘留者；警察的挑衅或渗透以及通过嵌入式记者进行媒体管理。

这些策略超越了管制抗议的传统观念。我们可以更好地把它们描述为一种国家对峰会抗议活动的管理模式，因为它们超越了抗议当天的实际管制。具体而言，最近的首脑会议管制呈现出控制公共空间、发起媒体运动、扩大恐怖主义话语和进行军事介入等新的特点。

第一，控制公共空间。一些人将反峰会抗议运动概念化为控制公共空间的战斗[③]。作为对这场争论的回应，国家试图预先封锁空间，以抢占先机。因此，宣布西雅图进入紧急状态赋予了市长特殊的权力，他曾在会议中心周围建立了一个包括 25 个街区的"无抗议区"，后来，他又在西雅图市中心宣布黄昏到黎明宵禁。同样，为了筹备 2001 年 4 月在魁北克市举行的美洲自由贸易区会议，加拿大当局提前关闭了公共空间，建造了一个

---

① Donatella Della Porta, Abby Peterson and Herbert Reiter, "Policing Transnational Protest: An Introduction," in Donatella Della Porta and Sidney Tarrow, eds., *Transnational Protest and Global Activism*. Lanham, MD: Rowman & Littlefield, 2005: 2.

② Tomás Mac Sheoin and Nicola Yeates, "Policing the anti-globalisation protests: patterns and variations in state responses," in Samir Dasgupta and Jan Nederveen Pieterse, eds., *The Politics of Globalization*. New Delhi: Sage, 2009: 198-199.

③ J. A. Noakes, B. V. Klocke and P. F. Hillham, "Whose Streets? Police and Protester Struggles over Space in Washington, DC, 29-30 September 2001," *Policing and Society*, 2005, 15 (3): 235-254.

4 公里长 3 米高的钢筋混凝土围栏，并只向代表和当地居民发放了通往这一封闭禁区的安全通行证。许多来自美国和拉丁美洲国家的准备进行抗议的示威者被拒在国界以外。这些创建禁行区域的尝试涉及隔离先前开放区域，拒绝公众和抗议者的进入，或仅允许警察批准的人进入。这也包括创建一个临时封闭的社区。禁行区域可以是总体性的，比如将峰会位置调整到地理上无法接近的区域（如加拿大的卡纳纳斯基斯和苏格兰的格伦伊格尔斯）或调整到传统上对公开的政治反对意见不容忍的威权国家（如卡塔尔、新加坡和俄罗斯）。然而，地理上的不易接近性并不能保证不存在抗议。虽然在卡纳纳斯基斯的策略可能是成功的，但它并不能阻止抗议者在英国和德国等地的抗议活动。而且，公共空间或论坛的这种移除或侵蚀可以被视为新自由主义之下公共空间的私有化和公司化的表现。

第二，发起媒体运动。主要涉及两个方面：一是对反全球化运动者或运动本身的恶魔化，二是对国家反应乃至镇压的合法化。在峰会之前，媒体运动通过对抗议所造成的危险（包括不切实际的威胁）的警告，来为管制措施和开销辩护。这种媒体运动通常会提高人们对"外部煽动者"的恐惧，引起对外国人的民族主义和仇外情绪。在都柏林，人们对欧洲无政府主义者和英国的"建立实际自由斗争白色工装反资本主义运动"（WOMBLES）可能到来的问题表示关切。这种媒体运动可能涉及创造关于民间魔鬼（诸如无政府主义者或恐怖主义者）的道德恐慌。媒体不仅在一个将抗议活动非法化和对抗议者加以诽谤的框架内报告了反全球化运动的抗议活动，而且也有助于建立对反全球化运动中的暴力的预期，从而对警察限制和镇压抗议活动的行动进行辩护并使之合法化。不论是否主动参与制造紧张策略，或者简单地发挥自己的最大利益，媒体夸大了暴力的可能性，从而为国家试图对反全球化运动进行刑事定罪做出了贡献。

第三，扩大恐怖主义话语。扩大恐怖主义话语、利用恐怖主义威胁来减少政治冲突以解决法律和秩序问题，是一些国家和政府对抗议运动加以控制的一个新趋势。由此，恐怖主义标签不断扩展，从动物权利运动开始，延伸到激进的环境活动，最终进入反全球化运动。正如邓恩注意到的，在美国，"政府试图将抗议权与恐怖主义威胁混为一谈的程度令人震惊"①。同时欧洲也曾试图将反全球化运动与恐怖主义相提并论：欧洲的

---

① Christopher Dunn，"Balancing the Right to Protest in the Aftermath of September11," *Harvard Civil Rights-Civil Liberties Law Review*，2005，40（2）：356.

安全部队说他们面临着城市游击战并且必须采取严厉措施制止它。在英国，国家根据 1998 年《恐怖主义立法的咨询文件》，对 20 世纪 90 年代新的环境行动主义的反应是"将基本上是和平的行动纳入恐怖主义的定义"①，该文件提出了环境活动分子在未来某个时候可能改变其活动并采取更严重和危险的恐怖主义行动的前景。然而，没有任何证据支持这一立场。将基本和平的行动纳入恐怖主义的定义已经常规化，使当局有理由制定和执行极端的法律和管制权力。

第四，进行军事介入。跨国反全球化运动的管制军事化程度也有所提高，"管制军事化和士兵警察化"趋势愈益明显②。活动分子和观察员强调了警察在抗议活动中的"准军事化"作用，虽然警察部队正在获得军事特征，更多地使用军事技术，在抗议活动中部署现代的防暴技术，并开展超越国家边界的活动，但在国内和国外，军事力量越来越多地被用于国内安全环境。例如，在 2002 年丹麦哥本哈根欧盟峰会上，丹麦军队直接参与了欧盟首脑会议的筹备工作，他们甚至用一人高 3 公里长的带刺铁丝网将会议中心团团围住。当然，在反对北约峰会等军事峰会的情况下，军事利害关系是不可避免的。也有跨国军事力量的参与，例如在加拿大卡纳纳斯基斯，在首脑会议上"保护领空"涉及加拿大部队和美国北美防空司令部（NORAD）之间的合作。军事化还包括加强警察与军事情报机构和行动之间的合作，例如瑞士在埃维昂峰会上的反应，这次会议"导致了国防部和警察局情报部门的密切和密集合作"。除了军事情报机构外，国家安全局还将反全球化运动作为调查对象。自"9·11"事件以来，国家越来越多地使用反恐战术作为对峰会示威做出军事反应的借口（例如，意大利热那亚的地对空导弹），以及利用所谓的恐怖分子会利用反全球化运动示威进行攻击的担心。在美国总统布什出席的所有首脑会议上，军事化的必要性都在增加：因此，这些反峰会的斗争将对战争和布什作为战争贩子的反对以及对峰会组织其他政策的反对混合在一起。

鉴于上述特点以及国家和跨国抗议运动之间互动的新变化，一些分析人士认为，最近对峰会抗议活动的管制说明了从以往的谈判式管理过渡到

---

① Fiona Donson, Graeme Chesters, Andy Tickle and Ian Welsh, "Finding a New Folk Devil: (Mis) constructing Anti-capitalist Activists," Cardiff University School of Social Sciences Working Paper Series Paper 24, 2002: 12.

② D. Lutterbeck, "Blurring the Line: The Convergence of Internal and External Security in Western Europe," *European Security*, 2005, 14 (2): 231-253.

了策略性瓦解的新模式。关于第一个模型有学者认为，"与 20 世纪 60 年代和 70 年代更为强硬的抗议管制方式不同，谈判式管理努力通过强调维持和平而不是严格执法，以及通过警察与抗议组织者之间的谈判日益正规化来避免强制性干预"[1]。而在 20 世纪 90 年代以来制定的跨国抗议运动的新办法则呼吁保护言论自由、容忍社区混乱、警察和示威者之间不断进行沟通、避免逮捕和将使用武力限制在发生暴力的情况下。新的模式被视为对以前武力升级模式的回归，或被视为策略性瓦解抗议管制模式[2]。管制变革的主要动力是出现了具有新的行动剧目的新抗议者，对作为抗议活动谈判式管理之基础的协议提出挑战。因此，一套新的管制手段被创制出来，以适应抗议剧目的变化。这是由于抗议剧目和社会控制手段的传播是彼此关联和相互联系的[3]。

总之，在与跨国抗议运动的互动过程中，国家及其政府部门和机构形成了一些规制策略，例如设置"警戒区"以便将抗议目标与示威者隔离开，警察通常配备不太有致命性的武器，建设"流动闹事者"数据库，创建专门的反叛乱单位，以及在某些情况下赋予军队公共秩序任务。这些策略在一些学者看来意味着从以前的"谈判式管理"模式向一种新的管制大众化抗议模式即策略性瓦解模式的转变。

三、跨国反全球化运动规制的差异

从历史上看，国家的抗议管制模式差别很大[4]，虽然新的全球管制模式似乎正在出现，并且随着新公共管理体系的传播，各国的跨国抗议及其管制的传统也随之发生调适，在跨国反全球化运动规制方面呈现出许多共性之处，但国家和地方的差异尤其是规制策略的政体差异性也较为

---

① R. Ericson and A. Doyle．"Globalization and the Policing of Protest：The Case of APEC 1997," *British Journal of Sociology*，1999，50（4）：591.

② John Noakes and Patrick F. Gillham，"Aspects of the 'New Penology' in the Police Response to Major Political Protests," in Donatella Della Porta，Abby Peterson and Herbert Reiter，eds.，*The Policing of Transnational Protest*. Aldershot：Ashgate Publishing Limited，2006：97–115.

③ J. D. McCarthy，C. McPhail and J. Crist，"The Diffusion and Adoption of Public Order Management Systems," in D. della Porta，H. Kreisi and D. Rucht，eds.，*Social Movements in a Globalising World*. Palgrave Macmillan，1999：93.

④ Donatella Della Porta，Abby Peterson and Herbert Reiter，eds.，*The Policing of Transnational Protest*. Aldershot：Ashgate Publishing Limited，2006.

明显①。接下来，从三个方面、两个维度来探讨跨国反全球化运动规制的差异性。三个方面：一是区域差异，二是国别差异，三是政体差异。两个维度：第一个是现场的人群控制，这可以通过警察和示威者之间预先达成的合作来实现，或者通过在活动期间的对抗来实现；第二个是防止抗议、活动分子旅行以及参与监视和渗透活动。三个方面、两个维度区分了跨国抗议的管制策略和模式。

1. 区域差异

正如在反全球化运动中存在国家和区域差异一样，对峰会抗议的反应中同样也存在区域差异。一些分析人士此前似乎将反全球化运动之西方或发达国家的表现形式与反全球化运动本身混为一谈，因此忽略了南方国家的反全球化运动②。因此，对北美和西欧的新管制模式的描述忽视了边缘国家或南方的反全球化运动抗议管制，边缘国家或南方国家可能从来没有发生过抗议活动的谈判式管理模式。

首先，拉丁美洲的反全球化抗议管制。拉丁美洲反全球化运动不仅仅是一个反对经济和政治的协调和支配的国际机构会议的运动。在处理拉丁美洲的反全球化运动时，我们遇到了一场大众抗议，抗议各国政府采用受到国际货币基金组织和世界银行处方影响的新自由主义措施。尽管拉丁美洲、北美洲和欧洲的反全球化运动与反全球化运动管制存在着重大差异，但北美洲抗议管制的某些方面已扩散到拉丁美洲。

为筹备 2004 年 11 月在智利圣地亚哥举行的亚太经合组织首脑会议，通常的媒体妖魔化运动于 2004 年 9 月开始。在亚太经合组织峰会的同时组织智利社会论坛的阿瓦罗·拉尼斯（Alvaro Ranis）表示，"最有影响力的媒体机构"正在发起一场运动，"将对新自由主义全球化政策表达异议的智利公民举行的示威活动提前妖魔化"。危言耸听的新闻报道包括所谓的筹备针对首脑会议的恐怖主义行为，以及关于智利社会论坛协调委员会在一个"灯光昏暗"的工会办公室举行会议、策划暴力行动的报道。根据保守的《信使报》（*El Mercurio*，2004-10-02），亚太经合组织的安全行

---

① 本部分的案例分析主要基于下文，并辅之以其他相关文献：Tomás Mac Sheoin and Nicola Yeates, "Policing the anti-globalisation protests: patterns and variations in state responses," in Samir Dasgupta and Jan Nederveen Pieterse, eds., *The Politics of Globalization*. New Delhi: Sage, 2009: 212-235.

② T. Mac Sheoin and N. Yeates, "Division and Dissent in the Anti-globalization Movement", in S. Dasgupta and R. Kiely, eds, *Globalization and After*. New Delhi: Sage Publications, 2006: 360-391.

动可能会受到该委员会的威胁，该委员会将"大约 30 个极端左翼和无政府主义团体"和"黑衣朋克"联系在一起。考虑到峰会将由 3 500 名军事警察、155 辆警察巡逻车、185 辆摩托车和三架直升机保护，这似乎不太可能。尽管有这些令人印象深刻的安排，但预计访问的总统布什将睡在海岸外的一艘美国航空母舰上，他将从那里乘直升机降落在峰会上。从 11 月 16 日开始的 4 天里，警察和反亚太经合组织的活动分子之间发生了冲突，首先是大学生未经授权的抗议，在他们试图集会时遭到警察的袭击，导致数百人被捕。11 月 19 日，政府批准的主要游行中，5 万名示威者沿着事先确定的路线游行，沿途排列着智利军警，前往参加市中心公园的一次集会。该公园远离举行亚太经合组织会议的会议中心。当游行的法定时间过去时，警察用催泪瓦斯等驱散示威者，导致防暴警察与数百名蒙面街头战斗人员发生冲突，并蔓延到附近街道。

即使在很少或根本没有抗议的情况下，首脑会议也伴随着大规模的安全行动。2006 年 11 月，在蒙得维的亚举行的伊比利亚美洲国家峰会上，尽管峰会之前没有发现任何风险，预计抗议和街头示威活动也微乎其微，却部署了可能是乌拉圭历史上最大的安全行动：在一个联合指挥下的大约 4 000 名安全部队，一个三维航天航空型雷达，30 架飞机、直升机、战舰和海岸警卫队巡逻队、陆地巡逻、骑警、战略阵地上的尖兵、训练有素的狗和三辆装甲车。这些都是展示的一些资源，再加上通信和电子邮件的监视。

其次，非洲的反全球化抗议管制。与许多关于全球化的文献一样，在关于跨国社会运动管制的文献中，非洲大多是缺乏的。我们首先注意到，赞比亚政府于 2007 年 7 月宣布将于 8 月在卢萨卡举行的南部非洲发展共同体首脑会议上禁止抗议活动。而比较突出的事件是 2002 年的联合国世界环境与发展大会，南非对反峰会抗议的反应可以被视为南非对民众抵抗新自由主义的回应。

南非警方对 2002 年 9 月在约翰内斯堡举行的可持续发展问题世界首脑会议的抗议做出的反应，似乎表明非国大政府与世界各地其他据称更为右翼的政府之间没有什么不同，也许这并不令人意外，因为非洲人国民大会接受了对外国投资开放、上市公司私有化和严格的财政限制等新自由主义政策。反私有化论坛、无地人民运动、索韦托电力危机委员会等组织和许多其他组织发展起来回应这些政策，表达了反对意见，它们的抗议和直接行动受到了警方的镇压。在峰会筹备的过程中，活动人士受到了监视和审问，一些人被逮捕和监禁。在峰会之前的周六，在威特沃特斯兰德大学举行的全球化国际论坛会议之后，700 人手持蜡烛试图前往约翰内斯堡中央监狱，与数百名最近在峰会开幕之前的威吓突袭行动中被警方逮捕的人团结在一起。游行被警察伏击，他们在没有警告的情况下向游行中心发射了"烟雾和震荡手榴弹"。第二天，南非安全和安全部长承诺在未经政府批准的情况下，镇压在峰会上举行任何示威活动。在国际媒体关注镇压异见人士之后，警方被迫不情愿地允许游行前往戒备森严、重兵把守的峰会举办地桑顿地区（南非已动员大约 8 000 名警察和军队官员为首脑会议提供安全保障）。大约 2 万人参加了游行，其中包括反私有化活动分子、南方千禧年（Jubilee South）、无地人民运动成员以及农民之路（Via Campesina）的成员。游行者花了 6 个小时才到达桑顿，因为警方在游行期间不断封锁游行者，并多次改变游行的允许路线。

最后，欧洲的反全球化抗议管制。事实上，不仅核心地区或北方国家与边缘地区或南方国家的反全球化运动抗议管制存在差异，而且，核心地区国家的抗议规制也存在不同。比如北美和西欧的新管制模式也有差异，因为后者更多是在"抗议管制欧洲化"的背景下展开的。

在西欧，自 20 世纪 80 年代中期出现了被称为"国内安全的欧洲化"的发展趋势以来，就反峰会抗议管制的欧洲化而言，主要体现在开发一个统一的情报系统，2002 年欧洲理事会制定的一份处理重大公共事件管制问题的手册，以及一个关于反全球化运动的更广泛的研究方案，即欧洲民主和动员社会方案上。跨国管制逐步发展，不仅各国警察部队之间加强了合作，而且创建一支欧洲警察部队的提议正在被讨论。警察部队愉快地在其他国家的对应部门提供了不受欢迎的入境名单，警察前往其他城市，以了解他们是如何处理反全球化运动的。例如，在热那亚峰会之前，意大利警察参加了哥德堡（瑞典）、尼斯（法国）和萨尔茨堡（奥地利）的抗议活动，而另一些人则聘请外部顾问向他们提供如何处理抗议的建议。欧洲管制合作的发展甚至超出了欧盟范围。例如，瑞士对 2003 年埃维昂八国集团峰会的反全球化运动动用了 1 000 名德国警官的服务，增援他们自己的 3 700 名警察、5 600 名军事部队和 1 000 名预备部队。此外，为应对峰会抗议而采取的一种策略是恢复欧盟内部边界的控制。但由于这一措施的有效性和成本问题，像国内边界管制这种一般性措施，正在被更有针对性的措施所取代，例如交换关于嫌疑人的信息、登记有暴力和恐怖主义记录的人、在举行会议的地区而不是在边界采取措施等。

2. 国别差异

同一区域的同一类型国家也会出现不同的情况。北美就是一个很好的例子。美国的管制增长导致"迈阿密模型";在加拿大,尽管有魁北克的例子,但其他反全球化运动的管制一直是低调的,比如 2002 年的卡纳纳斯基斯八国集团峰会。

在美国,由于 20 世纪 80 年代末和 90 年代初出现了新的抗议者群体,他们拒绝按照商定的游戏规则,警方的策略与谈判管理发生了变化。这在 1999 年西雅图反全球化运动中达到了顶峰,在那里,创新的战术将街道控制权交给了示威者,导致了警方的强烈反对。在总结西雅图经验和教训的基础上,这一新的管制战略开始形成:建立广泛的无抗议区,通常是通过安装大型混凝土和金属栅栏;破坏安全空间,比如抗议者休息、吃饭和获取信息的聚集点;使用低致命性武器暂时使抗议者丧失行动能力,以便警察能够夺回抗议空间;使用电子监视技术提高抗议空间的透明度,并向警方提供关于示威者活动的实时信息;先发制人的逮捕,以便对领导者和大量抗议者加以重组。此后,反恐战争的爆发进一步推动了反全球化运动管制新的发展。针对 2003 年 11 月迈阿密反美洲自由贸易区抗议活动形成的"迈阿密模式",可以被看作它之前的管制模式的巅峰和完善。"迈阿密模式"的主要规制策略有:(1) 先发制人地逮捕。包括拘留中立方,如法律观察员和记者。大多数逮捕指控"经不起审查",抗议活动期间逮捕的 219 人中,只有 57 人被定罪。(2) 大规模、代价高昂和咄咄逼人的警察和安全部队存在。迈阿密的安保费用估计超过 2 400 万美元,涉及 25 个地方执法机构、7 个州机构和包括海岸警卫队在内的 7 个联邦机构。安全行动涉及"肆无忌惮和过度使用武力"。迈阿密发生的事情是管制的准军事化,包括部署全副武装却往往身份不明的警察。(3) 警方和其他人收集关于从事合法抗议的活动分子的情报。(4) 记者嵌入媒体管理。通过考察从西雅图到迈阿密的抗议管制策略,美国反全球化运动的衰退可以部分归因于国家压制。虽然宣告反全球化运动在美国已经消失可能为时尚早,但毫无疑问,这种镇压对反全球化抗议运动及其组织构成产生了重大影响。因此,一些分析人士将所谓美国反全球化运动规模的下降部分归因于"9·11"事件后美国抗议管制战略的改变,从谈判式抗议管理转变为策略性瓦解。

在加拿大,鉴于 2001 年在热那亚举行的八国集团会议期间的暴力局势,八国集团在 2002 年的首脑会议上使用了稍微不同的策略。会议举办地经过了加拿大安全部门的慎重甄选。起初，预计八国集团会议将在渥太华举行，后来会议地点从渥太华迁至阿尔伯塔省的更加偏僻的卡纳纳斯基斯度假村。这主要是出于安全考虑，这是一个能有效防御的地点。据媒体报道，在卡纳纳斯基斯附近建立了一个半径为 6.5 公里的安全区域。该区域内的露营和娱乐设施不向公众开放，并且沿着阿尔伯塔 40 号公路的南北行驶受到了严重限制。此外，还建立了一个以卡纳纳斯基斯为中心、半径为 80 海里的禁飞区。抗议者从未到达离会议不远的地方。相反，他们不得不在距卡纳纳斯基斯村约 50 英里的卡尔加里举行抗议活动。

这种同一区域的同一类型国家或地区之间的差异，同样也体现在亚洲。卡塔尔和越南阻止抗议，新加坡只允许高度监管的抗议。然而，上述这些差异相比于不同国家之间的政体差异则显得相对次要，因此，下文重点分析政体差异对跨国反全球化运动规制的影响。

3. 政体差异

学术界关于跨国反全球化运动的规制模式由武力镇压模式到谈判式管理模式再到策略性瓦解模式的演变的总结，主要是针对西方民主国家而言的，但这些可能并不适用于非民主国家。下文以这些国家的反峰会抗议规制案例来分析政体差异对跨国反全球化运动规制的关键性影响。

案例一：2001 年 11 月卡塔尔世界贸易组织峰会。

2001 年 9 月 11 日，美国发生的恐怖袭击至少暂时抑制了这一反全球化抗议周期，世界贸易组织 11 月在卡塔尔的多哈举行了自西雅图以来的第一次部长级会议。在西雅图部长会议谈判失败两年后，世界贸易组织选择在卡塔尔举行会议，其原因在于：卡塔尔位于与波斯湾和沙特阿拉伯接壤的半岛上，是一个伊斯兰国家，实行君主制统治。卡塔尔政府不允许政治示威，严重限制了结社自由。此外，由于严格的移民法案，抗议组织者几乎不可能进入卡塔尔做成功抗议所必需的基础工作。作为一个常规镇压异见人士的国家，卡塔尔国家当局拒绝向所有外国游客和反全球化的非政府组织发放入境签证，从而消除了公共空间，阻止了在世界贸易组织峰会期间发生的任何抗议活动。因此，世界贸易组织在卡塔尔政府的帮助下，在 2001 年部长级会议上停止了所有抗议活动。然而，在一些抗议者看来，选择这样一个威权国家作为办会地点，说明世界贸易组织本身就是一个不关心人权的威权机构。

案例二：2006 年 9 月新加坡世界银行/国际货币基金组织峰会。

在新加坡，国家有一项防止公众表达异议的长期政策。根据这一既定政策，新加坡在 2006 年世界银行/货币基金组织峰会期间对户外抗议和示威施加了限制，同时通过威胁在峰会期间犯下暴力罪行的抗议者，表达了其独特的国家特征。作为回应，社会组织决定将运动中心迁往邻近的印度尼西亚巴淡岛。新加坡警方将 28 名已获世界银行/国际货币基金组织认可的出席会议的活动人士列入黑名单。有趣的是，这招致了世界银行总裁保罗·沃尔福威茨的批评。外界普遍认为，世界银行之所以选择新加坡，正是因为它的威权主义政体，这些批评被认为是虚伪的。针对这一批评，新加坡政府为抗议设定了一个 14 米×8 米的空间。虽然 500 多个市民社会组织得到了世界银行/国际货币基金组织的认可，但警方指出不希望他们中的大多数人会同时在室内举行抗议活动。警方补充说，即使这里允许示威，如果人群过于吵闹，他们也会进来控制人群。出于安全考虑，木质标语牌和金属杆也将被禁止使用，警方将提供硬纸板和纸杆。这个抗议空间是在先到先得的基础上提供的。

一名当地反对派政客试图通过会议中心，但被警察的"人肉路障"阻挡，这一对峙只会让国际社会更多地关注这个小型集会，其他当地持不同政见者被逮捕或他们的电脑被没收。因此，新加坡的国家特征（而非全球模式）决定了监管策略。实际上，早在当今恐怖主义所引发的想象之前，在新加坡户外示威的许可经常被拒绝。最后，就像抗议活动不稳定一样，镇压性管制也是如此。国际人民论坛的计划最初因可能会对印度尼西亚造成"经济不利"的原因而被里诺群岛警察拒绝。印度尼西亚国家警察局长宣布的最终妥协是，"研讨会是受欢迎的"，但"不应该有任何政治议程，更不用说集会，因为这可能会让外国人认为印度尼西亚的投资不安全"。这相当于将新加坡对可接受的抗议的有限解释延伸到巴淡岛。

案例三：2006 年 11 月越南亚太经合组织峰会。

2006 年 11 月的越南峰会在亚太经合组织领导人驻留的酒店外部署了全副武装的警察，加强了边境巡逻，在峰会前停止向独立游客发放签证，并加强对当地持不同政见者的控制。国际人权联合会报告说，在河内举行的临时会议期间，保安警察在许多专业亲民主活动分子的居所外设立了永久性的监测站，并在他们的门上贴上了"禁止外国人"的英文标识。

综合上述三个案例，我们可以发现，这些国家尽管与民主国家的抗议规制形成鲜明对比，然而一个有趣的现象是它们彼此之间呈现出许多相似之处：对政治抗议的禁止和高压反应。与之相对照的是，在自由民主国家，政府倾向于采取非对抗性的方式，并倾向于制度化，警察也有能力通过非对抗性手段实现其目标。然而，即使是自由民主国家，警察也可能使用镇压政策，在某些抗议周期中，警察会对示威和抗议做出强有力的反应。当既定的社会、政治和经济机构被认为受到了威胁，制度压力将鼓励更多的公共秩序管制的对抗性方法。

在威权国家抗议管制残忍得多，对公共秩序的挑战通常以屠杀告终，而在民主政权中示威者之间的碰撞也是一个非常棘手的问题。对于现代民主社会中的警察而言，抗议管制——抗议的控制——的确需要在法律秩序的维护与个人自由和公民政治参与权以及民主体系真正本质的捍卫之间保持艰难的平衡。警察维护的公共秩序事实上反映了公民对国家所显示出来的对其权利和自由之尊重的认知。从这种意义上说，一名警官为了控制抗议而进行干预的方式被视为政治体系民主质量的一个指标。经验研究已经表明抗议管制不仅有着表明政治权威听取抗议者声音的意愿的作用，而且影响着抗议活动的演变。镇压的确妨碍抗议，通过增加挑战权威的代价。然而，当抗议广泛传播且获得众多支持时，镇压会由于人们对警察（无论是国内还是跨国层面）不尊重公民权利的愤怒而产生事与愿违的结果。镇压行为的不同影响与警察干预的时间选择和受此影响的社会及政治团体的特征相关①。

总之，一种新的抗议管制模式正在传播，以回应新的抗议手段。然而，这一模式显示出国家和区域的重大差异。上述对北美洲、欧洲、亚洲、非洲和拉丁美洲峰会抗议活动管制的有关分析表明：对反全球化运动的管制是由当地警察的风格、经验和判断所调节的。反全球化峰会抗议活动的不同成员被施以不同的管制方法，国家政体形式对管制有很大影响，威权国家继续其现有的防止公开表达异议的政策②。当然，所有国家都试图控制民众的抗议和异议。否则，如果抗议失去控制，叛乱和革命可能随之而来，国家的生存也将受到威胁。这种控制是如何实施的，因情况而异，因国家而异。

---

① Donatella Della Porta, Abby Peterson and Herbert Reiter, "Policing Transnational Protest: An Introduction," in Donatella Della Porta, Abby Peterson and Herbert Reiter, eds., *The Policing of Transnational Protest*. Aldershot: Ashgate Publishing Limited, 2006: 3.

② Tomás Mac Sheoin and Nicola Yeates, "Policing the anti-globalisation protests: patterns and variations in state responses," in Samir Dasgupta and Jan Nederveen Pieterse, eds., *The Politics of Globalization*. New Delhi: Sage, 2009: 235-236.

第五章 冷战后跨国社会运动的规制策略

冷战后跨国社会运动在基本特征和行动逻辑等方面的发展变化及其所表现出来的个案差异，给国际社会和主权国家带来新的挑战和难题，其中一个关键点就是如何对其进行妥善的应对和规制。基于规制策略影响因素的探讨，对冷战后跨国社会运动规制策略的分析主要围绕抗议管制①的国内和国际维度展开。

第一节 冷战后跨国社会运动规制策略的影响因素

本节从运动维度、国家维度和国际维度三个方面探讨规制策略的影响因素。

一、运动维度

冷战后跨国社会运动自身维度存在诸多差异性，个案差异主要集中在运动性质、斗争方式、议题领域三个方面。据此，将冷战后跨国社会运动自身维度区分为三种因素，分别探讨其对跨国社会运动规制策略的影响。

1. 运动性质

对于抗议者及其目标和策略的判断在很大程度上左右着政府，尤其是

---

① 在本文中，管制（policing）也有学者译为"警治"，主要是指警察对抗议活动的管理和控制；一些社会运动研究者认为抗议管制（protest policing）和抗议控制（protest control）是可以替代使用的。规制（regulation）主要是指国际社会和主权国家对（跨国）社会运动的活动所进行的持续集中的控制（参见：斯科特. 规制、治理与法律：前沿问题研究. 安永康，译，北京：清华大学出版社，2018：3-4.）。有学者认为规制和管制存在一些基本的区别，但也有学者认为二者没有根本的区别（参见：Peter Gill, "Policing and Regulation: what is the difference?" *Social & Legal Studies*, 2002, 11 (4)：523.）。笔者这里并不做显著的区分，只是将规制作为一个更大的范畴，并将管制视为规制的一部分。

警察对社会运动的规制行为。镇压还是容忍往往取决于对抗议者"好"与"坏"的区分。那些持激进和暴力立场的运动一般都是各国政府镇压的对象，但对于那些普通的抗议行动，维持日常秩序的警察也会做出一种"好"与"坏"的判断。

在警察的眼中，"好的"抗议者就是那些为了某个对自己有利的具体目标而进行抗议的一群普通人，比如那些不是由于自身原因而丢掉饭碗的工薪阶层。警察对微小的违反法律的行为会更加容忍，在面对"好的"抗议者时会运用更温和的策略，对于他们而言，这些抗议者所进行是可以预测的示威活动。

对于那些"坏的"示威者，警察容忍度就低得多，即便是被许可的抗议运动也不例外。在警察看来，"坏的"抗议者包括职业性或政治性抗议者，他们往往追求抽象的目标或者主要对他人有利的目标，不与警察合作，还包括那些所知不多、易于被别人操纵的青年抗议者。

2. 斗争方式

不同的抗议形式会引发政府不同的反应和行为。政府在选择规制社会运动的手段时，一个重要的判断标准是抗议事件是否使用暴力。

现代意义上的集体抗议手法一般都避免不了破坏性，主张和平抗议的社会运动也是如此，因为它们扰乱了日常生活秩序。而且，少数激进分子还倾向于选择暴力方式表达诉求。暴力形式的斗争之所以会受到抗议者的青睐，主要原因在于暴力既能够吸引媒体关注，也能够给当局带来压力，迫使其屈服。目前，盛行于世界许多地方的恐怖主义袭击采取的正是这种逻辑，它们通过造成对社会的破坏，来影响国家。例如，在20世纪80年代中期的和平运动浪潮中产生的意大利的"赤军旅"、德国的"赤军团"以及法国的"直接行动"组织等许多恐怖主义组织，在欧洲各地进行了多次暴力攻击行动。虽然抗议的暴力行为并不一定导致国家的镇压，因为除了暴力行为之外，抗议活动的策略性变化，包括抗议的频率与偏离日常规则也可能会带来更多的镇压行动，但对于伴随有暴力行为的抗议者，政府会更加倾向于以镇压回应，因为暴力抗议行动被视为是对国家政治稳定的威胁，是挑战政权与秩序的。

一般而言，政府管制社会运动的风格随着抗议形式的变化而变化。政府对和平抗议一般会采取比较温和的规制措施，而对暴力抗议则施以强硬的管制措施，甚至不惜大肆镇压。正因为如此，为了减少镇压或强制，很多社会运动的组织者目前都倾向于采取和平抗议形式表达不满，这已经成为抗议行动的一个基本策略。

总之，一般情况下，和平的抗议容易为政府接受，政府的态度也相对宽容，相反，暴力抗议一般会遭到政府的镇压。当然，跨国社会运动选择和平还是暴力的斗争方式在很大程度上取决于抗议者与政府的互动。

3. 议题领域

议题领域的本身属性不仅影响跨国社会运动的成功与否，而且在一定程度上决定着国家对其镇压与否。其中比较重要的有：议题的紧迫性、议题与公众政策偏好的契合性、议题与国家核心利益的关联性、议题价值与既有国际规范的嵌合性等。

（1）议题的紧迫性。议题的紧迫程度影响着跨国社会运动组织和动员的难易程度，也影响着卷入议题的国家内部持赞成态度和反对态度的各社会群体或集团之间合法性地位的强弱对比。高紧迫性的议题意味着对议题的忽视或搁置会造成极大的危害，而且拖延对议题的解决会使议题的状况以极快的速度蔓延和恶化。低紧迫性的议题则意味着搁置，甚至忽视议题都并不造成值得重视的危害，或者不予解决议题并不会造成可以切实感受到的危害。高紧迫性的议题一方面能够动员公众对议题的关注，吸引公众对议题的重视，将众多的资源争取到针对该议题的跨国社会运动一边，使跨国社会运动得到广泛的支持和多方的参与，从而有利于提高跨国社会运动的行动能力。

（2）议题与公众政策偏好的契合性。通过改变某一议题在公众面前的突出性，跨国运动和国际非政府组织也可能间接地影响立法活动和公共政策。从理论上而言，这会是一种有效的策略。因为如果公众较少关注某一问题，那么在大多数情况下，公共政策就可能偏离公众的偏好。因此，提高某一议题在公众面前的突出性，可能会引起公众注意到自身偏好与公共政策之间的差距，然后公众就可能会要求公共政策要与其偏好保持一致①。当然，提高议题的突出性是有风险的，因为它有可能引发公众的反对，因为只有当公众偏好与公共政策之间的差距存在时，这一策略才能起作用。

（3）议题与国家核心利益的关联性。民族国家体系本质上是一个自助的体系，尽管国际制度的大量创建和全球治理的积极开展大大提高了国际社会的组织化程度，但国家仍然无法摆脱无政府状态这一国际社会的总体

---

① 塔罗，等. 社会运动论. 张等文，孔兆政，译. 长春：吉林人民出版社，2010：40-41.

特征所带来的结构性压力。随着国际政治生活的复杂化和多样化，国家制定和推行国际政策的着眼点已不再是传统的以"平面化"方式专注于安全层面，而呈现出内容涵盖经济、社会、文化等诸多国际治理领域的"立体化"特征。但是，国家安全在政策评议和议题比较上仍然具有不容置疑的优先地位。国家利益具有多维度、多层次性，而与国家安全有较强的关联性的维度和层次，就是在国际政策制定过程中必须加以优先考虑的国家核心利益。跨国社会运动所推动的政策议题在国家决策机构的政策意义评议和政策后果分析过程中，需要审慎考量围绕议题所制定和推行的政策是否和与国家安全有直接关联的国家核心利益相抵触或偏离。如果围绕议题所必须采取的政策措施会确切无疑地有损国家核心利益，或者这些措施会阻碍国家核心利益的实现，那么议题就难以在国家决策机构中获得认可，并被确立为值得着手解决的政策议程。

（4）议题价值与既有国际规范的嵌合性。议题价值是否具有普世性，是议题能否获得普遍接受和认可并取得强大的组织资源的一个先决条件。普世性的议题价值意味着该价值是一种不受怀疑的且无可辩驳的"公共的善"，这使卷入议题的国家因价值相对主义的缘由而相互争执的可能性大大减少，也使卷入议题的国家对跨国社会运动所宣扬和塑造的普世性的议题价值更趋向于采取合作的态度，从而减少跨国社会运动设置政策议程的阻力。最后，普世性的议题价值在情感上、心理上或道德上更易于对全球公众产生"共鸣效应"，使公众意识更易于在解决议题的全球性政治行动上汇聚和集中，进而使得跨国社会运动在各个国家的国内政治系统中获得强大的公众舆论支持，有力地推动其政府制定和推行解决议题的政策。

总之，那些要求不高、对政府没什么威胁的抗议行动，政府认为不需要做出伤筋动骨的改革，一般情况下会采取妥协和容忍的态度，给予有条件的支持；而那些要求太高、迫使政府做出根本性让步的集体抗议，日益招致政府的镇压。一般而言，与国家核心利益关联性低、与既有国际规范嵌合性高、紧迫性高的议题，国家对运动容忍和响应的可能性高，反之，强制与镇压的可能性则增大。

二、国家维度

对于跨国社会运动的管制，不同的国家表现出来的风格各不相同，即便是同一抗议事件，不同国家往往也会采取不同的规制手段。这主要取决于国家的政体类型、政府权能和经济发展水平等因素。

1. 政体类型

除了抗议的议题、性质和策略，政体因素在国家的回应策略的选择过程中也发挥了决定性的作用。当人们发现正常的政治沟通渠道对他们并不开放时，社会运动常常会形成和发展起来。当人们对相关的权威机构提出他们认为非常合理的诉求，而这些权威机构要么抵制，要么无法提供补救措施时，直接行动就是通常采取的手段，而社会运动的形成则是其逻辑上的结果。

就政体的类型而言，民主国家拥有更高合法性的政府，更能容忍抗议行动，较少把来自国内的冲突理解成政治威胁。而且还会策略性地允许某种水平的社会冲突的发生，因为这样能够降低大众抗议带来的紧张程度。而独裁政权的情况正好相反，由于其合法性是建立在暴力胁迫的基础上，任何集体抗议都会被统治者视为威胁政权的力量，哪怕是对小规模的和平抗议，都会倾向于采取严厉的镇压行动。

库尔特·朔克发现，民主与非民主体制的一些根本性差别使国家在处理"人民力量运动"中出现分殊："在民主体制下，不满是被期待且可以容忍的，与此不同，非民主体制不能够忽略抗议，因为抗议的存在即意味着对体制的挑战。如果忽略抗议，威权体制的示弱只会招致越来越多的抗议。"① 因此，如果把体制因素做一个光谱系的区分，一边是压迫性的集权政权，一边是自由的多元主义政权，那么恐惧和不信任就会上升为重要的影响因素，而资源因素会淡化：体制越具有压迫性，恐惧和不信任就会越多，运动的组织程度和动员的能量就会下降。

2. 政府权能

虽然政权性质决定了政府的镇压偏好，但是，政府在实施镇压时必须具有一定能力，否则也是有心无力。在民主国家，由于政权建立在公民同意的基础上，政府具有较高的合法性，统治者维持合法性不是通过强迫方式实现的，而是通过自己的工作绩效实现的，政府没有镇压的需求。因此，国家花费在军队与警察上的开支小得多，国家的镇压能力比较弱。而独裁国家由于政府的合法性建立在少数人同意的基础上，政府需要建立强大的国家机器，以便全面控制社会。独裁国家不能容忍哪怕是很小规模的来自社会的挑战，脆弱的统治基础使得独裁国家有着更高的镇压需求。因

---

① Kurt Schock, *Unarmed Insurrections: People Power Movements in Nondemocracies*. Minneapolis: University of Minnesota, 2005: 50.

此，独裁国家会投入巨资维护警察机构，相对于民主国家，其镇压能力是比较强的。但在非民主国家，独裁者无法实施大规模镇压的实例也比比皆是。在独裁国家，贫困往往不是革命和社会运动最主要的原因，国家机构的脆弱性、国家机构无法控制和渗透到社会才是革命和社会运动爆发的最主要原因。由于独裁政权的内部竞争削弱了它的镇压能力，有些统治者对集体抗议有选择地进行镇压，有时对那些具有严重政治威胁的抗议只能够睁一只眼闭一只眼。

根据蒂利的研究，依据民主程度与政府能力两个变量可以将政权划分为四种类型：高权能民主政权、高权能非民主政权、低权能民主政权与低权能非民主政权①。

在高权能民主国家中，国家能力强，政治开放程度高，公民具有多种政治参与机会，公民权利能够得到有效保护，因此，国家不具有明显的镇压倾向。在强大的社会面前，国家倾向于采取宽容态度对待社会冲突。当冲突发生时，国家倾向于采取谈判方式解决争端，讨价还价和妥协是经常性的有效解决争端的方式。

在高权能非民主国家，国家能力强，国家建立庞大的军队和武装警察，但是由于公民权得不到有效保护，社会弱，国家的镇压倾向得不到有力制约，经常性地限制公民的集体行动。当冲突升级时，国家不惜动用武力驱散抗议。国家面对冲突没有其他的有效手段，强制是唯一手段，它们不会对抗议者做出妥协和让步。

在低权能民主国家，由于官僚机构的制度化程度较低、财政水平较低，国家缺乏基本的维护社会稳定的能力，不仅规制社会的能力有限，打击犯罪行动的能力也较弱。由于这种制度建立了比较开放的政治制度，公众享有较充分的利益表达的机会，因此，集体抗议行动相对而言具有较大空间，能够得到政府的容忍。

在低权能非民主国家，国家能力和民主的组织表现为另一个极端。国家既不具备维持秩序的基本能力，也不行使基本的再分配职能，社会矛盾和冲突两极化。更重要的是，社会缺乏表达自己利益的渠道，公民的基本参与权利被剥夺，社会基本没有制度化的化解矛盾的机制，因此，陷入弱肉强食的丛林状态。

---

① 蒂利. 政权与斗争剧目. 胡位钧，译. 上海：上海人民出版社，2012：31.

3. 经济发展水平

当然，除了政体类型和政府权能两个因素之外，经济发展水平等其他因素也对跨国社会运动的规制产生影响。一般而言，当经济高速发展时，国家通常会降低对集体抗议威胁的理解，因此，镇压手段较少被使用。经济高速增长之所以不会带来更大的政治威胁，还因为经济增长更有可能满足人们的经济需求，因此，社会矛盾程度相对较低。当经济增长进入相反境况时，国家对集体抗议所带来的威胁的理解就会不同。由于经济陷入困境，生活质量大幅下降，社会矛盾日益加剧，人们对政权的怨恨感增强，所有潜在的和显性的社会冲突都有可能导致更大范围的冲突，给政权带去政治威胁。在这种情况下，不论是民主国家还是独裁国家，实施镇压的可能性都会增大。但这里的分析只聚焦于政体类型对抗议管制的影响。

三、国际维度

国际社会的发展与变革不仅决定着跨国社会运动的兴衰，而且制约着跨国抗议规制的策略选择。

1. 国际体系

国际体系是包括跨国社会运动在内的所有国际行为体运作的宏观背景。跨国社会运动规制不能脱离这个背景。首先，战争与和平问题对跨国社会运动规制的影响。战争与和平问题是国际社会的一个核心问题。从历史上看，非国家行为体的兴衰是与国家的发展和衰落相伴随的。非国家行为体在国际社会中的参与是周期性的，往往是当国家处于衰落时期或者大国之间发生冲突与战争时，非国家行为体的生存都会难以为继，而当国际社会处于和平与稳定发展的时期以及国际社会的规则和制度得到世界各国遵守时，非国家行为体就可能会迅速增长并扩大其对国际社会的影响力。非国家行为体也只有在一个相对和平与稳定的、对国际互动的规则和国家单元的合法性拥有基本共识的国际体系中才能发展起来。对于跨国社会运动而言也是如此。这是由于跨国社会运动"依赖于国际体系本身的性质"[1]。冷战的终结以及近期通信技术的发展创造了一个独特的，但不是持久的、开放的国际体系，这为全球社会运动的活动和参与的增加提供了

---

① Robert O'Brien, Anne M. Goetz, Jan Aart Scholte and Marc Williams, *Contesting Global Governance: Multilateral Economic Institutions and Global Social Movements.* Cambridge: Cambridge University Press, 2000: 230.

条件。历史研究表明，国际非政府组织在国际机构中的参与是周期性的，并与诸如一战和二战等事件之后的和平时代相伴随①。也许后冷战时代是公民社会处于勃兴周期的一个开端，但大国间冲突的重新爆发可能会关闭国际非政府组织和跨国社会运动参与的机会。

其次，全球化对跨国社会运动规制的影响。全球化虽然有利于跨国社会运动的组织、运作和传播，有助于运动参与者之间的学习与借鉴和抗议手法的跨国传播，但全球化也可以为主权国家抗议规制所用。首先，全球化有助于各国管制机构的国际合作和一体化。一些成熟的运动规制策略在各国之间快速传播，也有利于各国信息收集与共享，以及跨国规制机构和制度的构建。其次，全球化的影响还体现在，国家对国际市场的依附程度对规制策略选择的影响。如果一个国家的经济对于全球化的依附严重，集体抗议的可能性就会增加，因为国内的部分势力可能要求政权保护本国的政治经济关系。在这种情况下，工人可能会罢工，政治反对派可能会起来造反，被剥夺公民权的资本家可能会反对政府——所有这些潜在的反对力量都必须受到遏制，否则会严重地影响国内的生产与利益，特别是从这些生产与利益中获利的人。因此，国家依附性越高，政府的镇压行动就越有可能提高②。

2. 国际规范

国际规范对跨国社会运动的成功非常重要。例如，在跨国反大坝运动中，环境和人权以及移民安置等方面的既有国际规范对跨国社会运动发挥影响力尤为关键，因为无论是运动中主张反对大坝建设的激进派，还是主张改良的温和派，都会因这些国际规范的传播而增强力量，同时随着围绕这些国际规范而展开的辩论和观念交锋的深入，跨国反大坝运动反过来也促进了这些国际规范在主权国家的内化。这些国际规范一旦制度化并渗透进主权国家和国际组织（譬如世界银行）的程序和结构之中，又会为跨国社会运动发挥影响力提供杠杆和新的政治机遇。正如有学者所指出的，随着冷战后跨国社会运动的勃兴和力量的增强，它能推动既有国际规范和制度的修改，或者创建新的全球性规范和规则。这些新的国际规范和规则反过来为当代跨国社会运动解决原有的国际政治权力格局中所不能解决的问

---

① Steve Charnovitz, "Two Centuries of Participation: NGOs and International Governance," *Michigan Journal of International Law*, 1997, 18 (2): 183-286.
② 谢岳. 抗议政治学. 上海：上海教育出版社，2010：176.

题开辟了新的空间①。例如，国际人权规范的发展使得社会和环境问题领域的跨国社会运动的组织和成功变得更为容易；而限制或禁止核武器和生化武器的国际规范又促进了跨国禁雷运动和跨国禁止集束炸弹运动的发展，以及禁止地雷和集束炸弹等常规武器的新国际规范的诞生。

国际规范对于规制恐怖主义运动尤为重要。急需寻求一种全面的解决办法，使打击国际恐怖主义的斗争合法化。事实上，为了使打击国际恐怖主义的斗争合法，各国必须就共同的问题定义达成一致。只有共同的理解，采用的非常制裁才能被认为是合法的。相比之下，如果没有共同的问题定义，那么任何反恐联盟的既定极限就是对谁是"邪恶"恐怖分子和谁是"好"自由斗士存在分歧。尽管各国迫切需要就对国际恐怖主义的共同理解达成协议，但对这一问题的法律定义构成了明显的政治挑战。关键是，界定国际恐怖主义等于决定谁是国际公敌。不过，界定公敌的权力是主权的首要特征。将这一权力转移到国际领域将构成重大的政治转型。

国际规范的变迁也影响着主权国家的规制策略，尤其是其对武力的垄断和运用。主权国家可以基于主权原则对罪犯和极端分子使用武力大多被认为是合法的规范共识正遭遇越来越多的挑战。在 20 世纪就已经朝着武力垄断的国际化迈出了第一步。各国接受了越来越多的限制其使用武力垄断的自由裁量权的国际协定。在武力或战争运用的合法性层面，《联合国宪章》（1945 年）禁止侵略战争；在方法层面，《关于战俘待遇的日内瓦公约》（1950 年）和《禁止酷刑和其他残忍、不人道或有辱人格的待遇或处罚公约》（1985 年）也限制了各国根据自己的意愿使用武力的自由裁量权。因此，对武力的垄断的控制一定程度上取决于国际规范，尽管实际执法行动的控制在形式上并未受到影响。

3. 全球舆论

全球舆论以及全球大众传媒同样能够对抗议规制发挥实质性影响，当其他抗议渠道可用时，公众舆论似乎对破坏性的抗议行为不那么宽容。此外，如果针对暴力抗议者，强制管制更容易被接受，甚至被提倡。因为全球舆论对政府能够施加决定性的压力，而引导全球舆论的全球性媒体也随之扮演了无可替代的作用。

---

① Jeremy Brecher, Tim Costello and Brendan Smith, "Globalization and Social Movements," in D. Stanley Eitzen and Maxine Baca Zinn, eds. , *Globalization: The Transformation of Social Worlds*. Belmont, CA: Thomson Wadsworth, 2006: 341.

媒体通过公共舆论发挥作用，但也通过影响决策者发挥直接作用。有时候，政治精英对运动强度的理解并不是根据抗议的规模或动员水平，而是根据媒体对这些运动的报道方式。在这个意义上，媒体是否做出了对运动有利的报道，可能成为左右运动成功与否的决定性因素。

全球性媒体对跨国社会运动的关注和报道使得抗议规制朝着更加温和与容忍的方向转变。在西方社会，20 世纪 70 年代以来，报纸等媒体对警察的强硬风格持更多的批评立场，媒体的报道尽管不能总是改变警察的强硬行为，但媒体报道的信息对公众态度具有强烈的影响。公共舆论对抗议规制的风格存在潜在的影响。如果抗议处理风格过于强硬，公共舆论会更加同情挑战者，而对政府产生更多的不信任，公民权联盟的力量就会壮大起来；如果公众要求政府实行更加严厉的镇压措施，法律与秩序联盟的力量就会占上风。也就是说，大众传媒对抗议处理风格的影响并不通过直接批评警察的行为而实现，而是通过影响两大联盟的发展对抗议处理产生间接影响。

当然，上述全球公共舆论和媒体的作用机制可能只存在于民主制度中。至于非民主国家，公共舆论和媒体至多只能偶尔地约束抗议处理过程，更多时候，由于公众受到蒙蔽、大众传媒受到政府控制，它们普遍赞成政府在抗议处理上对法律与秩序的偏好，支持政府的强硬处理风格。

此外，针对国际事件或者涉及外国政要的事件进行的抗议活动，警察也更有可能运用武力。在这类事件中爆发的示威活动给警察带来了额外的风险，他们会面临国家官员要求其控制抗议的非常大的压力。对于国际事件的管制还会受到强有力的国外势力的影响，比如来自母国政府的压力。这实际上也是国际舆论和国家声誉对规制策略的影响。

第二节　冷战后跨国社会运动的国内规制

随着跨国社会运动的发展演变，主权国家的应对和规制模式也相应发生代际更迭。由于抗议策略和组织模式的转变，主权国家对冷战后跨国社会运动采取了更为复杂的控制模式。

一、跨国社会运动的国内规制模式

一般认为，西方国家对跨国社会运动的国内管制可以按照时间先后顺序分为三种模式：武力镇压模式、谈判式管理模式和策略性瓦解模式。

1. 武力镇压模式

针对 20 世纪六七十年代勃兴的新一轮抗议周期，西方国家对新社会运动采取的规制策略可以称为武力镇压模式。所谓武力镇压，即政府控制抗议运动的主要甚至唯一的策略就是使用武力，而且其严重程度不断升级。

在武力镇压模式下，政府不能容忍任何社会破坏行为，否认公民的抗议权或者不履行宪法规定的赋予公民的抗议权，倾向于通过警察或士兵使用武力以驱散抗议者，即使是那些和平抗议者也在驱散之列；只容忍那些常见或常规式的抗议手法，对于那些陌生、创新性的抗议行动则难以接受；在抗议发生之前和发生期间，政府很少与抗议者谈判；武力是政府处理集体抗议的标准方式，政府会习惯性地以激烈的展示武力的方式与抗议者对峙。如果抗议者没有遵循维持秩序的警察的要求，镇压行动就会升级，通常的武力镇压使用催泪瓦斯、警棍、高压水龙头、电棍、警犬等，极端的镇压手段包括逮捕与开枪。

武力镇压主要以武力为基础，是一种对抗型的抗议规制模式。上升到管制哲学（policing philosophies），即"警务工作内在的理念原则和指导方针"① 层面而言，武力镇压模式实质上就是一种国家警察维护公共秩序的方式。所谓国家警察哲学（staatspolizei philosophies），就是将管制的主要功能理解成为国家服务和保护其免遭反对者的侵犯。换言之，警察是国家的警察，警察的角色就是法律和秩序的维护者。一般情况下，警察自我定位为国家的警察，会把自己的日常工作任务限定在公共秩序的维护上，对小范围或较小规模的对峙与暴力行动缺乏宽容，经常实施以暴制暴的对策，驱散、逮捕抗议者。

2. 谈判式管理模式

20 世纪 80 年代和 90 年代早期，武力镇压模式日益遭到质疑，一是来自政府和警察内部的质疑，它们质疑武力镇压策略的有效性，因为这可能会增加抗议运动激进化的风险；二是来自政府和警察外部，运动参与者和公共舆论开始质疑管制抗议的武力镇压模式的正义性和合法性。于是，镇压策略变得更加慎重和程序化。尽管在不同国家和地区存在很大的变化，

---

① John Noakes and Patrick F. Gillham, "Aspects of the 'New Penology' in the Police Response to Major Political Protests," in Donatella Della Porta, Abby Peterson and Herbert Reiter, eds., *The Policing of Transnational Protest*. Aldershot: Ashgate Publishing Limited, 2006: 99.

但一个普遍的现象是警察变得更加专业化，强调正式训练，其策略由试图通过任何必要的手段来惩罚违法者和限制抗议运动向非常重视通过沟通的方式来减少抗议运动破坏性的谈判式管理策略转变。运动的暴力性和对抗策略的也部分弱化，由此，西方国家对跨国社会运动的国内规制逐渐演变为谈判式管理模式。

谈判式管理是一种以许可和谈判为基础的抗议规制模式。与武力镇压模式不同的是，在谈判式管理模式下，在抗议发生之前，警察就会与抗议者谈判，以便抗议行动既能够实施抗议权利又能够在冲突最小化的情况下进行。即使发生零星的破坏法律的不服从行为，警察也能够在使用最低限度的武力的情况下，维持秩序并保证抗议行动的正常进行。这种策略主张容忍较小的社会破坏行为与保护抗议者的权利，以便减少示威者和试图控制示威者的警察所造成的混乱失序。

在谈判式管理模式下，警察尊重公民的抗议权利，认为其主要目标之一就是保护公民的抗议权，就像保护公民的财产权与维持公共秩序一样重要；不会阻止那些陌生、创新性的抗议手法，但会设法限制抗议行动的时间与空间，避免其造成交通阻塞或影响其他日常生活秩序；与抗议者进行沟通，说服其放弃激烈的行动，促使运动进行内部控制，达到既成功地保护公民的抗议权，又把抗议控制在公众能够接受的范围内；经常使用警戒线将抗议者与公众隔离开来，尤其是将抗议者与他们的对手隔离开来；警察只在万不得已的情况下使用武力；警察会对已经破坏法律的抗议者反复警告，给予其纠正错误的机会；逮捕仅仅作为警察维持秩序的最后手段，而且是有选择性地进行。

社会运动的规制模式由武力镇压模式演变为谈判式管理模式，背后实质上是由国家警察哲学向公民警察哲学（burgerpolizei philosophies）的转变，后者将警察的主要功能理解成为公民服务。在这种理念下，警察是公民的警察，警察的角色就是公民权的维护者。基于公民权维护者的自我角色定位，警察就会对公民抗议给予更多的同情，而不是站在与抗议者对立的立场上；他们会主动协调与抗议组织者的关系，保证示威能够顺利有序地进行；倘若出现小范围、小规模的暴力与破坏行为，警察也大多能够宽而待之，尽量减少强制行为。

当然，跨国社会运动规制模式由武力镇压向合作模式转型主要见诸20世纪七八十年代以来的西方民主国家，但在大量不民主国家中，抗议管制仍然以严厉镇压为主。

3. 策略性瓦解模式

随着管制网络的全球化，谈判式管理模式在国际间快速传播，尤其是在自由民主国家中。然而，很多跨国社会运动分子对弱化街头抗议力量的日益程式化和刻板的抗议方式心灰意冷。抗议和异议的空间也正在不断缩小和日益受到管制，加之经济全球化、技术变革和社交媒体扩散的影响，到 20 世纪 90 年代晚期，谈判式管理模式开始显露出严重的缺陷。

当时，越来越多的抗议者拒绝与警察谈判，1999 年的西雅图反世界贸易组织抗议的胜利，引发了新一轮的全球抗议浪潮。在这些大规模社会运动中，守法和违法的抗议者共存，采取非等级制、网络化的组织结构和一致同意的决策原则，往往不存在实际的领袖和联络员，常常采取创新性的抗议手法。西雅图抗议的成功也使得美国、加拿大和西欧等国的警察开始反思抗议规制策略，而普遍存在的大量违法抗议者给主流的谈判式管理模式带来挑战。于是，一种双重策略开始出现：对合作型抗议者和团体仍然采取谈判式管理，而那些被认为是铤而走险的、不可预测的或具有危险性的抗议者和团体则成为其选择武力镇压的目标。

换言之，警察开始采取新的策略来控制示威运动，使得抗议管制具有了双重性质：对于愿意就示威规模和范围与警察协商的抗议者和自我约束的示威运动，警察依然采取"公民警察"方法，主要以公民政治权利促进者的身份行事，促进抗议权和保护公民权利。但是不合作抗议者的存在或者违法抗争的行为导致警察采用"国家警察"控制策略以便尽力减少不确定性或维持秩序。例如违法抗议者更有可能被逮捕，但即便是逮捕也很少被起诉或者是起诉后很少被证明有罪，这表明逮捕的主要目的在于重置或瓦解违法抗议者而不是真正要惩罚他们。此外，针对违法抗议者，具体的管制措施还包括限制进入公共场所、有针对性地执行法规来破坏其示威准备活动、对其领导者实行先发制人的拘留，以及对示威活动运用非致命性武器等。

这些在控制违法抗议者中形成的新的警察策略与以往管制抗议运动的武力镇压或谈判式管理模式都不相同。实际上，这是一种新的运动规制方法，有学者称之为策略性瓦解（strategic incapacitation）[①] 模式。在策略

[①]　John Noakes, "Beyond Negotiated Management: Selective Incapacitation and the Police Response to Recent Protests in the United States," paper presented at the Annual Meeting of the American Sociological Association, Anaheim, CA, 2001.

性瓦解模式下，管制的对象是以全球民主正义为宗旨、以峰会抗议为中心的全球抗议运动，运动既存在大量自我约束的守法抗议者，也有少数的违法抗议者，他们采用差异化的抗议剧目，规则策略故而也分化成两种不同的方法——谈判式管理和武力镇压策略的交替运用，其中少数顽抗者更是警察和媒体针对的焦点。武力镇压主要包括：设置禁止抗议区（例如混凝土或金属栅栏）和实行宵禁、拦截和阻挡抗议者、对集会或集合中心进行破坏、运用非致命性武器（胡椒喷雾、催泪瓦斯、高压水枪，橡皮子弹）、运用情报和监视来预测或监控示威者行为和确定风险或威胁等级、先发制人的逮捕（例如除掉罪魁祸首等）。

策略性瓦解模式的主要特点就是采取各种创新性的策略，旨在暂时性使违法抗议者失去行动能力，包括设立大量禁止抗议区域、增加使用非致命性武器、策略性地运用逮捕以及重新强化对运动组织的监视和渗透等。抗议期间警察策略的这种转变是与犯罪控制的思想基础的宏观变革相一致的，其中重要的一点就是重视风险管理以及强调对犯罪和失序的预防（而不是反应）。与策略性瓦解模式相联系是一种基于"新刑罚学"（new penology）① 的管制哲学，即社会控制的选择性瓦解哲学，其有两个特点：一是其功利性焦点在于防止异常行为而不是报复违法行为、改造违法者或威慑他人再犯同一行为；二是其选择性焦点锁定的是那些被认为最危险的人。

当然，上述抗议管制模式的演变是主要基于西方民主国家抗议管制所构想和采用的路径的转变。其存在的一个主要问题在于："关于在全球体系外围（甚至半外围）地区发生的政治抗议管制的研究，一般都没有出现在公共秩序管制趋势和发展的阐述中。"② 正如我们所看到的，这种新的管制方式的大部分证据来自北美和欧洲的先进工业经济体。在外围地区管制方面可用的材料几乎没有提供这种策略性瓦解模式的证据，也没有提供以前的谈判式管理方式的证据。因此，就冷战后跨国社会运动规制的案例而言，没有一个简单的全球化的新公共秩序管理体系或者替代谈判式管理

① John Noakes and Patrick F. Gillham, "Aspects of the 'New Penology' in the Police Response to Major Political Protests," in Donatella della Porta, Abby Peterson and Herbert Reiter, eds., *The Policing of Transnational Protest*. Aldershot: Ashgate Publishing Limited, 2006: 104.

② J. Sheptycki, "Policing Political Protest When Politics Go Global: Comparing Public Order Policing in Canada And Bolivia," *Policing and Society*, 2005, 15 (3): 329.

模式的新模式。公共秩序管制，像全球化一样，是由国家、地区和地方因素、历史、经验和权力平衡所调节的①。事实上，现有的研究需要更多关注核心区域和发达国家之外的国家和地区的抗议管制问题，以便进一步扩展跨国社会运动管制的分析案例。

二、主权国家的应对策略与路径选择

从互动演化的角度看，国家的回应策略对运动效果的影响是极为鲜明的：国家能够塑造抗争的规模和策略，抗争反过来也能塑造国家应对抗争的态度和策略：如果抗争一旦被视为对国家的威胁，就能招致国家的镇压。威胁越大，镇压的可能性也就越大。不过，国家的选择不只是镇压，也可能是预先阻止、疏导、容忍或者收编。

詹姆斯·富兰克林通过对拉丁美洲的经验研究，归纳了四种可能的国家回应策略：让步、镇压、容忍（不采取行动）、让步与镇压并举。他进一步指出，政府采取怎样的策略去回应抗议，取决于抗议的性质，也与抗争者采取的策略有关。那些象征性的抗争，容忍的成本是最低的；对于暴力抗议而言，镇压的成本是最低的（如图 5-1 所示）②。

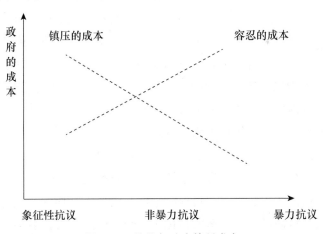

图 5-1　抗议与政府管制成本

①　Tomás Mac Sheoin and Nicola Yeates，"Policing the Anti-Globalisation Protests：Patterns and Variations in State Responses," in Samir Dasgupta and Jan Nederveen Pieterse，eds.，*Politics of Globalization*. New Delhi：Sage，2009：236.

②　James C. Franklin，"Contentious Challenges and Government Responses in Latin America," *Political research Quarterly*，2009，62（4）：700-714.

就具体的警察抗议管制而言，警察事实上是根据抗议者、抗议目标和抗议战术的特点，以武力或谈判方式对抗议做出反应，在容忍和镇压的控制手段之间交替。这是由于容忍或镇压、武力或谈判的方法是共存和相互补充的。鉴于 20 世纪 90 年代中后期，新的跨国社会运动以不同的、更具对抗性的抗议方式出现，其中包括破坏性战术和分散化的组织模式，因而，冷战后跨国社会运动的国内规制既有历史的连续性，也在规制原则、规制策略和规制路径等方面呈现出某些不同的特点。

1. 规制原则

为了减少规制成本和跨国社会运动对社会秩序的破坏，达至抗议规制的理想结果，各国政府在对冷战后跨国社会运动进行规制时，需遵循下列几个主要原则：

（1）慎用武力原则。

有效的跨国社会运动规制需要更多的计划与部署、及早和持续的风险分析，以及警察和运动参与者之间的合作性互动[1]。这些措施有助于警察形成和执行干预措施时能减少潜在的暴力行为。然而，武力不应该被用来作为获得服从或解决冲突的一种常规性策略。正如众多案例所表明的，警察的武力策略可能是适得其反的，会激发示威者的攻击性。研究表明警察通过减少武力展示和武力行为可以改善警民关系、鼓励和平抗议。

新大众心理学告诉我们，大众聚集并不会使个人变得"疯狂"，人们也不会仅仅因为他们参与到大型集会中就失去对其行动的控制。实际上，警察不加区分地使用武力可能会改变原本的和平。如果运动参与者觉得警察针对其的行动过度严厉或无缘无故的话，他们将很可能投身暴力行动以抵抗警察。进攻性的警察可能会在起初没有暴力意图的团体中激起暴力意图。但是，警察也必须偶尔进行干预以维持或恢复对抗议运动的控制。当警察必须使用武力来实现这一目标时，他们应当以这样的方式行事：确保武力保持在最低限度、所针对的目标要明确，以及武力在运动参与者看来是必需和适当的。

事实上，非传统的政治参与形式日益合法化的一个副产品就是警察对抗议的容忍度的不断增加。从 20 世纪 70 年代开始，西方民主国家控制抗议的模式开始变得普遍更为宽容，并且随着协商管理策略的发展，传统的

---

[1]　Tamara D. Madensen and Johannes Knutsson, "Preventing Crowd Violence," *Grime Prevention Studies*, 2011, 26: 3.

武力升级策略愈益稀少。警察部队实施基于寻求与新社会运动对话的新公共秩序策略，这以更罕见地依赖武力和对新抗议形式（如公民不服从）的更多容忍为标志。然而这种"常态化"在冷战后勃兴的跨国社会运动尤其是反全球化运动浪潮中被打破，警察与示威者之间的冲突非常普遍。但即便如此，警察也是相对谨慎地使用武力，主要针对的是运动中的那些暴力的极端边缘团体。

（2）非政治化原则。

抗议管制应以非政治化为目标。所谓非政治化，即政府在判断抗议者的"好""坏"形象时，不应根据抗议者的诉求内容或意识形态，而应根据他们的实际行动。政府在应对社会运动时，经常会出现的问题是，对挑战者的行动过于敏感，或者夸大抗议者的行动所带来的威胁，对偶尔出现的对峙行动反应过度。实际上，冷战后跨国社会运动大多是和平和非暴力的，主张的是非政治性的诉求，通常并不涉及政治问题，即便是带有政治诉求的抗议者，只要其不采取暴力或违法的抗议方式，政府就应当采用宽容的态度和行为，不应以暴力镇压的手段回应社会运动者的行动。

因此，在应对和管制跨国社会运动时，政府明智的选择应该是竭力促使跨国集体抗议的非政治化。如果政府采取高压手段对待运动，镇压会使得抗议上升为政治抗议，地方性抗议会演变成全国性抗议、集体抗议政治化会使得本来简单的问题复杂化，增加解决问题的难度，提高政府处理问题的成本。在独裁国家，大量案例表明，很多针对政府的抗议事件都由非政治化抗议演变而来，残酷的镇压政策造就了无数政治难题，使得国家最后陷入困境。国家应对这种困境的办法就是不断升级镇压强度，当镇压达到一定程度后，镇压的威慑作用就会不断下降，为民众推翻政权创造机会。

（3）制度化原则。

在跨国社会运动的背景下，抗议者与政府之间对抗的一个核心是围绕着公民权与法律和秩序之间的关系展开的。对于抗议者而言，他们坚称和平的抗议是每个公民的基本权利；而对于政府而言，维持公共秩序是其职责，大规模的群众聚集对社会秩序而言是一种挑战，因此，抗议规制过程就是如何在这两者之间实现平衡。在社会运动的漫长发展过程中，西方民主国家终于将抗议权写进宪法，并且允许公民和平抗议；抗议者的组织也被合法化，政府甚至学会了与抗议者之间部分合作，这种现象表明在与社会运动漫长的互动过程，抗议规制朝着制度化的方向发展。

　　抗议规制的制度化意味着对社会运动和政府双方权利和行为的约束和规范。对于政府而言，规制的制度化意味着警察在管制抗议行动时，其行为是清楚而规范的：警察对有些抗议行动是容忍的，对有些行动则予以镇压或忽略。规制规范化的好处在于不仅促使某些社会运动参与者接受常规的参与政治的方式，而且有时会分化瓦解抗议者的内部同盟，其结果便是将更多的温和派同盟从激进派行动者中分离了出来，瓦解挑战者同盟，削弱反对派的力量。对于社会运动来说，规制的制度化也意味着抗议者行为的规范化，他们会采取效果最佳、成本最低的诉求形式，放弃那些代价高昂、招致镇压的行动，而且会控制运动内部激进分子的行为方式，在守规矩的情况下提出要求。也就是说，抗议者已经学会了如何在常规与非常规的集体行动间转换，甚至学会了综合使用这些策略。从这个层面而言，抗议规制的制度化同时也规范了抗议者的行为。当然，如果规则是通过谈判而不是强制实施的，那么抗议者就更有可能遵守这些规则。

　　2. 规制策略

　　尽管并不是所有社会运动都把矛头对准国家，更不是所有社会运动都旨在夺取国家政权，但所有社会运动都或多或少地追求改变社会现状，而这对负有维护社会秩序之责的国家来说，仍然是一种挑战。因此，对任何社会运动，国家都会有所反应，只是反应的方式不同而已。对跨国社会运动的规制，可以分为三类主要的策略：强制策略、劝说策略和信息策略。

　　（1）强制策略。

　　强制策略即使用强制的力量和武器来控制或驱散示威活动。强制措施主要有：一是组建专门的管制行动组。在公共秩序部门（警察部门）中组建专门行动组，赋予他们选择性地干预示威活动中暴力部分的任务。该行动组的基本行动原则是，若没有来自抗议者暴力或非法行为的挑战，警察不能单方面使用武力，应当秉持"逐步降低"的武力干预策略，采取将对话与有针对性地对运动中好斗部分展开行动结合起来的行动策略，在孤立和逮捕好斗分子的同时又不涉及和平示威者。在跨国社会运动管制的具体实践中，近些年来强制策略运用的基本原理似乎是对抗议的形式以及抗议的时间和地点的更为整体性的控制。

　　二是设置禁止抗议区对示威者进行隔离。在主要毗邻会议场所或标志性场所中的大片区域的公共空间设置禁止抗议区，限制抗议者进入，因为如果抗议者在这些地方直接行动会引起相当大的注意或者造成严重的破坏。政府为维持秩序的警察配备大量的反骚乱装备，组建对"麻烦制造者"进行强制干预的专门行动组，用大量警力将示威者团团围住，或者用栅栏将示威者进行分离。

三是运用非致命性武器。对示威者使用各种非致命性武器，既达到了强制的目的又避免了伤亡和警察与示威者冲突的激化。非致命性武器包括那些警察公共秩序部门传统使用的诸如催泪弹和高压水枪等，也包括一些新近的发明，例如便携式的刺激性喷雾剂与橡胶和塑料子弹，这使得其使用变成了单个警察个人即可决定而不需请示上级的事情。非致命性武器的使用成为警察维持公共秩序的新手段，这增加了警察在示威期间瓦解示威者的能力，而不至于产生与武力镇压相伴随的去合法化风险。

四是进行逮捕。灵活使用武力，即策略性地使用各种武力手段来重置或瓦解违法示威者，在此过程中，慎用但不放弃使用逮捕手段，尤其是对于运动的违法抗议者或者是对于拟议中的抗议示威行动的领袖进行先发制人的扣押。需要注意的是，强制措施应主要针对少数激进或极端的运动参与者或团体。由于跨国社会运动的规模庞大，大规模使用武力作为维持公共秩序的一种策略，只有在有利的警察与示威者力量对比情况下才会奏效。对于大规模的抗议示威运动而言，如果其中大部分都是和平的示威者，只有很少（但高度灵活机动的）的破坏者，展示武力和不加区别地进行武力干预可能会导致双方对抗的升级，警察残忍对待非暴力参与者甚至会导致原本和平的抗议者采取暴力的反应行动。

（2）劝说策略。

劝说策略是指通过与运动活动分子和组织者接触来控制抗议活动的所有努力。首先，谈判是控制抗议者的主要劝说策略，较为普遍地应用于警察与抗议运动的互动之中。一般而言，警察与示威者之间的谈判以及其他直接互动开始于抗议事件之前，也就是说警察对示威者权利的总体性态度以及对目标团体的特殊态度都是清楚明了的。其次，劝说策略也可能以威慑的面目出现，即公开威胁使用警察力量来挫败抗议运动。例如，在武力镇压模式下，警察与运动组织者之间的讨价还价仅限于讨论后勤问题，几乎未留机动的空间。最后，双方达成合作意向。合作即在经过双方的谈判之后，警察官员和抗议组织者为了示威运动的和平发展这一共同目标而进行某种程度的协作。国家与抗议者之间的合作，意味着一方面国家维护了秩序，另一方面抗议行动被制度化，抗议者的抗议权能够得以实现。这是劝说策略的理想结果。

在反全球化运动的规制中，一个新的变化是，劝说策略的运用带有比较强的威慑因素，警察部门与示威者的信任度在降低。例如，竭力强调避免政治领导人和政要与示威者接触，而不是与运动领导者谈判来限定抗议的空间和范围；双方的严肃谈判有时启动较晚而且或多或少是无计划的；双方之间的谈判缺乏开放的交流渠道，而且时常被打断；将会议地点移到偏远的举办地或者给抗议者划定禁行区也是挫败抗议者的手段。其他措施还包括：设置栅栏、实行严格的边界控制手段（阻止运动积极分子入境）、设置检查站点、频繁地进行身份证检查、对疑似运动活动分子进行盘查和预先的控制，甚至针对某个具体的抗议行动实行先发制人的逮捕；查抄宣传材料，例如旗帜、标语和木偶等；进入和搜查示威者的总部、独立媒体中心和法律援助办公室；等等。此外，专门训练的对话和谈判警官可以在警察指挥官与示威者之间增加联络和合作性互动，在改善警察与示威者关系方面起着关键性作用。

（3）信息策略。

技术的创新以及预先监视、信息处理和通信技术对于跨国社会运动的规制方式有着重要的影响。警察利用强化的事先和即时的监视措施来竭力防止抗议者所造成的不确定性，减少不确定性的一项长期策略就是监视。信息和情报工作在跨国社会运动管制过程中起着关键性作用。信息策略主要有两个方面：一是扩散性的信息收集，可作为抗议控制的一种预防因素；二是有针对性的信息收集（包括声像技术的运用），旨在对那些破坏法律者进行确认而不必进行直接干预。建设"流动闹事者"数据库，针对目标可疑人群和个人的监视已经变成运动规制过程的一项系统性工作，以至于产生了"情报导向的"规制的说法。为了阻止危险分子参与跨国社会运动，各国警察部门的信息交流和数据库大规模使用，这些制度框架在欧盟的一体化制度框架之下尤其突出。

监视首先可以作为一种信息收集方式，用来对运动强力推动社会变革的努力加以曝光或者去合法化。其次，在与运动领导人进行谈判时，信息工作的主要用途在于使得警察在维持公共秩序的同时不必严格执行法律。例如，警察利用新技术让抗议者知道他们正在被监视，预测哪里会发生麻烦和完整记录抗议事件，以便警察在抗议结束之后能逮捕那些暴力行为者，此时逮捕就不太可能激起新的连锁动荡。最后，信息工作还具有风险评估的功用。警察和安全部门的情报信息可以为当局提供有关社会运动的大量信息，诸如运动的煽动者、运动团体的资金来源及其战术讨论，运动内部如何进行沟通、如何进行转移、各部分之间如何相互联络，以及它们所运用的技巧等。此类信息工作使得警察能评估风险和确认哪些个人和团体将会受到策略性瓦解，有学者将这种行为称为"政治定性"。

当然，由于需要分析大量的相关信息，政府需要投入充分的硬件和软件资源和大量的人力成本，而且可能会使警察部门不堪重负。另外，需要注意的是情报信息工作与公民权保护之间的张力。此外，信息工作也存在负面效应，例如宣扬一些危言耸听的信息不仅不会阻止运动积极分子参与运动，而且有助于其传播，使得一些普通警察将示威者视为危险暴力分子甚至恐怖主义者或者被恐怖主义者所渗透。这可能会激化运动参与者与警察之间的冲突。

3. 规制路径

就反全球化运动而言，冷战后跨国社会运动的规制路径可以大致区分为法律路径、物理路径和心理路径三个类别①。除了直接的镇压手段之外，国家通常采取不那么明显的并以更微妙的形式运作的强大控制潮流。对于抗议活动，这些控制措施包括许可谈判、将大规模示威引导到抗议区，以及对镇压抗议活动适用法律。因此，要充分了解抗议的规制，我们必须超越当前的镇压思想，并接受更动态的控制和规制观，包括三个独立但相互作用的控制领域，即围绕每一次抗议形成的法律、物理和心理路径。

（1）法律路径。

法律路径指的是国家如何利用法律技术来规范、管理与缓和反全球化运动。它涉及诸如城市条例和规范、分区限制和游行许可程序等策略。在抗议活动的几个月前，当运动组织者从举办抗议的城市寻求许可和建筑设施时，这个控制领域就开始运作。

第一，法律许可制度。国家开始要求抗议者为公众集会申请许可证，通过许可对抗议的方式、时间和地点加以规制，声称这种许可证主要是为了防止公众和抗议者受到伤害。在警察不太可能使用武力镇压运动的情况下，许可是抗议规制的谈判式管理模式的核心。作为一种控制形式，执法使用许可来谈判游行的时间、地点、持续时间和路线，以及创建抗议区，以限定抗议者的空间。

---

① Luis A. Fernandez，*Policing Dissent：Social Control and the Anti-Globalization Movement*．Rutgers，NJ：Rutgers University Press，2008：6.

首先，暴力的预防工作在示威之前就开始了。在抗议活动发生前几个月，警方可以预测巡逻活动所需的警察人数。许可证程序对于估计可能参加抗议的组织的数量和类型是有用的。根据会议和许可要求，警方很好地了解了什么样的人群参加抗议，以及如何为他们做准备。然后，许可证程序会让警察和抗议者在事件发生前面对面，并允许警方收集有关该运动的数据。

其次，警方使用许可证来获得与抗议者打交道的优势。在一些抗议活动中，许可证程序要求在对警察有利但对活动分子不利的地方结束游行。例如，在 2002 年纽约世界经济论坛大会期间的抗议活动中，警方发放了一份游行许可证，规定游行必须在距离世界经济论坛成员聚集的华尔道夫酒店四个街区的地方结束。警察为大批群众做好了准备，他们知道这些人最终会出现在那个地方，可成功地将他们封锁起来。这使得抗议者远离论坛代表，远离媒体，被孤立在警方可以轻易控制的地方。在国际货币基金组织/世界银行 2011 年年会期间的抗议活动中，华盛顿特区也出现了类似的情况：在一次被许可的游行结束时，警察召集了数千名警察，成功地将游行队伍围在离集会地点几个街区的地方。

再次，警方能够收集预计参加抗议活动的团体的信息。由于许可证程序要求组织者指定牵头组织，警方可以确定合作团体及其领导人，从而强化或创造"好的"和"坏的"抗议者之间的区分。那些通过许可证程序与警方谈判的人都是"好的"抗议者，否则就是"坏的"抗议者。一般而言，警察对"好的"抗议者更宽容。实际上，警察的谈判破坏了运动中的团结，这种"好的"和"坏的"抗议者之间的区分使组织者的协调更加困难。

最后，警方使用许可证程序教育抗议者什么是被允许的和什么是不被允许的。警察在抗议开始之前设定抗议的基调和界限。华盛顿特区的一名警官解释说他们对那些想在街头和公共空间抗议的人申请许可证有一定的要求。在申请许可证的过程中，他们会与抗议者坐下谈判，让他们知道什么是可以接受的，什么是不可接受的。他们解释了什么是非法的和合法的，并要求抗议者不要参与非法活动。这是一种划定边界的形式，但并不那么苛刻。

许可导致抗议的合法化，抗议本身成为可预测和惯常的。许可和强硬的镇压策略一样，对社会运动是有害的。它们的控制是微妙的，需要抗议者的同意和自我规制才能成功。它们通过内部化和同意而不是胁迫来塑造行为，这一方法在反全球化运动等等人数众多的运动中发挥了很好的作用。

第二，颁发临时法令进行规制。例如，在 2003 年美洲自贸区峰会前两个月，为了专门针对反全球化抗议者，迈阿密市修订并颁发了新的《街道和人行道条例》，明确规定了条例的目的：建立有关参加游行和公众集会的人可能拥有、携带或使用的材料和物体的合理时间、地点和方式的规章。经修订的法令旨在就游行、示威、集合和集会制定新的和具体的条例。在迈阿密，《街道和人行道条例》暂时扩大了警察的权力，以便他们能够以寻找非法材料为借口，对反全球化运动活动分子进行搜查和扣押。因为任何硬物都是非法的，所以警察有很大的自由度。然而，在迈阿密市被捕的 200 人中，没有一人被控诉违反了《街道和人行道条例》。在逮捕激进分子时，警方以传统的指控为依据，如封锁街道。该法令的控制策略与其说与实际逮捕活动分子有关，不如说与扩大监视和恐吓的权力有关。通过将拥有瓶子和电池等日常物品定为犯罪，该市扩大了确认可能发生的违法行为的范围。

迈阿密市并不是唯一一个使用法令来管理和控制抗议的城市。佐治亚州的萨凡纳在 2004 年 6 月的八国集团首脑会议上通过了一项类似的法令来管制抗议。"萨凡纳法令"和"迈阿密条例"中的语言几乎是一样的。这些临时法令构成了一种新型的法律管制模式，在以前的反全球化抗议中没有出现。迈阿密市委员会利用了法律系统，通过了可能违反宪法的法律，而在抗议之前的至少一周，警察当局搜查可能违反宪法的人。在任何法律挑战发生之前，它就被撤销了。没有人被指控违反本条例的事实指向了一项战略：一项法律可以暂时适用于具体的情况，然后被丢弃。

《街道和人行道条例》与直接镇压关系不大，更多的是与一种更温和的控制方式有关，而不管法律最初的目的是什么。法律的威胁由内而外，迫使人们通过恐惧而不是直接的强硬镇压来在运动中产生服从。

第三，分区规制和关闭公共空间。分区规制即通过区划法规对抗议者施加控制。作为一种社会控制形式，在抗议活动开始之前，就有一些区划法规被用来反对这场运动，比如抗议者聚会的空间变得容易受到火灾法规、建筑规范、保险问题，甚至食物处理问题的影响。在 2000 年国际货币基金组织/世界银行华盛顿年会期间的抗议活动中，区划法规是有影响力的。为了打击反全球化运动的中心，哥伦比亚特区警察局在市消防局长的帮助下，突袭了作为抗议总部的汇合中心。警察以违反消防法规为借口进入大楼，没收了存放在那里的所有木偶、横幅和医疗用品。

对活动分子关闭公共场所是一种日益增长的对持不同政见者进行管制的策略。和其他例子一样，它不依赖强硬镇压，而是温和而微妙地运作，甚至使政府显得慷慨和保护抗议者。然而，这种做法最终使动员变得更加困难和昂贵。反全球化运动组织者的首要任务之一是为抗议者找个地方聚会和睡觉。一般来说，活动分子在抗议前几个月就开始寻找自由空间。这些地方可能包括学校、教堂、公园或其他公共场所。没有这样的空间，就没有组织的地方，没有发言人会议，也就没有集会中心。

第四，抗议期间的法律控制。在抗议过程中，法律控制所起的作用比抗议之前或之后的作用要小。一旦抗议开始，一旦抗议者走上街头，法律的作用就极其有限。警察可以做任何他们想做的事，可以因为抗议者没做过的事就加以逮捕。在街上，他们可以做任何事。在抗议期间，警察的行为是否合法，只有在抗议之后才能在法庭上解决。警察坚称自己总是遵守法律，保护个人集会的权利，但运动组织者却有着不同甚至相反的看法。警察在抗议活动中使用的法律多种多样。2003 年加利福尼亚州和平官员标准和培训委员会文件《人群管理和公民不服从准则》就列出了警察可用来逮捕抗议者的大约 150 项可能的违规行为。其中包括普通刑法和车辆法规，以及更模糊的选举法和武器法。然而，虽然我们知道，执法部门可能利用大规模逮捕来清空街道，以及运用法庭案件来消耗活动组织的时间和资金，但我们可能忽略其他形式的法律活动，这些活动在一次抗议的整个周期中在多个层次和不同时期开展。例如，警方在抗议前收集数据，迈阿密市的《街道和人行道条例》以及创造性地使用城市防火法规，就表明我们必须进一步研究微观层面的法律监管。

总之，有证据表明，运动现在面临着日益完善的法律控制。国家通过各种机构利用法律机制来控制动员。临时法令、创造性地使用旧法律和法律许可是控制抗议活动的常见方式。法律管制领域包括城市法令的使用、分区限制、异议谈判和公共空间的关闭。这些战术给活动分子带来负担，很容易达到镇压的效果。虽然这种战术不如传统的警察镇压那么显而易见，但它们限制了抗议者可以采取的行动，使其不那么具有破坏性。反过来，这又减少了产生社会变革的可能性。尽管媒体、社会运动学者和公众大多看不到这些软形式的法律控制，但如果它们不加以控制，将继续伤害活动分子，同时大大限制持不同政见者。

（2）物理路径。

物理路径是指在给定的物理空间中对人群的控制。它包含了街道上的人身移动控制以及物理和社会空间的规划和控制，以便尽可能地压制抗议者。空间的物理控制是指警察部门在抗议前和抗议期间仔细选择和规划物质环境的方式。

抗议需要对强大的对手进行有争议的、长期的挑战。为了对反对者施加压力，大众转而举行公开示威，目的是宣传他们的不满，争取公众舆论。这必然导致大量人聚集在街头或其他公共场所。因此，公共空间与社会斗争有很复杂的联系，因为运动使人们在公共空间中知道他们的不满。抗争政治唯有在街头才变得令人瞩目，抗议者们在那里向权威发起挑战。抗议必然是一种公开的努力，需要大量的人和庞大的空间来容纳他们。抗议通常发生在由国家监管的公共场所，因此，一种常见的方法就是通过对空间的管制来控制和尽量减少抗议者或异见公民的影响。

西雅图事件后不久，由美国国防部资助的兰德公司分析了反全球化运动的成功和西雅图执法的失败。分析报告描述了所有参与者及其战略，并探讨了为什么该运动如此成功地扰乱了部长级会议①。该报告的结论是，执法机构没有准备好应对这种新的、分散化的组织形式。此后，执法部门制定了若干应对这些挑战的策略。为了控制一种分散的组织方式，警察已经开始建立路障，建立或冻结安全区域，并进行大规模的先发制人的逮捕。这种战术上的精细化是国家对新兴的大规模动员的回应。它没有依靠谈判和许可来与抗议者接触，而是采取行动控制抗议活动周围的物理地形，以防止再次发生西雅图事件。

第一，选择防御位置。对空间的控制首先是选择首脑会议或部长级会议的地理位置。在西雅图的抗议活动后不久，各国政府以及执法部门吸取了一个重要教训：会议地点是处理潜在抗议者破坏的一个重要方面。西雅图是世界贸易组织会议的一个糟糕的选择，因为它是几个激进运动的中心。今天，国际机构仔细地为他们的会议选择了地点，这使得大规模动员变得更加困难。全球机构现在选择的地点是很容易防御的，抗议者很难进入，而且很少或根本没有地方运动历史的。例如，在西雅图事件两年后，

---

① P. D. Armond, "Netwar in the Emerald City: WTO Protest Strategy and Tactics," in D. F. Ronfeldt, ed., *Networks and Netwars: The Future of Terror, Crime, and Militancy*. Santa Monica, Calif.: Rand, 2001: 201-235.

2001 年 11 月世界贸易组织选择在卡塔尔举行部长级会议，明显是出于这种考虑。选择墨西哥坎昆作为 2003 年世界贸易组织会议主办地也遵循了类似的模式。坎昆是一个阻止抗议的战略场所。它很容易设置防御。从地理上讲，坎昆是一片长 16 英里的狭长地带，宽约 1.5 英里，两端与大陆相连。会议的安全措施包括在每一个入口都设置严密的检查站，国家警察要求出示身份证，搜查进出该地区的所有车辆。而且，坎昆几乎没有政治组织的历史，这使得动员变得困难和无组织。这种策略于 2004 年 6 月的八国集团峰会上被效仿。因为隐蔽性而选择了海岛城，岛上不允许有抗议者，甚至连记者都被限制在萨凡纳。

第二，规划和加固空间。世界贸易组织、八国集团和国际货币基金组织会议周围的空间与战区非常相似，装甲车和警察配有全副防暴装备，包括深色衬垫制服、坚固的头盔、大型透明盾牌，以及挥舞警棍和其他武器。这种军事化装备在全球会议周围尤为突出。虽然这种防御工事已司空见惯，但它并不总是规范的。例如，在 1999 年西雅图的抗议活动中，抗议者通过封锁关键交叉口以及代表们所在建筑物的入口，得以关闭世界贸易组织的会议，主要原因是没有围栏或其他封锁措施。兰德公司题为《翡翠城的网络战》的报告讨论了西雅图警方的失败，认为"西雅图抗议活动的中心事实是最初冲突期间的极度惊讶和混乱"[①]。根据报告，警察不知所措：首先，在抗议活动深入之前，没有统一的警察指挥，这使得执法机构之间的沟通变得困难；其次，没有足够的当值警察来保卫这座城市；最后，警察没有准备好如何来应对该运动的分散、无等级和基于网络的组织结构。

在以后的几年里，警察在部长级会议上制定了尽量减少这类行动的策略，规划城市环境，对所有市中心街道进行了严密的监视，建立一个集中的信息系统。自西雅图事件和世界贸易中心的袭击之后，所有抗议活动中都建立了统一的警察指挥系统。这种指挥系统使多个执法机构更容易协调管制工作。例如，在迈阿密，美洲自由贸易区抗议活动的指挥系统涉及 40 多个执法机构。此外，警察部门还纠正了执勤人员太少的问题。在西雅图抗议活动的第一天，警方派了 400 名警官参加世界贸易组织的示威活

---

① P. D. Armond, "Netwar in the Emerald City: WTO Protest Strategy and Tactics," in D. F. Ronfeldt, ed., *Networks and Netwars: The Future of Terror, Crime, and Militancy.* Santa Monica, Calif.: Rand, 2001: 202.

动。相比之下，迈阿密有 3 000 多名官员（包括一些来自其他城市的官员）
工作在自由贸易区示威活动现场。同样，在世界经济论坛的抗议活动中，
大约 5 000 名便衣和穿制服的纽约市警察保护了曼哈顿的关键地点，包括
地铁站和时代广场。

在西雅图抗议之后，警方想让抗议者知难而退。一种策略就是竖起篱
笆，他们创造了一种堡垒。活动分子把它们等同于阻止人们在全球各地自
由移动的边界。反全球化运动的一些激进分子将矛头对准了栅栏，打倒它
们已成为胜利的象征，是对全球化的直接对抗。

另一种加强空间控制的方法是创建安全区域。警察为确保整个城市的
安全，密切监视每一个进入该地区的人。迈阿密的美洲自由贸易区抗议就
是这种策略的一个明显例子。代表们所住酒店周围的整个区域被划分为几
个安全区。当抗议者走上迈阿密的街道时，警察已经为他们做好了准备。
这一空间被分割、设防和警戒。执法部门不仅在武器和数量上占优势，而
且在地理位置上也占有优势。

第三，减少匿名空间。减少在街头示威或游行的抗议者的匿名性是反
全球化运动中警察的核心战略。一位在华盛顿特区的警察中尉解释道：
"我们非常努力地防止这种匿名感。在游行或抗议中匿名的人是更有可能
采取暴力行动和不当行为的人。"警方通过巡逻、公开录像以及随机拘留
他们来减少匿名性。这些策略将规训的目光固定在抗议者身上。它可以追
溯到 18 世纪的圆形监狱，这是一座围绕着观察囚犯的中央井建造的圆形
监狱。监狱里的囚犯把狱警的注视内化了，并对自己进行了管制，使控制
变得容易多了。福柯指出，运用这种方法的目的是要把规训的负担放在被
观察者身上①。

当代社会的许多方面，从社区治安策略到国家安全调查，已经转向减
少匿名性，美国联邦窃听法案就是一个明显的例子。例如，看似无害的美
国"邻里守望"计划需要警惕的邻居来监视谁住在一个街区上，并减少他
对任何进入街区的局外人的匿名性。因此，居民有时会向警方报告无辜的
过路人。因此，使用这种针对反全球化活动家的策略是我们的专业监视环
境的典型手段，执法策略是不同的，而且往往是有效的。

意识到这一策略，活动分子在反抗的同时对警察的目光采取预防措

---

① M. Foucault, *Discipline and Punish*: *The Birth of the Prison*. translated by
A. Sheridan. New York: Vintage, 1979.

施。一种明显的反应是戴上防毒面具、其他面罩等。在活动家们的争论中，戴面罩是一种技巧，在抗议活动中戴上面罩具有多种功能。一是如果警方选择使用催泪瓦斯，可以保护活动人士免受催泪瓦斯之害；二是在蒙面的个人之间创造一种统一和团结的感觉。更抽象地说，这是一种反对国家监视的叛逆行为，是一种象征的秘密行为。例如，意大利反全球化组织"我们受够了！"（Ya Basta!）为了声援那些无证件的移民，团体成员戴上面罩，宣布支持所有必须隐藏的个人。与此同时，警方试图尽量减少这种秘密行为式的抵抗方式，甚至，将戴面罩定为非法的行为。

第四，隔离和先发制人的逮捕。福柯把社会控制比作疾病控制，这有助于我们理解执法部门是如何对待和思考抗议管制的。一种策略是控制、隔离和分离活动分子，这样干扰就不会像疾病一样蔓延。鉴于反全球化运动网络化和分散化的组织特点以及难以集中的空间规制，除了建立保护范围外，警方还仔细地将抗议空间划分成小块，以便于监视，警方利用许可证程序为游行确定了一条路线。然后，他们用路障、警察、自行车和摩托车将游行限制在预定的路线上，使得抗议者很难离开团体，行人几乎不可能加入。另一种常见的策略可称为"围堵"，它包括将人们限制在相对较小的、被隔离的区域内。

除了遏制和隔离之外，警察还使用有针对性的和大规模的先发制人的逮捕来控制行动。领导人被捕在反全球化运动中是罕见的，主要是因为领导人很难辨认。作为另一种选择，警察已经开始先发制人清除麻烦的活动分子，有时是在他们组织集会时，有时甚至是在他们和平地聚集在公共场所时。将暴力行为者从人群中分离出来，不加剧人群与警察之间更大的对抗。使用小型机动警察部队来打击抗议者。一旦被俘，抗议者在剩余的抗议活动期间都会被临时关押。

总之，对空间的物理控制是社会控制和抗议管制的核心①。在1999年西雅图抗议活动之后，警方开发并采用了一些技术来处理分散的、无等级的、基于网络的运动。这种管制工作需要周密的规划和对地理空间的认真关注，以便控制群众运动。执法部门采取了特定的策略和战术，目的是在反全球化运动大规模动员之前和期间操纵空间。到目前为止，社会运动学者大多忽视了这些控制技术。然而，如果我们想了解控制的空间层面，

---

① Luis A. Fernandez, *Policing Dissent*: *Social Control and the Anti-Globalization Movement*. Rutgers, NJ: Rutgers University Press, 2008: 137.

就必须超越抗议期间发生的镇压概念，审查警察在抗议和规划的各个阶段操纵空间的各种方式，以确保战略优势。证据还表明，警察正在采取行动来对付在街道上灵活的基于网络的运动。因此，对空间的控制成为一个中心因素。重要的不是具体的策略，而是执法部门对空间加以封闭、隔离和军事化，以控制反全球化运动的扩散。

（3）心理路径。

心理路径指的是为抗议的意义而进行的斗争。它涉及激进抗议者的态度、恐惧和不确定性。正是通过心理控制过程，这些情感得以产生。然而，重点不在于抗议者本身的感受，而在于产生这些情绪的机制。

心理领域是公众舆论产生的地方。执法部门运用许多心理策略来控制抗议，通过公共关系运动和媒体信息建构反全球化运动的意义。心理战术是一种社会控制技术，在思想层面上运作，目的是制造恐惧，使抗议者难以成功地动员起来。这些警察将这场运动定性为暴力、危险和不负责任，加剧了当地居民和活动分子的焦虑。因此，心理策略涉及意义的文化生产。它本质上是关于公众对抗议者的理解和反应的斗争[1]。这些策略通常采取精心整理的媒体宣传活动的形式，这些宣传影响舆论，从而使抗议者难以成功地动员民众。

第一，框架化过程。社会运动学者引入框架的概念来解读文化意义的产生与抗议之间的关系，认为框架建构是一个积极而有争议的挑战现有条件的过程。这些集体行动框架有助于向广大公众传达问题，并动员个人加入这些行动[2]。关于框架建构的大部分学术工作都围绕着社会运动如何建构意义以动员个人进行的。运动如何处理他们的不满？他们如何使用框架来吸引和动员个人支持或参与他们的事业？[3]虽然这些是重要的问题，但它们只是间接地与社会控制进程有关。与社会运动自身的框架建构相反的问题可能更为重要，即国家如何将框架建构运用于抗议活动并进而减少运动参与？

社会运动的框架化过程往往是集体的、有机的。它通常涉及有限的资

---

① Luis A. Fernandez, *Policing Dissent: Social Control and the Anti-Globalization Movement*. Rutgers, NJ: Rutgers University Press, 2008: 138.

② R. D. Benford and D. A. Snow, "Framing Processes and Social Movements: An Overview and Assessment," *Annual Review of Sociology*, 2000, 26: 611-639.

③ J. M. Ayres, "Framing Collective Action Against Neoliberalism: The Case of the 'Anti-globalization' Movement," *Journal of World-Systems Research*, 2004, 10 (1): 11-34.

源，由很少或没有预算的积极分子或组织进行。相比之下，警察可获得的框架建构资源更为广泛，往往包括受过培训的公共关系人员。在抗议活动发生前几个月，警方制定并实施了复杂的沟通策略，有时会聘请公关顾问来创建针对众多目标受众的复杂宣传活动。通过成立公共事务沟通小组等机构发展和发起一项针对不同具体受众的公共关系运动。在每次抗议期间，所有执法机构都有协调的通信中心，以便利警察向当地、国家和国际媒体机构提供正式信息。警方主导媒体或在媒体中嵌入记者的策略，与有关媒体或个别记者建立关系，并将抗议者诬陷为暴力分子。

公众舆论在抗议管制中起着核心作用。公众对一场运动或抗议的感觉，反映了警察部门及其领导人的好坏。为了讨好公众，执法部门需要一场多层次的公共关系运动，同时面对抗议活动、当地社区以及国家的和国际的受众。对于执法来说，最重要的是管理部长级会议或峰会附近的企业和社区中的公众认知。自从抗议活动开始以来，执法部门在准备反全球化运动的同时，争取让当地企业和居民在活动期间和之后与他们保持良好的工作关系。警方将过去的抗议策略描述为从被动抵抗到"主动抵抗、不服从、对公众或警察的侵犯"，通过将运动定性为暴力，使公众对抗议者产生恐惧。在美洲自由贸易区抗议之前，迈阿密的官员就要求居民待在家里，清空市中心的普通公民。他们警告说，抗议者会阻碍交通、主干道、酒店、商业和其他公共场馆。这些类型的警告深深引起了社会对恐怖主义和破坏的恐惧，然后将这种恐惧转移到反全球化运动。

尽管警方坚决否认让公众反对抗议者。但不管是否有意识，他们的声明和警告在社会中产生了恐惧。恐惧是一种控制机制，可以产生更高的意识、焦虑和对警察安全的渴望。它还为抗议者创造了一种敌意的气氛，这使得动员当地居民变得困难，减少了运动可用的资源。抗议者很少有机会向可能加入或同情运动的人们传达他们的信息。例如，在坎昆，警方将反全球化活动人士称为暴力的，称他们是对经济发达的墨西哥感到害怕的全球恐惧症患者。因此，当地社区害怕他们城市的抗议者。

第二，暴力无政府主义框架。在反全球化抗议之前对媒体的报道进行审查，就会发现一种明确的信息，最突出的是暴力无政府主义者的框架，即警察和新闻机构都将暴力等同于无政府主义。这一框架与本福德和斯诺所称的策略性框架化密切相关，即"深思熟虑、功利主义和目标导向"①。执法部门和全球机构代表利用暴力无政府主义框架在民众中制造恐惧，这有利于建立一个更加合作的公共环境，并让公众和活动分子感到恐惧。

尽管暴力无政府主义框架的历史源远流长，但在 1999 年在西雅图举行的世界贸易组织抗议活动之后不久就出现了，当时黑团无政府主义者打破了精心挑选的耐克和星巴克等目标公司的橱窗。黑团和破窗的形象进入了公众意识，并被视为运动的主要策略。自那以后，"无政府主义者来了"的信息经常在抗议前几个月散播，这不仅吓到了公众，还在运动中制造了内部分裂。对无政府主义者的恐惧自 2001 年 9 月 11 日以来有所增加。

为了充分理解暴力框架的深层根源，我们必须在后"9·11"世界范围内审查安全的背景。反全球化运动与恐怖主义之间的联系是社会运动学者术语框架连接的经典案例，将两个或更多类似但社会上未连接的框架联系在一起，这些框架涉及特定问题。"9·11"恐怖袭击后，地方当局公开将反全球化抗议等同于恐怖主义②。从那时起，该运动的活动分子就与公众互动，公众认为他们是暴力的，可能是对国家安全的威胁。

暴力无政府主义者的框架通常在开会前至少 3 个月才开始形成，当时警方公开发布数千名抗议者将来到他们的城市，其中一些人是暴力无政府主义者。报纸对"暴力"一词处理得很宽松，大多是断章取义。正如通常所暗示的那样，暴力使人联想到正在伤害或杀害他人的个人形象。但是记者并没有区分财产损失和人身伤害，这对于运动积极分子来说是一个重要的区别。在抗议活动发生前几天，这种新闻报道很常见，暗示活动分子可能对公众袭击，而实际上威胁很小或不存在。

简而言之，在每次抗议活动之前，媒体都报道说，暴力无政府主义者正在进城，媒体将他们描绘成有可能将城市夷为平地的个人，扔石头和曲棍球，向警察扔尿、酸液和漂白剂，以及打破商店窗户。对无政府主义者以及整个运动的诬蔑并非巧合。它与一些学者所称的安全化直接相关，"它通过制造一种存在的威胁来制造日常生活中的突然破裂，这种威胁引

①　R. D. Benford and D. A. Snow, "Framing Processes and Social Movements: An Overview and Assessment," *Annual Review of Sociology*, 2000, 26: 624.

②　L. Panitch, "Violence as a Tool of Order and Change: The War on Terrorism and the Antiglobalization Movement," *Monthly Review*, 2002, 54 (2): 1-23.

发了暴力死亡的真实可能性的体验"①。安全化就是保障和保护公民免受
威胁，这就赋予了国家采取极端措施保护自己、保障广大公民安全的合法
性。2001 年对世界贸易中心的恐怖袭击提供了这样一个威胁，从而使警
察和全球精英能够将这一运动与恐怖主义联系起来。现在，每一次反全球
化运动都被认为一种致命的威胁，使国家能够收集大量资源，减少异见。

第三，寒蝉效应。寒蝉效应是在当地社区中和在运动内发生的冷却。
这是一种恐惧产生的结果。当地社区害怕援助或参加抗议活动；许多活动
人士害怕参加抗议活动，而那些抗议活动的人士则唯命是从并进行自我管
制②。寒蝉效应是两个因素的结果。首先，警察对无政府主义者诽谤，反
复警告社区可能发生的暴力。其次，他们对暴力威胁采取了强硬立场，这
表明他们将利用所有力量确保会议代表和当地居民的安全。

警察在抗议中的作用是保护公众和尊重抗议者"和平表达他们的不
满"的权利。根据这一说法，警察是公务员、公众和抗议者之间的中间
人。然而，当官员谈到抗议者时，他们也倾向于在"好的"和"坏的"之
间做出区分。这一发现支持了沃丁顿的研究，英国警察倾向于给予他们认
为良好的抗议者更多的回旋余地③。"坏的"抗议者的威胁使警察能够以
大规模的武力做出反应。对报纸报道的审查表明，大约在抗议前两个月，
警察对暴力抗议者采取严厉的态度，同时坚持他们将保护"和平"抗议者
的权利。他们特别对那些制造麻烦的活动分子发出"零容忍"和"严厉惩
罚"的警告。

这让当地社区的人害怕抗议者。它灌输了抗议者是坏人和恐怖分子的
信息，使新闻远离真正的实质性问题，对抗议运动的正义性加以污名化，
使居民不仅远离这项事业，而且也不参加抗议活动。这就是"寒蝉效应"。
它产生了令人毛骨悚然的效果，阻止人们参与抗议活动。当社区反对这一
运动时，活动分子很难保证睡眠和集会地点，或者食物和物质捐赠。此
外，他们发现几乎不可能将该运动的信息传达给受到惊吓的当地居民。而
且，这种"采取强硬措施"的言论在激进分子中产生了层层恐惧，扰乱了

---

① Jef Huysmans，"Desecuritization and the Aesthetics of Horror in Political Realism," *Mil-lenium*，1998，27 (3)：571.

② Luis A. Fernandez，*Policing Dissent：Social Control and the Anti-Globalization Move-ment*. Rutgers, NJ：Rutgers University Press，2008：161.

③ P. A. J. Waddington，*Policing Citizens：Authority and Rights*. London：UCL Press，1999.

运动本身。通过区分"好的"抗议者和"坏的"抗议者，执法部门利用（有时还会制造）内部冲突，利用工会和非政府机构等较为成熟的运动部门与更多可能采取直接行动的团体之间的内部冲突。然而，最终还是要由抗议者看穿警察的言论。他们还必须创造新的信息，将他们从暴力无政府主义者的框架中释放出来，并为一个新的世界创造一个积极的愿景。

总之，国家及其警察机关通常运用心理手段来控制抗议者。规训机制可引起活动分子和公众对抗议本身的性质产生恐惧。例如，执法机构利用详细的公共关系运动将该运动定性为暴力和无政府主义者，其主要目的是孤立抗议者并产生不利的媒体报道。心理领域包括利用公共媒体运动来对运动进行框架建构。在安全化概念的基础上，国家执法部门利用恐怖主义话语在活动家和普通民众中引起更大的恐惧感。如果适当地建构框架，这种高度的恐惧感使警察能够在必要时使用升级的管制模式，而公众对此几乎没有抵抗。通过具体的文化实践和微观政治，国家控制了抗议。

综上，法律、物理和心理这三个抗议控制领域并不是相互排斥的。相反，它们协同工作，错综复杂地联系在一起，维持一种分散的、系统的控制形式。法律、物理和心理的控制领域在不同的层次上运行，涉及不同的控制技术，国家在不同的时间和不同的空间中使用这些技术。

第三节　冷战后跨国社会运动的国际规制

在《民众：帝国时代的战争与民主》中，迈克尔·哈尔特、安东尼奥·内格里认为，镇压的模式总是紧随着抵抗创新，而不是相反。他们认为持异见者是创新者，从需求中创造新方法来抵制和挑战现状。国家随后采取新形式的控制，以减轻对其权力的挑战[1]。换言之，社会运动与国家之间是不断互动的。由于"国际层面的抗争从根本上不同于那些以各种不同方式发生的一国之内的抗争"[2]，因此，各国对跨国社会运动的国内规制还必须辅之以国际层面的规制。抗议规制的跨国化发展既是一种现实的需要，也是冷战后跨国社会运动规制的重要一环。

---

① Michael Hardt and Antonio Negri, *Multitude: War and Democracy in the Age of Empire*. New York: Penguin, 2004.

② 蒂利，塔罗. 抗争政治. 李义中，译. 南京：译林出版社，2010：222.

一、主权国家间的联合规制

冷战后跨国社会运动和国家之间的互动促进了各国在抗议规制领域的重大跨界合作。主权国家间的联合规制在多个领域和层面展开，下文的分析主要聚焦于跨国规制合作的动因、跨国社会运动规制的国际合作和国际规制的制度化发展等方面。

1. 跨国规制合作的动因

社会运动与国家之间是不断互动的。社会运动的跨国化发展也必然伴随着国家对运动规制的跨国化发展。社会运动的跨国化发展主要借助三种机制[①]：一是传播（diffusion），即运动的思想、实践和架构由一国向另一国的扩散。例如，静坐示威这一抗争形式发端于 20 世纪 60 年代美国民权运动，但很快扩散到欧洲的学生运动中。二是内部化（domestication），指在国内领土上上演的冲突有着外部的根源。例如，在一些欠发达国家爆发的反对结构调整计划的抗议，而该计划则是由国际金融机构推动的。三是外部化（externalization），指挑战超国家机构以干预国内问题或冲突。比如，巴西的采胶工人和非政府组织与发达国家的环境组织通过跨国倡议联盟进行合作，并对世界银行施加压力，迫使巴西政府对亚马孙雨林的发展计划做出解释。这些跨国化进程严重挑战了世界贸易组织和国际货币基金组织等大型全球化机构的议程。作为回应，国家相互之间以及与这些机构之间密切合作，制定了尽量减少潜在破坏的新的规制策略和技术。

传统上，社会运动的规制和控制是在国家或地方层面展开的。国家管制职能通常与其内部安全密切关联，但随着国家职能的扩展以及国与国之间关系的发展，超国家的管制现象开始出现，并且这种现象还在日益增多。有两种趋势：第一种是跨国管制作为管制和国家之间密切联系的一种补充；第二种跨国管制所引发的对国家和管制之间关系的重新评估。

首先，就跨国管制作为管制和国家之间密切联系的一种补充而言，我们可以进一步对超国家管制的政治动因和专业动因进行区别。在政治方面，国家需要将其管制力量和相关的犯罪审判机构结合起来，以应对跨国犯罪对其国土内部安全和秩序的威胁。换句话说，从实用主义的角度出

---

① Donatella Della Porta and Sidney Tarrow, "Transnational Processes and Social Activism: An Introduction," in Donatella Della Porta and Sidney Tarrow, eds., *Transnational Protest and Global Activism.* Lanham, MD: Rowman & Littlefield, 2005: 2.

发，需要国家合作来解决跨国犯罪问题。这在一般性犯罪领域更加明显，国家安全不是核心问题，各国刑法一般性框架的相似性也有利于国际合作。恐怖主义，可能会直接威胁到国家秩序，而国家有管制特权，同时国家之间并不互相信任。那么，为了共同的安全，国家之间可能会采取合作。最后，政治实用主义还有战略好处。随着国际管制合作议程的开放，民主国家内部要求成功的犯罪管制，这会产生一定的压力，同时新的、缺乏民主监管的领域也需要更多的资源和权力。

在专业层面，合作也很有必要。然而，专业合作可能更具动力。管制官员比政治专家更能意识到特殊合作路径的紧迫性。而且，虽然国家之间的管制机构各有不同，但是各国的管制官员的工作条件、权力以及专业很相似，因此，他们可以互相理解并信任。而且，管制官员不一定像政治官员那样对意识形态和跨国公众接受度非常敏感，因为他们总是在一些"低可见度领域"工作，他们对成功的定义和公众承认的联系也不那么密切。

在军事合作方面，有学者甚至认为，现在需要的是民主国家做出协调一致的努力，建立一支国际部队，随时准备在国际恐怖分子聚集的任何地方进行干预。理想的情况是，这种部队将在必要时协助地方政府镇压恐怖主义集会或基地。如果地方政府不愿或无法有效地采取行动，国际部队应能自由地单方面攻击恐怖分子[1]。在警察合作方面，国际管制通常被称为对恐怖主义等全球威胁的不可避免的答案。在恐怖分子跨国运作的情况下，各国需要在国际上进行合作，以抑制这种现象。从解决问题的角度来看，各国几乎没有理由拒绝在国际层面上合作打击恐怖主义。事实上，如果我们承认全球威胁必须集体战斗才能成功，那么一个国家的合作失败只能归因于一种致命的合作意识缺乏。

其次，跨国管制所引发的对国家和管制之间关系的重新评估问题。综合上文对政治和专业因素的分析，会得到这样一个结论：尽管这些议程最终会汇集到一起，但是国际管制合作常常是专业性的，而不是政治性的。更大的合作倾向常常意味着管制专家更会涉足那些政治专家不敢涉足的合作领域。最近一个分析讨论了专家和政治家之间的差距。它联系了19世纪和20世纪初的国际管制合作形式，那时，源于国家中心政治的国家管

---

[1]　Austin T. Turk, "Policing International Terrorism: Options," in David Lowe, Austin T. Turk and Dilip K. Das, eds., *Examining Political Violence: Studies of Terrorism, Counterterrorism, and Internal War*. Boca Raton, FL: CRC Press, 2014: 63.

制组织自治机构发展起来，在打击国际犯罪方面，国家之间存在更多的共同利益。哪些跨国管制趋势涉及对国家和管制关系的更加激进的评估呢？在一个经济、通信、媒体、文化和政治组织日益全球化的世界，后国家政体和其他利益团体的出现，可能意味权威传统上是和国家主权相联系的。事实上，在欧盟案例中，这种转变非常深刻，管制的欧洲化有非常重要的影响。虽然在欧盟以及欧盟与其他政体的关系中，管制的政治逻辑仍然要和传统的国家主义的合作概念竞争，但是这种逻辑已经日益体现在有自治能力、权威和认同的政治组织中。

21 世纪之初抗争政治及其跨国规制的舞台已经不再局限于那种全国性或地方性的舞台了，由于地方政治、民族国家政治以及国际政治相互之间的日益交叉和重叠，一个由"国家、国际机构和非国家的行动者"所组成的"混合性全球体制"正在形成①，跨国规制网络是这一混合政体的一个组成部分，并且需要通过它发挥规制作用。

2. 跨国社会运动规制的国际合作

在全球化的背景下，正如从恐怖主义到合法运动等跨国抗议者都是通过跨国网络来发挥作用一样，各国政府也同样通过跨国网络来进行运转。与一些学者所认为的国家正在削弱或不久即将过时的观点相反，冷战后跨国社会运动规制的案例表明，国家处于解构过程的同时，正在以跨国政府网络的形式重新聚合起来②。这些跨国政府网络，由行政、立法和司法机构等更为分散的国家行为体组成，它们一方面在各自的民族国家内部继续履行着各自的基本职能并相互作用和合作，另一方面又通过跨国协调、司法和立法渠道与其他国家或超国家的相应机构进行互动和合作。

冷战后规制跨国社会运动的一个重要趋势是跨国管制的增加。一方面是加强国家管制和执法部门之间的合作，各国管制和执法部门向其他国家的相应部门提供了不受欢迎的入境名单，警察前往其他城市，以了解他们是如何处理反全球化抗议运动的，例如，2001 年热那亚八国集团峰会召开之前，意大利警察参加了瑞典哥德堡、法国尼斯和奥地利萨尔茨堡的抗议活动，而另一些人则聘请外部顾问向他们提供如何处理抗议的建议。欧

---

① 蒂利，塔罗. 抗争政治. 李义中，译. 南京：译林出版社，2010：217.
② 奥勒姆，戴尔. 政治学与社会：第 5 版. 王军，译. 北京：中国人民大学出版社，2017：262.

洲层面的管制合作也不断发展，甚至在欧盟范围之外展开合作：例如，2003 年八国集团峰会在法瑞边界的埃维昂举行，针对当地发生的反全球化运动，瑞士动用了 1 000 名德国警官的服务，作为增援力量。2005 年成立的欧洲警察学院（European Police College，CEPOL）就是对 2001 年哥德堡和热那亚国际会议期间所爆发的跨国抗议做出反应。作为欧盟的一个机构，该学院旨在打造一个成员国开展管制培训的重要基地，以及管制知识和经验传播和共享的平台，它不仅促进欧洲警务发展与合作，而且广泛建立合作伙伴网络，重视与欧盟以外国家的关系，进行国际管制合作。

另一方面，各国加强了警察部门之间的信息交流和数据库的大规模使用与共享，以阻止危险分子参与跨国示威运动。情报合作对于恐怖主义运动的规制更为重要，因而各国试图将反恐情报交流置于更坚实的体制基础之上。例如，自 1976 年以来，欧盟成员国在特里夫集团（TRE-VI Group）[1] 中开始了更密切的警察合作，这主要是由于恐怖主义的威胁，而不是跨国共同犯罪的出现。作为欧共体国家为应对包括恐怖主义在内的有组织国际犯罪而创建的国际合作机构，特里夫集团此后为欧洲各国政府及其执法机构之间的横向信息交流提供了一个论坛。特里夫集团在《欧洲联盟条约》签署后成为欧盟常设机构并更名为"欧洲刑警组织"。欧盟成员国现在正在欧洲刑警组织的正式体制框架内进行情报或其他安全合作。另外，各国还通过更非正式的渠道，例如警方恐怖主义工作组（Police Working Group on Terrorism，PWGOT）交换情报并进行合作。

越来越多地承担国内安全任务的国家外国情报机构正在与国家执法机构进行更密切的合作。虽然所有这些都是在打击跨国犯罪、非法移民、非法交易和反恐怖主义活动的背景下发生的，但不难看出，这些活动已蔓延到对国内和跨国抗议者和政治异见者的控制之中。事实上，执法和公共秩序政策已成为地方、国家乃至国际层面国家活动的首要和日益交叉的领域。在东道国试图在抗议发生时对其进行管理的同时，许多国家，往往是强大的国家，正越来越多地试图协调战略和分享关于跨国活动分子的信息。这些实践造成了国家行为体与跨国抗议运动之间的冲突，并加强了围绕公共秩序的国家间合作以及抗议活动之间的监督和监测。技术进

---

[1] 成立于 1975 年的特里夫集团（Terrorisme，Radicalisme，Extremisme，Violence Internationale，TREVI）系恐怖主义、激进主义、宗教激进主义和国际暴力的首字母缩写，是欧共体国家司法和内务合作的专门性组织，是为应对有组织的国际犯罪而成立的国际合作机构。

步使得控制抗议者和活动分子的水平不断提高。在最近的反全球化抗议运动中，新技术的可利用性及专业化反映了人们对信息收集的日益关注。

进入 21 世纪以后，随着"基地"组织等新恐怖主义的兴起，情报已成为反恐斗争中唯一最重要的武器。在试图使一系列相对看不见的威胁显现的过程中，"情报"发挥了关键作用。事实上，情报可以说是反恐工作各个方面的基础，并被视为其"命根子"①。情报在各种形式的当代管制中都有不同程度的使用，但它对反恐至关重要，因为需要查明对手的秘密行动，并预防和预先阻止恐怖袭击造成广泛破坏的潜在风险。因此，尽管最近出现了一些创新，但高级管制机构的标准运作程序在很大程度上是围绕着先发制人的秘密情报的发展而产生的②。

各国也越来越多地将旨在防止跨国抗议者聚集的措施制度化，通过限制他们的跨国旅行，这个过程可追溯到 1997 年。例如，欧盟正在寻求制定共同的管制政策，在 2001 年 10 月宣布了共同逮捕令，成员国已宣布计划禁止已在警察部门声名狼藉的"有潜在危险的人"在欧洲境内旅行，扩展了申根信息系统。芬兰、瑞典和挪威以及民权团体都反对这项建议。尽管如此，共同逮捕令是欧洲管制合作的一项重大进展。因为如果回顾历史会更能显示出其重要性，在 20 世纪 70 年代，政治罪犯免予引渡是有效打击恐怖主义国际合作的最重要障碍。根据政治豁免条款，恐怖分子可以声称政治犯的地位。因此，他们不仅受到了引渡的保护，而且有时甚至享有政治庇护。作为一种补救办法，欧洲委员会成员国于 1977 年达成了《欧洲制止恐怖主义公约》（European Convention on the Suppression of Terrorism），该公约限制了有关恐怖主义罪行的政治豁免条款。然而，国家偏好方面的分歧首先削弱了公约的效力，后来阻碍了公约的批准和执行。特别是整整十年来，法国担任轮值主席国一直反对取消政治豁免条款。但"9·11"事件之后，欧盟成员国之间通过另一种手段解决了这一问题：法院裁决的相互承认。自那时以来，所谓的欧洲逮捕令导致了政治豁免条款的实际废除。

美国警察部门对国际合作也越来越感兴趣。这些行动在一定程度上是

---

① P. Wilkinson, *Terrorism Versus Democracy: The Liberal State Response*. Abingdon: Frank Cass., 2001.

② Martin Innes and Darren Thiel, "Policing Terror," in Tim Newburn, ed., *Handbook of Policing*, 2nd. ed. Cullompton, Devon: Willan Publishing, 2008: 567.

对 2001 年 9 月 11 日恐怖袭击的反应，但它们也源于早期欧洲的跨国司法关切，包括非法移民、有组织犯罪、足球流氓和跨国抗议者。许多美国活动人士对 2001 年"爱国者法案"及其"续集"2003 年的"增强国内安全法案"感到担忧，该法案将授予广泛的惩罚权力，以控制任何曾经从事暴力行动的"援助或教唆"群体，从而将控制抗议的措施与防止恐怖袭击的努力联系起来。几乎可以肯定的是，国家当局加强了对激进组织的渗透和监视。过去，这些措施在分裂和削弱运动方面相当有效[1]。

因此，越来越明显的是，许多国家正在加强关于抗议的规则，以应对跨国抗议的某些特殊挑战。这种强化在一定程度上取决于防止恐怖袭击的必要性，但其根源有的可以追溯到"9·11"事件之前。此外，国家和地方警察部队越来越多地参与跨国界抗议管制策略（无论是对抗还是谈判）的交叉培训和传播。例如，2000 年美国人群控制专家对布拉格警察进行了培训。最后，迎接新的跨国挑战鼓励了直接的国际合作，包括分享关于潜在抗议者的信息以及颁布和实施边境管制。

3. 国际规制的制度化发展

跨国管制制度化[2]的最早尝试可以追溯到 19 世纪上半叶一些欧洲国家之间达成的一系列倡议，这些倡议旨在反击那些被视为现存国家专制或寡头的政治威胁。1848 年欧洲革命为旨在确保现存政治秩序免遭广泛的不稳定政治影响，这些影响往往被贴上"非政府主义"的标签，但实际上涵盖了广泛的自由主义、社会主义和民族主义运动。这些管制倡议既有双边的也有多边的，有些是公开制度化的，有些则是秘密的。其中 1851 年至 1866 年间的德语国家警察联盟。随后，类似的警察组织框架在许多欧洲国家中的相继出现，促进了这些倡议之间的合作。与之相伴随的是职业警察知识发展，例如犯罪学和调查技术以及日益意识到由于通信和交通体系的发展跨国犯罪机会也在增加，这反过来为各国警察之间的合作提供了合适的背景。当然，跨国管制合作也并非一路坦途，脆弱不堪和变动不居的国际政治效忠、战争的威胁以及战争对跨国合作整体框架的大规模破坏，都使得跨国管制进程步履维艰。

---

① David Cunningham, "State Versus Social Movement: FBI Counterintelligence Against the New Left," in Jack A. Goldstone, ed., *States, Parties, and Social Movements*. Cambridge: Cambridge University Press, 2003: 45-77.

② Neil Walker, "The Pattern of Transnational Policing," in Tim Newburn, ed., *Handbook of Policing*, 2nd. ed. Cullompton, Devon: Willan Publishing, 2008: 124-125.

直到第一次世界大战之后，1923 年第一个永久性国际机构——国际刑事警察委员会（ICPC）在日内瓦成立，它为国际警察合作提供了一个总体模板。如果不是国际联盟作为国际政治共同体之总体性制度框架的建立，国际刑事警察委员会就不可能成立。1938 年国际刑事警察委员会为纳粹德国所控制。第二次世界大战后，国际刑事警察委员会的继承者国际刑警组织（ICPO），即通常所称的国际警察（Interpol）在法国成立。国际刑警组织和国际刑事警察委员会的功能类似，一是在于为参与国的警察部门提供交流平台，二是作为各国警官与其国际同事培育职业和社会联系的"警察俱乐部"。二者另一个共同点在于缺乏正式的国际法基础。

跨国管制的新近发展表现在国际警察的活动范围大为扩展，其成员国由最初的 19 个发展到 190 个，扩大了九倍。近些年，它开始使其在国际法中的地位合法化，利用信息技术的发展来增加其在体系内部的各国警察机构之间信息交流的流量和品质，并且通过增加一个单独的欧洲分支机构来提升其组织机构的合理性。然而，从许多方面来看，国际警察仍然是一种国际警察组织而不是跨国或全球警察组织，受到国际主义内在固有的制约因素的限制。它不可能挑战警察业务上的国家主义的特权，也缺乏法律的、符号的和物质上的资源使其摆脱对国家警察权威的依附。

20 世纪 60 年代和 70 年代以来，两项发展在这方面产生了特别的影响。首先，美国执法活动显著国际化。虽然美国一直在国际管制中发挥作用，但通常是一个不情愿或外围的存在。与欧洲的地理距离、孤立主义、内部的分权设计以及联邦警务利益代表的阻挠，都促成了这一点。然而，特别是自 20 世纪 60 年代和 70 年代国际毒品交易爆发以及尼克松总统宣布"毒品战争"以来，管制活动急剧增加，其中大部分活动是在国际刑警组织框架之外展开的。相反，国际化倾向于采取更多集中资源的形式，涉及毒品、有组织犯罪、移民等国际活动，包括在大使馆和国外执法机构广泛安置联络官、培训单位和其他支持机构。

另一个重大发展是欧盟的管制能力。欧盟今天可能正在主持一项最大胆、可能影响深远的跨国管制试验，但其执法能力的开端也并不顺利①。虽然早些时候在毒品贩运领域开展了政策层面的合作，但是直到 1975 年，在罗马条约确立超国家倡议的整整 18 年之后，欧洲管制领域才推出第一

---

① Neil Walker, "The Pattern of Transnational Policing," in Tim Newburn, ed., *Handbook of Policing*, 2nd. ed. Cullompton, Devon: Willan Publishing, 2008: 125.

项重大举措：成立特里夫集团。然而，由于没有法律整合，管制和刑事司法政策长期以来一直不太有效。当然，随着共同体法律范围的扩大，合作活动也在扩大。特里夫集团从反恐活动中成长起来，这些活动包括反毒品、有组织犯罪，警察培训和技术，以及一系列其他事项。欧洲单一市场计划取消对人员、货物和服务的内部边境管制成为欧洲刑事司法一体化倡议（申根体系）的催化剂。1995 年申根组织开始运作，整合了许多组织补偿性执法措施，包括计算机化的申根信息系统和警方在信息交流方面的合作和情报，以及一系列更具体的操作措施，包括跨界追捕、跨境观察和控制非法物品的运送。相对而言，特里夫集团侧重政治方面，是一个政策讨论和信息交流论坛，尽管其运作超越了国家法律结构；与特里夫集团不同，申根组织则拥有正式的法律基础，拥有更多精心设计和更加根深蒂固的制度体系。

1992 年《马斯特里赫特条约》签署之后，欧盟成立，管制合作正式纳入超国家结构。成员国警察部门之间的管制合作成为欧盟"第三支柱"（司法和民政事务与刑事司法合作）的一部分，但即使在 1999 年《阿姆斯特丹条约》之后还保留了其政府间特点①。这是由于，与"第一支柱"（共同市场）已经将实际政策和实施权力从国家转移到超国家机构手中不同的是，"第三支柱"保留了成员国重要的主动权和对决策的控制权，存在着措施本身往往是"软的"而不是"硬的"，即促进性的而不是强制性的，没有渗透到国家法律体系中来赋予个人直接的权利和义务等不足和缺陷。然而，"第三支柱"最重要的举措是为欧洲刑警组织的建立奠定法律基础，该组织是欧洲国家关系网络中的一个核心组织。欧洲刑警组织的工作前提是为国家提供犯罪情报，国家也会告诉该组织有关跨国犯罪的信息。这一点，再加上综合措施以及刑事司法合作上立法的完善为管制合作带来了明显的新动力。

1999 年欧洲刑警组织全面运作，欧洲警察和司法合作进一步推动，实现了一个更加超国家的制度方法。欧洲刑警组织一系列新功能获得了法律基础，包括建立联合行动小组以支持国家调查的权力，要求成员国主管当局提升在具体案件中进行和协调调查的能力，发展可供成员国使用的专

① Herbert Reiter and Olivier Fillieule, "Formalizing the Informal: The EU Approach to Transnational Protest Policing," in Donatella Della Porta and Herbert Reiter, eds., *Policing Protest: The Control of Mass Demonstration in Western Democracies*. Minneapolis: University of Minnesota Press, 1998: 148.

门知识，协助他们调查有组织犯罪，以及在打击有组织犯罪方面促进调查官员之间的联络安排。除了在警务能力方面这些明显的增长，《阿姆斯特丹条约》大大加强了实质性和程序性刑法的整合，促进了刑事司法机构之间的合作，以及将申根组织安排纳入"新自由安全正义区"，这跨越了"第一支柱"和"第三支柱"。此后，在"后阿姆斯特丹"议程下，建立欧洲警察作战特遣部队、新的欧洲警察学院和启动欧洲司法组织，都成为欧洲管制合作方面有待在适当的时候推出的新举措。

2001年的"9·11"事件为新自由安全正义区提供了额外的动力。内部的警察合作框架有了进一步实质性发展，产生了许多新举措。在欧洲刑警组织内迅速建立了反恐斗争的力量。独立于欧洲刑警组织，多国特设小组组织和支持建立了有关恐怖分子的信息交流的欧洲警察作战特遣部队。欧盟联合情况中心成立的目的是对恐怖主义威胁进行战略分析，同时协调会议和多国小组打击和破坏可疑的恐怖组织和恐怖主义集团，这是欧盟安全和情报主管的新框架。通过这些措施，成员国列出一些公认和近似的恐怖主义组织；不像欧洲"第一支柱"的目标是最小协调，这种近似方法的逻辑是最大协调，二者都认为恐怖主义有两大主要组成部分：使用的"暴力"和寻求"政治目的"。第一条界定非常宽泛地将盗窃和各种形式的财产破坏包括在内，第二条则包含恐吓，强迫或挫败政府和国际组织等广泛的行为。而且，由于共同的逮捕令的实施，欧盟内部传统的国际主义引渡工具也失去效用。根据2001年《尼斯条约》，欧洲刑警组织的年轻兄弟——欧洲司法组织——获得了正式的法律地位。许多其他发展扩大的欧盟安全机构的网络很快随之出现，包括2003年成立的欧盟最大的五个国家（后来变成六个国家）组成打击恐怖主义的集团，2004年成立的欧洲国际边界管理署（Frontex），以及拟议中的欧洲公共检察官组织。

冷战的结束导致了更多内部安全议程的明确国际化，这实际上模糊了内部和外部安全之间的界限。"9·11"事件显然加剧了这一进程。在某种程度上，"9·11"事件可能被视为对传统"战争状态"的回归[1]，它明确激励参与"反恐战争"。除了侵略性的军事层面（在伊拉克尤其突出）之外，在许多其他领域内部和外部安全也相互融合，可以看出外部安全逻辑已经加速。袭击双子塔的本质雄辩地证明，内部和外部之间的任何明确区

---

[1]　P. Andreas and R. Price，"From War Fighting to Crime Fighting: Transforming the American National Security State," *International Studies*，2001，4：36.

分都是多余的，而自那以来，美国的许多安全活动正是为了制定一种更全面的方法。比如，与欧盟的安全合作，被视为在新的跨大西洋议程下更广泛地重新考虑所有安全层面的一部分。2002 年 11 月，新国土安全部启动，它有大部分国内安全功能，包括移民和归化、海岸警卫、海关和联邦紧急事务管理，同时，警察和情报部门建立密切联系，提供一个信息交换中心用于评估美国的国内脆弱性。毋庸置疑，大部分的预防和评估工作面向外部国际环境，努力保障国内环境。

根据一个有影响力的观点，一个将美国国际管制行动和欧洲及其他地区的区别开来的关键的一般特征就是美国官员单方面行动的努力程度相对较高，也更具强制性[①]。鉴于上述证据似乎无可争议，但我们不应忽视这种形式的美国单边主义是教育和意识形态方面的而不是强制性的。在整个战后年代，尤其是 20 世纪 90 年代，美国为一些"失败"或脆弱国家提供了大量的培训或教育外国警察和安全部队以及发展或改革警察组织的方案。这些援助举措往往是在民主化的旗帜下进行的，以进行民主巩固，但是，就像他们更强硬的对手一样，他们仍然受限于狭隘的美国利益。

由于这些制约因素，国际管制的制度化发展只能是主权国家进行跨国抗议规制的一个补充而不是替代手段。国际管制的特点就是民主责任性低。当然，在这些正式的制度框架之外，一些非正式的机制与程序，例如在控制足球流氓中形成的非正式规则，也是规制跨国运动的有效途径。

二、国际机构的反应与规制

国际机构对跨国社会运动的反应及其规制选择不尽相同。联合国、欧盟等国际机构是主权国家对冷战后跨国社会运动进行国际规制的重要载体，而国际刑警组织等国际机构的建立和发展则是国际规制专业化进程的体现。

1. 国际机构的反应

国际机构对跨国社会运动和国际非政府组织的反应主要有以下三种不同的情况：

一是抵制所有的压力，坚持原有的国家的正式授权不变，并且对其政策和形象只做些装饰性的改善。这种情况大多数产生于具有制定和执行政

---

① Peter Andreas, Ethan Nadelmann, *Policing the Globe: Criminalization and Crime Control in International Relations*. Oxford: Oxford University Press, 2006: 241.

策方针的权力的大型国际组织身上，而这反过来又会导致与全球市民社会和跨国社会运动之间的冲突激进化。

二是改革自身的规则、程序和政策，以迎合社会运动的某些要求，并整合和同化一些社会组织（包括一些社会运动组织）。这大多数发生在没有执行权力的组织中以及"架构议题"的活动中。例如大多数联合国机构，包括世界银行在内。

三是国际机构推动对某些全球治理问题的更为彻底的重新考虑，并与全球社会组织一道重新设计解决这些问题的制度工具。这大多发生于全球层次的国际机构仍然处于分散化和不断变化的情况下，而且经常遭到国家的反对而拒绝授权给国际机构的情况，例如在国际刑事法庭的建立的案例中，政府间国际组织和非政府组织联合起来共同挑战国家。类似的合作也发生于如联合国难民事务署（UNHCR）、联合国开发计划署（UN-DP）、联合国儿童基金会（UNICEF）和联合国环境规划署（UNEP）等联合国专门机构中，这些机构大多数依赖于国际非政府组织执行其任务。

二战后建立了蜘蛛网状的多边机构和网络，涉及经济合作、人权和国家安全。大多数机构是以安全为基础的，并且很多是以经济目的为主。多边机构被用来镇压"坏的"运动，这在反恐斗争中体现得最为明显。尽管第二次世界大战后国际机构的发展，各国警察部门之间的合作通常是政府间的双边合作比多边合作更为成功，这是因为国际管制合作需要以基于共有专业知识的共同文化为基础。因此，尽管二战后多边机构快速发展，但国际规制合作仍然主要是双边合作。这是由于，在国际社会中，行为体并非只有跨国社会运动和国际机构。主权国家的确继续起着关键性的作用，但是它们大多没有认真地发挥这种作用。到目前为止，国际机构还是新自由主义全球化的温和支持者，大体上是基于权利和责任的全球化呼求的消极听众。

就跨国反全球化运动而言，政府间国际组织影响着跨国社会运动与国家之间的互动关系。在某些方面，尽管这些组织是抗议活动的直接目标（作为新自由主义全球化的实质表现形式），但它们仍然摆脱了这场争斗，让东道国政府来处理混乱，或者让成员国在谈判失败的情况下承担责任。然而，政府间国际组织在这些国家和跨国抗议运动的互动中确实发挥着重要作用：通过选择会议地点。世贸组织近年来在选择相对难以到达的地点方面的战略反映了这一能力。2001 年在多哈举行的部长级会议就是一个明显的例子。较不明显的是 2003 年在墨西哥坎昆举行的部长级会议。虽然坎昆是一个受欢迎的旅游目的地，而且相对便宜，但会议地点本身就在一个半岛上，只有一条路可通，因此当地警方很容易阻止抗议者参加会议。然而，与此同时，政府间国际组织越来越多地向运动中较为温和、专业化的派别伸出援手，并寻求以各种方式与它们进行协商。在没有更激进的社会反对的情况下，这些相互作用可能不会发生。这些事态的发展，加上各国更多的镇压性反应和运动的内在动力，如何在未来几年内逐步展开，将使我们能够对跨国抗议对全球政治的影响产生更微妙和准确的理解①。

此外，国际组织可以充当跨国社会运动和国家之间的第三方，发挥杠杆作用，影响国家和运动之间的互动关系，尤其是国家的规制策略。政府依赖第三方支持的程度决定了挑战者潜在的间接影响力。与国家没有直接依赖关系的挑战者可以通过产生与国家有直接关系的第三方的支持来增加他们的影响力。这可以通过与挑战者和政府都有联系的第三方的诉求、压力或非暴力胁迫来实现②。在这种情况下，通过第三方的支持对国家施加的间接影响，斗争的双方被中间团体或第三方串连在一起。20 世纪末日益加强的全球化进程建立了联系受压迫群体和中间群体的网络，从而增加了潜在挑战者寻求第三方支持的可能性。冷战后跨国社会运动以及绿色和平组织、"大赦国际"等跨国社会运动组织通过其他国家和国际机构的有关公民，将压迫者和被压迫者串连在一起。其结果是压迫者和被压迫者之间的联系强度增加，因此被压迫者的非暴力行动在涉及这些网络的情况下可能有更大的成功可能性。第三方对挑战者的支持可能对他们提供更大的影响力或使权力平衡向有利于他们的方向倾斜至关重要。网络连接的可能性增加了国内和全球市民社会的稠密程度。当然，国内和全球市民社会的扩张程度参差不齐，因此第三方影响力的前景因国家而异。

2. 国际机构的规制

综合性的国际机构比如联合国和欧盟等有力地促进了跨国管制的发展，而国际规制专业机构的建立和发展也是国际机构规制的重要组成部分，其中比较重要的有国际刑警组织、国际刑事法庭、国际法院等。

① Kate O'Neill, "Transnational Protest: States, Circuses, and Conflict at the Frontline of Global Politics," *International Studies Review*, 2004, 6: 248.

② Kurt Schock, *Unarmed Insurrections: People Power Movements in Nondemocracies.* Minneapolis: University of Minnesota, 2005: 54.

（1）联合国的规制。

联合国通过制定和实施国际规范不仅对跨国抗议运动产生规制作用，而且对主权国家的抗议规制策略形成制约。一方面，尽管诸如《世界人权宣言》《公民权利和政治权利国际公约》《经济、社会及文化权利国际公约》《关于难民地位的议定书》《消除一切形式种族歧视国际公约》《消除对妇女一切形式歧视公约》《防止及惩治灭绝种族罪公约》等国际制度，保障了公民的基本自由和权利以及游行示威和抗议等权利，而且成为公民向其所在国家主张或扩大权利的一个重要杠杆，但是像《联合国打击跨国有组织犯罪公约》《制止恐怖主义爆炸事件的国际公约》等国际规范则对跨国抗议运动及其抗议者尤其是暴力或恐怖主义运动形成一定的制约和规范作用。

另一方面，就限制国家的武力和保障公民的基本权利包括抗议权而言，联合国也通过国际规范对主权国家的抗议运动规制提供了制约手段。国际规范的变迁也影响着主权国家的规制策略，尤其是其对武力的垄断和运用。主权国家可以基于主权原则对罪犯和极端分子使用武力大多被认为是合法的规范共识正遭遇越来越多的挑战。在 20 世纪就已经朝着武力垄断的国际化迈出了第一步。各国接受了越来越多的限制其使用武力垄断的自由裁量权的国际协定。

联合国利用相关国际机构扩展各国政府和警察部门之间的国际合作来应对和规制跨越边界的抗争性运动，以及许多是试图跨越国界参与八国集团、国际货币基金组织或欧盟峰会的和平的抗议者。此外，有关全球公共物品管制的思想和实践现在已经获得了初步发展了。威斯特伐利亚体系一定程度上受到了破坏，这使跨国管制模式更加复杂。然而，在这一方向上，某种边缘化的机构和文化发展就非常重要。联合国支持的公民管制计划（CIVPOL）就有重大意义，它的发展，符合国际安全和人道主义原则，维持了脆弱或转型社会的和平。

联合国可以在新恐怖主义运动的规制中发挥在国际规范建构方面的独特作用。国际规范对于规制恐怖主义运动尤为重要。国际社会需要寻求一种全面的办法，使打击国际恐怖主义的斗争合法化。事实上，为了这场斗争的合法性，各国必须就共同的问题达成一致定义。只要有共同的理解，采用非常制裁就被认为是合法的。相比之下，如果没有共同的定义，那么任何反恐联盟的既定极限就是，对谁是"坏的"恐怖分子和谁是"好的"自由斗士存在分歧。而且在现实中，恐怖主义已经存在着泛化的趋势，比如反新自由主义全球化运动，不仅在国内而且在国际层面，被视为与恐怖主义并列的国际社会新威胁。尽管各国迫切需要就对国际恐怖主义的共同理解达成协议，但对这一问题的法律定义构成了明显的政治挑战。关键是，界定国际恐怖主义等于决定国际公敌。不过，界定公敌的权力是主权的首要特权。将这一权力转移到国际领域将构成重大的政治转型。

联合国可以在促进反恐国际合作和缔结反恐国际规范方面做出贡献。事实上，自20世纪70年代初以来，联合国一直是使反恐斗争合法化的最相关的国际论坛。早在1972年，大会就达成恐怖主义的法律定义的必要性展开辩论。这场辩论在1979年以分歧告终，但在21世纪头十年，人们再次试图就一项包含法律定义的全面反恐公约达成协议。很容易看出，这样一项公约将大大限制各国自主和根据具体情况决定国际公敌的自由裁量权。因此，美国和英国等霸权大国不愿看到这一项目被列入联合国议程并不感到意外。相比之下，法国和德国谨慎地支持全面公约草案。

由此可见，联合国的跨国规制存在的困境解释了国际机构规制普遍存在的有限性问题。这是由于主权国家的政府形塑着抗争、对抗争做出回应、镇压那些超出其许可范围的行动者，并为那些愿意与各种机构进行互动的行动者提供潜在的盟友①。尽管抗议运动变得越来越跨国化，但抗议权仍然是以国家为中心的②。国家仍然保持着减少外国人移动自由的权利。换言之，国家将是"世界政治中的恒在之物"。尽管国家正日益被嵌入国际协定、联盟以及机构之中，但其盟友及冲突基本上还是由它们对于认同和利益的界定来决定的③。例如，英国政府尽管签署了《防止及惩治灭绝种族罪公约》和《禁止酷刑和其他残忍、不人道或有辱人格的待遇或处罚公约》，但它从未真正加以执行。

（2）欧盟的规制。

欧盟在跨国管制试验方面可能是最大胆、最具潜在影响力的国际组

---

①　蒂利，塔罗. 抗争政治. 李义中，译. 南京：译林出版社，2010：222.

②　Donatella Della Porta, Abby Peterson and Herbert Reiter, "Policing Transnational Protest: An Introduction," in Donatella Della Porta, Abby Peterson and Herbert Reiter, eds. , *The Policing of Transnational Protest*. Aldershot：Ashgate Publishing Limited, 2006：8.

③　同①224.

织。虽然很难确定欧盟新的整体规制（包括抗议运动规制）模式，但可以确定四个趋势，这可以让我们观察欧洲管制合作的转变①。基于前文所述的欧盟管制的发展历程和主要举措，这四个趋势是：

首先，显然自"9·11"事件以来，反恐主题已成为焦点，诸多领域都采取了反恐措施。例如欧洲逮捕令中涉及 32 项罪行，其中大多数与恐怖主义无关。从历史上看，根据传统的国际方法逻辑和更普遍的跨国冲突逻辑，反恐可能是最具矛盾性的跨国管制合作主题。由于威胁的严重性，恐怖主义往往是合作的催化剂，就像 19 世纪后期国际合作的早期形式和特里夫集团的发展所表明的那样。然而，与恐怖主义密切相关国家的具体秩序意味着这种合作高度依赖国家共同利益，并以保留国家特权为条件。例如，尽管它在欧洲管制合作的基础上占有重要地位，但恐怖主义并未包括在第一波罪行中，即使很快就加入了欧洲刑警组织的职权范围。因为"9·11"事件，恐怖主义现在似乎是欧盟永久性内部安全能力的核心考验，这种威胁的紧迫性已经大大超过了国家主权主义者的担忧。事实上，欧盟委员会已经制定了大量的有关反恐的立法提案。当然，这个焦点可能会在适当的时候再次转移，但除非并且直到它提供了一个比跨国管制合作更强大的动力。

其次，虽然欧洲刑警组织和任何其他跨国机构都没有独立的法律执行权力（如逮捕和搜查等），但在"后阿姆斯特丹"进程下，其越来越多地参与运作情况和加强对运作信息的控制，正在极大地改变跨国和国家行动单元之间的权力平衡。拥有对公民的直接控制权传统上被视为维持主权的关键，这是国家和人民签订的霍布斯契约，任何的跨国政策都是要满足国家需求和国家能力。然而，信息、战略和资源向上转变至欧洲层面，尤其是先进信息技术水平（使用越来越多的可互操作系统）特别适合积极主动的管制风格，以打击分散的超国家环境中的安全威胁，这表明行政权力可能已成为一种过时的控制指数，并可能掩盖一种真正的转变，即权力转移到超国家层面的以情报为主导的管制模式。

再次，在更广泛的刑事和司法合作体系中，欧洲管制合作领域日益复杂。功能主义思维在欧洲一体化进程中的重要性，但在"第三支柱"活动

---

① Neil Walker, "The Pattern of Transnational Policing," in Tim Newburn, ed., *Handbook of Policing*, 2nd edition. Cullompton, Devon: Willan Publishing, 2008: 136 - 138.

的第一阶段，功能主义者的主要参考点仍然是"第一支柱"。粗略地说，"第一支柱"是行动，"第三支柱"是反应。虽然这种关系的要素仍然存在，但强化实体和程序协调的欧洲司法组织和欧洲国际边界管理署的出现，以及欧洲检察署提案（最初仅限于对抗欧盟的经济利益，但有可能覆盖所有跨境犯罪），这些标志着欧盟安全领域内部自主系统逻辑的发展。安全领域的发展产生了连锁和外溢的效应。刑法实体法和程序法合理接近的背景下，警察合作成为一项可行的命题，其共同目的和相互信任的程度得以实现。反过来，警察合作的巩固为司法调查和起诉职能的进一步整合提供有利的经验背景，相应地，我们可以期待强化检察层面的协调能够促进更多的警察合作。像所有功能主义思想一样，这种方法的逻辑可能存在缺陷，可能会出现不可避免的事情，这种情况往往具有很强的争议性，但也不可否认它的影响力。

最后，欧盟的宏观制度仍在继续发展。欧洲制宪会议可能已经流产，但《里斯本条约》承诺保留其在机构能力方面的新发展成果。特别是，它根除了始终伴随着司法和行政的支柱结构，并创造了一个单一的决策方法，通过这种方法，旧的"第三支柱"（传统的司法和民政事务）将被同化为"第一支柱"。截至2009年，《里斯本条约》成功批准了在刑事事务方面的警察和司法合作，将欧洲议会作为共同决策者，并将继续坚持多数主义。新的内部安全常设委员会的成立进一步加强了这个超国家中心，以确保和促进业务合作。除了与更广泛的一体化野心相吻合之外，这些事态发展显然是对一种安全化的政治气氛的反应，这在制宪会议及其后续行动中是显而易见的，在这种气氛中，对"9·11"以及后来的马德里爆炸事件之后实现安全目标的现有工具是否充分的关切，已成为议程的主要内容。

欧洲制宪会议和后来的《里斯本条约》，已经导致许多人希望这种对能力提升的关注与保证公众参与和问责制相匹配。然而，在这方面，新的条约至多是部分成功。欧洲议会和国家议会的监控权有一些增加，司法权也是这样，但在与国家安全有关的事项中，这要么是高度限制的，要么是不存在的。此外，在更有限的国家集团中，国家选择退出或"选择加入"合作的能力仍然存在，并且确实在某些方面变得更容易。因此，国家主义者在加强某些中央机构和减少国家自由裁量权的问题上的矛盾心理、在日益强烈的安全担忧的环境中对有效性要求超过问责制要求的迫切需求，以及在跨国领域监管行政和操作权威空前集中的真正宪法困难（伴随着类似的但宪法上更为熟悉的立法权力增加），似乎共同促成了一种能力胜过控制的解决办法。

（3）国际刑警组织的规制。

国际刑警组织是一个旨在在国家法律范围内和《世界人权宣言》的范围内提供和促进刑事警察当局之间相互援助的组织。从一开始，它就不是一个拥有调查权力的超国家警察机构，而是一个合作网络，旨在促进许多国家执法机构之间的合作和协助其开展警察工作[①]。作为一个专门性的国际组织，国际刑警组织尤其在规制恐怖主义运动中发挥重要作用，同时也对跨国反全球化运动等其他跨国社会运动产生一些规制作用和影响。

首先是"9·11"事件之前的反恐规制举措。国际刑警组织的目标仅限于刑事执行职责，而不包括《国际刑警组织章程》第3条具体规定的"任何政治、军事、宗教或种族性质的干预或活动"。尽管有这一限制，国际刑警组织还是通过了多项反恐决议，以打击恐怖主义和与恐怖主义有关的活动。在20世纪70年代，国际刑警组织的决议侧重于与恐怖主义有关的问题，例如针对国际民用航空的犯罪行为和可能"严重危及一般公共安全"的暴力行为。

1983年，国际刑警组织在法国戛纳举行的大会上决定将对组织关于导致许多受害者的犯罪行为采取的立场进行研究，这些犯罪行为通常属于"恐怖主义"的范畴。1984年，国际刑警组织通过了一项关于"通常称为恐怖主义的暴力犯罪"的决议，鼓励各成员机构在其国家法律允许的范围内开展合作和"打击恐怖主义"。

1985年，国际刑警组织通过一项决议，设立了专门的公共安全和恐怖主义分局，以协调和加强在打击国际恐怖主义方面的合作，并于1986年发布了《国际反恐怖活动工作指南》。在20世纪90年代恐怖主义明显升级之后，国际刑警组织加强了反恐行动。1998年，在埃及开罗举行的大会上，国际刑警组织在《反恐怖主义宣言》中明确表示反对国际恐怖主义，谴责恐怖主义，因为它不仅对安全和稳定构成威胁，而且对法治、民主和人权构成威胁。

其次是"9·11"事件之后的组织变革和反恐规制进展。虽然恐怖主义问题列入国际刑警组织的议程已有一段时间，但"9·11"恐怖袭击事件给国际刑警组织的反恐战略带来了重大变化。

---

① Mathieu Deflem, *The Policing of Terrorism: Organizational and Global Perspectives*. London: Routledge, 2010: 111-112.

一方面，国际刑警组织出台了专门针对恐怖主义的一系列新政策。2001 年 9 月 24 日至 28 日，在美国发生恐怖袭击几周后，国际刑警组织大会在匈牙利布达佩斯举行了第七十次会议。大会通过了关于 2001 年 9 月 11 日恐怖袭击的第 AG-2001-RES-05 决议，谴责"2001 年 9 月 11 日对美利坚合众国世界公民的谋杀"，认为这是"令人憎恶的违反法律和人类尊严标准的行为"，构成"冷血的大规模谋杀和危害人类罪"。会议决定，国际刑警组织及其成员机构应设法更有效地打击恐怖主义和有组织犯罪，并最优先考虑向与袭击有关的恐怖分子发出所谓的红色通缉令。

2001 年 10 月，国际刑警组织举行了第十六届恐怖主义问题年度研讨会，即"9·11"事件后国际刑警组织关于恐怖主义问题的第一次会议，来自 51 个国家的约 110 名专家出席了会议，并讨论了各种新的长期反恐倡议。2002 年 10 月，在喀麦隆雅温得举行的第七十一届大会上再次强调恐怖主义。由于承认"9·11"事件是全球犯罪处理方法的催化剂，与会人员同意起草一份处理潜在危险材料的安全预防措施清单（如信件和包裹中可能含有炭疽），生物恐怖主义被指定为值得特别关注的问题。

国际刑警组织目前关于恐怖主义的政策是建立在正式的《国际反恐怖合作的新指南》（New Guidelines for Co-operation in Combating International Terrorism）的基础上的，该指南于 1998 年起草，明确处理恐怖主义与《国际刑警组织章程》第 3 条的关系。指南的关键内容是将恐怖主义事件细分为其构成部分，只有犯罪分子才能接受警方调查。此外，表明国际刑警组织以宽泛的方式对待恐怖主义是其目前关于恐怖组织成员身份的政策。直到几年前，国际刑警组织还制定了一项政策，具体规定，通过组织总部传播信息的决定始终必须以表明个人可能参与恐怖犯罪的情报为依据，而不只是某一特定群体的成员。不过，自 2003 年 11 月 18 日起，决定在具有此类成员身份的有力证据的情况下，可向恐怖主义集团的嫌疑成员发出红色逮捕令和引渡通知。这一政策的改变是有道理的，因为在越来越多的国家中，加入恐怖组织本身就被认为是一种刑事犯罪。

为了实现其反恐目标，国际刑警组织设立了若干新的专门方案。国际刑警组织可应成员机构的请求，从总部部署一个特别事件反应小组（Incident Response Team）以提供调查和分析支持服务。此外，2002 年 9 月成立了一个融合专责行动组（Fusion Task Force），协助成员机构进行与恐怖主义有关的调查，特别是查明恐怖组织成员、收集情报，并对被通缉的和可疑的恐怖分子提供分析支持。国际刑警组织还特别注意恐怖主义活动资金筹措，因为人们认为，恐怖袭击的频率和严重程度往往与恐怖分子收到的资助数额成比例。国际刑警组织强调资金筹措，这是因为国际刑警组织秘书长罗纳德·诺布尔长期关注货币犯罪问题，他同时还是 1989 年成立的一个反洗钱政府间国际组织金融行动特别工作组的主席。

在国际刑警组织最近关于恐怖主义的政策中，2005 年在德国柏林举行的刑警组织会议上决定特别提请注意恐怖团体和个人使用互联网的问题。国际刑警组织鼓励在与恐怖主义有关的网站上进行有关警察调查的国际协调。此外，2006 年在巴西里约热内卢举行的大会上，决定加强国际警察在与"基地"组织有关联或由"基地"组织煽动的恐怖组织和个人的全球扩散问题上的合作。尤其鼓励成员机构利用国际刑警组织总部向特别事件反应小组请求援助。

另一方面，"9·11"事件之后，为了进一步推进反恐规制及其国际合作，国际刑警组织在几个关键方面进行了改组，尽管其中一些组织改革在一段时间前就已经计划好了。在国际刑警组织总部设立"9·11特别工作组"以确保与联邦调查局合作之后，设立了一个常设总秘书处指挥和协调中心。此外，还设立了一个新的金融和高技术犯罪分局，专门处理洗钱问题。2002 年 4 月，国际刑警组织总部宣布建立国际刑警组织恐怖主义监视名单（interpol terrorism watch list），以便警察机构直接获取有关受红色、蓝色和其他通缉令管制的逃犯和可疑恐怖分子的情报。

2001 年 6 月 22 日，国际刑警组织建立了一个系统，供成员机构在失窃的空白旅行证件数据库中自动输入信息和检索信息。2002 年，还建立了失窃和遗失旅行证件数据库（SLTD），目前载有来自 100 多个国家的约 8 900 万份文件，该数据库作为追踪恐怖分子越境流动的有用工具，具有特别重要的意义。

"9·11"事件之后，国际刑警组织为了进一步提高其信息共享能力，建立了一种新的基于互联网的加密全球通信系统，名为 I-24/7。该通信系统旨在组织成员机构之间的数据快速和安全交换。自 2003 年起，I-24/7 系统允许通过互联网传输加密信息的专用网络系统搜索和交叉检查组织成员提交给国际刑警组织的数据。I-24/7 系统补充了国际刑警组织与其他国际警察和安全组织达成的扩大各自努力范围的协定。例如，2001 年 11 月，国际刑警组织与欧洲刑警组织签署了一项协定，以促进在维持恐怖主义和其他国际罪行的管制方面的合作。2001 年 12 月，国际刑警组织和美国财政部同样保证进行更密切的合作，并建立一个国际数据库，记录被认定为向恐怖主义团体提供金融援助的组织和个人。2002 年 3 月，国际刑警组织达成一项协议，与阿拉伯内政部长理事会密切合作，以促进与阿拉伯警察界交流信息。还与纽约警察局等地方警察组织签订了其他此类合作协定。

最后，国际刑警组织规制的缺陷和困境。国际刑警组织将不同国家的警察聚集在一起，却没有建立一支超国家警察部队，这一事实表明，各国的关切影响到不同国家警察之间的国际合作。就其性质而言，国际刑警组织在协助当地执法部门查找恐怖分子的通信网络系统的能力有限。此外，当地的事态发展和单边执行的跨国警察行动通常超过多边的国际警察合作。因此，国际刑警组织的效力受到很多质疑，因为像美国这样的大国并不完全信任它[1]。在 "9·11" 袭击事件发生后的几天里，确实有报道称联邦调查局官员厌恶与国际刑警组织分享敏感信息，而宁愿单方面开展行动。而且，如果不与情报界合作或只有有限的合作，并且反恐怖主义的工作仍然只限于警察机构，那么打击国际恐怖主义的行动就不太可能有效。

尽管国际刑警组织认识到这些局限性，将各参与国的警察机构之间的顺利协调和直接接触放在重中之重的位置，但警察在国家一级的支持并非不言自明，特别是在涉及政治敏感问题的案件中。国际警察工作中国籍持续存在的另一个后果是，国际恐怖主义基本上仍然是一个在国家一级或在较有限的多边范围内受到管制、监管和起诉的问题。这解释了独立于国际刑警组织的国际反恐倡议的发展，例如欧洲刑警组织发起的行动，以及源自各国内部的国际努力。虽然国际刑警组织在反恐方面的作用在今天比以往任何时候都更加重要，但许多国家的警察机构倾向于在单方面或有限合作的基础上开展工作，而不是利用参与国际组织的机会[2]。更为关键的是，在反恐管制的多边事务中，美国通常发挥领导和主导作用，这也影响到国际刑警组织的工作。

总之，鉴于国际刑警组织的成员国参与的合作模式，以及在国际层面与欧洲刑警组织等其他区域警察组织共存的事实，目前还不清楚该组织能够在何种程度上有效决定反恐怖主义警察努力的进程和结果。相对于世界上更强大的国家的警察机构开展的活动，国际刑警组织的努力是相当微小的。特别是在恐怖主义问题上，警察组织更倾向于单边战略和更有限的合作努力。

---

① M. Cherif Bassiouni，"Legal Control of International Terrorism：A Policy Oriented Assessment，" *Harvard International Law Journal*，2002，43（1）：93.

② Mathieu Deflem，*The Policing of Terrorism：Organizational and Global Perspectives*. London：Routledge，2010：120−121.

第六章　结论与讨论

一、研究的结论

冷战后跨国社会运动呈现出运动范围的全球化、社会诉求的多样化、组织形式的网络化、运动目标的非革命化和斗争方式的双重性等特征。作为国际社会中一个特殊行为体，跨国社会运动与国际非政府组织、政府间国际组织、跨国公司和主权国家等主要国际社会行为体之间形成密切的互动关系。在国际社会的关系网络中，冷战后跨国社会运动在国际体系中既可能是国际社会的坚定抗争者，也可能是全球治理的积极参与者，或者二者兼而有之。换言之，抗争逻辑和治理逻辑是冷战后跨国社会运动的两种基本行动逻辑。

冷战后跨国社会运动在基本特征、关系维度、行动逻辑和功能角色等方面的发展变化以及其所表现出来的个案差异对主权国家规制策略的选择带来新的挑战。运动性质、议题领域和斗争方式等运动自身维度，政体类型和政府权能等国家维度，以及国际体系、国际规范和全球舆论等国际维度三个方面都影响着冷战后跨国社会运动的规制策略。基于武力镇压、谈判式管理和策略性瓦解等既有成熟规制模式的考察，对冷战后跨国社会运动的规制，主权国家可以秉承慎用武力原则、非政治化原则和制度化原则，在强制、劝说和信息三种规制策略以及法律、物理和心理三种规制路径之中进行合理的选择和组合，并且将国内规制和国际规制有效地结合起来，积极参与国际规制合作，推动跨国社会运动规制的制度化。

基于以上对冷战后跨国社会运动的基本特征、关系维度、行动逻辑和规制策略的分析以及相关案例研究，可以得出如下四个方面的结论：

1. 冷战后跨国社会运动的规制并不存在一种普遍或统一的模式

当代政治学和社会运动学者往往主要从镇压或谈判式管理模式的角度来看待控制。然而，在 20 世纪 90 年代中后期，与现在的反全球化运动有关联的团体开始拒绝警察谈判，并采取了更具对抗性的策略。一些团体采用非等级制的组织方式，与警察对抗，并对 20 世纪 80 年代运动的更制度化和消极性质提出挑战。由于抗议策略的转变，警方制定了更复杂的控制模式，既不是纯粹的镇压性的，也不是完全通过谈判达成的。相反，目前的模式是软硬战术的有效混合体。因此，策略性瓦解模式取代了之前的谈判式管理模式，成为冷战后跨国社会运动规制的主导模式。

这种观点有其合理性的一面，尤其是对于冷战后勃兴的反全球化运动而言比较契合。然而，这一规制模式存在的一个问题是，它基于社会运动具有某种进步或变革的动力或动机的假定，并不适用于冷战后爆发的恐怖主义运动等所谓"坏的"运动，因为对于恐怖主义运动并没有多少谈判的余地，主权国家和国际社会的选择更多的是镇压，包括国际层面的反恐战争。但暴力的规制效用是有其限度的，这不仅对于跨国反全球化运动中的暴力派别（比如黑团）是如此，对于极端的恐怖主义运动也是如此。这是由于大多数恐怖主义行为都是冲突的结果，以更多的暴力打击暴力只会导致一个自我实现的预言。

从武力镇压、谈判式管理到策略性瓦解的抗议管制模式演变主要是基于核心地区和发达国家实践的分析和提炼，其存在的另一个主要问题是忽略了在全球体系外围发生的抗议管制实践。正如我们所看到的，策略性瓦解这种冷战后的新管制模式的大部分证据来自北美和欧洲的发达工业经济体。在外围地区和发展中国家管制方面可用的材料几乎没有提供这种策略性瓦解模式的证据，也没有提供之前的协商管理模式的证据。而且，即便是核心地区和发达国家的规制模式相互之间也存在诸多的差异。因此，就冷战后跨国社会运动的案例而言，并不存在一种普遍或统一的规制模式。冷战后跨国社会运动的规制，就像全球化一样，是由国家、地区和地方因素、历史、经验和权力平衡所调节的。

2. 冷战后跨国社会运动与主权国家的互动逻辑

冷战后跨国社会运动的演变和主权国家的规制策略之间实际上相互影响、彼此形塑。冷战后跨国社会运动的规制过程见证了哈尔特和内格里所描述的抵抗和创新的循环[1]。这种循环始于跨国社会运动创新组织形式和抗争手法来抵制和挑战现状，而后国家以新形式控制，以减轻对其权力的

---

[1] Michael Hardt and Antonio Negri, *Multitude*: *War and Democracy in the Age of Empire*. New York: Penguin, 2004.

挑战。国家能够塑造抗争的规模和策略，抗争反过来也能塑造国家应对抗争的态度和策略。换言之，冷战后跨国社会运动与国家之间是不断互动的：一方面，冷战后跨国社会运动基本特征和行动逻辑的演变影响着主权国家规制策略的选择；另一方面，跨国社会运动的演变又取决于现存的权力中心，尤其是国家对其认可、反应、适应和整合的能力。

当然，跨国社会运动从根本上不同于那些以各种不同方式发生的一国之内的抗争运动，因此，对冷战后跨国社会运动的国内规制还必须辅之以国际层面的规制。实际上，跨国活动人士基本上是在从事一种"多层博弈"①，这种博弈有时对他们有利，有时对他们不利。然而，这种谈判绝不像国际关系理论中使用的"双层博弈"隐喻那样正式②。这些互动和策略是更加试验性的，而不是正式制度化的，是在各方参与的行为者（包括国家、跨国抗议运动行为体和政府间国际组织）各自作用和限制都不确定的情况下进行的。然而，贯穿这一多层博弈的主题一直是跨国社会运动与国家之间的互动。因此，正如前述联合国、欧盟和国际刑警组织等相关分析所表明的，国际机构规制普遍存在的困境和有限性问题。国际管制的制度化发展只能是主权国家进行跨国抗议规制的一种补充而不是替代手段。

3. 国家正在被解构，但不仅没有被削弱，反而可能得到加强

在学术界的相关研究中，有一个争论是围绕着国家是否因为全球化而削弱。一方面，一些全球化学者强调国家作为全球政治中的核心的衰落或作用变化。在他们看来，20世纪90年代，当新自由主义思想盛行时，国家管理者与资本主义精英和企业界勾结，创立了超国家机构，以开拓世界各地的市场。像世界贸易组织这样的全球机构很快就会接管重要的领土权力和法律权力，至少民族国家将不再享有其习惯上的独立。新的全球监管机构可以否决在国家一级达成的决定是无可争议的。

然而，这些研究掩盖了国家在全球化理论中所发挥的非常真实的、尽管有些改变的作用。尽管不断增长的数据表明了全球性机构日益增加的权力，但上述案例部分的分析研究强调了一个不同的趋势。就冷战后跨国社会运动的社会控制而言，国家没有消失。事实上，国家能够迅速适应不断

---

①　Doug McAdam, "Conclusion: The Future of Social Movements," in Marco G. Giugni, Doug McAdam and Charles Tilly, eds., *From Contention to Democracy*. Lanham, MD: Rowman and Littlefield, 1998: 239-243.

②　Robert D. Putnam, "Diplomacy and Domestic Politics: The Logic of Two-Level Games," *International Organization*, 1988, 42: 427-460.

变化的竞争格局，当它与全球机构一起发挥作用时，它可能会变得更加强大①。国家的确处于不断变动之中，放弃了某些监管权力并交给了联合国、欧盟和世界贸易组织等这样的国际机构，但它在安全事务中仍然保持着根深蒂固的地位，保留着对暴力的合法垄断。

另一方面，关于跨国社会运动和全球市民社会的文献往往低估或曲解国家在处理社会行为者方面的作用。他们或者将国家撇在一边，直接分析反全球化运动与政府间国际组织的互动，或者将国家作为单一的行为体，聚焦于跨国网络的活动，或者倡导建立全球市民社会，作为全球资本主义和国家体系的替代物。

然而，在更广泛的层面上，国家在跨国社会运动规制中扮演着比目前文献所描述的更为复杂的角色。对跨国社会运动的分析表明，这些抗议行为者所面对的国家并不是单一的行为体。相反，抗议者遇到了在不同层面的国家行动者：作为政府间国际组织的成员、作为来自参加会议的部委或机构的专业或政治代表，以及作为会议主办地的城市东道主和警察或军队的执法部门。跨国抗议的管制策略似乎并不是集中化的。相反，各国正在制定跨越地方、国家和跨国界限的计划、行动和政策②。因此，很明显，国家不仅没有被削弱，反而由于反全球化抗议的兴起，很有可能得到加强。

4. 全球治理往往通过规制或强制性权力发挥作用

传统的全球治理观念也往往强调其本质上的和平性质，将注意力集中在合作和政策协调问题上。这种观点认为，全球治理不是关于暴力或胁迫，而是关于合作的建立、促进或恢复秩序，通常是在国际社会主要成员协商一致的条件下。然而，全球治理的和平与合作性质并不意味着世界是一个和平的地方，也不意味着不再需要关心安全。当代世界秩序，仍然是一个危险的地方，它承受着似乎无休止扩散的威胁。其中许多都与不断进行的全球变革进程所产生的相互依存关系相联系。全球化带来了"挑战"和"问题"，而经济、生态、社会、人道主义方面的新的不稳定和冲突呼吁迅速采取集体对策和新的安全方针③。各种形式的规制（包括对反全球

---

① Luis A. Fernandez, *Policing Dissent: Social Control and the Anti-Globalization Movement*. Rutgers, NJ: Rutgers University Press, 2008: 167.

② Kate O'Neill, "Transnational Protest: States, Circuses, and Conflict at the Frontline of Global Politics," *International Studies Review*, 2004, 6: 246-247.

③ Commission on Global Governance, *Our Global Neighbourhood*. Oxford: Oxford University Press, 1995: 366-268.

化运动的管制），是对许多这些"问题"或"冲突"的标准回应，将全球治理原则转化为实地治理的实践。每一种与全球化对国家和国家-社会关系的后果直接相关的社会弊病都会引起规制①。因此，规制实践是当代全球治理的重要组成部分。

规制可以理解为"一种政府活动"或一种治理机制，而且确实是一种至关重要的机制②。在新自由主义化进程中，特别是私有化和商品化的实践中，出现了一种新的全球治理结构，这种结构在当代规制实践中最为明显。新自由主义需要广泛和强化的规制，以改变现有的社会结构和关系，为资本国际化服务，还因为它启动了挑战或威胁资本主义结构再生产的社会进程。因此，规制成为一种关键机制，因为正是通过对这些挑战和威胁的规制，新自由主义的全球资本主义秩序才既得以建立，又得到捍卫③。

创造和维持一个新自由主义的世界需要大量的权力。支持目前新自由主义进程的规制实践，本质上是一种强制性的权力。对反资本主义和反全球化运动的规制说明既有的全球治理体系常常是通过强制性权力发挥作用的，而且这种强制性的全球治理，即通过规制来行使权力，是通过与抵抗的互动而发展的。

然而，作为国际关系理论中的一种重要力量，跨国社会运动往往被低估。抗议事件通常被视为群众情绪的"非理性"表现，不符合该领域主要理性主义的全球治理和国家行为理论。即使是研究非国家行为体在世界政治中的作用的学者，也往往把重点放在跨国社会运动的个别组成部分上，然后几乎完全集中在国际非政府组织或活动团体的跨国网络的更为常规的活动上。事实上，跨国社会运动不仅是一个重要的国际行为体、集体认同的一个重要来源，而且还是冲突和对抗的源泉，而这些冲突和对抗又反过来影响国家行为体的选择和活动④。权力和抵抗是相互构成的，尽管彼此的影响程度是不同的。

---

① Mark Laffey and Jutta Weldes，"Policing and Global Governance，" in Michael Barnett and Raymond Duvall，eds.，*Power in Global Governance*. Cambridge：Cambridge University Press，2005：65.

② J. W. E. Sheptycki，"The 'Drug War'：Learning from the Paradigm Example of Transnational Policing，" in J. W. E. Sheptycki，ed.，*Issues in Transnational Policing*. London：Routledge，2000：201.

③ 同①60-61.

④ Kate O'Neill，"Transnational Protest：States，Circuses，and Conflict at the Frontline of Global Politics，" *International Studies Review*，2004，6：p. 234.

不过，对强制性规制或控制的关注，不应当使我们产生权力是不可逾越的观念。这是由于，虽然管制和控制策略确实对跨国社会运动产生了破坏性后果，但它们并不总是成功地阻止社会变革。权力和抵抗的博弈结果总是指向正义的一方的，尽管似乎以缓慢的速度前进①。在反全球化运动中，新形式的抗议不仅带来了新的控制形式，而且成功地使许多人认识到新自由主义全球化正在产生更大的不平等和民主赤字。抵抗将会继续带来变革的希望。

二、研究的启示

冷战后跨国社会运动的基本特征、行动逻辑和规制策略的分析和案例研究，对于我国当下有诸多启示。

首先，基于冷战后跨国社会运动的基本特点、抗争手法和行动逻辑等方面的分析研判，西方发达国家在规制原则、规制策略和规制路径方面已经积累了一些成功的经验，我们可以选择性地吸收。由于并没有普遍或统一的规制模式可以直接利用，而社会抗争的性质和方式又存在诸多差异，因此，需要结合国情以及与社会组织或运动互动的具体情况选择合适的规制策略。

其次，社会控制有强硬的社会控制和柔性的社会控制之别，前者包括主权国家及其政府机构和暴力机关直接破坏和清除运动的策略，后者则包括更多间接的镇压形式，如通过法律管制、抗议谈判和自我监控来进行控制。由于冷战后跨国社会运动抗议策略的转变，西方国家普遍制定了更复杂的控制模式，既不是纯粹镇压性的，也不是完全通过谈判达成的。相反，目前的模式是软硬战术的有效混合体。因此，需要超越从镇压模式来看待社会控制的思维，更多地从谈判式管理的角度和柔性控制的角度来应对社会的不安定因素。即便是一些暴力行为，根据前文对恐怖主义运动规制的分析，需要强硬的回应，但以暴制暴并非根本之策。

再次，在全球化的背景下，抗争运动越来越跨越国界，以网络为导向的动员结构，实施广泛的暴力或非暴力行动和有效地针对国家的依赖关系，并形成基于网络和非等级制的组织模式，这给主权国家的规制和控制带来新的挑战。因此，一方面需要充分研判跨国势力介入或有着某种跨国联系的国内群体性事件或暴恐事件的特点、性质和运作机制，以便妥善而

① Luis A. Fernandez, *Policing Dissent: Social Control and the Anti-Globalization Movement*. Rutgers, NJ: Rutgers University Press, 2008: 172.

有效地加以预防、应对和规制；另一方面，需要与国际社会和其他国家进行军事、管制和情报等方面的合作，这对于一些恐怖主义事件来说尤其必要。

最后，话语权在国家与跨国社会运动互动中具有重要作用。在抗议规制中，一直存在着法律和秩序框架与公民权利框架之间的博弈，前者包括证明政府或警察使用高水平的镇压来维持秩序是正当的，或确认抗议者是造成混乱的原因；后者强调抗议者的权利和警察必须使用最少的武力做出回应。话语的重要性在于，在公众辩论中，当前者占主导地位时，镇压抗议倾向于保持升级；当后者占主导地位时，对抗议的镇压往往会减少。因此，西方国家有意识地将框架建构运用于抗议活动并进而减少运动参与，这对我国国内的社会控制来说也是有启示意义的。此外，对于国际层面的跨国社会运动规制而言，提升和发挥中国的话语权也很关键，尤其是对于西方国家存在双重标准的恐怖主义运动而言，更是如此。

三、研究的不足和未来的方向

关于冷战后跨国社会运动的特点与规制的探讨，存在一些明显的缺憾或不足之处，而且一些未竟的问题也有待进一步地分析和研究。

一是国内社会运动规制与跨国社会运动规制的联系与差异问题。虽然在冷战后跨国社会运动的规制中，国内规制是其主要的构成部分，但由于运动的跨国特征，各国之间的联合规制和国际规制合作机制的发展也比较关键，这种联系在具体案例上的差异性有待进一步研究，尤其是对反全球化抗议运动规制和恐怖主义运动规制的差异性有待进行深入的比较分析。

二是中国作为一个正在崛起的新兴发展中国家，对当今世界产生着重大影响，在关于跨国社会运动问题上与发达国家特别是守成大国美国存在着分歧和矛盾，甚至冲突。中国在对待冷战后跨国社会运动的规制方面的诉求和话语权等相关问题的分析，本书并未涉及，有待以后进一步研究。关于冷战后跨国社会运动及其规制对中国的影响和对策问题，也需要进一步论证和探究。

三是本课题的研究偏重于总体分析、定性研究和文献分析，个案分析和实证分析相对比较粗糙，缺少总体性的统计分析，未来需要加强对冷战后跨国社会运动规制策略的实证研究。而且，理论分析的深度、研究的理论价值和应用价值也有待加强和拓展。

参考文献

中文文献

恩格斯. 共产主义原理//马克思，恩格斯. 马克思恩格斯文集：第1卷. 北京：人民出版社，2009.

马克思. 哲学的贫困//马克思，恩格斯. 马克思恩格斯文集：第1卷. 北京：人民出版社，2009.

马克思，恩格斯. 共产党宣言//马克思，恩格斯. 马克思恩格斯文集：第2卷. 北京：人民出版社，2009.

康德. 永久和平论. 何兆武，译. 上海：上海人民出版社，2005.

托克维尔. 论美国的民主：下卷. 董果良，译. 北京：商务印书馆，1991.

里德尔-狄克逊. 社会运动与联合国. 冯炳昆，译. 国际社会科学杂志（中文版），1996（2）.

沃尔弗斯. 纷争与协作：国际政治论集. 于铁军，译. 北京：世界知识出版社，2005.

奥勒姆，戴尔. 政治学与社会：第五版. 王军，译. 北京：中国人民大学出版社，2017.

卡赞斯坦. 国家安全的文化：世界政治中的规范与认同. 宋伟，刘铁娃，译. 北京：北京大学出版社，2009.

蒂利. 后记：社会运动研究者的议程//戈德斯通. 国家、政党与社会运动. 章延杰，译. 上海：上海人民出版社，2009.

蒂利. 社会运动 1768—2004. 胡位钧，译. 上海：上海人民出版社，2009.

蒂利，塔罗. 抗争政治. 李义中，译. 南京：译林出版社，2010.

德伯. 人高于利润. 钟和，邓瑶萍，王宏伟，译. 北京：中信出版社，2004.

蒂利. 政权与斗争剧目. 胡位钧，译. 上海：上海人民出版社，2012.

蒂利. 欧洲的抗争与民主（1650—2000）. 陈周旺，李辉，熊易寒，译. 上海：上海人民出版社，2008.

鲍德温. 新现实主义和新自由主义. 肖欢容，译. 杭州：浙江人民出版社，2001.

布朗，等. 全球化、非政府组织与多部门关系//奈，唐纳胡. 全球化世界的治理. 王勇，等译. 北京：世界知识出版社，2003.

麦克亚当，塔罗，蒂利. 斗争的动力. 李义中，屈平，译. 南京：译林出版社，2006.

普鲁特，金盛熙. 社会冲突：升级、僵局及解决. 王凡妹，译，北京：人民邮电出版社，2013.

摩根索. 国家间政治：寻求权力与和平的斗争. 徐昕，郝望，李保平，译. 北京：中国人民公安大学出版社，1990.

凯格利，维特科普夫. 世界政治：趋势与变革（影印本）. 北京：北京大学出版社，2004.

沃尔兹. 国际政治理论. 胡少华，王红缨，译. 北京：中国人民公安大学出版社，1992.

萨拉蒙，等. 全球公民社会：非营利部门视界. 贾西津，魏玉，等译. 北京：社会科学文献出版社，2002.

拉克曼. 国家与权力. 郦菁，等译. 上海：上海人民出版社，2013.

基欧汉. 霸权之后：世界政治经济中的合作与纷争. 苏长和，等译. 上海：上海人民出版社，2001.

基欧汉，米尔纳. 国际化与国内政治. 姜鹏，董素华，译. 北京：北京大学出版社，2003.

基欧汉，奈. 导言//奈，唐纳胡. 全球化世界的治理. 王勇，等译. 北京：世界知识出版社，2003.

基欧汉，奈. 权力与相互依赖：第3版. 门洪华，译. 北京：北京大学出版社，2002.

吉尔平. 世界政治中的战争与变革. 武军，杜建平，松宁，译. 北京：中国人民大学出版社，1994.

休伊森，辛克莱. 全球治理理论的兴起. 张胜军，编译. 马克思主义与现实，2002（1）.

凯克，辛金克. 超越国界的活动家：国际政治中的倡议网络. 韩召颖，孙英丽，译. 北京：北京大学出版社，2005.

哈特，奈格里. 帝国：全球化的政治秩序. 杨建国，范一亭，译. 南京：江苏人民出版社，2003.

卡斯特. 认同的力量：第 2 版. 曹荣湘，译. 北京：社会科学文献出版社，2006.

卡斯特. 网络社会的崛起. 夏铸九，王志弘，译. 北京：社会科学文献出版社，2001.

裴宜理. 社会运动理论的发展. 阎小骏，译. 当代世界社会主义问题，2006（4）.

入江昭. 全球共同体：国际组织在当代世界形成中的角色. 刘青，等译. 北京：社会科学文献出版社，2009.

亨廷顿. 第三波：20 世纪后期民主化浪潮. 刘军宁，译. 上海：上海三联书店，1998.

塔罗. 运动中的力量：社会运动与斗争政治. 吴庆宏，译. 南京：译林出版社，2005.

塔罗，等. 社会运动论. 张等文，孔兆政，译. 长春：吉林人民出版社，2010.

奈. 理解国际冲突：理论与历史. 张小明，译. 上海：上海人民出版社，2002.

温特. 国际政治的社会理论. 秦亚青，译. 上海：上海人民出版社，2000.

米尔斯海默. 大国政治的悲剧. 王义桅，唐小松，译. 上海：上海人民出版社，2003.

熊彼特. 资本主义、社会主义与民主. 吴良健，译. 北京：商务印书馆，1999.

罗西瑙. 全球新秩序中的治理//赫尔德，麦克格鲁. 治理全球化：权力、权威与全球治理. 曹荣湘，等译. 北京：社会科学文献出版社，2004.

罗西瑙. 世界政治中的秩序、治理和变革//罗西瑙. 没有政府的治理：世界政治中的秩序与变革. 张胜军，刘小林，等译. 南昌：江西人民出版社，2006.

列宁. 帝国主义是资本主义的最高阶段. 北京：人民出版社，2001.

列宁. 怎么办？我们运动中的迫切问题//列宁. 列宁选集：第 1 卷. 3 版. 北京：人民出版社，1995.

豪尔，杰奎斯. 从 1988 年看 1968 年：历史性的年代. 国外社会科学，1988（11）.

卡利尼科斯. 反资本主义宣言. 上海：上海译文出版社，2005.

赫尔德. 民主与全球秩序：从现代国家到世界主义治理. 胡伟，译. 上海：上海人民出版社，2003.

赫尔德，等. 全球大变革：全球化时代的政治、经济与文化. 杨雪冬，等译. 北京：社会科学文献出版社，2001.

布尔. 无政府社会：世界政治秩序研究. 张小明，译. 北京：世界知识出版社，2003.

波兰尼. 大转型：我们时代的政治与经济起源. 冯钢，刘阳，译. 杭州：浙江人民出版社，2007.

卢茨. 西方环境运动：地方、国家和全球向度. 徐凯，译. 济南：山东大学出版社，2005.

科恩，肯尼迪. 全球社会学. 文军，等译. 北京：社会科学文献出版社，2001.

蔡拓. 全球治理的中国视角与实践. 中国社会科学，2004（1）.

杜玉华. 全球秩序的新挑战：全球社会运动及其治理. 社会科学，2009（5）.

范丽珠. 全球化下的社会变迁与非政府组织. 上海：上海人民出版社，2003.

冯仕政. 西方社会运动理论研究. 北京：中国人民大学出版社，2013.

甘锋. 全球治理视野中国际环境非政府组织的作用研究. 上海：上海交通大学，2007.

高尔松. 国际社会运动小史. 上海：光华书店，1927.

高希圣. 国际运动发达史. 上海：光华书局，1930.

郭树永. 国际政治社会学初探. 世界经济与政治，2001（11）.

国际共产主义运动史编写组. 国际共产主义运动史：从马克思主义诞生至十月社会主义革命胜利. 北京：人民出版社，1978.

何平立. 认同感政治：西方新社会运动述评. 探索与争鸣，2007（9）.

胡传荣. 国际进步妇女运动与冷战初期的国际关系：40 年代中期至 60 年代的国际民主妇女联合会和世界保卫和平运动. 国际观察，2000（4）.

胡键. 全球社会运动的兴起及其对全球治理的影响. 国际论坛，2006（1）.

李丹. 反全球化运动研究. 北京：中国人民大学，2005.

李丹. 反全球化运动研究：从构建和谐世界的视角分析. 北京：九州出版社，2007.

梁守德，等. 民族解放运动史：1775—1945. 北京：北京大学出版社，1985.

梁守德. 新世纪的国际政治. 北京：学习出版社，2001.

刘伯红，杜洁. 国际妇女运动和妇女组织. 北京：中国妇女出版社，2008.

刘宏松. 跨国社会运动及其政策议程的有效性分析. 现代国际关系，2003（10）.

刘华平. 非政府组织与核军控. 北京：中国社会科学院出版社，2008.

刘金源，李义中，黄光耀. 全球化进程中的反全球化运动. 重庆：重庆出版社，2006.

刘金源. 反全球化运动及其对全球化的制衡作用. 国际政治研究，2005（3）.

刘坤亿. 全球治理的理想与现实. http://web. ntpu. edu. tw/～kuni-liu/paper/2003d. pdf.

刘鸣. 经济全球化条件下国家与非国家行为体的关系. 世界经济与政治，2002（11）.

刘曙光. 全球化与反全球化. 长沙：湖南人民出版社，2003.

刘颖. 新社会运动理论视角下的反全球化运动. 济南：山东大学，2006.

刘贞晔. 国际政治领域中的非政府组织：一种互动关系的分析. 天津：天津人民出版社，2005.

门洪华. 基欧汉：诠释与发展世界政治理论的经典大师//基欧汉. 局部全球化世界中的自由主义、权力与治理. 门洪华，译. 北京：北京大学出版社，2004.

倪云鸽，胡雨. 试析当代政治伊斯兰的生成机制：一种社会运动理论的视角. 宁夏社会科学，2009（4）.

庞中英. 全球化、反全球化与中国：理解全球化的复杂性与多样性. 上海：上海人民出版社，2002.

秦德占. 变动中的当代欧美社会. 北京：当代世界出版社，2004.

沈善荣. 论冷战时代世界和平运动的影响. 东南亚纵横，2003（5）.

沈中元. 全球化下非政府组织之研究. 上海：复旦大学，2003.

时怡. 非洲减债终获历史性突破. 国际商报，2005-06-14.

时殷弘. 全球性交往、互相依赖和非国家行为体. 欧洲，2001（5）.

苏长和. 非国家行为体与当代国际关系. 欧洲，1998（1）.

苏长和. 跨国关系与国内政治：比较政治与国际政治经济学视野下的国际关系研究. 美国研究，2003（4）.

汪铮. 和平运动：历史与现实. 欧洲，1996（1）.

王海光. 旋转的历史：社会运动论. 上海：上海人民出版社，1995.

王杰，张海滨，张志洲. 全球治理中的国际非政府组织. 北京：北京大学出版社，2004.

王逸舟. 中国外交的思考与前瞻. 国际经济评论，2008（4）.

吴易风. 反全球化运动考察与分析. 当代思潮，2003（3）.

奚广庆，王谨. 西方新社会运动初探. 北京：中国人民大学出版社，1993.

谢岳. 抗议政治学. 上海：上海教育出版社，2010.

熊伟民. 和平之声：20世纪反战反核运动. 南京：南京出版社，2006.

徐任. 跨国政治初探. 政治学研究，1986（4）.

徐莹. 当代国际政治中的非政府组织. 北京：当代世界出版社，2006.

叶江，甘锋. 试论国际非政府组织对当代国际格局演变的影响. 国际观察，2007（3）.

叶江. 大变局：全球化、冷战与当代国际政治经济关系. 上海：上海三联书店，2004.

叶江. 全球治理与中国的大国战略转型. 北京：时事出版社，2010.

叶江. 试论国际非政府组织参与全球治理的途径. 国际观察，2008（4）.

叶平. 全球环境运动及其理性考察. 国外社会科学，1999（6）.

于建嵘. 抗争性政治：中国政治社会学基本问题. 北京：人民出版社，2010.

俞可平. 全球治理引论. 马克思主义与现实，2002（1）.

俞正樑，陈玉刚，苏长和. 21世纪全球政治范式. 上海：复旦大学出版社，2005.

俞正樑. 国际关系与全球政治：21世纪国际关系学导论. 上海：复

旦大学出版社，2007.

袁正清. 国际制度研究：理论・实证・趋势//李慎明，王逸舟. 2005年：全球政治与安全报告. 北京：社会科学文献出版社，2004.

张淑兰. 印度的环境非政府组织：拯救纳尔默达运动. 南亚研究季刊，2007（3）.

张云伏. 国际社会运动史. 上海：新建设书店，1929.

赵昌川，高玮琪. 重债穷国减债援助计划与目标. 时代金融，2007（3）.

赵鼎新. 社会与政治运动讲义. 北京：社会科学文献出版社，2006.

赵黎青. 联合国对非政府组织的界定. 学会，2009（3）.

中国人民大学马克思列宁主义教研室. 一九〇五——一九一四年国际工人运动. 北京：中国人民大学，1958.

周琪. 社会民主主义和欧洲共产主义理论的比较分析. 政治学研究，1985（4）.

周穗明. 西方新社会运动与新马克思主义. 广东行政学院学报，2006（3）.

朱利江. 从国际法角度看《集束弹药公约》. 武大国际法评论，2010（1）.

英文文献

Alain Touraine, *The Voice and the Eye：An Analysis of Social Movements*. Cambridge：Cambridge University Press，1981.

Alan Scott, *Ideology and the New Social Movements*. London：Routledge，1990.

Alejandro Colás, *International Civil Society：Social Movements in World Politics*. Cambridge：Polity，2002.

Alexander Spencer, "New Versus Old Terrorism," in Richard Jackson, ed., *Routledge Handbook of Critical Terrorism Studies*. London：Routledge，2016.

Alexander Wendt, "The Agent-Structure Problem in International Relations Theory," *International Organization*，1987，41（3）.

Amory Starr, *Naming the Enemy：Anti-corporate Movements Confront Globalization*. London：Zed Books，2000.

Ann Florini, *The Coming Democracy：New Rules for Running a*

New World. Washington: Island Press, 2003.

Ann M. Florini, ed., *The Third Force: The Rise of Transnational Civil Society*. Tokyo: Japan Center for International Exchange and Washington, DC: Carnegie Endowment for International Peace, 2000.

Ann M. Florini, "Transnational Civil Society," in Michael Edwards and John Gaventa, eds., *Global Citizen Action*, London: Earthscan Publications Ltd., 2001.

Ann Pettifor, "The Jubilee 2000 Campaign: A Brief Overview," in Chris Jochnick and Fraser A. Preston, eds., *Sovereign Debt at the Crossroads: Challenges and Proposals for Resolving the Third World Debt Crisis*. Oxford: Oxford University Press, 2006.

Antonio Carmona Báez, "Scholar-Activism and the Global Movement for Socioeconomic Justice," in Steve John and Stuart Thomson, *New Activism and the Corporate Response*. Houndmills, Basingstoke. Hampshire: Palgrave Macmillan, 2003.

Austin T. Turk, "Policing International Terrorism: Options," in David Lowe, Austin T. Turk and Dilip K. Das, eds., *Examining Political Violence: Studies of Terrorism, Counterterrorism, and Internal War*. Boca Raton, FL: CRC Press, 2014.

Barbara Adams, "The People's Organisations and the UN-NGOs in International Civil Society," in Erskine Childers, ed., *Challenges to the United Nations: Building a Safer World*. London: Catholic Institute for International Relations, 1995.

Barry K. Gills, "Introduction: Globalization and the Politics of Resistance," in Barry K. Gills, ed., *Globalization and the Politics of Resistance*. New York: Palgrave, 2000.

Bas Arts, "Non-State Actors in Global Governance," Paper to be presented at the 2003 ECPR Joint Sessions, Workshop 11: *The Governance of Global Issues-Effectiveness, Accountability, and Constitutionalization*. Edinburgh, Scotland, March 28 – April 2, 2003.

Bice Maiguashca, "Governance and Resistance in World Politics," *Review of International Studies*, 2003, 29 (S1).

Bob Reinalda, "Private in Form, Public in Purpose: NGOs in International Relations Theory," in Bas Arts, Math Noortmann and Bob Reinalda, eds., *Non-state Actors in International Relations*, Aldershot: Ashgate Publishing Limited, 2001.

Bradford Morse and Thomas Berger, *Sardar Sarovar: Report of the Independent Review*. Ottawa: Resources Futures International, 1992.

Brayden G. King and Nicholas A. Pearce, "The Contentiousness of Markets: Politics, Social Movements, and Institutional Change in Markets," *Annual Review of Sociology*, 2010, 36 (1).

Brian Forst, "Local Police and the 'War' on Terrorism," in Michael D. Reisig and Robert J. Kane, eds., *The Oxford Handbook of Police and Policing*. Oxford: Oxford University Press, 2014.

Carole J. L. Collins, Zie Gariyo and Tony Burdon, "Jubilee 2000: Citizen Action across the North-South Divide," in Michael Edwards and John Gaventa, eds., *Global Citizen Action*. London: Earthscan Publications Ltd., 2001.

Catherine Eschleand Bice Maiguashca, "Introduction," in Catherine Eschle and Bice Maiguashca, eds., *Critical Theories, International Relations and "the Anti-Globalisation Movement": The Politics of Global Resistance*. London: Routledge, 2005.

Catherine Eschle and Neil Stammers, "Taking Part: Social Movements, INGOs, and Global Change," *Alternatives*, 2004, 29 (3).

Catherine Eschle, "Constructing ' the Anti-Globalisation Movement'," in Catherine Eschle and Bice Maiguashca, eds., *Critical Theories, International Relations and "the Anti-Globalisation Movement": The Politics of Global Resistance*. London, New York: Routledge, 2005.

Catherine Eschle, "Globalizing Civil Society? Social Movements and the Challenge of Global Politics from Below," in Pierre Hamel, Henri Lustiger-Thaler, Jan Nederveen Pieterse and Sasha Roseneil, eds., *Globalization and Social Movements*. New York: Palgrave, 2001.

Cecelia Lynch, "Social Movements and the Problem of Globalization," *Alternatives*, 1998, 23 (2).

Chadwick F. Alger, "Transnational Social Movements, World Politics and Global Governance," in Jackie Smith, Charles Chatfield and Ron Pagnucco, eds. , *Transnational Social Movements and Global Politics: Solidarity beyond the State*. Syracuse: Syracuse University Press, 1997.

Charles Chatfield, "Intergovernmental and Nongovernmental Associations to 1945," in Jackie Smith, Charles Chatfield and Ron Pagnucco, eds. , *Transnational Social Movements and Global Politics: Solidarity beyond the State*. Syracuse: Syracuse University Press, 1997.

Charles Chatfield, "Introduction," in Jackie Smith, Charles Chatfield and Ron Pagnucco, eds. , *Transnational Social Movements and Global Politics: Solidarity beyond the State*. Syracuse: Syracuse University Press, 1997.

Charles Tilly, "Social Movements and National Politics," in Charles Bright and Susan Harding, eds. , *Statemaking and Social Movements: Essays in History and Theory*. Ann Arbor: University of Michigan Press, 1984.

Christine Chin and James H. Mittleman, "Conceptualizing Resistance to Globalization," in Barry K. Gills, ed. , *Globalization and the Politics of Resistance*. New York: Palgrave, 2000.

Christoph Gorg and Joachim Hirsch, "Is International Democracy Possible?" *Review of International Political Economy*, 1998, 5 (3).

Christopher Dunn, "Balancing the Right to Protest in the Aftermath of September 11," *Harvard Civil Rights-Civil Liberties Law Review*, 2005, 40 (2).

Clair Gough and Simon Shackley, "The Respectable Politics of Climate Change: The Epistemic Communities and NGOs," *International Affairs*, 2001, 77 (2).

Clark McPhail, David Schweingruber and John McCarthy, "Policing Protest in the United States: 1960—1995," in Donatella Della Porta and Herbert Reiter, eds. , *Policing Protest: The Control of Mass Demonstration in Western Democracies*. Minneapolis: University of Minnesota Press, 1998.

Commission on Global Governance, *Our Global Neighbourhood*. Oxford: Oxford University Press, 1995.

Craig Murphy, ed. , *Egalitarian Politics in the Age of Globalization*. Basingstoke, UK: Palgrave, 2002.

Craig Murphy, "Global Governance: Poorly Done and Poorly Understood," *International Affairs*, 2000, 76 (4).

Cyrus Ernesto Zirakzadeh, *Social Movements in Politics: A Comparative Study*. New York: Addison Wesley Longman, 1997.

Dan Gallin, "Transnational Pioneers: The International Labor Movement," in Srilatha Batliwala and L. David Brown, eds. , *Transnational Civil Society: An Introduction*. Bloomfield, CT: Kumarian Press, 2006.

Daniel Feakes, "Global Civil Society and Biological and Chemical Weapons," in Mary Kaldor, Helmut Anheier and Marlies Glasius, eds. , *Global Civil Society 2003*. Oxford: Oxford University Press, 2003.

David A. Baldwin, ed. , *Neorealism and Neoliberalism: The Contemporary Debate*. New York: Columbia University Press, 1993.

David Held, *Democracy and the Global Order: From the Modern State to Cosmopolitan Governance*. Cambridge: Polity Press, 1995.

David S. Meyer and Sidney Tarrow, eds. , *The Social Movement Society: Contentious Politics for a New Century*. Lanham: Rowman & Littlefield Publishers, 1998.

Dianne Otto, "Nongovernmental Organizations in the United Nations System: The Emerging Role of International Civil Society," *Human Rights Quarterly*, 1996, 18 (1).

Dieter Rucht, "Critique of Capitalism in the Era of Globalization-Old Wine in New Bottles?" in Ingo K. Richter, Sabine Berking and Ralf Müller-Schmid, eds. , *Building a Transnational Civil Society: Global Issues and Global Actors*. Basingstoke: Palgrave Macmillan, 2006.

Dieter Rucht, "Social Movements Challenging Neo-liberal Globalization," in Pedro Ibarra, ed. , *Social Movements and Democracy*. New York: Palgrave Macmillan, 2003.

Dieter Rucht, "The Transnationalization of Social Movements: Trends, Causes, Problems," in Donatella Della Porta, Hanspeter Kriesi and Dieter Rucht, eds. , *Social Movements in a Globalizing World*,

Basingstoke: Macmillan, 1999.

Dieter Rucht, "Themes, Logics, and Arenas of Social Movements: A Structural Approach," *International Social Movement Research*, 1988, 1.

Donatella della Porta, ed., *The Global Justice Movement: Cross-national and Transnational Perspectives*. Boulder, USA: Paradigm Publishers, 2007.

Donatella Della Porta and Herbert Reiter, eds., *Policing Protest: The Control of Mass Demonstration in Western Democracies*. Minneapolis: University of Minnesota Press, 1998.

Donatella Della Porta and Herbert Reiter, "The Policing of Transnational Protest: A Conclusion," in Donatella Della Porta, Abby Peterson and Herbert Reiter, eds., *The Policing of Transnational Protest*. Aldershot: Ashgate Publishing Limited, 2006.

Donatella Della Porta and Mario Diani, *Social Movements: An Introduction*, 2nd ed. Oxford, UK: Blackwell, 2006.

Donatella Della Porta and Sidney Tarrow, eds., *Transnational Protest and Global Activism*. Lanham, MD: Rowman & Littlefield, 2005.

Donatella Della Porta and Sidney Tarrow, "Transnational Processes and Social Activism: An Introduction," in Donatella Della Porta and Sidney Tarrow, eds., *Transnational Protest and Global Activism*. Lanham, MD: Rowman & Littlefield, 2005.

Donatella Della Porta, Abby Peterson and Herbert Reiter, "Policing Transnational Protest: An Introduction," in Donatella Della Porta, Abby Peterson and Herbert Reiter, eds., *The Policing of Transnational Protest*. Aldershot: Ashgate Publishing Limited, 2006.

Donatella Della Porta, *Clandestine Political Violence*. Cambridge: Cambridge University Press, 2013.

Donatella Della Porta, *Globalization from Below: Transnational Activists and Protest Networks*. Minneapolis: University of Minnesota Press, 2006.

Donatella Della Porta, Hanspeter Kriesi and Dieter Rucht, eds., *Social Movements in a Globalizing World*. Basingstoke: Macmillan, 1999.

Douglas Williams, *The Specialized Agencies and the United Nations: The System in Crisis.* London: Hurst & Company, 1990.

Duane Raymond, "Activism: Behind the Banners," in Steve John and Stuart Thomson, eds., *New Activism and the Corporate Response.* Houndmills, Basingstoke, Hampshire: Palgrave Macmillan, 2003.

Elizabeth A. Donnelly, "Proclaiming Jubilee: The Debt and Structural Adjustment Network," in Sanjeev Khagram, James V. Riker and Kathryn Sikkink, eds., *Restructuring World Politics: Transnational Social Movements, Networks, and Norms.* Minneapolis: University of Minnesota Press, 2002.

Elizabeth Riddell-Dixon, "Social Movements and the United Nations," *International Social Science Journal*, 1995, 47 (2).

Ersun N. Kurtulus, "The 'New Terrorism' and Its Critics," Studies in Conflict and Terrorism, 2011, 34 (6).

Ethan A. Nadelmann, "Global Prohibition Regimes: The Evolution of Norms in International Society," *International Organization*, 1990, 44 (4).

Evan Osborne, *The Rise of the Anti-Corporate Movement: Corporations and the People who Hate Them.* Westport, CT: Praeger Publishers, 2007.

Felix Kolb, *Protest and Opportunities: The Political Outcomes of Social Movements.* Frankfurt; New York: Campus Verlag, 2007.

Frank J. Lechner and John Boli, *The Globalization Reader.* Malden, Mass.; Oxford: Blackwell Publishing LTD, 2004.

Franklin Daniel Rothman and Pamela E. Oliver, "From Local to Global: The Anti-dam Movement in Southern Brazil, 1979—1992," *Mobilization: An International Journal*, 1999, 4 (1).

Friedrich Kratochwil and John G. Ruggie, "International Organization: A State of the Art on an Art of the State," *International Organization*, 1986, 40 (4).

Friedrich Kratochwil, *Rules, Norms, and Decisions.* Cambridge: Cambridge University Press, 1989.

Gay W. Seidman, "Monitoring Multinationals: Corporate Codes of

Conduct," in Joe Bandy and Jackie Smith, eds. , *Coalitions across Borders: Transnational Protest and the Neoliberal Order*. Lanham, Md. : Rowman & Littlefield, 2005.

Ghanshyam Shah, "Introduction," in Ghanshyam Shah, eds. , *Social Movements and the State*. Thousand Oaks, CA: Sage Publications, 2002: 13-31.

Giovanni Arrighi, Terence K. Hopkins & Immanuel Wallerstein, *Antisystemic Movements*. London; New York: Verso, 1989.

Greg Buckman, *Globalization: Tame It or Scrap It? Mapping the Alternatives of the Anti-globalization Movement*. New York: Zed Books, 2004.

Harmonie Toros, *Terrorism, Talking, and Transformation: A Critical Approach*. Abingdon: Routledge, 2012.

Harry Henderson, *Global Terrorism: The Complete Reference Guide*. New York: Checkmark Books, 2001.

Harsh Sethi, "Micro-struggles, NGOs and the State," in Manoranjan Mohanty, Partha Nath Mukherji and Olle Törnquist, eds. , *People's Rights: Social Movements and the State in the Third World*. New Delhi; Thousand Oaks, Calif. : Sage Publications, 1997.

Helmut Anheier, Marlies Glasius and Mary Kaldor, "Introducing Global Civil Society," in Helmut Anheier, Marlies Glasius and Mary Kaldor, eds. , *Global civil society 2001*. Oxford: Oxford University Press, 2001.

Herbert H. Haines, "Black Radicalization and the Funding of Civil Rights, 1957—1970," *Social Problems*, 1984 (32).

Ian Clark, "Legitimacy in a Global Order," *Review of International Studies*, 2003, 29 (S1).

Jackie Smith and Hank Johnston, eds. , *Globalization and Resistance: Transnational Dimensions of Social Movements*. Lanham, Md. : Rowman & Littlefield, 2002.

Jackie Smith and Joe Bandy, "Introduction: Cooperation and Conflict in Transnational Protest," in Joe Bandy and Jackie Smith, eds. , *Coalitions across Borders: Transnational Protest and the Neoliberal Order*.

Lanham, Md. : Rowman & Littlefield, 2005.

Jackie Smith, "Behind the Anti-Globalization Label," *Dissent*, Fall 2001, 48 (4).

Jackie Smith, "Social movements and multilateralism," in Edward Newman, Ramesh Thakur and John Tirman, eds. , *Multilateralism under Challenge? Power, International Order, and Structural Change*. New York: United Nations University Press, 2006.

Jackie Smith, "Transnational Political Processes and the Human Rights Movement," *Research in Social Movements, Conflict and Change*, 1995, 18.

Jackie Smith, Charles Chatfield and Ron Pagnucco, eds. , *Transnational Social Movements and Global Politics: Solidarity Beyond the State*. Syracuse, NY: Syracuse University Press, 1997.

Jackie Smith, Ron Pagnucco and Charles Chatfield, "Social Movements and World Politics: A Theoretical Framework," in Jackie Smith, Charles Chatfield and Ron Pagnucco, eds. , *Transnational Social Movements and Global Politics*. Syracuse, NY: Syracuse University Press, 1997.

Jackie Smith, *Social Movements for Global Democracy*. Baltimore: Johns Hopkins University Press, 2008.

Jacklyn Cock, "The World Social Forum and New Forms of Social Activism," in Rupert Taylor, ed. , *Creating a Better World: Interpreting Global Civil Society*. Bloomfield CT: Kumarian Press, 2004.

James C. Franklin, "Contentious Challenges and Government Responses in Latin America," *Political research Quarterly*, 2009, 62 (4).

James Heartfield, "Contextualising the 'Anti-Capitalism' Movement in Global Civil Society," in Gideon Baker and David Chandler, eds. , *Global Civil Society: Contested Futures*. London: Routledge, 2005: 85-99.

James N. Rosenau and Ernst-Otto Czempiel, eds. , *Governance without Government: Order and Change in World Politics*. Cambridge: Cambridge University Press, 1992.

James N. Rosenau, "Chaos in Global Life: Structure and Process in the Two Worlds of World Politics," *International Political Science Review*, 1988, 9 (4).

James N. Rosenau, "Powerful Tendencies, Enduring Tensions and Glaring Contradictions: The United Nations in a Turbulent World," in Albert J. Paolini, Anthony P. Jarvis and Christian Reus-Smit, eds., *Between Sovereignty and Global Governance: The United Nations, the State, and Civil Society*. Houndmills: MacMillan Press, 1998.

James N. Rosenau, *The Study of Global Interdependence: Essays on the Transnationalization of World Affairs*. London: Frances Pinter, 1980.

James Rosenau, "Governance in the Twenty-First Century," *Global Governance*, 1995, 1 (1).

James Rosenau, *Turbulence in World Politics: A Theory of Change and Continuity*. Princeton, NJ: Princeton University Press, 1990.

Jan Aart Scholte, "The Globalization of World Politics," in John Baylis and Steve Smith, eds., *The Globalization of World Politics: An Introduction to International Relations*. Oxford: Oxford University Press, 1997.

Jan Aart Scholte, "The IMF and Civil Society: An Interim Progress Report," in Michael Edwards and John Gaventa, eds., *Global Citizen Action*. London: Earthscan Publications Ltd., 2001.

Jan Nederveen Pieterse, "Globalization and Collective Action," in Pierre Hamel, Henri Lustiger-Thaler, Jan Nederveen Pieterse and Sasha Roseneil, *Globalization and Social Movements*. New York: Palgrave, 2001.

Jef Huysmans, "Desecuritization and the Aesthetics of Horror in Political Realism," *Millenium*, 1998, 27 (3).

Jeff Goodwin and James M. Jasper, eds., *The Social Movements Reader: Cases and Concepts*, 2nd edition. Malden, MA: Blackwell Pub., 2009.

Jeff Haynes, *Democracy and Civil Society in the Third World: Politics and New Political Movements*. Malden, Mass.: Polity Press, 1997.

Jennifer Earl, "Introduction: Repression and the Social Control of

Protest," *Moblization*, 2006, 11: 129−143.

Jeremy Brecher, Tim Costello and Brendan Smith, "Globalization and Social Movements," in D. Stanley Eitzen and Maxine Baca Zinn, eds., *Globalization: The Transformation of Social Worlds*. Belmont, CA: Thomson Wadsworth, 2006.

Jessica T. Mathews, "Power shift," *Foreign Affairs*, 1997, 76 (1).

Jitka Malecková, "Control of Terror—Terror of Control," in Wilhelm Heitmeyer, Heinz-Gerhard Haupt, Stefan Malthaner and Andrea Kirschner, eds., *Control of Violence: Historical and International Perspectives on Violence in Modern Societies*. New York: Springer, 2011.

John A. Guidry, Michael D. Kennedy, and Mayer N. Zald, "Globalizations and Social Movements," in Guidry, Michael D. Kennedy, and Mayer N. Zald, eds., *Globalizations and Social Movements: Culture, Power and the Transnational Public Sphere*. Ann Arbor: University of Michigan Press, 2000.

John Boli and George Thomas, "World Culture in the World Polity: A century of International Non-governmental Organization," *American Sociological Review*, 1997, 62 (2).

John Borrie, *Unacceptable Harm: A History of How the Treaty to Ban Cluster Munitions Was Won*. New York; Geneva: United Nations, UNIDIR, 2009.

John Clark, ed., *Globalizing Civic Engagement: Civil Society and Transnational Action*. London: Earthscan Publications, 2003.

John Clark, "Conclusions: Globalizing Civic Engagement," in John Clark, ed., *Globalizing Civic Engagement: Civil Society and Transnational Action*. London: Earthscan Publications, 2003.

John D. Clark, "Dot-Causes and Protest: Transnational Economic Justice Movements," in Srilatha Batliwala and L. David Brown, eds., *Transnational Civil Society: An Introduction*. Bloomfield, CT: Kumarian Press, 2006.

John D. McCarthy and Mayer N. Zald, "Mobilization and Social

Movements: A Partial Theory," *The American Journal of Sociology*, 1977, 82 (6).

John Keane, "Global Civil Society?" in Helmut Anheier, Marlies Glasius and Mary Kaldor, eds. , *Global Civil Society 2001*. Oxford: Oxford University Press, 2001.

John Markoff, *Waves of Democracy: Social Movements and Political Change*. Thousand Oaks, Calif. : Pine Forge Press, 1996.

John McCormick, *The Global Environmental Movement: Reclaiming Paradise*. London: Belhaven Pr. , 1989.

John Noakes and Patrick F. Gillham, "Aspects of the 'New Penology' in the Police Response to Major Political Protests," in Donatella Della Porta, Abby Peterson and Herbert Reiter, eds. , *The Policing of Transnational Protest*. Aldershot: Ashgate Publishing Limited, 2006.

John Noakes, "Beyond Negotiated Management: Selective Incapacitation and the Police Response to Recent Protests in the United States," paper presented at the Annual Meeting of the American Sociological Association. Anaheim, CA, 2001.

John Ruggie, "International Regimes, Transactions, and Change: Embedded Liberalism in the Postwar Economic Order," *International Organization*, 1982, 36 (2).

John Topey, *The Invention of the Passport: Surveillance, Citizenship and the State*. Cambridge: Cambridge University Press, 2000.

John Walton and David Seddon, *Free Markets and Food Riots: The Politics of Global Adjustment*. Oxford, UK; Cambridge, Mass. : Blackwell, 1994.

John Wilson, *Introduction to Social Movements*. New York: Basic Books, 1973.

Jon Pierre and B. Guy Peters, *Governance, Politics and the State*. London: MacMillan, 2000.

Jonathan A. Fox and L. David Brown, eds. , *The Struggle for Accountability: The World Bank, NGOs, and Grassroots Movements*. Cambridge, Mass. : MIT Press, 1998.

Jörg Friedrichs, *Fighting Terrorism and Drugs: Europe and Inter-

national Police Cooperation. London: Routledge, 2008.

Joseph A. Camilleri and Jim Falk, *The End of Sovereignty? The Politics of a Shrinking and Fragmenting World*. Aldershot, UK: Edward Elgar, 1992.

Joseph S. Nye, Jr. and Robert O. Keohane, eds. , "Transnational Relations and World Politics," *International Organization*, special issue, 1971, 25 (3).

Joseph S. Nye, Jr. and Robert O. Keohane, "Transnational Relations and World Politics: An Introduction," *International Organization*, 1971, 25 (3).

Joseph S. Nye, Jr. and Robert O. Keohane, "Transnational Relations and World Politics: A Conclusion," *International Organization*, 1971, 25 (3).

Joseph Schumpeter, *Imperialism and Social Classes*. Cleveland, Ohio: Meridian Books, 1955.

Karl Kaiser, "Transnational Politics: Toward a Theory of Multinational Politics," *International Organization*, 1971, 25 (4).

Kate O'Neill, "Transnational Protest: States, Circuses, and Conflict at the Frontline of Global Politics," International Studies Review, 2004, 6.

Kathryn Sikkink, "Patterns of Dynamic Multilevel Governance and the Insider-Outsider Coalition," in Donatella Della Porta and Sidney Tarrow, eds. , *Transnational Protest and Global Activism*. Lanham, MD: Rowman & Littlefield, 2005.

Kenichi Ohmae, *The Borderless World : Power and Strategy in the Interlinked Economy*. London: Harper Collins, 1990.

Kenichi Ohmae, *The End of the Nation State : The Rise of Regional Economies*. London: Harper Collins, 1995.

Kenneth N. Waltz, "Structural Realism after the Cold War," *International Security*, 2000, 25 (1).

Kenneth Piddington, "The Role of World Bank," in Andrew Hurrell and Benedict Kingsbury, eds. , *The International Politics of the Environment: Actors, Interests, and Institutions*. Oxford: Clarendon Press, 1992.

Kenneth Waltz, "Globalization and Governance," *PS*: *Political Science & Politics*, 1999, 32 (4).

Kenneth Waltz, *Theory of International Politics*. Reading, Mass.: Addison-Wesley Pub. Co., 1979.

Klaus Dingwerth and Philipp Pattberg, "Global Governance as a Perspective on World Politics," *Global Governance*, 2006, 12 (2).

Kumar Ramakrishna and Andrew Tan, "The New Terrorism: Diagnosis and Prescriptions," in K. Ramakrishna and A. Tan, eds., *The New Terrorism*: *Anatomy*, *Trends and Counter-Strategies*. Singapore: Eastern Universities Press, 2002.

Kumi Naidoo, "Claiming Global Power: Transnational Civil Society and Global Governance," in Srilatha Batliwala and L. David Brown, eds., *Transnational Civil Society*: *An Introduction*. Bloomfield, CT: Kumarian Press, 2006.

Kurt Schock, *Unarmed Insurrections*: *People Power Movements in Non-democracies*. Minneapolis: University of Minnesota Press, 2005.

Lawrence S. Finkelstein, "What is global governance," *Global Governance*, 1995, 1 (3).

Leon Gordenker and Thomas Weiss, eds., *NGOs*, *the UN*, *and Global Governance*. Boulder, Colo.: Lynne Rienner, 1996.

Leon Gordenker and Thomas Weiss, "Pluralizing Global Governance: Analytical Approaches and Dimensions," in Leon Gordenker and Thomas Weiss, eds., *NGOs*, *the UN*, *and Global Governance*. Boulder, Colo.: Lynne Rienner, 1996.

Leslie Paul Thiele, "Making Democracy Safe for the World: Social Movements and Global Politics," *Alternatives*, 1993, 8 (3).

Leslie Sklair, "Social Movements for Global Capitalism: The Transnational Capitalist Class in Action," *Review of International Political Economy*, 1997, 4 (3).

Leslie Sklair, *Globalization*: *Capitalism and Its Alternatives*, 3nd edition. Oxford: Oxford University Press, 2002.

Leslie Sklair, *The Transnational Capitalist Class*. Oxford: Blackwell Publishers Ltd, 2001.

Lester M. Salamon, "The Rise of the Nonprofit Sector," *Foreign Affairs*, 1994, 73 (4).

Lori Udall, "The International Narmada Campaign: A Case Study of Sustained Advocacy," in William F. Fisher, ed. , *Toward Sustainable Development? Struggling over India's Narmada River*. Armonk, NY: M. E. Sharpe, 1995.

Louis Kriesberg, "Social Movements and Global Transformation," in Jackie Smith, Charles Chatfield and Ron Pagnucco, eds. , *Transnational Social Movements and Global Politics*. Syracuse, NY: Syracuse University Press, 1997.

M. J. Peterson, "Transnational Activity, International Society and World Politics," *Millennium*, 1992, 21 (3).

Manuel Castells, The Information Age, Vol. 2: The Power of Identity, 2nd Edition. Oxford: Blackwell, 2004.

Marc Williams, "Social Movements and Global Politics," in Eleonore Kofman and Gillian Youngs, eds. , *Globalization: Theory and Practice*, 2nd edition. London & New York: Continuum, 2003.

Marc Williams, "The World Bank, the World Trade Organisation and the Environmental Social Movement," in Richard A. Higgott, Geoffrey R. D. Underhill and Andreas Bieler, eds. , *Non-State Actors and Authority in the Global System*. London: Routledge, 2000.

Marco G. Giugni, "Explaining Cross-national Similarities among Social Movements," in Jackie Smith and Hank Johnston, eds. , *Globalization and Resistance: Transnational Dimensions of Social Movements*. Lanham: Rowman & Littlefield, 2002.

Marco Giugni, Doug McAdam, and Charles Tilly, eds. , *How Social Movements Matter*. Minneapolis: University of Minnesota Press, 1999.

Margaret Keck and Kathryn Sikkink, *Activists beyond Borders: Advocacy Networks in International Politics*. Ithaca, NY: Cornell University Press, 1998.

Margaret P. Karns and Karen A. Mingst, *International Organizations: The Politics and Processes of Global Governance*, 2nd ed. . Boulder, Colo. : Lynne Rienner Publishers, 2010.

Mario Diani, "Introduction: Social Movements, Contentious Actions, and Social Networks: 'From Metaphor to Substance'?" in Mario Diani and Doug McAdam, eds. , *Social Movements and Networks: Relational Approaches to Collective Action*. Oxford: Oxford University Press, 2003.

Mario Diani, "The Concept of Social Movement," *Sociological Review*, 1992, 40 (1).

Mark Laffey and Jutta Weldes, "Policing and global governance," in Michael Barnett and Raymond Duvall, eds. , Power in global governance. Cambridge: Cambridge University Press, 2005.

Marlies Glasius, "Expertise in the Cause of Justice: Global Civil Society Influence on the Statute for an International Criminal Court," in Marlies Glasius, Mary Kaldor and Helmut Anheier, eds. , *Global Civil Society 2002*. Oxford: Oxford University Press, 2002.

Marlies Glasius, Mary Kaldor, and Helmut Anheier, eds. , *Global Civil Society Yearbook 2002*. Oxford: Oxford University Press, 2002.

Marlies Glasius, *The International Criminal Court: A Global Civil Society Achievement*. London: Routledge, 2007.

Martin Hewson and Timothy Sinclair, "Emergence of Global Governance Theory," in Martin Hewson and Timothy Sinclair, eds. , *Approaches to Global Governance Theory*. Albany, NY: State University of New York Press, 1999.

Martin Innes and Darren Thiel, "Policing Terror," in Tim Newburn, ed. , Handbook of Policing, 2nd. ed. . Willan Publishing, 2008.

Martin Shaw, "Civil Society and Global Politics: Beyond a Social Movements Approach," *Millennium*, 1994, 23 (3).

Martin Shaw, "Global Society and Global Responsibility: The Theoretical, Historical and Political Limits of International Society," *Millennium*, 1992, 21 (3).

Mary Kaldor and Diego Muro, "Religious and Nationalist Militant Groups," in M. Anheier, D. Glasius and M. Kaldor, eds. , *Global Civil Society 2005*. Oxford: Oxford University Press, 2005.

Mary Kaldor, *Global Civil Society: An Answer to War*. Cambridge, UK: Polity Press, 2003.

Mary Kaldor, Helmut Anheier, and Marlies Glasius, "Global Civil Society in an Era of Regressive Globalisation," in Mary Kaldor, Helmut Anheier, and Marlies Glasius, eds., *Global Civil Society 2003*. Oxford: Oxford University Press, 2003.

Mathieu Deflem, The Policing of Terrorism: Organizational and Global Perspectives. London: Routledge, 2010.

Matthew Morgan, "The Origin of the New Terrorism," *Parameters*, 2004, 34 (1).

Matthias Finger, "NGOs and Transformation: Beyond Social Movement Theory," in Thomas Princen and Matthias Finger, eds., *Environmental NGOs in World Politics: Linking the Local and the Global*. London: Routledge, 1994.

Mayer N. Zald and John D. McCarthy, "Social Movement Industries: Competition and Cooperation among Movement Organizations," CRSO Working Paper No. 201, 1979.

Michael Edwards, "Introduction," in Michael Edwards and John Gaventa, eds., *Global Citizen Action*. London: Earthscan Publications Ltd., 2001.

Michael Hardt and Antonio Negri, *Empire*. Cambridge, Mass.: Harvard University Press, 2000.

Michael J. Struett, *The Politics of Constructing the International Criminal Court: NGOs, Discourse, and Agency*. New York: Palgrave Macmillan, 2008.

Michael Suhr, "Robert O. Keohane: A Contemporary Classic," in Iver B. Neumann and Ole Wæver, eds., *The Future of International Relations: Masters in the Making?* London: Routledge, 1997.

Michele M. Betsill and Elisabeth Corell, "Introduction to NGO Diplomacy," in Michele M. Betsill and Elisabeth Corell, eds., *NGO Diplomacy: The Influence of Nongovernmental Organizations in International Environmental Negotiations*. Cambridge, Massachusetts: The MIT Press, 2008.

Mustapha Kamal Pasha and David L. Blaney, "Elusive Paradise: The Promise and Peril of Global Civil Society," *Alternatives*, 1998, 23 (4).

Mustapha Kamal Pasha, "Globalization, Islam and Resistance," in B. Gills, ed., Globalization and Resistance. London: Palgrave, 2000.

Nadine Gurr and Benjamin Cole, *The New Face of Terrorism: Threats from Weapons of Mass Destruction*. London: I. B. Tauris, 2000.

Naomi Klein, "Reclaiming the Commons," in Tom Mertes, ed., *A Movement of Movements: Is Another World Really Possible?* London & New York: Verso, 2004.

Neil Stammers, "Social Movements and the Challenge to Power," in Martin Shaw, ed., *Politics and Globalisation: Knowledge, Ethics and Agency*. London: Routledge, 1999.

Neil Walker, "The pattern of transnational policing," in Tim Newburn, ed., *Handbook of Policing*, 2nd edition. Cullompton, Devon: Willan Publishing, 2008.

Nick Crossley, *Making Sense of Social Movements*. Buckingham; Philadelphia: Open University Press, 2002.

Nicola Piper and Anders Uhlin, "New Perspectives on Transnational Activism," in Nicola Piper and Anders Uhlin, eds., *Transnational Activism in Asia: Problems of Power and Democracy*. London: Routledge, 2004.

Oran R. Young, "Global Governance: Toward a Theory of Decentralized World Order," in Oran R. Young, ed., *Global Governance: Drawing Insights from the Environmental Experience*. Cambridge, Mass.: MIT Press, 1997.

Paola Grenier, "Jubilee 2000: Laying the Foundations for a Social Movement," in John Clark, ed., *Globalizing Civic Engagement: Civil Society and Transnational Action*. London: Earthscan Publications, 2003.

Patrick E. Tyler, "Threats and Responses: A New Power in the Streets," *New York Times*, February 17, 2003.

Paul Havemann, "Enmeshed in the Web: Indigenous Peoples' Rights in the Network Society," in Robin Cohen and Shirin M. Rai, eds., *Global So-*

cial Movements. London: Continuum, 2000.

Paul K. Wapner, *Environmental Activism and World Civic Politics*. Albany: State University of New York Press, 1996.

Paul Wapner, "Governance in Global Civil Society," in Oran R. Young, ed., *Global Governance: Drawing Insights from the Environmental Experience*, Cambridge, Mass.: MIT Press, 1997.

Peggy Antrobus and Gita Sen, "The Personal Is Global: The Project and Politics of the Transnational Women's Movement," in Srilatha Batliwala and L. David Brown, eds., *Transnational Civil Society: An Introduction*. Bloomfield, CT: Kumarian Press, 2006.

Peter M. Haas, ed., "Knowledge, Power and International Policy Coordination," *International Organization*, special issue, 1992, 46 (1).

Peter R. Neumann, *Old and New Terrorism*. Cambridge: Polity Press, 2009.

Peter Van Aelst and Stefaan Walgrave, "New Media, New Movements? The Role of the Internet in Shaping the 'Anti-globalization' Movement," in Wim Van de Donk, Brian D. Loader, Paul G. Nixon and Dieter Rucht, eds., *Cyberprotest: New Media, Citizens and Social Movements*. London: Routledge, 2004.

Peter Waterman, *Globalization, Social Movements, and the New Internationalism*, 2nd edition. New York: Continuum, 2002.

Peter Willetts, ed., *Pressure Groups in the Global System: The Transnational Relations of Issue-oriented Non-governmental Organization*. London: Pinter, 1982.

Peter Willetts, "From Stockholm to Rio and beyond: The Impact of the Environmental Movement on the United Nations Consultative Arrangements for NGOs," *Review of International Studies*, 1996, 22 (1).

Peter Willetts, "Transnational Actors and International Organizations," in John Baylis and Steve Smith, eds., *The Globalization of World Politics*, 2nd edition. Oxford: Oxford University Press, 2001.

Philip G. Cerny, "Globalization and the Changing Logic of Collective Action," *International Organization*, 1995: 49 (4).

R. B. J. Walker, "Social Movements/World Politics," *Millennium*, 1994, 23 (3).

Ralph H. Turner and Lewis M. Killian, *Collective Behavior*. Englewood Cliffs, NJ: Prentice Hall, 1987.

Rebecca Johnson, "Advocates and Activists: Conflicting Approaches on Nonproliferation and the Test Ban Treaty," in Ann M. Florini, ed., *The Third Force: The Rise of Transnational Civil Society*. Tokyo: Japan Center for International Exchange and Washington, DC: Carnegie Endowment for International Peace, 2000.

Richard A. Higgott, Geoffrey R. D. Underhilland Andreas Bieler, "Introduction: Globalisation and Non-State Actors," in Richard A. Higgott, Geoffrey R. D. Underhill and Andreas Bieler, eds., *Non-State Actors and Authority in the Global System*. London: Routledge, 2000.

Richard Falk, "The Global Promise of Social Movements: Explorations at the Edge of Time," *Alternatives*, 1987, 12 (2).

Richard Falk, *Predatory Globalization*. Cambridge: Polity Press, 1999.

Richard Jackson, Lee Jarvis, Jeroen Gunning and Marie Breen-Smyth, *Terrorism: A Critical Introduction*. New York: Palgrave Macmillan, 2001.

Richard Rice, "Reversing the Gun Sights: Transnational Civil Society Targets Land Mines," *International Organization*, 1998, 52 (3).

Richard W. Mansbach, Yale H. Ferguson, and Donald E. Lampert, *The Web of World Politics: Non-State Actors in the Global System*. Upper Saddle River, NJ: Prentice Hall, 1976.

Robert Cox, "Democracy in Hard Times: Economic Globalization and the Limits of Democracy," in Anthony McGrew, ed., *The Transformation of Democracy? Globalization and Territorial Democracy*. Cambridge: Polity Press, 1997.

Robert Cox, *Production, Power, and World Order*. New York: Columbia University Press, 1987.

Robert Gilpin, "A Realist Perspective on International Governance," in David Held and Anthony McGrew, eds., *Governing Globalization:*

Power, *Authority and Global Governance*. Cambridge: Polity Press, 2002.

Robert Gilpin, "The Politics of Transnational Economic Relations," *International Organization*, 1971, 25 (3).

Robert Keohane and Helen V. Milner, eds. , *Internationalization and Domestic Politics*. Cambridge: Cambridge University Press, 1996.

Robert Keohane and Joseph S. Nye, eds. , *Transnational Relations and World Politics*. Cambridge, Mass. : Harvard University Press, 1972.

Robert O. Keohane and Joseph S. Nye, Jr. , "Transgovernmental Relations and International Organizations," *World Politics*, 1974, 27 (1).

Robert O. Keohane and Joseph S. Nye, *Power and Interdependence*: *World Politics in Transition*. Boston: Little, Brown and Company, 1977.

Robert O. Keohane, *After Hegemony*: *Cooperation and Discord in the World Political Economy*. Princeton, NJ: Princeton University Press, 1984.

Robert O. Keohane, *International Institutions and State Power*: *Essays in International Relations Theory*. Boulder: Westview Press, 1989.

Robert O'Brien, "GlobalCivil Society and Global Governance," in Matthew J. Hoffmann and Alice D. Ba, eds. , *Contending Perspectives on Global Governance*: *Coherence*, *Contestation and World Order*. London: Routledge, 2005.

Robert O'Brien, Anne Marie Goetz, Jan Aart Scholte and Marc Williams, *Contesting Global Governance*: *Multilateral Economic Institutions and Global Social Movements*. Cambridge: Cambridge University Press, 2000.

Robin Broad and John Cavanagh, "The Death of the Washington Consensus", *World Policy Journal*, 1999, 16 (3).

Robin Cohen and Shirin M. Rai, eds. , *Global Social Movements*. London: Athlone Press, 2000.

Robin Cohen and Shirin M. Rai, "Global Social Movements: Towards a

Cosmopolitan Politics," in Robin Cohen and Shirin M. Rai, eds., *Global Social Movements*. London: Continuum, 2000.

Rodney Bruce Hall and Thomas J. Biersteker, eds., *The Emergence of Private Authority in Global Governance*. Cambridge: Cambridge University Press, 2002.

Roger Coate et al., "The United Nations and Civil Society: Creative Partnerships for Sustainable Development," *Alternatives*, 1996, 21 (1).

Rohan Gunaratna, *Inside Al Qaeda: Global Network of Terror*, 3rd. ed.. New York: Berkley Books, 2003.

Romilly Greenhill, Ann Pettifor, Henry Northover and Ashok Sinha, "Did the G8 Drop the Debt?" 2003: 6.

Ronald Crelinsten, *Counterterrorism*. Cambridge: Polity Press, 2009.

Ronaldo Munck, *Globalization and Contestation: The New Great Counter-Movement*. London: Routledge, 2007.

Ronnie D. Lipschutz, ed., *Civil Societies and Social Movements: Domestic, Transnational, Global*. Aldershot, Hampshire, England; Burlington, VT: Ashgate, 2006.

Ronnie D. Lipschutz, "Reconstructing World Politics: The Emergence of Global Civil Society," *Millennium*, 1992, 21 (3).

Rosaleen Duffy and Feargal Cochrane, "Conclusion: Global Governance, Conflict and Resistance," in Feargal Cochrane, Rosaleen Duffy and Jan Selby, eds., *Global Governance, Conflict and Resistance*. New York: Palgrave Macmillan, 2003.

Rupert Taylor, "Interpreting Global Civil Society," in Rupert Taylor, ed., *Creating a Better World: Interpreting Global Civil Society*. Bloomfield, CT: Kumarian Press, 2004.

Ryan Powers, "A New Measure of Environmental Aid: Measuring and Explaining Mainstreaming at the World Bank," paper presented at the annual meeting of the ISA's 50th Annual Convention "Exploring the Past, Anticipating the Future," New York, 2009-02-15.

Samuel Amin et al., *Transforming the Revolution: Social Movements and the World System*. New York: Monthly Review Press, 1990.

Samuel P. Huntington, "Transnational Organizations in World Politics," *World Politics*, 1973, 25 (3).

Sandra Halperin and Gordon Laxer, "Effective Resistance to Corporate Globalization," in Gordon Laxer and Sandra Halperin, eds. , *Global Civil Society and Its Limits*. Houndmills, et al. : Palgrave Macmillan, 2003.

Sanjeev Khagram and Sarah Alvord, "The Rise of Civic Transnationalism," in Srilatha Batliwala and L. David Brown, eds. , *Transnational Civil Society: An Introduction*. Bloomfield, CT: Kumarian Press, 2006.

Sanjeev Khagram, "Restructuring the Global Politics of Development: The Case of India's Narmada Valley Dams," in Sanjeev Khagram, James V. Riker and Kathryn Sikkink, eds. , *Restructuring World Politics: Transnational Social Movements, Networks, and Norms*. Minneapolis: University of Minnesota Press, 2002.

Sanjeev Khagram, "Toward Democratic Governance for Sustainable Development: Transnational Civil Society Organizing around Big Dams," in Ann M. Florini, ed. , *The Third Force: The Rise of Transnational Civil Society*. Tokyo: Japan Center for International Exchange and Washington, DC: Carnegie Endowment for International Peace, 2000.

Sanjeev Khagram, *Dams and Development: Transnational Struggles for Water and Power*. Ithaca, NY: Cornell University Press, 2004.

Sanjeev Khagram, James V. Riker and Kathryn Sikkink, eds. , *Restructuring World Politics: Transnational Social Movements, Networks, and Norms*. Minneapolis: University of Minnesota Press, 2002.

Sanjeev Khagram, James V. Riker and Kathryn Sikkink, "From Santiago to Seattle: Transnational Advocacy Groups Restructuring World Politics," in Sanjeev Khagram, James V. Riker and Kathryn Sikkink, eds. , *Restructuring World Politics: Transnational Social Movements, Networks, and Norms*. Minneapolis: University of Minnesota Press, 2002.

Shannon Shipp, "Modified Vendettas as a Method of Punishing Corporations," *Journal of Business Ethics*, 1987, 6 (8).

Sian Sullivan, "'We are heartbroken and furious!' Violence and the (anti-) globalization movement (s)," in Catherine Eschle and Bice Maiguashca, eds. , *Critical Theories*, *International Relations and "the Anti-globalisation Movement"*: *The Politics of Global Resistance*. London: Routledge, 2005.

Sidney Tarrow, "Transnational Politics: Contention and Institutions in International Politics," *Annual Review of Political Science*, 2001, 4 (1).

Sidney Tarrow, *Power in Movement*: *Social Movements and Contentious Politics*, 2nd edition. Cambridge, UK: Cambridge University Press, 1998.

Sidney Tarrow, *The New Transnational Activism*. Cambridge: Cambridge University Press, 2005.

Sondre Lindahl, "Critical Evaluation of Counterterrorism," in Richard Jackson, ed. , *Routledge Handbook of Critical Terrorism Studies*. London: Routledge, 2016.

Srilatha Batliwala and L. David Brown, "Introduction: Why Transnational Civil Society Matters," in Srilatha Batliwala and L. David Brown, eds. , *Transnational Civil Society*: *An Introduction*. Bloomfield, CT: Kumarian Press, 2006.

Srilatha Batliwala and L. David Brown, "Shaping the Global Human Project: The Nature and Impact of Transnational Civil Activism," in Srilatha Batliwala and L. David Brown, eds. , *Transnational Civil Society*: *An Introduction*. Bloomfield, CT: Kumarian Press, 2006.

Steffan Lindberg and Arni Sverrisson, "Introduction," in Steffan Lindberg and Arni Sverrisson, eds. , *Social Movements in Development*: *The Challenge of Globalization and Democratization*. New York: St. Martin's Press, 1997.

Stephen D. Krasner, *Sovereignty*: *Organised Hypocrisy*. Princeton: Princeton University Press, 1999.

Stephen Gill, "Globalisation, Market Civilisation, and Disciplinary Neo-Liberalism," *Millennium*, 1995, 24 (3).

Stephen J. Kobrin, "The MAI and the Clash of Globalizations," *Foreign Policy*, Fall 1998, 112.

Steve Charnovitz, "Two Centuries of Participation: NGOs and International Governance," *Michigan Journal of International Law*, 1997, 18 (2).

Susan Strange, "Wake Up, Krasner! The World Has Changed," *Review of International Politics Economy*, 1994, 1 (2).

Susan Strange, *The Retreat of the State: The Diffusion of Power in the World Economy*. Cambridge: Cambridge University Press, 1996.

Thomas G. Weiss, "Governance, Good Governance and Global Governance: Conceptual and Actual Challenges," *Third World Quarterly*, 2000, 21 (5).

Thomas J. Sullivan, *Introduction to Social Problems*. Boston: Allyn and Bacon, 2003.

Thomas Princen, "NGOs: Creating a Niche in Environmental Diplomacy," in Thomas Princen and Matthias Finger, eds. , *Environmental NGOs in World Politics: Linking the Global and the Local*. London: Routledge, 1994.

Thomas Risse, "Transnational Actors and World Politics," in Walter Carlsnaes, Thomas Risse and Beth Simmons, eds. , *Handbook of International Relations*. London et al. : Sage Publications, 2002.

Thomas Risse-Kappan, ed. , *Bringing Transnational Relations Back In: Non-State Actors, Domestic Structures and International Institutions*. Cambridge: Cambridge University Press, 1995.

Thomas Risse-Kappen, "Bringing Transnational Relations Back In: Introduction," in Thomas Risse-Kappen, ed. , *Bringing Transnational Relations Back In: Non-state Actors, Domestic Structure and International Institutions*. Cambridge: Cambridge University Press, 1995.

Thomas Risse-Kappen, "Structures of Governance and Transnational Relations: What have we Learned?" in Thomas Risse-Kappen, ed. , *Bringing Transnational Relations Back In: Non-state Actors, Domestic Structure and International Institutions*. Cambridge: Cambridge University Press, 1995.

Tom Mertes, ed. , *A Movement of Movements: Is Another World Really Possible?* London & New York: Verso, 2004.

Tomás Mac Sheoin and Nicola Yeates, "Policing Anti-Globalisation Protests: Patterns and Variations in State Responses," in Samir Dasgupta and Jan Nederveen Pieterse, eds. , *Politics of Globalization.* New Delhi: Sage, 2009.

Tony Hill, "Three Generations of UN-Civil Society Relations: A Quick Sketch", *Civil Society Observer*, 2004.

Ulrich Beck, "The Analysis of Global Inequality: From National to Cosmopolitan Perspective," in Mary Kaldor Helmut Anheier, and Marlies Glasius, eds. , *Global Civil Society 2003*, Oxford: Oxford University Press, 2003.

Valentine M. Moghadam, "Transnational Feminist Networks: Collective Action in an Era of Globalization," *International Sociology*, 2000, 15 (1).

W. Lance Bennett, "Communicating Global Activism: Strengths and Vulnerabilities of Networked Politics," in Wim Van de Donk, Brian D. Loader, Paul G. Nixon and Dieter Rucht, eds. , *Cyberprotest: New Media, Citizens and Social Movements*, London: Routledge, 2004.

W. Lance Bennett, "Social Movements beyond Borders: Understanding Two Eras of Transnational Activism," in Donatella Della Porta and Sidney Tarrow, eds. , *Transnational Protest and Global Activism*, Lanham, MD: Rowman & Littlefield, 2005.

Walden Bello, "The Global South," in Tom Mertes, ed. , *A Movement of Movements: Is Another World Really Possible?* London & New York: Verso, 2004.

Walter Laqueur, *No End to War: Terrorism in the Twenty-First Century.* New York: Continuum, 2003.

Walter Laqueur, *The New Terrorism: Fanaticism and the Arms of Mass Destruction.* London: Oxford University Press, 1999.

Wendy E. F. Torrance and Andrew W. Torrance, "Spinning the Green Web: Transnational Environmentalism," in Srilatha Batliwala and L. David Brown, eds. , *Transnational Civil Society: An Introduction.*

Bloomfield, CT: Kumarian Press, 2006.

William F. Fisher and Thomas Ponniah, eds. , *Another World is Possible: Popular Alternatives to Globalization at the World Social Forum*. London: Zed Books, 2003.

William F. Fisher, "Development and Resistance in the Narmada Valley," in William F. Fisher, ed. , *Toward Sustainable Development? Struggling over India's Narmada River*. Armonk, N Y: M. E. Sharpe, 1995.

William R. Pace and Mark Thieroff, "Participation of Non-Governmental Organizations," in Roy S. Lee, ed. , *The International Criminal Court: The Making of the Rome Statute-Issues, Negotiations, Results*. The Hague: Kluwer Law International, 1999.

Wolfgang H. Reinicke, *Global Public Policy: Governing without Government?* Washington DC: Brookings Institution Press, 1998.

Zsuzsa Hegedus, "Social Movements and Social Change in Self-Creative Society: New Civil Initiatives in the International Arena," *International Sociology*, 1989, 4 (1).

后　记

　　大学毕业后，我回到家乡一乡村初中任教，当时怎么也不会想到若干年后自己会走上学术研究的道路。执教多年后，2004年考入上海师范大学人文与传播学院攻读世界史专业硕士学位，读研期间在就业的压力下选择继续读博；2007年报考了南京大学和北京师范大学国际关系专业博士研究生，但未能如愿，毕业后赴南京审计学院短暂工作一年；2008年考入上海交通大学国际与公共事务学院攻读国际关系方向博士学位，2012年博士毕业后赴安徽师范大学任教。

　　在上海求学期间，幸得恩师叶江教授的悉心教诲和尽心提携。恩师在对我的学术引导上倾注了大量的心血，同时，在生活上也给予我无微不至的关怀，从国外访问归来总是记得给我们带来诸如林肯葛底斯堡演说稿等具有历史意义的纪念品。回想起恩师对我教诲和关爱的点点滴滴，总是感动不已。恩师的言传身教更是使我受益终生，自己的很多思想也源自恩师，现在这些大多运用到了我自己的研究生指导工作中。在恩师的指导下，求学期间我主要聚焦于国际关系中的跨国社会运动问题，硕士阶段即以反全球化运动中的世界社会论坛作为硕士论文的研究主题，进入博士阶段后，以冷战后跨国社会运动的全球治理作用作为博士论文的研究方向。呈现在读者面前的这本书是前述研究的一个继续，也是2015年立项的国家社会科学基金后期资助项目的最终成果。

　　有幸在2012年回到母校安徽师范大学任教。2014年晋升副教授，成为政治学理论专业硕士生导师，2019年荣获安徽师范大学文津学者（B类）称号。一路走来，非常感谢安徽师范大学法学院领导和老师的关怀、支持与帮助，尤其是公共管理系各位同人所带来的家庭般的温暖。2016年起参加法学院哈贝马斯《在事实与规范之间》教师读书会以及2019年开始的黑格尔《法哲学原理》教师读书会，感谢法学院提供的这个学习交流平台和拓展知识边界的学习机会，尤其是感谢孔明安教授的学术熏陶和热心帮助，将我领入了哈贝马斯研究的大门，在哈贝马斯的社会运动理论、法律商谈理论中的法律与宗教关系问题等方面有了一些浅显的研究。感谢李宗楼教授的指导和帮助，有幸参与了安徽师范大学法学院公共管理系特色品牌学术成果系列丛书《安徽地方治理报告》Ⅱ～Ⅳ辑的撰稿工作，对地方治理问题有了新的探索。2018年9月至12月曾赴香港大学法律学院访学，感谢香港大学法律系主任赵云教授的真诚帮助和热情款待，并引导我向法哲学和国际法研究方面拓展。

值得感念的还有家人对我学习和工作的默默支持。由于多年来在外求学，我对爱人和女儿实在亏欠太多，感恩父母不变的呵护和挂念以及岳父母对我一家三口的悉心照料。记得2004年9月，当时女儿馨刚刚5个月大，我就远离家乡赴上海求学，转眼她就要参加高考了，希望她能为自己打拼一个更美好的未来。感谢爱人云无微不至的体贴和始终如一的支持。2020年是一个无比艰难的年份，尤其是5月4日至7月23日在上海求医的经历真是不堪回首（感谢师兄甘锋和嫂子杨海燕的宝贵襄助），但想对爱人说的是：生活没有过不去的坎，非常愿意你一直陪我到老，感恩有你、感恩你所给予我的爱以及我们这个小家的未来！

这是本人的第一本专著，非常荣幸由中国人民大学出版社出版，感谢余盛副编审协调安排出版事宜，感谢于晨编辑非常专业和敬业的细心审读、修改和校对，避免了很多文字性错误，而且指出了"规制和管制的应用和区别"的难题，促使我对该问题的进一步思考和相应的修改完善。感谢安徽师范大学戴兆国教授对拙著的关心和督促。不过，文中依然存在的问题皆由笔者负责，虽然在写作过程中也曾孜孜以求、殚心尽力，但依然如履薄冰，常有力所不逮之感，文中存在的缺陷和不足需要进一步更深入的研究，恳请各位读者和专家不吝指正！

徐步华

2021年1月18日

于银湖南路教师公寓

图书在版编目（CIP）数据

冷战后跨国社会运动的行动逻辑与规制策略/徐步
华著. --北京：中国人民大学出版社，2021.6
ISBN 978-7-300-29413-1

Ⅰ．①冷… Ⅱ．①徐… Ⅲ．①社会运动-研究-世界
-现代 Ⅳ．①D526

中国版本图书馆 CIP 数据核字（2021）第 100151 号

国家社科基金后期资助项目

冷战后跨国社会运动的行动逻辑与规制策略

徐步华　著

Lengzhanhou Kuaguo Shehui Yundong de Xingdong Luoji yu Guizhi Celüe

出版发行	中国人民大学出版社			
社　　址	北京中关村大街 31 号		**邮政编码**	100080
电　　话	010 - 62511242（总编室）		010 - 62511770（质管部）	
	010 - 82501766（邮购部）		010 - 62514148（质管部）	
	010 - 62515195（发行公司）		010 - 62515275（盗版举报）	
网　　址	http://www.crup.com.cn			
经　　销	新华书店			
印　　刷	北京玺诚印务有限公司			
规　　格	165 mm×238 mm　16 开本		**版　次**	2021 年 6 月第 1 版
印　　张	19 插页 2		**印　次**	2021 年 6 月第 1 次印刷
字　　数	317 000		**定　价**	78.00 元